東洋文庫 881

陳独秀文集 3

政治論集2 1930−1942

江田憲治
長堀祐造 編訳

平凡社

装幀　原　　弘

上：1937年後半、武漢滞在中の陳独秀
下：「陳独秀先生之墓」（安慶市。安徽省指定文化財）

各巻構成と編訳担当者

第一巻　初期思想・文化言語論集　　長堀祐造・小川利康・小野寺史郎・竹元規人
（付陳独秀旧体詩選）
第二巻　政治論集1　一九二〇〜一九二九　　石川禎浩・三好伸清
第三巻　政治論集2　一九三〇〜一九四二　　江田憲治・長堀祐造
（付全巻人物索引・注、陳独秀略年譜）

第一巻は、陳独秀自身が一九〇四年に創刊した『安徽俗話報』や、一九一五年に創刊した『青年雑誌』（『新青年』）等に掲載された思想、文化、言語方面の一九二一年までの初期作品を収録する。陳独秀の生涯にわたる旧体詩は制作年代を超えてこの巻に収録した。

第二巻は、陳独秀が中国共産党創立に関わる一九二〇年から、中共指導者として活躍した一九二七年まで、さらにはその失脚後トロツキー派に転じて同党を除名される一九二九年までの政論を主に収録する。

第三巻は、陳独秀が引き続き、中国トロツキー派指導者として活動した一九三〇年から、国民政府による逮捕投獄を経て出獄し、中国トロツキー派とは組織的な距離を置きつつ、晩年を過ごして終焉の地となった四川江津時代、一九四二年までの政論を主に収録する。

　各巻とも作品の配列は基本的に発表順もしくは執筆順とするが、第一巻においては、陳独秀の各種文集に未収録の複数の新発見書簡を「『新青年』運営に関わる陳独秀書簡（一九二〇～一九二一年）」として一括し、このうちの最初の書簡の日付に従って配列した。さらに前述のとおり、陳独秀の生涯にわたる旧体詩はこの巻の付録として収録した。また、第三巻においては、『陳独秀最後の論文と書信〔陳独秀的最後論文和書信〕』所収の論文、書信は原冊子の編集方針を尊重し、そのまま第四部として独立させた。この点は例外である。

凡例

一、本文集は、基本的に初出テキストによって訳出した。同時期に複数の同一作品のテキストが存在する場合は、いずれも参照している。また、陳独秀生前刊行の『独秀文存』（上海亜東図書館、一九二二年）に収録された諸作品のテキストは、初出テキストに準じて扱い、段落分け、句読などを参考としているほか、誤字・誤植・脱字などもこれによって確認・訂正した。初出に当たれなかったテキストについては、各作品タイトル直後に示した〔　〕内の書誌解題にその旨を注記し、依拠したテキストを明示した。なお、テキストの詳細な説明を要する場合は各編末に注記した。

一、本文集が、初出テキスト以外に使用、または参照した主要テキストは以下の書に収録されたものである。本文集における略称とともに記す。なおその他の使用テキストについては必要に応じて各編に注記した。

任建樹主編『陳独秀著作選編』全六巻（上海人民出版社、二〇〇九年初版）…『選編』

林致良・呉孟明・周履鏘編『陳独秀晩年著作選』（天地図書有限公司、香港、二〇一二年）…『晩年』

陳独秀著『独秀文存』（亜東図書館、一九二二年初版）…『文存』

任建樹・靳樹鵬・李岳山編注『陳独秀詩集』（時代文芸出版社、一九九五年）…『詩集』

安慶市陳独秀学術研究会編注『陳独秀詩存』（安徽教育出版社、二〇〇三年）…『詩存』

Chen Duxiu's Last Articles and Letters 1937-1942, tr. & ed. by Gregor Benton, Curzon, U.K., 1998…『英語版』

陳独秀遺著『陳独秀的最後見解（論文和書信）』自由中国社叢書之二（中表紙・奥付タイトルは『陳独秀最後対民主政治的見解（論文和書信）』。一九四九年六月初版、同年九月再版。発行者は広州、自由中国社出版部。ここで参考としたのは再版である）…『胡適序本』。（第一・二巻では『最後見解』と略称）

一、原文中、明らかな誤記・誤植・脱字（欧文綴り字の誤りや生没年などを含む）は、各種テキストも参照しつつ、適宜直し、特に必要な場合は注記した。

一、各作品タイトル直後に示した〔 〕内の書誌解題は初出誌紙、刊行年月日、原文タイトル、署名の順に記し、特記事項のある場合はそのあとに記した。なお、第一巻冒頭に収める四編のテキストの初出紙『安徽俗話報』の発行日は、本来、旧暦表記だが、本書では新暦表記に改めた。中国における新暦採用は中華民国成立時（一九一二年一月一日）である。

一、訳文の句読点については、『新青年』主編として標点符号を中国でいち早く採用した陳独秀の原文を尊重しつつ、日中両言語の構造的相違にも留意し、読者の便を考慮した訳出に心がけた。段落についても同様であるが、例外的に原文にない改行を施した箇所は必要に応じて注記した。

一、訳文中（ ）は原注を、〔 〕は訳注を示す。訳注のうち、出典注や比較的長い注は各編末に置いた。例外的にある原注内のさらなる原注は［ ］で示す。

一、訳文本文及び注における日本語文献の引用に際しては、原則として旧字体、旧仮名遣いは新字体、新仮名遣いに改めた。

一、陳独秀テキスト中の引用については、できるだけ出典を明示するように努めたが、陳独秀の引用がときとして大意の紹介となるような場合も見受けられ、確定できない場合もあった。訳者の力不足と時間的制約もあって不詳のままとせざるを得なかった箇所もある。読者のご了解を請うとともに、ご教示を期待したい。

一、訳稿は、同一巻担当者間で相互に校閲作業をしたが、責任訳者は各編末あるいは各巻の凡例に明示した。第三巻の責任訳者は基本的に、第一～三部は江田憲治、第四部は長堀祐造である。ただし、第一部の「十月革命と「永続革命論」」、第二部の「トロツキー派国際書記局への書簡」、「中国の一日」、第三部の「私の魯迅認識」、「蔡孑民先生逝去に思う――四川江津にて」は長堀が、また第四部の「戦後世界大勢の輪廓」、「西流への書簡」（一九四〇年九月付）は江田が責任訳者である。一同誤りなきを期したが、なお読者のご批正を請う次第である。

（以上、文責＝長堀祐造）

目次

書信編

第三巻解説　421

陳《ちん》独《どく》秀《しゅう》文《ぶん》集《しゅう》 3

政治論集2　1930-1942

江《え》田《だ》憲治《けんじ》
長《なが》堀《ほり》祐《ゆう》造《ぞう》　編訳

第一部　トロツキー派指導者時期（1930–1932）

インターナショナルに答える書簡

〔『無産者』第二期、一九三〇年七月一日、「答国際的信」、二月十七日付、独秀[1]〕

インターナショナル執行委員会政治書記局

中国の向忠発・李立三・周恩来・項英らはかなり以前、私のことを「トロツキスト」「解党派〔原文は「取消派」〕」「反革命」「新たな労働貴族」……であるとの緊急声明[2]を発し、こうしたやり方で私の前途を決定しようと図った。同時に、君たちも昨年十月二十六日付の彼らに対する訓令で、以下のように教え諭《さと》している。「あらゆる闘争生活の中で、まず解党主義の陳独秀派・トロツキー派に反対せねばならない。彼らはいま、一個の反革命ブロックを結成し、党に向けて攻勢をかけている。とりわけ重要なのは、われわれの隊伍に潜む陳独秀派・トロツキー派を粛清することである」[3]。それなのに、いま君たちは突然私に電報をよこし、モスクワに行って君たちの会議に出席し、専《もっぱ》ら私の党籍剝奪問題を討議するよう言うのだ。君たちのこの手の考えは、私にはほとんど理解できない。

中国革命は一九二七年に悲惨で恥ずべき敗北を蒙《こうむ》ったのち、私は自ら重大な責任を負っていたので、一時なすところを知らなかった。このため、一年の久しきにわたって、私はほぼ個人的な反省期にあった。私は、この敗北の教訓をすぐにはっきりと認識することはできなかったし、新たな活路を見出すこともできなかったが、私自身の経験に基づき、この敗北は、それまでの全政治路線が必然的にもたらした結果であるということは、よくわかっていた。しかし、インターナショナルの指導機関は、軽々とほとんど単純に、過ちを私個人のせいにした。もし、こうすることで問題が解決できるなら、私個人としてはもちろん何も言うことはない。しかし、個人の責任問題ですべての政治問題を、敗北の真の教訓を覆い隠してしまい、それで革命の前途を死地に追いやるなら、その罪はまったく許し難いものである。

一九二五年から二七年にかけての中国革命の敗北は、「陳独秀の日和見主義的指導」によるものである〔とされる〕が、しかし、一九二七年以後現在まで、君たちは「陳独秀の日和見主義」を清算し、中国党を正しい道のりに導いたはずであるのに、二年来の事実の経緯はどうだろうか。中心の問題はここにある。一九二六年三月二十日に蔣介石が広東でクーデタ[4]を起こした時、われわれはプロレタリアの独立した地位を戦い取ることについて猛省すべきであった。しかし、われわれはまさしくこの時、国民党に完全に屈服したのだった。〔一九二七年〕四月十二日の上海大虐殺〔蔣介石の反共クーデタ〕の時、われわれは過去の日和見主義路線を根本的に改変すべきであった。しかし、われわれは上海の蔣介石に容れられないとして武漢に赴き、汪精衛に救いを求めたのだった。武漢での敗北後、日和見主義は行き先を失って冒険へと転じ、そのことは中国党に政治的な破産に加え、組織的な破壊をもたらした。最後に、中国共産党はインターナショナルの直接指導下に開いた第六回大会（一九二八年八月）で徹頭徹尾過去の革命の真の教訓を整理し、日和見主義と冒険主義を清算すべきであった。しかし、党は官僚主義的なうわべだけの批判を受けることでとりつくろい、依然として前からの道――日和見主義の路線（ブルジョワ民主主義革命と労農民主独裁）及び冒険主義の戦術（武装暴動と政権奪取の準備）に留まっている。だから中国党の指導機関は、今や政治的投機と土匪式騒乱に忙しいのだ。

　レーニンは、われわれに教えた[5]。反動の時代の「革命党はその教育を完成させることを迫られる。彼らは攻撃することはすでに学んでいるが（残念ながら中国党が過去に学んだのは投降だけだった）、いまやこの〔攻撃の〕科学は退却の科学によって補充されねばならないことを彼らに教えねばならない。……勝利のためには規律ある攻撃と、規律ある退却が必要である」。インターナショナルの指導は、中国党が攻撃すべき時に投降させ、退却すべき時にでたらめで無謀な攻勢を命じるものだった。レーニンは、ボリシェヴィキが革命敗北後、「〔革命諸党派のなかで〕最も整然と、最もその武装や中核を損なうことが少なく退却」できたこと、「最も深刻でなく回復しやすい分裂を来《きた》したのみで、士気阻喪も最少であり、再び最も広範で規則的で精力的な活動を開始できた」ことを成果としているが、インターの指導は、中国党に最後の一兵が倒れるまで戦わせるものだった。――残ったのは、傭兵隊だけである。レーニンは言っている。「ボリシェヴィキがこのような成果を得ることができたのは、唯一彼らが口先だけの革命家を早くから容赦なく暴露し、排除していたからである。これらの革命家たちは、〔自らの考えに〕こだわり、退却すべき時はうまく退却すべきことを理解していないし、最も反動的な各種議会や労働組合、協同組合、保険組合、及びあらゆる団体（たとえ最も反動的なものであっても）のなかでの合法的活動は、絶対に学ぶべきであることを理解していないのである」（もちろん、レーニンは非公然活動の解消を主張しているのでは決してない。彼は非公然活動と公然活動を緊密に結びつけようとしていた）。ところが、インター指導部が、いま中国党に教えているのは、「同盟スト」「政治スト」「街頭での路面電車襲撃」「農村遊撃戦争」「ソヴィエトの割拠」「赤色組合の公然たる呼びかけ」……などを作り出すことなのだ。

現在、中国党の官僚主義は、プチ・ブルジョワ的な敗北後の憤激とルンペン・プロレタリアートの意識とが深く結びついている。党の大衆的基礎はすでに地をはらい、党は大衆との連携を回復できていないだけでなく、労働者を指導して資本の攻勢を防ぎ、その隊伍を固めることができていないばかりか、ひたすら冒険を拡大することで、客観的には大衆闘争のなかで破壊工作を行い、資本の攻勢と一緒になって労働者を挟撃しているのだ。君たちがこの状況を知らないとは言わせない。知っていながら、こんなことをせざるを得ないのは、君たちがいま、「まず解党主義の陳独秀派・トロツキー派に反対せねばならない」としているからなのだ。

　中国のプロレタリアートは、インターナショナルのレーニン主義的指導を得て、はじめてその解放の前途へと到達することができる。これは必然であるが、君たちの隠蔽と情報封鎖のため、半年前までわれわれは、トロツキー同志の中国問題及び一部のソ連問題に関する文献を入手できなかった。それ以後、われわれははじめて中国革命で犯された日和見主義と冒険主義の誤りの真の原因がどこにあったのかを、徹底的かつ系統的に理解したのである。君たちが革命敗北の責任を中共中央、あるいは「陳独秀の日和見主義」に押し付けていた時、トロツキー同志は早くから君たちの背後で真の日和見主義と冒険主義を指摘し、しかもこの種の日和見主義、冒険主義が必然的に到達する結果を予言していたのだ。今、この予言は、一つ一つ事実によって〔正しさが〕証明されてきているが、しかし、君たちは、トロツキーをソ連国外に放逐し、彼を階級の敵の手、すなわちトルコの蒋介石〔ケマル＝アタチュルク〕に引き渡した。その他の君たちとは政治的意見が異なる多くの同志が、監禁されたり流罪にされたりしている。今また私を中国からモスクワに移して、専ら私の問題を解決すると言っているが、君たちが何をするつもりなのか、実際のところ私にはわからない。

私の問題とは、単なる私個人の問題ではなく、政治問題全体に関わるものだ。私は、中国革命敗北の教訓から、インターナショナルの指導はここ五、六年、官僚的日和見主義の路線に立っていることを完全に実証した。とりわけ重要なのは、君たちがインターの威信を濫用し、官僚機関の権力にもたれかかってこの種の路線を維持し、惜しみなくボリシェヴィキ党のあらゆる組織原則を破壊し、マルクス主義の基礎、十月革命の根本方法、レーニン主義の戦術や主要な教訓を改悪したことである。中国に関して、当面最も主要な問題は、（一）将来の第三次革命〔辛亥革命が第一次、国民革命が第二次革命〕の政権は、労農民主独裁なのか、それともプロレタリア独裁なのか、（二）当面の任務は、武装暴動を直接準備することなのか、それとも過渡期の政治スローガン（たとえば国民会議）を提起して民主主義の闘争をすることなのか、である。君たちは、日和見主義の失敗の教訓を受けとめず、革命の発展過程における階級関係の転化を見極めていないから、未来の革命政権について得る結論は、労農民主独裁なのだ。冒険主義の失敗の教訓を受けとめず、前回の革命はすでに完結したことを認めないから、当面の直接的な任務について得る結論は、武装暴動の準備と農村遊撃戦争であるのだ。かくして君たちは、全般的な政治路線にあっては革命を後退させ、当面の闘争戦術にあっても革命運動の大衆的発展を破壊しているのだ。これらの根本問題、私と君たちとでは実に協調しようもないほど異なる見解について、君たちは、私及び意見を同じくするわが同志たちが発表する政治意見書〔「われわれの政治意見書」〕を、まもなく目にすることになろう。これらの根本問題が解決できないかぎり、他の問題も解決すべくもないが、これら根本問題は、私をモスクワに移せば解決できるものでは決してない。しかもそれは、官僚的方法である。

政治問題、とりわけ世界革命の命運に関わる問題は、党内の公然論争を通して解決すべきである。トロツキー同志の、中国及び全インターナショナルに関わる問題についての多くの文献を、君たちは各国支部に公表して討議させようとはしない。中国駐在のインター代表団は、党籍剥奪で面と向かって私を脅《おどか》し、政治的意見の公表を禁止しようとした。中国党中央は、君たちの意図を承り、私が何度も提出した政治意見を党内討議に付することを許さず、一方的なデマをとばすだけだった。同志の中で疑問を提起した者は、ただちに「潜伏せる陳独秀派」として、党を除名される。——こんなことで問題解決とするのか。君たちがもし問題解決に誠意があるのなら、君たちにはあらゆる権力と方法が具わっている。そうでなければ、あらゆる問題は、世界プロレタリア革命の命運とともに解決されるだけである。

独秀　一九三〇〔年〕二月十七日

附〔中共中央書簡とコミンテルンからの〕電報原文

以下はコミンテルンからの来電である。われわれがきちんと準備をし、インターに回答できるよう、一週間以内に書面で答えることを希望する。

〔中央〕中央政治局　一九二〔三〕〇年二月八日

中国共産党経由陳独秀宛　コミンテルン執行委員会政治書記局は、中国共産党中央の貴下に対する党籍剝奪決定を審査する本政治書記局の会議に参加する機会を、貴下に与えることを決定した。

コミンテルン政治書記局のこの問題を討議する会議は、二ヶ月以内に開催される。コミンテルン政治書記局はこの決定を貴下に転送し、できうる限り早く、中共中央を通して、こちらに赴き出席することを望むかどうかを知らされたい。

もし貴下がこの提案に取り合わず、会議に参加しないのであれば、あるいは貴下の回答を得ることができなければ、この問題はコミンテルン議長団の議事日程にのせられ討議される。

〔コミンテルン執行委員会〕政治書記局

（1）　この前年に中共は陳独秀を除名したが、「彼の党内の特殊な地位から、コミンテルンに報告し、〔除名決定の〕審査を求めねばならなかった」（『選編』編注）。そこでコミンテルンは中共を通し、陳独秀にモスクワでの審査会議に出席するよう求めた（文末の「電報原文」参照）。本編は、このコミンテルン電報に対する回答である。

（2）　中共中央政治局「陳独秀の党籍解除と江蘇省委員会の彭述之・汪沢楷・馬玉夫・蔡振徳の四人への党籍解除批准についての決議案〔関於開除陳独秀党籍並批准江蘇省委開除彭述之汪沢楷馬玉夫蔡振徳四人党籍的決議案〕」（一九二九年十一月十五日付、『紅旗』第五七期、一九二九年十一月二十七日。中央檔案館編『中共中央文件選集』第五冊、中共中央出版社、一九九〇年、所収）のこと。この決議案には、「解党主義」「トロツキー反対派」「反革命」「プロレタリアートを裏切る」などの語が見える。なお、陳独秀が挙げる向忠発・李立三・周恩来・項英は、当時の中共中央政治局のメンバー（常務委員）。

（3）　陳独秀は、この一文をコミンテルンの一九二九年十月二十六日付訓令として引用しているが、これは実際には、一九三〇年一月十日に中共中央政治局が採択した「インターの十月二十六日指示書簡を受け入れる決議〔接受国際十月廿六日指示信的決議〕」（『紅旗』第七六期、一九三〇年二月十五日）に見えるものである。

（4）　一九二六年三月二十日、蔣介石が国民革命軍の軍艦「中山」号の広州回航を理由に起こした反共クーデタ（中山艦事件）のこと。省港罷工委員会やソ連顧問の住宅、共産党の機関が兵士に包囲され、「中山」の艦長（共産党員）が逮捕された。陳独秀はこれに対し、共産党独自の軍事力創出と蔣介石への対抗を主張したが、コミンテルン代表によって拒否された。この事件を契機に、蔣介石は国民党と政府・軍における独裁的権限を掌握した。

（5）以下のレーニンからの引用は、「共産主義内の「左翼主義」小児病」（一九二〇年五月十二日）、『レーニン全集』第三一巻（大月書店）を参照。

いわゆる「紅軍」問題について

〔『無産者』第二期、一九三〇年七月一日、「関於所謂「紅軍」問題」、四月十三日付、独秀〕

エンゲルスはかつて『ドイツ農民戦争』の序文で述べたことがある。

> ルンペン・プロレタリアート——各階級から離脱した没落者のくずども——[1]は、あらゆる〔プロレタリアートとの〕同盟者のなかでも最悪の者である。連中は絶対的に買収されやすく、きわめて面倒な嫌われ者である。フランスの労働者が、革命のたびに家々のドアに「盗賊は処刑する」と書き、実際に多くの者を殺害したのは、私有財産の保護に熱心であったからではなく、まずこれらのならず者とは手を切らねばならないとの正しい認識を持っていたからである。いかなる労働運動の指導者も、ルンペン・プロレタリアートを衛兵とし、かつ彼らのなかに自らの支柱を求めようとすれば、自らが労働運動を売り渡す裏切り者であることを証明するだけである。

世界数十ヶ国の共産党は、これまで一貫してエンゲルスの遺訓を守り、ルンペン・プロレタリアートを利用する政策を採用しようとはしなかった。在世時のレーニンに指導されたコミンテルン第四回世界大会では、あの手の秘密結社に接近しようとしたフランス党が、厳しい批判を浴びたものである[2]。現在の中国労働運動の裏切り者向忠発・李立三・周恩来[3]らは、まさしくこの手のルンペン・プロレタリアートを利用して衛兵、支柱とし、彼らをプロレタリア革命運動の主力とし、ルンペン・プロレタリアート（土匪と敗残兵）を基盤とするいわゆる「紅軍[4]」を拡大し、これに依拠して農民の遊撃戦争を指導し、「大都市にまで影響を及ぼ」そうとしている。彼らは公然と語っている。

> 軍閥崩壊の起点――兵変〔兵士の反乱〕、それは[5]植民地軍閥制度が支配する国家にあって、兵士が一層大きな革命的役割を持っていることを示している。彼らは軍閥制度の下で生活してきただけでなく、同時に鋼鉄のような、驚くべき技術[6]の腕前を鍛え上げている。この見事な腕前こそ、軍閥制度を潰滅させる主要な武器となるのだ（プロレタリアートは定めし、次善の武器というわけだ[7]）。
>
> これ（兵変のことだ）は、軍閥制度が急激に崩壊しようとしていることの明確な証拠であり、革命の高潮の象徴である[8]。
>
> 紅軍は革命の高潮の到来へと推進する主要な条件の一つであり、……しかも革命情勢の展開を促進する[9]。
>
> 全国の広大無比の難民、半農半匪の武装隊、および土匪・神兵〔湖北・湖南等で活動し

た武装集団〕・紅槍会〔華北の秘密結社系武装集団〕・大刀会〔同〕などの農民大衆組織は、……必然的に遊撃戦争の道を歩み、紅軍へと成長することになる。われわれはなおのこと、中国あるいは全世界にあって、この偉大で強力な社会基礎を持つ紅軍の力が発展する前途を阻止することができる勢力はいまだ一つとしてないし、これからも永遠にありえない、と信じている。[10]

（以上は『紅旗』第七二期に見える）

江蘇には数えきれない程の回数、刀匪大衆の武力が現れているのに、いまだに南京政府の直轄下で遊撃戦争は可能か、と疑う者がいる。[11]

（『紅旗』第七六期に見える）

「兵変は軍閥を壊滅させる主要な武器である」、「難民、土匪、神兵、紅槍会、大刀会、刀匪は紅軍へと成長する社会的基礎である」。だから、この種の社会的基礎を有する紅軍を拠りどころとして革命の高潮を推し進める、というのが裏切り者たちの革命戦術であり、彼ら自身の、今のいわゆる「紅軍」の内実分析なのだ。彼らは、公然と得意げに述べる。

十二月三十一日の『申報』によれば、「如皐《じょこう》県では土匪と共産党が結託し、三千余人を集め、納税を拒否し、民間自衛組織の銃器や弾薬をすべて差し出させて、すこぶる勢い盛んである。……」とのことだ。帝国主義と国民党支配の大本営の膝下で、遊民や土匪、ゴロツキ……[12]の武装行動が生まれているのだから、反対派は本当に怒り狂うことだろう。[13]

（『紅旗』第六七期に見える）

支配階級はわれわれを罵倒して共匪と言ったり、匪共と並称したりしているが、どちらも異とするに足らない。異とすべきは、先進階級〔プロレタリア〕の政党が土匪と結んでいることを自慢し、レーニン主義者の反対派に対して誇らしげに語っていることである。われわれ反対派が「本当に怒り狂」わないでおれないのは、多くの同志の熱き血潮が作り上げた党が、裏切り者たちによってここまで堕落させられたことである。

　なるほど、中国の土匪運動にはそれ自身の社会的基礎、それも広範な基礎があろう。長期的な生産力発展の停滞から生み出された大量の過剰人口が、流浪してルンペンや盗賊となり、定期的に戦争を起こすことは、ほんらい中国の歴史上で主流の出来事であったが、外国資本主義の商品が侵入し、農業・手工業経済を破壊すると、中国のルンペンはとりわけ農村で増加した。こうした無業のルンペンは農民出身が最も多く、その次が手工業労働者、また官僚の子孫や小地主・小商人から落ちぶれた者も少なくない。これが、エンゲルスの言うところの「各階級から離脱した没落者のくずども」である。彼らの活路には、国外に移住する、工場に入って働く、苦力になる、兵士になる、などがあるが、これらは一部分にすぎない。その数は一千万人か二千万人にとどまり、大部分は土匪になるのである。なかでも最も組織力を有するのが、北方では紅槍会・大刀会・小刀会、中部の紅幇・青幇、南方の三合会であり、彼らは農村に盤踞《ばんきょ》するばかりか、都市でもかなり大きな勢力を有している。この他、さまざまな名称の零細な匪賊が、全中国の村や町に満ちている。これはもちろん重大な問題だが、同時に社会の生産力が高度に発展しなければ解決できない問題ではある。こうした巨大な数のルンペン・プロレタリアートは、中国の歴史上、支配階級の内部で紛争や動揺が生じるたびに、大規模な騒乱を起こしてきた。赤眉、黄巾から白狼〔朗〕[14]、老洋人[15]に至るまで、すべてがそうした代物《しろもの》である。これらは失敗事例だが、成功した帝王のなかには、この種の勢力に依拠した者が数多い。しかし、都市が発達し、武器や戦術が進歩し、とりわけ都市の産業プロレタリアートが出現した現代になると、ルンペン・プロレタリアートの政治的役割は、以前と大きく異なることになった。彼らは各階級から離脱した没落者のくずどもであり、絶対的に買収されやすい嫌われ者であり、叛服つねなく、利がありさえすれば、革命側でも反革命側でももぐり込む。したがって、ブルジョワ革命政党〔中国同盟会・中国国民党〕も、金銭や官位で彼らを利用することはできたが、彼らの力だけに頼って成功を収めることはできなかった。孫文の同盟会は、ブルジョワ階級の革命青年たちが新式軍隊に多数参加してはじめて清王朝を打倒することができたこと、国民党は、民国十三年〔一九二四〕の改組後に労働者・農民の力を利用してはじめて北伐を成功させ得たことは、明確な例証である。ところが、プロレタリアートが大革命の舞台に登場した今日にあって、われわれプロレタリア階級の党は、いまだ孫文の旧政策を拾い上げ、土匪と結び、土匪の力を頼みとして「紅軍」支配区域を拡大し、「ソヴィエト」政権を樹立しようと目論んでいるのだ。「それは彼らが労働運動の裏切り者であることを証明するだけである」。一部の政治意識が薄弱な党員は、裏切り者たちのでたらめな宣伝を見聞し、現在紅軍の支配区域は確かに拡大しており、われわれは勝利し得る、中央の政策は正しいのだろう、と思い込んでしまっているが、これらの人々は、「紅軍」とか「ソヴィエト」とかいった金看板に惑わされ、現有のいわゆる「紅軍」「ソヴィエト」の中身が結局どのようなものであるのか、よくよく考えたことなどないのだ。だが、われわれは、以下のことを知らねばならない。いわゆる「紅軍」支配区域の拡大が事実にせよ、土匪の猖獗《しょうけつ》が全国を覆っていることもそれ以上に事実である。しかもそれは新たな事実ではない。彼らの増大と猖獗にはもともと社会的背景があり、それに農業が日増しに荒廃していることや、金価や米価の高騰[16]、支配階級内部の紛争と動揺という近因が加わっている。

　裏切り者たちは、進んで共産党を土匪党に変えており、いわゆる「紅軍」区域は現有のほか、将来拡大する可能性がある。例えば、福建省東部の数十県を支配している閩〔福建〕匪何金標は、現行の〔紅軍〕八個軍とは別の第九軍に成長することがあり得ようし、太湖を根拠地として江蘇・浙江両省の湖沿いの数十県の郷鎮を荒らし回っている湖匪郭老大は、天下第一軍、第二軍を組織しているが、これも「紅軍」第十軍に成長することがあり得る。このほか、一層規模が大きな大刀会・小刀会と神兵がいるし、紅槍会にはもともと「紅軍」とかいう組織がある。いわゆる「紅軍」区域がこれらの社会的基礎に依拠して拡大すれば、その前途は当然遠大なものとなろう。土匪といわゆる「紅軍」の騒乱の拡大は、また当然にブルジョワ支配の困難さを増加させる。しかし、だからといって彼らを頼みとして彼らを革命の主要な武器とする、革命の高潮の主要な条件とするのは、絶対に誤りである。なぜなら各階級から離脱した没落者のくずども、この絶対的に買収されやすい嫌われ者たちは、彼らに有利な条件の下でなら、今日は赤い帽子をかぶって〔井岡山《せいこうざん》で毛沢東の指揮下に入った〕袁文才と王佐となり、明日は、白い帽子に換えて〔国民党軍の将軍となった〕樊鐘秀や孫殿英となるのだ。もしこの種の勢力に依拠して真の紅軍を成立させ、真の労農ソヴィエト政権を樹立できるとすれば、それはまことにスターリン派の言うとおり「全国の危機と革命の潮流には中国式の特徴がある」[17]ことになる。が、それではマルクス、エンゲルス、レーニンの革命理論が中国に応用できるのか、が問題になってしまうのだ。

　軍隊、とりわけ中国の傭兵軍は、大部分がルンペン・プロレタリアートから構成されており、彼らは生産から遊離しているばかりか、ある種の特殊な生活ゆえにある種の特殊な意識を形成している。いわゆる官兵〔政府軍〕とは、合法的な土匪のことであり、最良の軍隊であっても、以下の二つの条件を備えなければ、革命闘争の中で役割を果たすことはない。すなわち、（一）都市労働者の闘争がソヴィエト成立の段階まで進んだ時、とりわけ労働者大衆が武装暴動に立ち上がっている時に、兵士が大衆の側に歩み寄るのでなければ、役割を果たすことはないし、（二）しかも、支配階級が直接依存している軍隊でなければ、彼らに対する致命的な打撃とはならない。現在はどうであろうか。第一の条件がまだ存在しないことは誰にでもわかる。第二の条件も存在しない。『紅旗』第七二期は、三十六ヶ所の兵変を列挙しているが[18]、どれも、支配階級が直接依存している軍隊ではなく、その大部分は彼らによって排除されようとしていたものである。この種の兵変は、軍閥が急激に崩壊しようとしていることの明確な証拠と見なすことはできない。兵士はルンペン・プロレタリアートの一種であり、そのことは中国全体の社会問題なのだ。兵変は、土匪のようにすぐには解決できない問題とは異なるが、支配階級の内部が統一と安定を得られず、財政が確立されていない段階では、当然免れない現象である。もし、都市の産業プロレタリアートの力の代わりに、この種の勢力〔兵士〕を拠りどころとし、紅軍とソヴィエト政権を打ち立てることができると考えるのであれば、それは、裏切り者たちが言うところの「中国式の特徴」と解釈するしかない。

なるほど、われわれはこの他にも、いわゆる「紅軍」のなかに多少の武装農民がいること、しかも一部は前回の革命に参加した積極分子であることを知っている。だが、彼らの数は土匪や敗残兵に比べてまるきり主客転倒しているし、しかも長期の遊撃戦争を経て、この武装農民の部分は生産を離れ、土匪・敗残兵と同様の流賊生活を送っており、勢い日々ルンペン・プロレタリア化することになる。遊撃戦争式の戦術は、都市の武装暴動に用いれば、バリケードを死守するのに優る。レーニンはかつてこれを「新しい市街戦戦術[19]」と言った。しかし、農村で長期的な遊撃戦争をするのは、中国の古くさい伝統――「流賊」にすぎない。この種の流賊的遊撃戦争は、(1)元々の武装農民を生産から乖離させ、土匪同様の生活を送らせ、堕落させ腐敗させる。(2)農村のあらゆる革命分子及びわれわれの積極的な党員を、土匪・敗残兵との親交といった軍事組織と軍事投機の面に集中せざるを得なくなる。民衆運動の組織と指導は、必然的に取るに足らない分子の手に落ちることになる。(3)いわゆる「ソヴィエト」を含め、農民の組織と闘争は、遊撃戦争の武装勢力の消長に従って成長と後退を繰り返すことになり、農民大衆をして、武装を有する特殊な勢力、つまりいわゆる「紅軍」を万里の長城と依存するしかないようにさせ、自らの組織力で闘争できることを信じなくさせる。(4)遊撃戦争が通り過ぎた地方では、有力な農民は「紅軍」に従って去るしかなく、残った惰弱分子は白色テロの弾圧と報復を受けることになるから、その地方の組織と闘争は必然的に何年か希望のない年月を送らねばならない。こうした遊撃戦争は、たしかに革命の息の根を止める最も有効な方法である。

　赤衛軍は都市労働者の武装暴動時の大衆組織であり、紅軍は労働者が政権を獲得した後の軍事組織である。現在、全国大都市のすべての労働者はなお反革命勢力の支配下にあり、あらがいようもないほど抑圧されている。わが党は力をこの方面に集中して刻苦奮闘するのでなく、機に乗じ政治的中心から離れた農村で土匪や逃亡兵、失業農民を糾合し、紅軍を詐称している。こうした紅軍で革命を「生み出」そうとし、真の紅軍とは革命が生み出すものであることを忘れているのだ。またソヴィエトとは労農大衆の闘争の高潮の中でわき出るように出現する公然組織であるが、現在、上海では全国ソヴィエト区域代表大会[20]が秘密裡に招集されている。これだけで、この大会の性質と役割がわかろうというものだ。先進国の多くの制度は、中国にやって来るや有名無実となるが、現にいわゆる「紅軍」や「ソヴィエト」についても同様である。それこそ「中国式の特徴」というわけだ。

　中国革命の再起は、主要には都市労働者階級の闘争によって決定される。支配階級の内部抗争や動揺だけでは不十分である。ルンペン・プロレタリアートは、もとより労働者革命の衛兵でも支柱でもないし、農民も、農業国の革命では大きな役割があるものの、彼らはそもそも独自の役割を有さないし独力での成功もできはしない。とりわけ資本主義のシステムが支配する社会では二つの階級（ブルジョワジーとプロレタリアート）の力量だけが、すべてを決定する。経済生活にあって、農村は自給自足経済の時代を抜け出し都市に隷属するようになっており、都市を離れては自活していけない。農村の多数の武装隊とその政権は、なおのこと長くその独立した存在を維持していくすべはない。都市労働者の革命運動の高潮が指導するのでなければ、農民暴動には活路はないし、労働者階級に敵対するようになるかもしれない。労働者階級の政権がなければ、徹底的な土地革命は実現され得ない。すべての土地を没収することは、ブルジョワ議会政治では達成できないし、農民暴動でも達成できない。歴史はわれわれに告げている。ロシア十月革命だけが土地問題を徹底的に解決したのであって、その他の農民暴動は富農、すなわち農村ブルジョワジーのために道を開いたにすぎない。レーニンは、「来《きた》るべき革命での階級関係を分析することは、革命政党の主要な任務である」と言っている[21]。では、目下のところ中国都市労働者の闘争の中に現れている階級力量の対比はどうであろうか。裏切り者たちは言っている。

現在、全国のストライキの潮流は、荒々しく前進し、発展してはいないだろうか。日増しに国民党の黄色組合〔御用組合〕の影響から脱却し、断固たる革命闘争へと向かっていないだろうか。上海、天津、青島、唐山、ハルピン、武漢、広州など至るところで巨大なストライキが爆発しているのは、まさしく中国革命の潮流が復興していることの主要な象徴である。（『紅旗』第七一期[22]）

もし本当にそうなら、革命の高潮は眼前にあることになり、われわれは全力を集中して都市労働者の武装暴動を準備するべきである。なのにどうして農村に駆けつけ、土匪・敗残兵と失業農民の「紅軍」を組織せねばならないのか。実は、わが党は都市ではやはりかなり弱体であり、支配階級のブルジョワジーはいまも労働者に向けて攻勢を強めている。労働時間延長、賃金切り下げ、解雇、昼夜勤の連続、苛酷な規則、保証人制、雇われたゴロツキや警官による絶えざる殴打があり（例えば、最近の上海での永安、新怡和、申新第七工場〔いずれも紡績工場〕のように）、労働者の射殺が繰り返されるに至っている（例えば、最近の上海のエジソン電球工場や祥昌綿織工場、三星綿織工場[23]のように）。労働者の闘争は、まだ防御から攻勢へと、経済ストから政治ストへと転換を遂げていないのだ。それは、主要には、労働者階級が前回の革命でひどい失敗に遭遇して以来、いまだその組織を回復できていないからである。労働者は自らの組合を持っていないし、国民党の黄色組合は大衆を持っていない。二年来、資本の攻勢に対して経済ストが次々に起こされたが、大半は非組織的な闘争のため失敗した。おまけにスターリン派の冒険政策（小規模な闘争でも、すべて恣意的に政治ストにまで拡大することを強制している）は、この失敗を加速させよりひどいものとしてきた。このため労働者大衆は、往々にして自ら闘争に立ち上がっても、共産党には近づこうとはしないのだ。金価米価が日ごとに上昇している今、労働者の経済闘争は、遅かれ早かれ普遍的に起こることになるが、しかし、この起こったばかりの闘争を過大評価し、これはもう革命の復興だと思い込み、冒険政策で指導すれば、この闘争の萌芽は摘み取られ、革命の高潮の到来を遅らせることになる。裏切り者たちは、都市労働者の革命の高潮と復興が農村の暴動を指導できるようになっているとは、本当は自分たちでも信じてはいない。彼ら自身が、言っている。

革命の主体的力量はなお充分ではなく、とりわけ党の組織力はまだ不健全である。

（「中央通告」第六八号[24]〔一九三〇年二月四日〕）

スターリン派のインターナショナルも言っている。

赤色組合〔共産党系労働組合〕の大多数（実のところ赤色組合など半個だって存在しないのだ）はまだ大衆的組織ではなく、国民党の黄色組合の影響がなお大きい。国民党改組派[25]も（北方の）黄色組合でとりわけ影響力を有している。国民党系黄色組合における共産党の活動は、いまだ真摯に実行されておらず、生産の中で革命的労働者の主要な幹部を自らの周囲に団結させ、労働者階級の大多数を勝ち取る任務も、なおのこと達成できていない。

（中共中央宛コミンテルン政治書記局書簡、一九二九年十月二十六日[26]）

都市で大衆的組織を持たない以上、党の組織力は健全でなく、労働者階級の大多数を獲得することも、革命的労働者の主要な幹部を党の周囲に団結させることもできていない。こうした状況の下で、どうやれば労働者の革命高潮で農村の暴動を指導できるのであろうか。どうやればプロレタリアのヘゲモニーを実現できるのか。共産党の指導があると言えるのか。労働者大衆の組織から離れて、共産党に何が残るのか。全国総労働組合〔原文は「全国総工会〕の指導があると言うのか。全総の下に労働組合がいくつあるのだ。ほぼ全総イコール羅章龍〔中共の労働運動指導者〕、羅章龍イコール全総ではないか。「紅軍」のなかで指導工作を行っている共産党員がいる、とでも言うのか。バケツの中に塩を何粒か放り込んでも水が塩味に変わることはないし、時間がたてば生活方式や環境の関係で彼らもルンペン・プロレタリア化し、流賊化してしまう。裏切り者たちは今でも共産党の看板を掲げ、口先では「プロレタリアートの指導」とか、「遊撃戦争は都市労働者の指導を獲得することだけが――唯一の勝利の前途である」とか、「革命高潮の最も主要な象徴は、やはり労働運動の復興である」とか言って偽装しているが、実は、こうした体裁のいい言葉とは全く相反する根本理念を、彼らは有しているのである。コミンテルン政治書記局の中共中央宛書簡は述べている。

> 中国の……革命の潮流には、もう一つの特殊な特徴がある。すなわち、農民戦争である。……回民〔イスラム教徒〕暴動、紅槍会などの暴動[27]であり、……党内の農民闘争及び遊撃戦争を不十分にしか評価しない傾向に対しては、断固反対する。兵士のなかでの工作は大いに注意しなければならない。

したがって、〔中国共産党の〕「中央通告」第六八号は、次のように言っている。

> もとより、全中国の革命の高潮が到来しようとしていることの、最も主要な象徴は、やはり大都市の労働者闘争の復興である。だが、二〔年〕来の農民の土地闘争と紅軍の発

> 展は、確かに、豪紳・ブルジョワジーの国民党支配は決して安定することはなく、度重なる軍閥戦争のため必然的に日々崩壊に向かっていることを反証しているし、ソヴィエト区域と紅軍の拡大は、確かに、新たな革命の高潮を決定づける主要な動力の一つとなろうとしている。……いま、農村ソヴィエトと紅軍の発展はきわめて困難な時期にあるが……われわれはこの闘争を、南方の多数の農村で発展させるだけでなく、大都市にまで影響を及ぼすようにさせねばならない[28]。

また、この「通告」は冒頭で次のように述べる。

> 一九二七年に中国大革命〔国民革命〕が失敗に終わってから、プロレタリアは莫大な損害を蒙ったが、しかし、南方の農民土地革命は、そのことで死滅することはなかった。逆に日和見主義の指導（？）から離脱した中国党が、農民の困難をきわめる反地主豪紳闘争を断固として指導したことによって、それは湖南・湖北・江西三省の秋収穫暴動から、南方全体に広がる遊撃戦争へと発展した。……紅軍の発展は朱〔徳〕・毛〔沢東〕の第四軍から最近は鄂東〔湖北省東部〕の大治の兵変で成立した第八軍に及び、集中した武力は合計五万人を下らず、広東・広西・福建・江西・湖南・湖北・河南の諸省に分布している。……この偉大な革命的事実の存在と発展は、反動支配の新聞でさえ否定することができない[29]。

『紅旗』第七二期も言っている。

> 解党主義者たちは気力をふりしぼって、いまの中国には革命はまだない、中国に紅軍が存在するはずがない、と大声疾呼している。なるほど、紅軍は革命から生まれるものであり、ソヴィエト政権下の軍事組織の形式である。しかし、解党主義者はいまの中国のあらゆるところで日増しに深化し拡大する土地革命を、そして土地革命の発展に支配階級の矛盾の激化と中国の経済的地理的条件が加わり、南中国全土にソヴィエトが打ち立てられていることを全く理解していないのだ。これらのソヴィエトにあって、広範な農民の遊撃部隊、各地の地方暴動の労農武装隊（？）及び全国で普遍的に起こりつつある兵変〔を起こした部隊〕が、土地革命をめぐって深化と拡大を遂げ、次第に紅軍へと転化するのであり、このことを解党主義者は理解しようとしないし、理解できないのだ[30]。

裏切り者たちの理論は、明らかである。すなわち、中国大革命は失敗し、プロレタリアは甚大な損害を蒙ったが、しかし農民たちは依然中国革命の任務を担い続けることができており、これに加えて現在、反乱兵・土匪・神兵・回民・紅槍会・大刀会などで構成される「紅軍」が日ごとに発展しているのだから、たとえ党の組織力が健全ではなく、都市労働者に大衆的組織がなくても、この「紅軍」が農民遊撃戦争を指導して影響を大都市に及ぼし、新たな革命の高潮を決定づければ、土地革命を完成させ、ソヴィエト政権を樹立できる、これがいわゆる「中国式の特徴」であり、反対派には理解できないのだ、というものである。この種の「中国式の特徴」から推断演繹される理論は、農民の原始的な感情に屈服しているばかりか、明らかに「農村で都市を指導する」、「ルンペン・プロレタリアートで労働者を指導する」政策であって、まことにマルクス・レーニン主義の反対派には全く理解できないものである。

彼らのこの種の理論は、終始一貫した思想であり、決して偶然〔の産物〕ではない。中国の革命にはマルクス・エンゲルス・レーニンが見たことのない中国民族の特徴がある、だから中国のブルジョワジーは特別に革命を指導することができたし、中国の共産党は国民党の組織に加入してもよかったし、中国の国民党はソヴィエトの代わりとなり得たのだし、現在でも闘争は都市労働者階級の力の代わりに、土匪・敗残兵・失業農民から成る「紅軍」に依拠して、革命の高潮を決定づけることができる〔とされている〕。だから、労働者大衆に対し、かつては国民党の北伐軍を、今は「紅軍」を歓迎し擁護するよう宣伝されているのだ。自らの階級、さらには全民族を解放する使命を、自らの双肩に担うようプロレタリアートを教育するのではなく、自身以外の特殊な武装勢力が自らを解放してくれることを歓迎し擁護するよう教育しているのだ。裏切り者たちのこうした非マルクス主義的理論、非プロレタリア的政策は、労働者大衆と党員大衆にきわめて劣悪な教育を施すものなのだから、われわれ反対派が労働者大衆と党員大衆の面前ですぐに、原則から公然と指摘することをなさねば、それこそが罪悪なのだ。

なるほど、かつての国民党の北伐軍の発展と、今のルンペン・プロレタリアート（土匪と敗残兵）の「紅軍」の発展は、ともに客観的事実である。しかし、われわれは、まさしく客観的事実の中に埋没することで、プロレタリアの階級的立場という根本原則を離れてしまっている。これこそが日和見主義の発生源である。日和見主義はユートピア主義とは異なり、何の理由もない空想ではなく、明らかな客観的事実の根拠を有している。しかも、これら客観的事実という根拠は、マルクス主義者が軽視してはならないものでもあるのだ。もし、口実にできる明らかな客観的事実の誘惑がなければ、どうしてマルクス主義者の中で日和見主義の右派が生まれよう。西欧大革命後の各国で、資本主義が平和裡に発展したのは明らかな客観的事実であるが、この客観的事実を口実とし、マルクス主義を曲解したこと、これが西欧で日和見主義が発生した客観的原因である。東洋の植民地のブルジョワ民族民主革命の時期では、客観的な事実として、その民族が歴史的経済的に形成してきた多くの特殊現象は当然に免れない。ここでのプロレタリア政党は戦術を運用する際、こうした現象に充分注意を払わねばならないが、もし、それらの特殊な客観的事実の必要を出発点とし、全世界のプロレタリア革命という階級的立場から離れるなら、日和見主義にまで行ってしまうことは必然である。このことがわからない者は、日和見主義の巣穴から一生出られない。

われわれはここで一歩退き、今のいわゆる「紅軍」がどのような内実を備えているのか、客観的事実から考察してみよう。

（一）鄂豫皖〔湖北・河南・安徽〕境界地帯の第一軍は、もともと鄂東北の黄安・麻城の第三十一師と豫東南の商城・光山・羅山の第三十二師、皖西の六安で編成中の一個師で編成されている。第三十一師は、一九二七年の秋収暴動後に成立し、五、六百挺の銃と千人前後の兵員を有し、農民の割合がやや多い。第三十二師は現地の民団〔自警団〕、土匪、富農から構成され、三、四百挺の銃を持つ。師長や参謀長など重要分子の多くは土豪劣紳〔悪徳地主・劣悪有力者〕出身で、〔中共〕商城県委員会と同師の師長はかつて、手を組んで党代表を謀殺したことがあり、彼らは「保境安民〔境域を守り民を安んじる〕」のスローガンを盾に、党中央が派遣した工作要員を拒んだ。最近中央は同師の工作を引き継がせるべく、元黄埔軍官学校の学生某を派遣したが、某は現地の紛争が未解決なので、行って冒険を試みようとはしなかった。〔安徽省〕六安の付近には二百数十名の土匪（大刀会）がおり、民団の一部と少数の暴動後の失業農民を合わせれば三、四百人になるが、多くは銃を持っていない。

（二）湘鄂〔湖南・湖北〕境界の第二軍は、賀大哥《あにき》と呼ばれた賀龍の部隊からなる、完全な土匪部隊である。人数は全く確定できない。この「紅軍」はこれまで党や農民組織との関係を全く持ってこなかった。

（三）贛西〔江西西部〕の吉安一帯の第三軍は、当地の少数の失業農民と醴陵・萍郷から逃げ出した農民を除けば、井岡山の積年の匪賊と江西警察大隊、吉安の靖衛隊・聯防隊、及び〔国民革命軍〕金漢鼎部隊の反乱兵である。第二、三、四団〔連隊〕と第一、第二の二大隊を合わせて約三千人、銃は兵員数と同じほどある。

（四）朱・毛の第四軍は[31]、すべての「紅軍」の中で最も農民と党の基礎を有するが、この二人の指導者は、もはや暗闘から明争するに至っている。毛沢東は、かつて朱徳の部下に手紙を書き、朱徳が個人的な関係を利用して自分の勢力を築き、党のコントロールを受けていない、と攻撃した。朱徳は公開書簡でこれに応え、毛は党と大衆団体との関係がわかっていない、紅軍自体は大衆団体なのであって、軍に直接命令を下すことなど決してできないのだ、と罵った。党の特派員が会議を招集して解決しようとしたが、双方は非難しあうばかりで、中央に要請して二人の職務を解くことが決議された。しかし、実際にはできなかった。

（五）湘鄂贛境界地区の第五軍は、主には彭徳懐が率いる反乱兵と王佐、袁文才らの土匪であり、農民はほとんどいない。彭徳懐は王佐らを土匪と罵倒し、王佐らは彭徳懐を軍閥と罵倒しており、今や彭徳懐は王佐らの「紅軍」に攻撃をかけ、逃亡した王佐らの「紅軍」は反共産・反彭徳懐の旗印を掲げた(32)。

(六) 鄂西〔湖北西部〕の宜昌・沙市一帯の第六軍も、土匪と新一師の一部の反乱兵からなっており、人数や小銃の数は不詳であるが、『紅旗』は、「この部隊(新一師を指す)のうちわれわれが指導できる隊は銃四千を持っている」と述べながら、「残念ながら旗幟はあまり鮮明にできていない」、「彼らはまだ断固として遊撃を拡大してはいない(33)」と言っている。

(七) 桂西辺〔広西西端〕の第七軍は、主には旧兪作柏部隊である。兪の軍にはもともと同志〔共産党員〕の大隊長が二人いた。兪軍が粤〔広東〕軍に打ち破られた後、この両隊の一部は百色の恩隆県まで退いて赤旗を立てたが、まもなく李宗仁軍に敗れて龍州に退き、つづいて桂軍第八師とベトナムのフランス軍に挟撃され、潰走して山に入った。この「紅軍」は、龍州にいた時、「広東野郎〔原文は広東佬〕を殺せ」のスローガンを掲げた。

(八) 鄂東南の第八軍は、一部の失業農民を除けば、敗残兵を再編成したものであり、最も主要なのは、独立第十五旅である。『紅旗』は、第十五旅の兵変のことを模範的な兵変と呼んでいる(34)。だが、第八軍の政治部主任の報告によれば、〔紅軍に〕加入当初、第十五旅の兵士の多くは動揺しており、各人の給与を毎月二十元にするよう要求した。また湖北から来た人によれば、第八軍と第五軍が通過した湖北地方では、地主や富農の土地・財産が侵されず、できうる限り商業が保護され、土豪劣紳に税金は課しても殺害はしなかった。そうして、経済的な生存を図ったのである。

　その他、零細な紅軍は、贛東の横峰・弋陽一帯で方志敏・邵式平らが収編した現地の土匪と景徳鎮付近の敗残兵、陽明山〔湖南省寧遠県〕の周文の率いる土匪、四川の曠〔継勲〕率いる反乱兵も、今では「紅軍」ということになっている。ところが、『紅旗』が大声疾呼している「赤い閩西〔福建西部〕」では、第何軍とかが編成されていない。最近、あちらから来た労働者同志によれば、朱・毛の「紅軍」の侵入後、省都〔福州〕でクーデタが起こったため、閩西各県の駐屯軍はすっかり移動してしまい、それで農民運動と「紅軍」は自由に発展する機会を得た。しかし、「紅軍」の大半は土匪、少数が敗残兵であり、農民運動指導者の大半は富農か中農であった。彼らの問題は相当に解決されているため、「紅軍」や「ソヴィエト」にとても冷淡であり、「紅軍」にはなおさら参加したがらない。しかも、「紅軍」と「ソヴィエト」はできうる限り商人を保護しようとし、かつ労働者の賃上げ要求を禁止している（これは商人の利益を代表しているだけでない。農民にもこうした要求があり得る）。

以上の事実を綜合すると、われわれは以下のことを見出すことができる。すなわち、「紅軍」を構成する要素の大部分はルンペン・プロレタリアート（土匪と敗残兵）であり、彼らは仲間割れ、同士討ち、そして農村ブルジョワジーと妥協する道を辿りはじめている。これらは客観的事実である。では、これら客観的事実は何を物語るか。それは、革命の高潮を決定づけるとされる「紅軍」、この偉大な革命の事実の存在と発展は、「確かに」その「中国式の特徴」を有しているが、そこには実は、民衆の直接的武装勢力としての共通点は存在しない、ということである。

　理論的に見ても、事実から見ても、この種のルンペン・プロレタリアートの「紅軍」の発展が、革命の高潮を決定づけることはできない。今日、党内の、さらには党外の一部のプチ・ブル分子は、支配階級への憤激から、いわゆる「紅軍」に幻想を抱いている。しかし、一般にプチ・ブルの政治的願望は、結局ブルジョワ民主主義の範疇を超えることはできない。したがって、彼らの憤激や幻想は、時にわれわれに有利なことがあっても、われわれプロレタリアートの前衛が、前衛とプロレタリアート全体をプチ・ブル意識から解放するのでなく、自己の階級意識にもとづいて自己の階級力量を評価し政策の決定をするのでなく、彼ら「プチ・ブル」の意識に追随するのであれば、それはプロレタリアートの裏切り者である。

　都市労働者の指導がないいわゆる「紅軍」の前途は、（一）支配階級の内戦が一時停止となり、そのため撃破されるか買収される、（二）自己の内訌によって崩壊する、（三）農村ブルジョワジー（商人と富農）と次第に妥協して彼らの「白軍」となるか、あるいは彼らの経済手段に圧迫されて崩壊するか、のいずれかであり、これ以外に他の前途などありはしない。

われわれはここで予言してもよい。将来、いわゆる「紅軍」の運動は失敗する（ここで言う失敗は、たちまち完全に消え去ることではない。なぜなら中国の土匪問題は、すぐには解決できないものだからだ）、その時、スターリン派のインターナショナルは必ずやまた中国党に罪を帰し、中国党は、「労働者のストライキ闘争に特に注意すること」「労働者階級の大多数を勝ち取ること」「プロレタリアートのヘゲモニーを勝ち取ること」などのインターの訓令を遵守できなかったと言うことであろう。その実、彼らは、「全国的な危機と革命の潮流には中国式の特徴がある」とか、「党内の農民闘争及び遊撃戦争に対して不充分にしか評価しない傾向に対しては、断固反対する。兵士のなかでの工作は大いに注意しなければならない」[35]といったことを中国党に教え導いている。本来、ルンペン・プロレタリア意識と農民プチ・ブル意識が濃厚で、軍事的投機に慣れた中国党は、インター指導部のこうした暗示を受け、当然に一層ルンペン・プロレタリア化、農民プチ・ブル化し、全力を農村遊撃戦争に集中させ、同時に都市労働者大衆の組織と闘争のための活動に「大いに」注意するすべをなくすことになる。これはまさしくスターリン派の赦《ゆる》されざる罪悪であり、同時に彼らの中国革命指導の最終的破産なのだ。

われわれの結論は、以下のとおりである。ルンペン・プロレタリア（土匪と敗残兵）はすぐには解決できない問題であり、絶対にわれわれの衛兵や支柱にすることはできない。わずかしか土地を持たない貧農は、内外のブルジョワジー及び地主の、何重もの搾取・抑圧の下、必ずや闘争に立ち上がる。われわれはもちろん、彼らと良好な関係を築き彼らの闘争を指導すべきだが、それだけでは革命の活路にならない。大切なのは、都市労働者の組織と闘争を強化することであり、都市労働者が革命の高潮たる蜂起（つまり普遍的な政治ストライキ）を行ってはじめて、都市と農村のソヴィエト及び赤衛軍の組織を語り得るのであり、現有のいわゆる「紅軍」の武装を民衆の直接的な武装勢力の一部と転化させることができるのだ。

〔一九三〇年〕四月十三日

（1）大内力訳『ドイツ農民戦争』（岩波文庫、一九五〇年）はこの部分を、「あらゆる階級の零落者の屑であり、多くの大都市に本拠を構えているルンペン・プロレタリアートは……」としているが、陳独秀の訳文には、この「多くの大都市に本拠を構えている」が見えない。なお、『ドイツ農民戦争』の最初の中国語での完訳は一九三八年の刊行（銭亦石訳『徳国農民戦争』、生活書店）であるので、陳独秀は中国語への部分訳か、他言語への訳を参照したと考えられるが、その詳細は不明。

（2）「フランス問題についての政治決議」（一九二二年十二月二日）。村田陽一編『コミンテルン資料集』第二巻（大月書店、一九七九年）参照。ここで言われている「秘密結社」とは、フリーメーソンのことである。

（3）『選編』はこの三人の名の部分を判読できないと注記し、「……」にしている。しかし、訳者が底本としたアメリカ合衆国のスタンフォード大学フーヴァー・ライブラリー所蔵本の写真版（日本国際問題研究所旧蔵）では、三人の名が明確に読み取れる。

（4）一九二七年八月に国民党への武装暴動方針に転じた中国共産党は、当初その武装部隊を労農革命軍と称していたが、二八年五月、これを「紅軍」と改称した。

（5）原文は「軍閥崩壊的基点――兵変、他顕示了……」。このうち「軍閥崩壊的基点――兵変」の部分は、論文の本文ではなく、表題の「軍閥態〔制〕度激烈崩壊的基点――兵変」から引用されている。

（6）『紅旗』原論文では、「技術」の部分は「技術〔軍事〕」となっている。

（7）武光「軍閥制度の激烈な崩壊の起点――兵士反乱〔軍閥態〔制〕度激烈崩壊的基点――兵変〕」（『紅旗』第七二期、一九三〇年二月五日）。

（8）念黎「全国に広がる兵士反乱の潮流〔遍佈全国的兵変潮〕」（同前）。

（9）畏絲「中国紅軍の発展〔中国紅軍的発展〕」（同前）。

（10）同前。

(11)「コミンテルンの一九二九年十月二十六日付指示書簡を受け入れる決議〔接受国際一九二六年十月廿六日指示信的決議〕」（『紅旗』第七六期、一九三〇年二月十五日）。

(12)『紅旗』原論文では、「遊民や土匪、ゴロツキ……」の原文（流氓、土匪、地痞……）に、カギ括弧が付されている。

(13) 応時「短評」（『紅旗』第六七期、一九三〇年一月四日）。

(14) 白朗（一八七三～一九一四）、字は明心、河南の人。辛亥革命後の一九一二年に武装蜂起、翌年には孫文らの第二革命に呼応して、河南・湖北・安徽・陝西・甘粛一帯で活動した。一九一四年、河南で敗死。

(15) 老洋人（一八八六～一九二四）、本名張慶、河南の人。容貌が西洋人のようであったため、この通称がある。白朗蜂起、ついで河南軍に参加。一九二二年から独自の部隊を率い、河南省を中心に県城攻略や外国人襲撃などを行った。一九二四年、北洋軍の討伐で敗死。

(16) 一九三〇年初め、中国では世界恐慌の影響から金の価格が暴騰したため、諸物価の高騰を招いた。なお、原文には改行はないが、一段落が長くなるので、ここで改行した。

(17) コミンテルン執行委員会「中共中央委員会への書簡〔共産国際執委致中共中央委員会的信〕」（一九二九年十月二十六日付、『紅旗』第七六期、一九三〇年二月十五日）。

(18) 念黎前掲「全国に広がる兵士反乱の潮流」。

(19)「モスクワ蜂起の教訓」（一九〇六年八月二十九日）、『レーニン全集』第一一巻（大月書店）を参照。

（20）一九三〇年五月二十日から二十三日にかけ、中共李立三指導部が開催。閩西、鄂東、左右江（広西省西部）、粤東江、鄂西、閩北、湘鄂贛辺、鄂豫辺、沔陽（湖北省）、皖南、贛西南のソヴィエト区などの代表四十九名が参加。大会は「全国革命の高張はすでにわれわれの目前に近づいている」として武装暴動準備を求める宣言を採択した（『紅旗』第一〇七期、一九三〇年六月四日）。

（21）「革命の二つの方向について」（一九一五年十一月二十日）、『レーニン全集』第二一巻（大月書店）を参照。

（22）示壬「解党派と紅軍〔取消派与紅軍〕」（『紅旗』第七二期、一九三〇年二月五日）。陳独秀が『紅旗』第七一期とするのは誤記。

（23）この三工場では、それぞれ一九三〇年一月十三日～十四日、同一月十四日～二月二十一日、一九二九年十二月三十一日～一九三〇年二月十二日に争議が起こった（上海市政府社会局『上海市労資糾紛統計　民国十九年』、同『近十五年来上海之罷工停業』。争議終了は当局の調停・仲裁決定日）。なお、わずかな退職手当支給で経営側の工場閉鎖の方針が認められた祥昌綿織では、三月五日、反対する労働者が工場に入って自主運営を図り、フランス租界警官隊と衝突した。結果、三名が射殺され、二十一名が負傷している（『無産者』第二期、一九三〇年七月一日）。

（24）『中共中央文件選集』第六冊、一七頁。

（25）改組派とは、「一九二四年の国民党改組の精神」に基づく国民党改組を主張した汪精衛系の国民党内グループ。一九二八年冬に「中国国民党改組同志会」が組織され、反蔣介石の立場で、唐生智・石友三らの「護党救国軍」挙兵（一九二九年）を策動し、閻錫山・馮玉祥らが起こした反蔣戦争「中原大戦」（一九三〇年）にも加わったがいずれも敗れ、三一年一月、汪精衛は「同志会」の解散を声明した。

（26）コミンテルン執行委員会前掲「中共中央委員会への書簡」。

（27）一九二九年四月、甘粛の回軍が寧夏を陥落させ、同年三月には、紅槍会が山東省南部の滕県・鄒県一帯で国民党軍を襲撃している（郭廷以『中華民国史事日誌』、中央研究院近代史研究所、一九七九年）。

（28）『中共中央文件選集』第六冊、一六、一八頁。

（29）『中共中央文件選集』第六冊、一五〜一六頁。

（30）示壬前掲「解党派と紅軍」。

（31）『選編』は、ここに「（略）」と記し、『無産者』の原文にある百七十九字（句読点を含む）を削除しているため、（四）は表題のみとなっている。しかも、（　）の符号は陳独秀自身も用いているため、あたかも陳自身が省略したように見える。前注（3）の事例とともに、政治的配慮に基づくテキスト改竄と言わざるを得ない。

（32）実際には、王佐と袁文才は一九三〇年二月、第五軍の部隊に殺害されている。

（33）念黎前掲「全国に広がる兵士反乱の潮流」、畏絲前掲「中国紅軍的の発展」。

（34）羅克「模範的な兵士反乱の第一声〔模範兵変的第一声〕」（『紅旗』第七二期、一九三〇年二月五日）。

（35）コミンテルン執行委員会前掲「中共中央委員会への書簡」。

十月革命と「永続革命論」

〔『無産者』第五期、一九三〇年十一月十日、「十月革命与「不断革命」」、独秀〕

全世界プロレタリア独裁時代の序幕となるロシア十月革命は、われらが二大指導者レーニン同志とトロツキー同志が連携してマルクスとエンゲルスの遺訓である「永続革命」[1]の道を初めて実践したものである。マルクス・エンゲルスは一八五〇年三月、共産主義者同盟中央局のために起草したドイツ支部宛の書簡で以下のように書いた。

> 民主主義的小ブルジョアが革命をできるだけすみやかに、せいぜい前記の諸要求の実現をもって終わらせたいと望んでいるのにたいして、われわれの利益とわれわれの任務は、多少とも財産を所有するすべての階級が支配的地位から追いのけられ、プロレタリアートが国家権力を掌握し、一国だけでなく全世界のすべての主要国のプロレタリアの結合がいちじるしくすすんで、その結果、これらの国々でプロレタリアどうしの競争がやみ、すくなくとも決定的な〔各種の〕生産力がプロレタリアの手に集中されるまで、革命を永続させることである。……彼ら〔君たち〕の戦いの鬨《とき》の声はこうでなければならない

――永続革命、と。[2]

マルクスとエンゲルスのこの「永続革命」の遺訓には、深さと広さの二つの意義がある。深さとは、つまり各段階で停頓することなく、途切れることなしにプロレタリアートの政権奪取に向かうということであり、広さとは、つまり各国に停頓することなく、途切れることなしに世界革命に向かうということである。この深さと広さの二つの方面を合わせることが必要で、そうして初めてマルクス主義の「永続革命論」の全体的な意義となる。レーニンとトロツキーはマルクス・エンゲルスの発した「永続革命論」の鬨の声から六十七年後、ロシア二月革命でブルジョワジーがひとたび政権を取るや、ブルジョワ革命段階の完成に拘泥するカーメネフ、ジノヴィエフらの固定観念を極力排し、断固としてプロレタリア階級の政権奪取の闘争を進めた。同時に二人はロシア・プロレタリアートの十月革命を世界プロレタリア革命の序幕としか見なさず、終始一貫、その成否は世界プロレタリアートの闘争の勝敗と結びついていると判断し、勝利の翌日、二人はソヴィエト・ロシアプロレタリアートの勝利に基づく、精神的、物質的成果を利用して、世界各国の革命組織と闘争とを促進した。十月革命は全世界プロレタリアートのために二つの財産を創造したと言っても差し支えない。一つはロシアのプロレタリア独裁国家、もう一つは第三インターナショナルである。レーニンとトロツキーが指導した十月革命は、マルクス主義の「永続革命」の総体的意義をなんと忠実に体現していることとか。これはもとより、一点の曇りもない事実であって、誰も否定することはできない。

ジノヴィエフ、スターリン、ブハーリンら不肖の弟子たちは十月革命から五、六年目に、レーニン同志の病中に、秘かにフラクションを作り、トロツキーの「永続革命論」に反対するという名目のもと企みを巡らし、マルクスの遺訓に背いたのである。レーニン同志の死後、これら不肖の弟子たちは、さらにでたらめな議論をでっち上げた。彼らはトロツキー同志に反対したが、中心問題はその「永続革命論」に反対することであり、確かに彼らは中心問題をつかんでいたが、しかし、まさにそのために、彼らがマルクスの遺訓に背いた罪悪はより明確となり、より深刻なものとなったのである。

ジノヴィエフ、スターリン、ブハーリンら不肖の弟子たちは、ソ連内部の問題を討論することから、「一国で社会主義を建設する」という理論をでっち上げ、そのことでトロツキーの「永続革命論」、つまりいわゆる「トロツキズム」に反対したのである。彼らは、中国革命問題に対して、中国経済に依拠して社会主義を建設する条件はまだないことから、中国プロレタリアートにはまだ政権奪取の可能性はないと考えた。この観点はまた、「一国で社会主義を建設する」という理論に発していた。彼らは中国革命の段階論について、かつて一九二七年の革命はブルジョワ民主革命に限定すべきだとしたのみならず、将来の革命も相変わらず、労農民主独裁段階を経なければならず、ブルジョワ民主革命の課題を達成して初めてプロレタリア独裁の段階に移れるとした。彼らはこのような機械的段階論を持ってきてトロツキーの「永続革命論」に反対したが、これはかつて彼らが十月革命前、さらには十月革命の数ヶ月後まで、レーニンの「永続革命論」に反対したのと、まったく同様である。今はまさにその焼き直しである。彼らのこうした「一国で社会主義を建設する」理論と「段階論」は、広さの面でも深さの面でも、明らかにマルクス・エンゲルスの「永続革命」の遺訓に背いている。彼らは宣伝力で「永続革命論」をいわゆる「トロツキズム」だと言いなそうとしているが、惜しいかな、彼らには世界に残されているマルクス、エンゲルスそれにレーニンの文書、とりわけ、マルクス・エンゲルスが起草したこの書簡を焼き尽くす力はないのだ。

　スターリン派はトロツキーの永続革命論とマルクスの永続革命論の異なる点をでたらめに述べたて、トロツキーの永続革命論では民主主義的なプチ・ブル階級の政権段階が跳び越えられていると言うが、これはまったくの曲解であり、事実を抹殺するものだ。一八五〇年春、マルクスとエンゲルスが例の書簡を起草したとき、ドイツのプチ・ブル階級民主派はまだ政権を取っておらず、まだ革命を目指していた。そこでマルクスはあのように言ったのである。一九一七年のロシアのプチ・ブル階級民主派（社会革命党）と一九二七年の中国のプチ・ブル階級民主派（国民党左派）は、ともにすでに政権を取っており、すみやかに革命を終わらせたいと願っていただけでなく、革命に公《おおやけ》に反対してもいた。それでもトロツキーの「永続革命論」が跳び越えてはならない段階を跳び越えていると言えるだろうか。もし、民主主義の任務を全うする段階を跳び越えたというなら、まさにレーニンとトロツキーはそれを巧みに跳び越えたことではじめて偉大な勝利を得たのであり、ロシア民主主義革命の任務を徹底的に全うしたのである。スターリン、ブハーリンはまさしく跳び越える勇気がなかったがために、中国革命を悲惨な敗北に導き、中国における反革命を完成させたのである。

一九二七年の中国革命がすでに敗北し、プロレタリア階級の政権奪取のチャンスが「永続革命」に反対する観点から手放された時になって、ロミナッゼと瞿秋白は突然大声で「永続革命」を叫んだ[3]が、二人の叫ぶ「永続革命」は相変わらずいわゆる民権革命の範囲を出るものではなく、依然として「永続革命」に反対する観点を放棄してはいなかった。二人のいわゆる「永続革命論」は「直接的革命情勢永続論」に過ぎず、マルクス主義の「永続革命論」ではなかったのである。冒険主義は、まさしくこの「直接的革命情勢永続論」の産物であった。スターリンとブハーリンは、ロミナッゼと瞿秋白の「永続革命論」に反対したが、逆に「直接的革命情勢永続論」は承認した。これこそ、日和見主義と冒険主義の完璧な表れであった。

全世界のプロレタリアートは十月革命を擁護するために、まずもってマルクス、エンゲルスから、レーニン、トロツキーへと脈々と通じている「永続革命論」を擁護しなければならない。なぜなら、これこそ十月革命の魂であるからだ。同時にスターリン、ブハーリン、ジノヴィエフの「一国社会主義」と「段階論」を打倒、粉砕しなければならない。なぜならそれらは十月革命を損なう魔物だからである。

（1） 原文は、「不断革命」。日本語では「永続革命」（permanent revolution）として定着している語を、レーニンは「中断されない革命」（uninterrupted revolution）と表現し、トロツキーも一九〇五年革命当時はこちらの方を用いていた。ただし、両者は同義である（上島武ほか『トロツキーとゴルバチョフ』窓社、一九八七年）。陳独秀がここで後者の中国語訳「不断革命」を採用しているのは、これより先、瞿秋白《くしゅうはく》のパンフレットが前者の「永続革命」の語を用い、しかも本来の意味とはまったく逆の、非連続二段階革命論としてトロツキズムを攻撃していたからであろう（瞿秋白『中国革命中之争論問題』一九二七年二月）。本編による「不断革命論」紹介以後、中国トロツキー派では「不断革命」の用語が定着していくことになる。なお、毛沢東が文化大革命期に提唱した「継続革命」の概念は、上記の永続革命論とは異質のものである。

（2） マルクス・エンゲルス著「一八五〇年三月の中央委員会の同盟員への呼びかけ」。『マルクス・エンゲルス全集』（大月書店）第七巻所収。ここは同巻二五二〜二五三頁及び、中略のあとは、二五九頁の訳文による。引用文中の「決定的な生産力」と末尾の「彼ら」とは、『無産者』初出テキストでは、それぞれ「各種の生産力」、「君たち」となっている。ここでは『マルクス・エンゲルス全集』を優先した。

（3）　瞿秋白を指導者とする中共中央は、一九二七年十一月に臨時政治局拡大会議を開催、「全中国の状況は直接革命の情勢にある」、中国革命は「民権主義の任務を徹底的に解決して急転直下社会主義の道に進む」永続革命（原文は「無間断革命」）であるとする「中国の現状と党の任務決議案」を採択した（『中共中央文件選集』第三冊、四五三～四五四頁）。陳独秀が「突然」と言っているのは、それまで中共は国民党を通じての政権獲得を目標にしていたためである。なお、瞿秋白は一九二三年には民主主義革命から社会主義革命への連続移行を論じており、前述の『中国革命中之争論問題』でも、事実上のソヴィエト政権樹立や民族ブルジョワ勢力との決裂を主張していた。したがって、彼の革命論はきわめてトロツキーに近かったが、彼の党内論争でのふるまいは、スターリニストそのものであった（江田憲治「瞿秋白と国民革命」『中国国民革命の研究』、京都大学人文科学研究所、一九九二年、参照）。

統一運動に対する意見

〔『無産者』第一一期、一九三一年二月十三日、「対於統一運動的意見」、独秀〕

国民党が区域別の組合法[1]で労働者階級の組織とストを消滅させている今日、国民党が一手に請け負う国民会議[2]が大衆をだましている今日、大衆がわが党の指導と援助を少しも得られていない今日、公式の党が空前の混乱と活動停止状態にある今日、われわれ反対派各派のフラクション〔原文は「小組織」〕は、いまだに速やかに統一を遂げ、全力を集中して目の前にある闘争に対応することができていない[3]。このことは、すでに犯罪である。われわれが前非を改めることなく、依然としてない知恵をしぼり、狭隘な意識の中で、典拠もあれば理屈も成り立つかに見える条件を発明しては、統一を阻んでいるとすれば、これは、罪悪中の罪悪である。

　これまで数次にわたる、国際書記局[4]とトロツキー同志のわれわれに対する勧告のことは言わないとしても、今、トロツキー同志の書簡を見れば、彼は十分に懇切丁寧に語っている。「親愛なる同志たちよ、諸君の組織と諸君の新聞を今ただちに、完全に融合させたまえ。統一の準備工作を長々と後に引きずってはなりません。なぜなら、そんなことをすれば、望まなくても人為的な相違がつくり出されかねないからです」、「いつまでも過去にこだわって足踏みしているわけにはいきません。未来に向かって前進するべきです」、「オーストリアの三つの反対派グループは、一年半もの間、「統一」に取り組むと称しながら、そのたびごとに統一を不可能にする条件をでっち上げてきました。この犯罪的なゲームは、公式の共産党の腐敗に飲み込まれたオーストリア反対派の惨めな現状を反映しています。オーストリアの反対派グループはいずれもこの一年というもの、国際反対派の思想と原則を放棄しても自分たちのサークル的うぬぼれだけはけっして放棄することはないということを十二分に示してきました[5]」。これらの言葉がどれほど沈痛なものか、これを聞いても依然少しも心を動かさないのであれば、それは荘周の言うところの「心死[6]」であろう。

彼はまた述べている。「オーストリアの反対派とは対照的に、中国の反対派は、舞台裏のちっぽけな陰謀詭計にもとづいてではなく、日和見主義的な指導部によって失われた壮大な革命の経験にもとづいて発展しています。その偉大な歴史的使命は、とてつもなく大きな責務を中国の反対派に課しています。われわれはここで、中国の反対派がサークル主義の精神を払拭し、身の丈いっぱいに立ち上がり、その課題にふさわしい存在であることを証明することを期待しています」。これらの言葉に、われわれは恥じ入るばかりだ。

一部の同志は、国際書記局及びトロツキー同志の意見に表面的には反対せず、トロツキー同志の「今日から一つの組織に統合すべきである」との主張はたいへん正しい、と公然と認めながら、まるでトロツキー同志の今回の書簡での説得や反駁を読んでいないかのように、改めて統一のための条件を持ち出すのだ。現時点での未成熟な環境にあって、各フラクションあるいはそのなかの一部の分子が、誤りを免れるとは言い難いし、さらにはもっと悪い傾向もある。「無産者社」についても、もしその悪い傾向、とりわけ個人の自由について探そうとすれば、団体から個人に至るまで、パンフレットを書けるほどの分量になる。これらの悪い傾向は言うまでもなく是正されねばならないし、厳しく是正されねばならない。だが、是正の方法は、一般に政治的に着手されねばならない。組織的に着手するのは、もう手遅れである。いわんや、統一運動に努力が傾注されている今、われわれは全反対派の運動のために責任を負っているのであるから、大所高所から着眼し、政治から出発して快刀乱麻を断つように過去及び現在の紛糾を解決すべきであり、それこそが正当な方法である。このようにするのでなく、逆に各派が相互に口実を探し合い、相互に他派あるいは他派の中の一部の分子の悪い傾向の是正を統一条件とするなら、かつその組織内の同志にこの条件のため闘争することを呼びかけるなら、果てしなき紛糾を作り出し、各派間の偏見を深め、未統一のままの現有各派をして一層分裂させる（現にそうした兆候がすでにある）だけである。そうした方法を取り、そうした意見を持つ人々は、たとえ彼らが口に出して統一に反対せず、インター〔トロツキー派国際書記局のこと〕見解に反対せずとも、実際には百パーセント統一と国際書記局の反対側に立つものである。

　あるいはこう考える人がいるかもしれない。インターは中国の状況を理解していない、今のような統一は全くだめである、と。だがもしそうなら、インターに対して極力争う一方で、やはりインターの意見を積極的に執行するべきである。われわれインターナショナリストはこうした態度を取るしかないのだ。

　あるいはこう考える人がいるかもしれない。インターと争ったとて、効果があるとは限らない、だから今は絵空事を語るに及ばない、一部の大衆をわれわれの背後に結集させることができさえすれば、その時になってインターに意見を言えば、話は違ってくる、インターも、われわれを承認せざるを得なくなるのだ、と。だがもしそんなことをするなら、それは全く李立三のスターリン派インター〔コミンテルン〕に対する態度であって、ブローカーを自認し、国際局をブローカー視しているのだ。左派反対派の隊伍の中にもしこうした考えの人がいるなら、それはきわめて大きな汚点である。

　私個人は徹頭徹尾、インターの見解に賛成する。私は、私自身が真理に合致すると考えることをすべての同志に告げ、真理のために戦わねばならない。私の義務は、これだけである。

私はこれまで、真理をよそに放り出すことを望んだことはなかったし、陰謀詭計やペテンを基礎に同志を結集して自分個人の大衆とすることを企んだことはない。そんなことは、張国燾や瞿秋白が旧時の党でやっていた大商売であって、私は深く憎むものだ。私は、自分の意見が「無産者社」のなかで最も少数であろうとも全く気にはしない。少数であることは、必ずしも真理と絶縁していることではない。たとえ、人々があらかじめ祝ってくれるように、「一人ぼっちの指導者」とか「孤独な王様」とかになったとしても、私個人を損なうことは少しもない。いわんや恥じることなどないのだ。

（1） 一九二九年十月二十一日公布、同年十一月一日施行。一つの区域内の同一業種の労働者が組織できる組合を一つに制限し（複数の業種を包括する一般労組や上海総工会のような連合体は禁止）、これを省・市・県政府の監督下に置いた。

（2） 蒋介石が開催を図った訓政時期約法（基本法）制定会議。国民会議代表選挙法施行法（一九三一年一月二十日公布）で、各省及び上海市の農会、工会（労働組合）、商会及び実業団体、教育会・大学・自由職業団体、そして国民党に定員が割り振られた。同年五月五日招集。

（3） 中国共産党（「公式の党」）をスターリン派と規定して対峙したトロツキスト四派（陳独秀ら

無産者社、「われわれの言葉」派、劉仁静ら十月社、および戦闘社）の間で、一九三〇年十月に始まった「統一」協議が進展していないことを指している。

（4）一九三〇年四月、フランスやアメリカ、ドイツ、ベルギーなどの反対派がパリで組織したInternational Secretariat のこと（Robert J. Alexander, *International Trotskyism, 1929–1985: A Documented Analysis of the Movement*, Duke University Press, 1991, p. 253）。

（5）托洛次基《トロツキー》著・凡西（王文元）校訳『中国革命問題』（春燕出版社、一九四七年五月）二八七〜二八八頁。ここでの訳は、西島栄訳「中国左翼反対派への手紙」（一九三一年一月八日付）、『トロツキー研究』第三九号（二〇〇二年十二月）に従った。

（6）『荘子』外篇・田子方に「夫《ソ》レ哀シミハ心死ヨリ大ナルハ莫《ナ》シ」とあるのを踏まえる。「心死」とは「精神の死滅して生ける屍となること」（福永光司『荘子 外篇』朝日新聞社、一九六六年）。

中国における将来の革命発展の前途

〔『無産者』第一二期、一九三一年三月十五日、「中国将来的革命発展前途」、独秀〕

協議委員会の第一次綱領草案に「第三次革命はひとたび始まるや社会主義の性質である」との一文があったことから[1]、劉仁静同志の反駁が引き起こされ、続いて『十月之路』第三期と『われわれの言葉〔我們的話〕』第二三期がそれぞれ劉仁静同志の反駁に反論することになった。このように熱心な政治討議は、それ自体が未成熟なものであろうと深みのあるものであろうと、また討議のあり方になお非科学的な方法があるにせよ、われわれの隊伍における最もすばらしい現象である。何といっても、われわれの進歩は、正々堂々たる政治討議によってのみ得られるのであって、政治的な相互非難によって得られはしない。組織的に陰謀詭計やペテンをするに至っては、全くの自殺行為である。

私は、今回の論争は、当初から「中国革命の性質問題」といった題目を用いるべきではないと考えていた。なぜなら、この問題はわれわれ左派反対派のなかでは論じるべきでないからである。実際のところ、皆が討議している文献にあって、中国の将来の第三次革命が社会主義の性質のものであるという定説は誰も否定していない。語彙の枝葉末節や革命全体の性質といったことで問題を混乱させなければ、争点は明らかに「将来の革命を引き起こす要因は何か」、「ひとたび始まるや社会主義の性質なのか」、「最初の段階では民主主義の時期を経過することになるのか」、「いつ社会主義政策の道を歩みはじめるのか」といった問題にある、と私は考える。したがって、今私は「中国における将来の革命発展の前途」という題目での討議を提起する。かつ私はトロツキー同志の文献のなかに、すでにかなりこのような問題に対する解答がなされていると、考える。

一、「自国の民主主義革命を実現ないし完成させていない国々は、きわめて重大な意義を持った固有の特殊性を有しており、……先鋭な農業問題が存在し、耐えがたい民族的抑圧が存在する植民地諸国においては、比較的少数の若いプロレタリアートであっても、民族民主主義革命にもとづいて、先進国のプロレタリアートが純社会主義的な基盤にもとづく場合よりも早く権力に到達することができる」（『永続革命論[2]』）。

二、「革命的民主主義運動が次のような次元に至ることを仮定することができるでしょうか。すなわち、蔣介石がもはや軍事機構を支配下に置きつづけることができなくなっているが、共産党がまだ権力をとっていないという次元です。発展のこのような過渡的時期は大いにありうることです。これはある種の中国版二重権力、新しい臨時政府、国民党と第三政党との新たなブロック等々を招来するでしょう。〔この種の政治体制は非常に不安定で、〕これはプロレタリア独裁に向けた一段階にすぎません。しかしこのような段階はありうるのです」（最近の中国左派反対派宛書簡[3]）。

三、「第三次中国革命の第一段階にあって、過去の「全民戦線」を別の、より短縮した形式で再演できるかどうかであるが、それは可能である。しかし、その時期は、ただ中国共産党をして「四月テーゼ」を民衆の前に提示させる、つまりは、政権奪取の綱領と戦術を提示させるだけである」（「コミンテルン綱領草案批判[4]」）。

四、「第三次革命（中国経済はロシアよりいくらか遅れているにせよ）では、ロシア十月革命後の半年間のような「民主主義」時期（一九一七年十一月～一九一八年七月）さえもあり得ない。そして、開始時から断固として都市と農村におけるブルジョワジーの私有財産を動揺させ、覆すであろう」（同前[5]）。

トロツキー同志の、中国革命の発展の前途へのこうした長期的な分析、歴史的な仮定にあって、われわれはいくつかの結論を得ることができる。一、民主主義革命を完成させていない中国では、民主主義の課題は依然として将来第三次革命を引き起こすことができる要因であるが、この革命の要因は、第三次革命の性質が依然としてブルジョワ民主主義革命であるとの理由にはならないし、逆にこの要因があるからこそ、プロレタリアートは遅れた国家にあって、先進国家よりも早く政権を獲得できるのだ。二、遅れた国家のプロレタリアートは民族民主革命の基礎の上に政権を獲得し得る以上、将来の革命高潮の最初の段階にごく短い民主主義時期と二重政権が生まれる可能性は否定できない。われわれが、スターリン派の「ブルジョワ民主主義革命から社会主義革命にまで発展するには一時代全体を必要とする」という見解に反対であるからといって、プロレタリア革命の発展全体における小さな過渡的段階は、いかなるものにせよ否定できない。三、プロレタリアの前衛は、革命高潮の最初の段階にあって、その政権奪取の綱領と戦術を提起すべきである。革命暴動の勝利、すなわちプロレタリアの政権獲得が始まるや否や、民主主義の課題を完成させると同時に社会主義政策の道を歩みはじめるべきである。ロシア十月革命後の半年間のような「民主主義」時期さえもあり得ないのだ。

　これがつまり、私の、中国における将来の革命発展の前途についての見通しと意見である。

　したがって、私は、何人かの同志が言うような、「第三次革命はひとたび始まるや社会主義の性質である」といった客観的な見通しは、将来の事態の進展と必ずしも合致しないと考える。同時に、〔劉〕仁静同志の、「プロレタリア独裁と国民会議が解決せねばならない任務は一つであり、それはブルジョワ革命の任務である」、「遅れた国家では、国民会議とプロレタリア独裁との関係は外殻と内実の関係である……真の国民会議はプロレタリア独裁の外殻であり、それは後者が実現されると同時に、必ずや取り去られることになる」(『あした〔明天〕[6]』第三期)と言っているが、私は、このような言い方も間違っている、と考える。トロツキー同志は、ロシア一九〇五年革命を論じる際、次のように言った。「〔ロシア〕社会民主党の当面する課題は民主主義革命を完遂することである。だが、権力を獲得したプロレタリアートの党は、自らを民主主義綱領に限定することはできない。党は、社会主義的諸措置の道へと移行することを余儀なくされるだろう」(『自伝[7]』)。プロレタリア独裁はそれ自体社会主義の性質のものであり、国民会議はその「真」の程度がいかなるものであろうと、ブルジョワ民主主義を越えることはできない。両者の間の階級的で根本的な分岐を、外殻と内実の関係にすぎないとどうして言えるだろうか。

仁静同志は別の文章の中で、トロツキー同志の〔『永続革命』の〕言葉を引用している。「後進的なブルジョワ諸国の民主主義的課題はわれわれの時代においては直接にプロレタリアート独裁を導き、プロレタリアートの独裁は社会主義的課題を日程にのせるだろう[8]」。こうした言い方であれば、何の欠点もなくなる。

「中国の革命は民主主義の要求で始まり、社会主義で終結する」。仁静同志のこの全般的結論は正しいと私は考える。張霆同志も、「これは争うべくもない事実である」としている。だが、張霆同志はこれに続けて、言っている。「われわれと劉仁静同志との論争は、この問題についてではなく、その間——民主主義の要求から社会主義での終結までの——にブルジョワ民主主義革命段階という歴史時期を経過しなければならないか、という問題である」。〔これに対し〕劉仁静はわれわれに、やはり経過せねばならない、と回答した。また王文元〔凡西〕同志は、劉仁静が「まず単独に民主主義の任務を解決し、その後社会主義の道を切り開く」と主張していると言っている。私が見た仁静同志の文章の中には、こうした言葉はないのだが、もし、仁静同志の「プロレタリア独裁と国民会議が解決せねばならない任務は一つである。すなわち、ブルジョワ民主主義革命の任務である」、「国民会議はプロレタリア独裁の通俗的な公式である」といった発言と、彼が一貫して、革命の道に至るための補助的で一時的な民主主義スローガンを、われわれの前途あるいは目的としていることを根拠とし、彼が、民主主義闘争の軽視に反対することから、その対極にある誤りへと辿り着いてしまったのを批判するのであれば、それには全く理由がないわけではない。

張霆同志は今に至るも、「第三次革命はひとたび始まるや社会主義の革命にほかならない」を堅持しているが、同時にまた、「われわれは、第三次革命はひとたび始まるや、プロレタリアは政権奪取の路線を採るべきだと断言する」とも言っている。王文元同志も最近、「だから私は、第三次革命はひとたび始まるや社会主義革命の方法を採るべきだと言っている」と述べる。労他同志も言う。「畢竟《ひつきょう》、第三次革命が「ひとたび始まる」時、われわれは断固としてプロレタリアが政権を奪取する闘争を行うべきではないのか。もしそうすべきならば、革命は「ひとたび始まる」や社会主義的なのだ」。彼はほかにも言っている。「もしわれわれが一方でこの路線を擁護しながら、同時に、革命が「ひとたび始まる」時にこの路線であることに反対するなら、それは非常に滑稽であり、不合理である」と。同志たち、われわれは注意しなければならない。客観的で理の当然としての、ひとたび始まるや「とりもなおさず〜である」と、主観的で党の路線としての、ひとたび始まるや「ただちに〜すべきである」「すぐに〜せねばならない」とを、混同して語ってはならないのだ。われわれは問題を討議する際、論点の混乱を避けるべく、客観的な見通しと主観的な主張を分けねばならないし、さらには人の客観的な見通しを主観的な主張だと非難してはならない。もし、主観すなわち党の路線から言うのであれば、今日にあっては、「われわれの戦略の全般的路線は政権を奪取することである」と断言すべきである。主観、つまり党の路線だけについて言うなら、少なくともわれわれの党〔中国共産党〕は、去年の六月十一日には断固として政権を奪取する路線を採択したし(9)、これよりずっと前からいわゆる「ソヴィエト政権」と「紅軍」は存在していたのだから、社会主義革命はすでに一年以上前から始まっていることにならないだろうか。

われわれの主観、われわれの戦略の全般的路線は、もちろん政権奪取に反対ではないし、ソヴィエト政権や紅軍にも反対ではない。とすれば、われわれ左派反対派とスターリン派の論争点は結局のところ、どこにあるのか。

張霆同志が「中国第三次革命は民主主義の要求から引き起こされる、……これは争うべくもない事実である」と考えているだけでなく、王文元同志も「新たな革命運動は必ず民主主義のスローガンが引き起こすものであるが」と述べ、さらに「大半はこの種のスローガンの下で政権を奪取する」としている。労他同志も、「われわれは中国革命が「民主主義的要求」で開始されることを少しも軽視していない」と言っている。〔こうした主張が〕「〔第三次革命は〕ひとたび始まるや社会主義の性質である」といった客観的見通しと、どうして同時に堅持されているのか、私にはわからない。

最も不思議なのは、張霆同志が「われわれは例えばブルジョワジーと連合してケレンスキー政府を成立させるかもしれない」と言っていることだ。王文元同志も、「結局のところ、将来の中国革命の事態の発展の中で中国式のケレンスキー政府は生まれるだろうか。われわれの回答は、あり得る、ただし必然ではない、というものだ。……誰も第三次革命の中で決してあり得ないとは言えない」と述べているし、労他同志も、「将来の中国革命にあって「ソヴィエトの基礎の上にロシア式のケレンスキー政府が生まれる」ことはあり得ないが、マクドナルド式の政府ならあり得る……その存在はごく短期間でしかなく……プロレタリアの政権奪取に向けての小さな段階である」と言っている。中国式のケレンスキー政府であろうと、マクドナルド式の政府であろうと、そこにはほんのわずかな社会主義の気配もあるとは言えない。それらがたとえごく短期間であっても、小さな段階であっても、将来の中国革命で生まれる蓋然性あるいは可能性を絶対的に否定することができないかぎり、われわれは、「第三次革命はひとたび始まるや十月〔革命〕、すなわち社会主義革命である」と断言することはできない。

張霆同志と王文元同志は、〔左派反対派の〕綱領草案の討議のなかで、次の一文を書き込むよう強く主張した。「真の国民会議は、武装暴動を経過してはじめて招集される」。しかし、武装暴動の実行に至っておれば、革命はすでに最初の段階ではなく、最高の段階にまで発展していることになる。国民会議の「真」の程度がどれほどであろうと、社会主義とか言うことはできないのであるから、どうして「革命はひとたび始まるや社会主義の性質である」と言うことができようか。

「中国第三次革命はひとたび始まるや社会主義の性質である」と断言することに反対することは、第三次革命全体が社会主義の性質であることを否定することに等しいだろうか。私はそうではないと考える。革命の性質を決定するのは、革命の開始を引き起こす要因ではないし、革命発展の最初の段階がどのようかにあるのでもない。また、革命党が採っている路線だけで決まるわけでも決してない。現実の闘争が発展してどの階級の政権に到達するかで決まるのだ。革命の中心問題は政権問題であり、中国第三次革命は、プロレタリア独裁の勝利となるか、それとも民主独裁の勝利となるか、である。これが第三次革命の性質を決定する唯一のキー・ポイントなのだ。

「ブルジョワ革命がひとたび始まるや、プロレタリアートは政権を奪取する課題をその肩に担う」。これは永続革命の路線である。もしある人が、「社会主義革命がひとたび始まるや、プロレタリアートは政権奪取の課題をその肩に担う」と言うなら、それは「永続」ではないし、滑稽にすぎる主張である。

もしある人が「プロレタリアが政権を奪取すること自体が、社会主義革命である。したがって、政権奪取の革命的暴動がひとたび始まるや、それは社会主義の性質を有する」と言うなら、それは当然、百パーセントの真理である。

（1）中国トロツキスト組織統一のため、一九三〇年十月に発足した協議委員会での政治綱領案は、十月社の王文元が起草したが、そこにこうした文言があった。

（2）中国語原文は、不断革命論。ここでは、森田成也訳『永続革命論』によった（光文社古典新訳文庫、二〇〇八年、二九八～二九九頁）。

（3）「給中国左派反対派的信」一九三一年一月八日、托洛次基《トロツキー》著・凡西校訳『中国革命問題』二八六頁。ここでの訳は、西島栄訳「中国左翼反対派への手紙」（『トロツキー研究』第三九号、二〇〇二年十二月）による。ただし、〔　〕の中は中国語原文から補った。

（4）この一文は、「「コミンテルン綱領草案批判」から訳出」との副題を持つ「中国革命の回顧及びその前途〔中国革命的回顧及其前途〕」（托洛茨基著・楊笑湛訳『中国革命問題』第二集、無産者社、一九三〇年二月）から引用されている（四七～四八頁）。

（5）『中国革命問題』第二集、三〇～三一頁。

（6）一九三一年一月一日、劉仁静が一人で創刊した雑誌（『選編』編注）。

（7）森田成也訳『わが生涯』（上）（岩波文庫、二〇〇〇年）三三八頁。

（8）訳文は、森田成也訳『永続革命論』によった（五八頁）。

（9）李立三の指導下にあった中共中央政治局は、一九三〇年六月十一日、「新たな革命の高潮と一省もしくは数省における先駆的勝利」の決議を採択し、大都市の奪取と全国政権樹立を目指したが、紅軍が長沙を一時占領した（七月）だけで失敗に終わった。

中国共産党左派反対派綱領

〔中共左派反対派中央委員会編『統一大会文件集』所収、一九三一年五月一日付、「中国共産党左派反対派綱領」、無署名。ここでは『晩年』のテキストを底本とした[1]〕

1　過渡期における反対派の全般的任務

コミンテルン第九回〔執行委員会〕拡大会議、第六回世界大会、及び中国共産党第六回全国代表大会は、中国革命に対して根本的に誤った評価を行っている。彼らは、中国革命が日和見主義・冒険主義的指導によって悲惨な敗北を迎えた事実への言及を避け、革命の情勢は依然として存在すると宣言（「二つの波の間」〔と言っている〕）し、その武装暴動・ソヴィエト組織政策を継続している。

だが実際には、一九二五年から二七年にかけての中国第二次革命は、当初の上海「四・一二」と広州「四・一五」虐殺、次なる武漢反革命クーデタ、最後の広州暴動敗北を経て、政治的に出口のない状態に陥り、郷村に散在する農民は都市労働者の指導を失った。ブルジョワジーが革命を打ち負かした後、反革命支配――それ自体さほど容易なことではないとしても――を立ち上げ、革命によって揺り動かされた帝国主義の支配も、再び強固になりつつある。

二、三年来、日和見主義政策と冒険主義政策を混合したスターリン派の指導は、革命勢力を弱体化させるばかりであった。われわれはいま、依然として、前回の革命がとっくに終結し、次なる革命がいまだ到来していない、二つの革命の過渡期にある。この過渡期がどれほど長く継続するか、われわれは予言することはできないが、多くの国内的国際的要因から、第三次革命の到来は必然である。第二次革命の敗北という状況下に、第三次革命の種子が完璧に潜在しているのだ。

中国共産党左派反対派の過渡期における全般的任務とは、以下の通りである。革命敗北の原因を明確に理解すること、現時点での情勢を正確に評価すること。プロレタリアの前衛における最も揺るぎなく最も勇敢な、闘争を続けることができる分子を結集すること。過渡期における要求の基礎の上に新たに大衆と連繋すること。さまざまな社会生活の中で労働者階級の第三次中国革命への歩みを準備すること。

2　中国革命失敗の教訓

第二次中国革命は、一九二七年に三回続けて典型的な敗北を蒙った――上海、武漢、広州においてである。この三回の敗北は、すべてコミンテルンと中国共産党中央の根本的に間違っていた政策の直接的な所産である。中国革命の命運を決定づけた以下の四つの問題の中で、コミンテルンの日和見主義路線は、完全なる実現に至ったのである。

(1)党の問題　中国共産党はブルジョワ政党たる国民党に加入するよう導かれ、しかもスターリン派やマルトィーノフは、さまざまなデタラメ哲学を用い、「労農党[2]」とか、さらには「四階級ブロック」とか〔の規定〕で、国民党のブルジョワ性を覆い隠した。このため、プロレタリアートは最も緊急の時に、自らの政党を持たなかった。特にひどいのは、いわゆる共産党が逆に、ブルジョワジーが労働者・農民を欺くのを助ける道具となり果てたことである。世界の革命運動史の中で未だかつて類例を見ないこうした罪悪は、コミンテルン中央執行委員会とその魂――スターリンが全責任を負わねばならない。

　現在、インドや朝鮮、その他の国家ではまさしく国民党式の「労農党」が新たに育成されつつある。したがって、中国共産党左派反対派は、第二次中国革命の経験にもとづき、以下のことを厳《おごそ》かに宣言すべきだと考える。「いかなる時であっても、いかなる条件の下にあろうとも、プロレタリアの政党は、別の階級の政党や別の階級との混合組織に加入してはならない。プロレタリア政党の絶対的な独立は、共産主義政策の基本的かつ前提的条件である」。

(2)帝国主義及び植民地ブルジョワジーの問題　コミンテルンの誤った政策の理論的根拠は、

帝国主義の抑圧は、あらゆる「進歩」的階級と手を携え、ともに進むことを可能にしている、と考えるものである。換言すれば、コミンテルンのスターリン理論によると、帝国主義の抑圧は階級闘争の法則を解消したことになるのだが、実際には、帝国主義の中国に対する経済的政治的軍事的侵略は、国内の階級闘争を異常なまでに緊張させているのだ。

中国のブルジョワジーは、基本的に農業経済である中国にあって、封建的な搾取形態と有機的で不可分な連繫を有している。彼らは、上層では国際金融資本とも有機的に不可分である。中国のブルジョワジーは、同様に農村における封建的搾取形態と国際帝国主義との連繫を断ち切ることができない。

ブルジョワジーと最も反動的な封建軍閥との衝突、外国帝国主義との衝突は、彼らと労働者・貧農との不可避的な衝突に比べれば、その最後の一分間でとるに足らない地位へと永遠に後退してしまう。

中国のいわゆる民族ブルジョワジーが中国の労働者・農民に反対できるのは、国際帝国主義の軍事力を後ろ盾としているからである。彼らはいかなるブルジョワジーよりも迅速かつ残酷に階級闘争を国内戦争に変え、労働者・農民を虐殺する。

コミンテルンの指導の歴史的罪悪のなかでも最も重要なものは、ブルジョワジーを助けて中国の労働者・農民の頭の上に跨《また》がらせ、かつ革命的ボリシェヴィキに抵抗できるよう掩護《えんご》したことである。あらゆる革命運動史のなかで、ブルジョワジーは、中国ブルジョワジーを擁護したスターリンの指導以上の盾を得たことはない。

反対派は、中国と世界の労働者に以下の事実に注意することを要請する。蔣介石の裏切り〔一九二七年の上海クーデタ〕以前、ボリシェヴィキ・レーニン派反対派は、時をあやまたず、革命に対して虐殺が準備されていることを警告した。だがスターリン派は、蔣介石の裏切りの数日前、得意げに蔣介石への信任と擁護を人々に勧め、しかも反対派に対しては野蛮な弾圧を行使したのである。

かつて、「民族」ブルジョワジーは民衆を指導して革命闘争を進めることができる、とする反動的な伝説があり、今でもこの種の意見に賛成し、宣伝し、あるいは弁護する者がいれば、中国反対派は、こうした人物を裏切り者であると宣言する。中国のプロレタリアートが抑圧された大衆を指導してブルジョワジーの政治支配を打倒し、政権を奪取してこそ、真に中国革命の課題を解決できるのであって、この他にいかなる道もない。

(3)プチ・ブルジョワジー及び農民の問題　この中国及び東洋諸国にとって重大な意味を有する問題について、コミンテルンの政策はマルクス主義をメンシェヴィキ的に曲解した。われわれ反対派は、プロレタリアはプチ・ブルジョワジーと革命的な連盟を有するべきだと説く。ここでわれわれが言っているのは、被抑圧階級である幾千万、幾億人もの都市と農村の貧民のことであるが、コミンテルン指導部の言うプチ・ブルジョワジーとは、プチ・ブル上層分子、主要には知識分子〔インテリ〕のことであって、彼ら（プチ・ブル上層分子）は、民主主義政党や団体の名目で都市・農村の貧民を利用し、緊急事態になれば、大ブルジョワジーに売り渡してしまう。われわれが言う連盟は、汪精衛と連合して蔣介石に反対することではなく、あらゆる勤労大衆と連合して汪精衛と蔣介石に反対することなのだ。

(4)ソヴィエト問題　ソヴィエトについてのボリシェヴィキの理論が日和見主義の曲解によって取って代わられたのち、盲動・冒険主義がこれを補完している現実〔がある〕。

東洋諸国及び西洋諸国にあって、ソヴィエトは一つの組織形式であって、革命が広い範囲で高揚を迎えた時、ただちに組織されるべきである。一般にソヴィエトは成立当初、一種のストライキ委員会の組織であって、その後次第に機能を拡大し、大衆の眼中で威信を高め、次の時期にあって革命暴動の機関となり、暴動が勝利したのち最終的に革命政権の機関となる。

スターリンのコミンテルン指導部が中国の労働者・農民のソヴィエト組織を妨害したのは、彼ら（労働者・農民）の立場を弱体化させ、ブルジョワジーの面前で彼らの武装を解除し、ブルジョワジーが革命を破壊できるようにとの意図があってのことだった。この後、一九二七年十二月、二十四時間でソヴィエトを組織することが図られた〔広州蜂起でのこと〕が、それは冒険主義の罪悪であるにすぎず、逆に軍人たちをして一層呵責《かしゃく》なく勇敢な広州の労働者たちを虐殺させただけであった。

以上が、スターリンのコミンテルン指導部が中国で犯した根本的な罪状である。総じて言えば、それは最も完全で最も徹底したメンシェヴィズムでボリシェヴィズムに置き換えたものであって、第二次中国革命の失敗は、まずはメンシェヴィズムの戦略の失敗であった。しかし、今回のそれは、ボリシェヴィズムの仮面をかぶっての敗北であったから、全世界の社会民主党がこの問題について、スターリン及びブハーリンと感慨を同じくしたのも、無理のないことである。

中国のプロレタリアートがどれほど巨大な代価を支払って得た教訓であるかを、全般的に理解することなくして、われわれは前進できはしない。中国の反対派は全面的に、こうした教訓に立脚している。

3　過渡期とわれわれの戦術

一九二七年以来、反革命の情勢が革命情勢に取って代わった。中国ブルジョワジーは、民衆を虐殺した後、軍事独裁を容認せざるを得なかった。ブルジョワジーは、一方で一般大衆との間の不可避的で極端な対立ゆえに、もう一方で帝国主義に依存しているがゆえに、革命的民衆を指導できないし、民主主義的議会制度を実行できない。「訓政」時期[3]の臨時政権組織の下で、各派軍人による支配が打ち立てられる。これら各派の軍人たちはブルジョワジー各派の、特殊で地域的な利益を代表し、相互に衝突し、公然と戦争を行う。これらの戦争は、ブルジョワジーの支配が最終的に崩壊することを示しているのでは決してない。それはまさしく、革命鎮圧の結末である。

しかし、軍事独裁にせよ、軍閥戦争、さらには国民党の「訓政」にせよ、それらは畢竟《ひっきょう》ブルジョワジーの欲求を満足させることはできない。したがって、革命の危機がない情勢の下では、ブルジョワジーは、「民主的」な統治形式を利用して、可能な限り軍人を抑制し、国家の政権をより一層経済的で便利なものとして自分たちのために用いようとする。彼らはとりわけ、帝国主義との妥協条件とする（特に借款協定を結ぶ）ため、かなりの国家主権を必要とする。彼らは帝国主義間の衝突をうまく利用できるなら、一層有利に帝国主義と妥協できると考えているから、なおのことたやすく国民党軍閥を集権的ブルジョワ国家機関に屈服させようとすることになる。

国際帝国主義も、中国市場を開放させ、そのことで経済危機から自らを救おうとしているから、一時的に妥協を図り、中国ブルジョワジーを支援し、ブルジョワジーを仲介として中国の勤労大衆を一層苦況へと抑圧する。

国際帝国主義の余剰資本は、中国の経済復興をもたらしうる。いま、国民党が国民会議を招集しようとしているのも、この種の要求に応えようとするものである。だが、その前途は、国内外のあらゆる要素の影響を受け、結果的にさまざまな矛盾の激化を引き起こすだろう。反動的で卑怯なブルジョワジーは、選挙権を強く制限した国民会議しか招集できないし、その上国民党の「訓政」をさっさと放棄しようともしない。こうした国民会議の招集の前にも、ブルジョワジーは暴動農民の殲滅に力を注ぎ、共産党の政治的権利を剝奪し、〔危害民国〕緊急治罪法を施行し〔一九三一年三月一日〕、労働者と学生に対する抑圧を強め、専制主義的な出版法を公布した〔一九三〇年十二月十二日〕のである。これらによって、ブルジョワジーの立憲政治のねらいは、彼ら自身の内部各派間の衝突ばかりか、貧民大衆の激しい反抗、徹底した民主主義のための闘争を引き起こすことになる。

反革命の情勢は現在も引き続き深まりつつあり、この道程は中国共産党の命運に最も明確に現れている。三年来、党の大衆的基礎、とりわけプロレタリアートの部分は、日増しに弱体化し、誤った政治路線は一足歩みを進めるごとに現実と背馳し、共産党を破壊しつづけている。共産党左派反対派が党の政策と制度の根本的変革をなしとげるのでなければ、共産党は必ずや滅亡への道をたどる。

コミンテルンの指導部は引き続きその誤りを覆い隠し、中国労働者階級における社会民主党や無政府主義者という二種類の敵のために道を開いてやっている。共産党左派反対派による、日和見主義と冒険主義（この両者は、スターリン派の下では必然的な産物である）に対し同時に断固として反対する闘争だけが、この二種類の互いに助け合っている敵の手に陥る危機から革命運動を救うのである。

現在、中国には広範な大衆的革命運動は存在しないし、労働者の闘争は経済的範囲に限られ、防御的な性質を帯びている。特殊な条件に依拠して存在している貧農の遊撃隊は、もとより中国革命に中核勢力が存在し、大きな可能性があることを証明してはいるが、工業の中心都市〔の運動〕が停滞している状況下では、勝利のチャンスはない。したがって、現在はやはり反革命の時代である。われわれは、将来の革命運動に向けてわれわれの準備をなし、過渡期の要求の基礎の上に、できうる限り多数の労働者を引きつけ、貧農と連合して国内の政治生活に参加せねばならない。

現在にあってソヴィエトのスローガンが実行スローガンであるなら、それは冒険か、きれいごとにすぎない。スターリン派の指導部は、農村に散らばる遊撃隊に依拠して紅軍を組織し、ソヴィエト政府を創設して国民党の支配に対抗しようとしているが、これは官僚主義的冒険政策である。われわれは、プロレタリアが国内の重要諸工業と政治的中心を支配するようになってはじめて、紅軍を組織し、農村でソヴィエト制度を打ち立てるのに必須の前提が生まれる、と考える。

国民党の「訓政」と軍事独裁に反対するには、過渡的な民主主義的要求、例えば、自由で平等で直接無記名投票の普通選挙で選出される全権を有する国民会議が国家の重要問題を解決すること、八時間労働制、〔地主の〕土地没収、中国民族独立の保障、国内各民族の自決権、などの要求を採用せねばならない。

現在、国民党は御用国民会議を招集しようとしているのであるから、まさしく必要なのは、普通選挙で選ばれる全権を有する国民会議を掲げ、これに対抗するよう労働者及び一般大衆に呼びかけ、われわれの政治綱領を提起することである。

コミンテルン第六回世界大会と中国共産党第六回大会は、過渡期の革命的民主主義のスローガンを否決し、中国共産党を無スローガン状態に陥れた。この結果、中国共産党は反革命の時期に、大衆を動員する工作を進めることができない。

中国共産党左派反対派は、この種の生気のない政策に反対する。われわれは、労働者が現時点での麻痺状態を脱しはじめる時、必ずや民主主義的スローガンを提起するであろうことを予言する。もし共産党がこれを無視するなら、政治闘争の復興はプチ・ブル民主主義政党に有利となろうし、ブルジョワの国民党さえもブルジョワ民族主義や労資協調などのスローガンを用い、養い育ててきた組合官僚を通して、労働者に麻酔をかけることだろう。

もちろん、国民会議及びあらゆる民主主義的スローガンは、日和見主義的曲解を引き起こしやすい。国民会議に対しても消極的抵抗の態度を取るスターリン派は、抵抗できない時には、きっとプチ・ブルジョワジーの後に付き従い、民主主義のスローガンを非革命的、妥協的に曲解するに違いない。したがってわれわれはあらかじめ、以下のように指摘しておかねばならない。われわれの目的は、議会制の平和的発展を勝ち取ることでも、民主共和国を打ち立てることでもなく、プロレタリアが政権を奪取する道を歩むよう求めることである。民主主義スローガンの根本的意義は、この道へと導くことであり、これこそが民族独立・国家統一の課題を解決し、民衆の生活水準を向上させる真の道である。

4　中国革命の前途

現時点では、革命の高潮がいつ、どのような道のりから発生するかを予言することは、やはり難しい。中国資本主義には、さらに一歩前に進み発展する可能性がある。この種の発展は当然、資本主義の奴隷様式のもとにあってのものである。

経済の復興は、たとえ弱々しいもので時期が短かろうと、新たに労働者を工場へと集め、彼らの階級的自信を高め、組合を組織し、共産党の影響を拡大する条件を形成する。工業の復興は、どんな場合でも革命を解消することはできない。まさしく逆に、その結果は、あらゆる未解決問題の緊張を引き起こし、現時点では一時的に停滞している階級対立を激化させる（軍人、ブルジョワジーと民主主義政党の間で、ブルジョワジーと帝国主義の間で、最後は労働者階級と全ブルジョワジーの間で）。工業の復興は、中国の民衆を、停滞した被抑圧状況から救い出し、それ以後不可避的に到来する新たな経済恐慌は、新たな推進力となるであろう。もちろん、国内外の諸要因は、こうした過程を妨げ、あるいは加速させるのであるが。

共産党左派反対派は、既存の融通のきかない公式の束縛を受けはしない。その責任は、国内の現状と国際的な背景の現実的進展を検討することにある。あらゆる戦術は、新たな段階に入るたびに現実の環境に適応して伸縮するが、われわれの戦略の全般的方針は、政権の奪取である。

第三次中国革命の勝利は、必然的にプロレタリアートによる政権の奪取となる。このプロレタリア政権は樹立されるやいなや、都市・農村のブルジョワ私有財産を断固として動揺させ、覆すであろう。スターリン派は、民主主義〔革命〕の課題がまだ未達成であることを口実に、将来の中国革命はなお「ブルジョワ民権革命の段階」にあるとし、労農民主独裁のスローガンを提起し、そうすることでプロレタリア独裁に抵抗している。実際、第二次革命は敗北し、その直接的な課題〔＝ブルジョワ民主主義の課題〕は結局のところ解決されていないのだが、反革命の勝利は、経済的に優位を占める民族ブルジョワジーに政権獲得をもたらし、彼らは革命の仇敵となった。同時に、中国の農村は大革命の激しい衝撃を受け、階級分化が一層先鋭化し、富農はすでに農村における闘争の対象となっている。このことは、将来の革命の道のりにあっては、大ブルジョワジーのみならずプチ・ブルジョワジーも、ある種の政治勢力あるいは政党・党派を生み出してプロレタリアに協力させ、ブルジョワ民主主義革命の課題を解決することはできないことを示している。

　労農民主独裁は実質的には依然としてブルジョワ独裁であり、それは将来の第三次革命にあって、ブルジョワジーのために門戸を開き、彼らに革命を絞殺させることしかできない。事実、一九二七年十二月、広州のプロレタリアートは、このスローガンに反駁を加えたが、われわれも断固としてこの反動的な「労農民主独裁」スローガンに反対する。われわれは、将来の中国及び東洋諸国の革命では、都市・農村の貧民大衆を指導するプロレタリア独裁こそが、その勝利を保証できる、と考える。

　中国のプロレタリア独裁は、必ずや中国革命を世界社会主義革命の一部分とする。中国での社会主義の勝利とソ連社会主義の勝利は、ともに、世界革命の勝利という条件の下にあってのみ想定しうる。スターリン派は、中国が社会主義の最低限度の経済的基礎を備えていないとして、「ブルジョワ民権革命の段階」を固守しているのだが、反対派は、この種の一国家だけで社会主義を建設する理論を、きれいさっぱり打倒するものである。

5　共産主義運動の分派と反対派の当面の任務

一九二三年にドイツ・プロレタリアートが敗北したため、戦後資本主義が一時的に安定したこと、さらにはスターリン派指導部が日和見主義の誤りを犯したことは、国際労働運動に右の偏向を、共産主義運動には分派の形成を促した。一九二六年のイギリス労働運動の敗北〔炭鉱労働者支援のゼネストの失敗〕、ソ連経済における資本主義の割合増大、一九二五年から二七年にかけての中国革命の敗北は、この過程を一層深めた。したがって、今日の全コミンテルンには、右派・中間派・左派の三派が存在する。右派は、共産主義の影響下にある社会民主主義を代表し、左派はマルクス・レーニンの革命の伝統の後継者であり、中間派は両者の間で動揺している。中間派は、右寄りの偏向全体が右派と連盟を組んでいることに乗じて、党と国家（ソ連）の機関を占有し、左派を迫害している。ゆえに共産党左派反対派は、断固として右派を攻撃すると同時に、中間派が公然と裏切りの道を歩まないよう彼らを鞭撻せねばならない。この他、数としてはかなり少ない極左派（ウルバーンスが指導している）がいるが、彼らはほぼ、共産主義運動の道からすでにはずれている。

中国共産党が、ほとんど闘争の舞台に上がるやいなや日和見主義の指導下に置かれたこと、革命の惨澹たる敗北のために組織的政治的に弱体化していること、この二つのことは、左派反対派の発展に影響を及ぼさない〔ではいられない〕。これに加えて、〔コミンテルンの〕中間派官僚の左派反対派に対する不当な抑圧と封じ込めのため、反対派の闘争はその困難さを加えている。しかし、中国の反対派は、過去の大革命の経験に立脚し、また国際的な左派反対派の指導下にあるがゆえに、プロレタリア前衛の最も優秀な分子を結集してその歴史的任務を必ず遂行できるし、すでにそうしている。

中国反対派は、一個のフラクションであるが、その目的はマルクスとレーニンの真理の基礎に立ち、コミンテルンを再生させることにある。同様の理由から、反対派は決して共産党の活動から隔絶することなく、それぞれの問題ごとに自らの態度を決定し、デモやストライキなどの闘争にあって公式党が指導する政策の誤りを呵責なく批判するし、自らの信念に基づき、公式指導部に対してはいかなる譲歩も行わない。

プロレタリアートの左派反対派が国際的に連合し、センターの指導に基づくことは、それぞれの国家における正しい革命政策にとって必須の条件である。

一、左派反対派を統一し、堅固で集中した反対派フラクションを創設する。

二、国際的な反対派の理論をできるだけ多く紹介するため、強力な中央政治理論機関誌を発行する。

三、主要な工業地区の重要産業の中で、あらたに党の中核（支部）を打ち立てる。

四、革命的で徹底的な民主主義スローガンの下、あらたに大衆との連繫を作り出し、それぞれの社会生活の中で労働者階級の第三次革命への歩みを準備する。

五、国際的な左派反対派のセンターと経常的で密接な連繫を作り上げる。

この種のフラクションが自らの旗幟《きし》の下、共産党内外にあって、公然かつ勇敢に前進してこそ、コミンテルンを変節と滅亡から救い、マルクス・レーニンの道へと立ち戻らせることができる。

一九三一年五月一日　統一代表大会採択

（1）　トロツキーが一九二九年に書いた「中国ボリシェヴィキ―レーニン派（反対派）の綱領（中国布塞維克―列寧派（反対派）的綱領）」（『中国革命問題』第二集、二〇七～二二二頁）に章立てを加え、文章の加筆や削除、改訂などを行ったものである。一九三一年五月一日のトロツキスト四派の統一代表大会で採択された（『晩年』編注）。

（2） トロツキーは、一九二八年の「中国革命の回顧とその前途〔中国革命的回顧及其前途〕」で、二四年にスターリンが提起した「東洋諸国のための労働者と農民の二階級政党」という「反動思想」を糾弾している（『中国革命問題』第二集、七六～九四頁）。

（3） 孫文は革命後の政治体制につき、軍政（軍隊による統治）→訓政（地方自治訓練期）→憲政（憲法による統治）の三段階を構想していたが、国民党中央常務委員会は、一九二八年十月、訓政期には国民党全国代表大会ないし中央執行委員会が統治権を行使するとした「訓政綱領」を採択、翌年三月の第三回全国大会がこれを追認して、軍政から訓政への移行を公式に声明した。

中国はどこへ行くのか

〔『火花』第二期、一九三一年九月二十八日、九月十三日付、「中国将往何処去？」、独秀。ここでは『選編』のテキストを底本とした〕

中国、とりわけ長江流域の大半の大水害[1]は、今生きている中国人が未だかつて見たことのないものである。国民党政府の救済資金調達は、富裕階級には何ら断固たる処置ではない。立法院が〔八月二十六日〕採択した八千万元の公債も、表面的には無理して引き受けたことになっているが、実際には五千万元でアメリカから小麦を購入し[2]、アメリカ帝国主義の歓心を買うとともに、宋子文がそこで大規模な商売をする、というトリックが行われている。蔣介石は救済資金を財政部が保管するよう強く求めたが、それはこの資金を軍費に使うためであったことは明らかであって、実際被災民に何文使われるのか知れたものではない。

万宝山と朝鮮での惨事[3]に対しては、国民党政府の紋切り型の抗議文とブルジョワジーの滑稽なボイコットが行われただけで、反帝国主義の民衆運動は国民党軍閥の銃剣によって押さえつけられ、日本帝国主義は何憚《なにはばか》ることなくその欲望を逞《たくま》しくし、中村事件[4]を口実に満洲に出兵しようとしている（上海『新聞報』九月十二日、北平電）。さらに日本の吉林領事は（万宝山事件で）、公然と二十一ヶ条の問題を持ち出しているのだ（同日『新聞報』ハルピン通信[5]）。

天災と外患がかくも急を告げている時、国民党はこれを一顧だにせず、彼らの南京政府と広東政府[6]は、陸海空の大軍を湖南に動かして開戦し、水害で死ぬのを免れた湖南の人民を今度は砲火で死なそうとしている。

天災と外患がかくも急を告げている時、国民党はこれを一顧だにせず、彼らは依然として江西で農民を虐殺している。彼ら自身の報告によれば、今日は万、明日は八千と人を殺し、匪賊〔共産党軍〕の死体は山を覆い、流血は河をなしている。残された死体は七、八千体、負傷者は数え切れない（『新聞報』九月十二日、南京電）。

災害の救済がかくも困難であるというのに、国民党政府には巨額の資金でアメリカから飛行機や爆弾、銃砲を買い、江西や湖南に運び、農民と兵士を惨殺しようとしているのだ。

こうした国民党ブルジョワ政権は、中国をどこに導こうとしているのか。

最近、上海の『申報』に「中国経済学社の当面する巨大な責任」という無署名の論文が掲載されたが、この国民党員か準国民党員とおぼしき筆者が、第一部分で世界資本主義の現状とその前途を分析して述べる結論とは、「資本主義は、ほとんど第二次世界大戦でその命運が決せられる。そして新たな世界がその時脱皮して生まれるかもしれない」というものである。また第六部分で述べられる中国経済の前途、すなわち中国はどこへ行くのか、という問題の結論は、以下の通りである。「その旧来の道（資本主義を指す）を行けば、〔欧米と〕同じく没落の陥穽に落ちてしまう。……また、ソ連の社会主義経済のシステムに付き従うことは絶対に許されない。孫中山〔孫文〕先生は、この点につき、かつてわれわれに公明正大な道筋を示された。対内的には、土地革命によって封建制度の残存物を除去し、中国経済をして大きく前に発展させ、対外的には民族革命によって国際資本主義の束縛を打破し、中国経済に自主自立を得させる。その帰趨は非資本主義、すなわち社会主義であるところの民生主義経済の前途である[7]」。

こうした主張を、わたしは別の人が語るのをこの耳で聞いたことがある。前段は、戴季陶がその前半生で語ったものであり、後段は、彼が後半生で語ったものである。

私はここで簡単に、この作者及び彼と同じ見解を持つ人々に答えよう。

一、第三インターナショナルの裏切り者たちの言うところの社会主義と孫中山の民生主義は、ともに資本主義であって社会主義ではない。社会主義とは共産主義の初歩のことで、あらゆる私有財産を没収して社会の公有に帰さねばならない。

二、孫中山の民族主義は、列強の中国ブルジョワジーに対する譲歩を勝ち取ろうとするものにとどまる。したがって彼は、「民族革命によって国際資本主義の束縛を打破し、中国経済に自主自立を得」させようとしたわけではなく、国際資本帝国主義が中国の実業を共同発展させることを歓迎したのである。彼の民権主義も、人民をレベルが低いと軽んじ、頭を垂れて国民党の訓政を受けてはじめて、〔参政の〕資格を満たすとするものである。だから、呉《ご》稚暉《ちき》は公然と人民のことを「阿斗〔蜀の後主劉禅の幼名、無能者の譬え〕」と嘲っている[8]。彼の民生主義は、土地革命を主張するものではなく、政治と法律による解決を主張するものであり、しかも「内外の資本制度に対しては少しずつしか改変できない、直ちに覆すことはできない」と言っている。

三、孫中山の三民主義は根本的に反動なのであって、鄧演達らが言っているように、蔣介石が三民主義を裏切ったわけではない。

四、中国は対内的に土地革命を実現して封建制度の残存物を除去し、対外的に民族革命を実行し、国際資本主義の束縛を打破せねばならないが、それにはプロレタリアートが都市と農村のあらゆる労働貧民を指導してこの責任を負うしかない。三民主義すなわち資本主義の国民党はすでに、封建制度の残存物と国際資本主義という反革命陣営の側に立っている。

五、中国のプロレタリア革命は、封建制度の残存物を除去し、帝国主義の束縛を打破せねばならないが、同時にブルジョワジーを打倒せねばならない。プロレタリア革命の勝利は、当然社会主義の勝利であり、同時に民主主義の勝利でもある。

三民主義は社会主義であるという突拍子もない見解のほかに、広く流行しているのが、中国経済は立ち後れているから、社会主義革命なんて語り得ない、というものである。例えば、『新社会』雑誌(9)の記者は、中国共産党の革命は革命的錬金術だと嘲笑している（兪頌華(10)が出版する『新社会』誌第二期。彼らの論調は、「中国経済学社の当面する巨大な責任」の筆者とたいへんよく似ており、私は、彼らが同じグループに属するものではないかと疑っている）。またもう一つ別の極端な見解では、例えば『中国経済研究』〔正しくは、『中国経済研究緒論』。中国問題研究会、一九三一年一月刊〕の著者の任曙同志のように、中国経済はすでに社会主義革命を実行できるほどに発展しているとされる。両者が共通して根本的に誤っているのは、ともに政治闘争からではなく純経済観から、世界革命全体からではなく国家社会主義から、永続革命論ではなく革命段階論から出発していることである。

　現在のような三民主義イコール資本主義の国民党政権が社会主義の前途に向かっていると言うのは間違いだし、そこに社会主義の前途がないと批判するのも滑稽である。国民党政権にはブルジョワ民主主義すらなく、あるのは軍事独裁と訓政だけだからである。孫文の反動的な五権憲法は、帝政時代の御史〔監察院〕と科挙を復活させ〔最近、考試院は主考官〔首席試験官〕の試験会場入場から合格者発表に至る、科挙による士の採用という大規模な典礼を行った(11)〕、各学校には「忠孝仁愛信義和平」の八字〔の額〕を掲げ、そのことで「人心を匡正し、頽風を挽救する」よう通達が行われた。[12] こうして国民党は、先の総理〔孫文〕が残した教えである「仁愛」「和平」を受け継ぎ、無数の革命的労農と青年志士を虐殺し、絶え間のない内戦の中で無数の兵士と庶民を犠牲にしている。もし、彼らの中での内戦が停止されず、彼らの資本主義の発展さえもきわめて限りがあるとすれば、彼らは中国をどこに導くのか。民の意気は消沈し、青年は頽廃、封建制の残存物である旧勢力・旧思想・旧道徳及び科学に反する迷信がなお全中国を覆い、国際帝国主義は束縛と抑圧を強め、大多数の人民は貧窮の度合いを増している。これが、三民主義の国民党統治下の中国をあからさまに示す図画なのだ。

歴史の先例にあって、革命の敗北後、一八四八年のイギリスやドイツのように、反革命のブルジョワジーが経済を発展させて政権を強固にすることができなければ、同年のフランスのような一直線の反動があり得る。革命的労働者や温和な民主主義者〔原文は「民主党」〕が持ちこたえられないばかりか、最後にはもっとも反動的「秩序党」さえも持ちこたえられなかった。中国の秩序党――国民党の政権が、将来、革命的民衆によって打倒されるか、北方の地主・ブルジョワジーを代表する旧北洋派に覆されるか、これを断定できるような明確な徴候は今はまだない。将来がどちらになるにせよ、現在の中国プロレタリアート及びその党は、民主主義運動の荒れ狂う暴風は南北のブルジョワ軍事独裁を一掃する、という革命的な旗印を明白に確定すべきである。

中国ブルジョワジーを代表する各党派は、北方の張〔学良〕・閻〔錫山〕・馮〔玉祥〕であろうと南方の蔣介石・胡漢民・改組派・第三党[13]であろうと、言葉の上では多少異なるが、実際の行動では彼らは同じく軍閥もしくは軍閥の秘書であり、民主主義に反対し、これを恐れている。したがって中国の歴史を前へと進ませる民主主義運動の課題は、プロレタリアートが担うことになる。中国のプロレタリアートが民主主義の暴風運動に努力すればするほど、彼らが権力の地位へと駆け上ることが保証される。民主主義運動が一歩前進すれば、中国のブルジョワ政権は一歩動揺するのであって、スターリン派が言うように民主主義運動がブルジョワ政権を強化するわけではないのだ。

ブルジョワ政府と農民の衝突、現在すでに始まっている湖南戦争[14]や伝説となっている北方大変動[15]のようなブルジョワジー内部の衝突、そして日本帝国主義の満洲進攻といった事変は、中国プロレタリアートとその前衛に民主主義運動を発展させる最良の機会を与えていることは明らかであり、この運動を発展させる機会でしかないことも明らかである。これまでスターリン派が目をあけながら数多くの機会を見逃してきたことは、これ以上愚かなことはないのだから、今われわれがさらに見逃すことは許されない。

プロレタリアートの民主主義運動は、空っぽで聞こえのいい言葉だけのプチ・ブル派のそれとは異なり、以下のような現実の内容を持つものである。――国際帝国主義の中国における一切の特権と利権の撤廃、その中国に対する束縛と抑圧の打破、土地革命の実行すなわち地主の土地の没収と貧農への分配、八時間労働制の実行、集会・結社・言論・出版・ストの完全な自由、軍閥戦争の停止、軍事独裁者の駆逐、平等で直接の普通選挙の無記名投票で選ばれる国民会議の招集、大多数の人民を代表する政権の樹立。

　われわれはスターリニストに問わねばならない。国際帝国主義が日増しに束縛と抑圧を強め、軍事独裁の国民党ブルジョワ政権が死力を尽くして農民を虐殺し、労働者を抑圧し、人民のあらゆる自由を取り上げ、絶えず戦争をしている中国にあって、都市ソヴィエトがまだ存在しない現在でも、それが生まれる将来でも、われわれがこうした具体的な民主主義スローガンを提起して民衆を結集する政治闘争を呼びかけるのでなければ、何を提起すべきなのか。ソヴィエトはこうした具体的な民主主義スローガンの下ではなく、すべての私有財産没収のスローガンの下に政権を奪取するとでも言うのか。かりに蔣介石の政府が南方の改組派、あるいは北方の軍閥によって打倒されれば、彼らは「民主政治」や「立憲政府」といった類いのスローガンで民衆を欺すことになろうが、その時われわれはこうした具体的な民主主義スローガンで彼らの仮面を暴くのでなければ、何を提起すべきなのか。

　われわれはまた、資本主義に疑念を持つが、孫文の三民主義に未練を残している知識人に問わねばならない。三民主義者は、中国をどこへ導こうとしているのか。われわれ共産主義者は、中国をどこへ導こうとしているのか。われわれは「革命的錬金術」なのか。

〔一九三一年〕九月十三日

（1）一九三一年七月、長江中下流の湖南・湖北・江西・安徽・江蘇の五省で大雨から大水害が発生した。八月には被災民二千三百万、倒壊家屋一万戸、被災耕地面積は全国耕地面積の二〇％に及び、被害総額は二十億元と報道されている。このほか河南・山東・浙江でも水害が発生し、八省の被災民は五千二百七十一万人に達した。

（2）国民党中央政治会議は九月三日、アメリカからの小麦四十五万トン購入を決定した（郭廷以『中華民国史事日誌』）。

（3）万宝山は中国吉林省長春県の地名。朝鮮人農民の農地開墾をめぐって日中双方が対立し、発砲事件（一九三一年七月）まで起こったが、死者が出ることはなく、中国人警官数名が殴打で負傷したにとどまる。だが、朝鮮人の被害が誇張して報道され、このため京城・平壌・釜山など朝鮮各地で暴動が起き、百数十名の華僑が殺害された。

（4）中国東北の奥地にあたる興安嶺一帯でスパイ活動を行っていた中村震太郎大尉（参謀本部付）らが、現地の中国軍に一九三〇年六月、殺害された事件。同年八月、陸軍省はスパイ活動をふせて中村の殺害のみを公表し、日本の対中国世論の硬化を図った。

（5）　万宝山事件の争点の一つは朝鮮人居住の合法性だったが、『新聞報』九月十二日の記事は、「石射〔猪太郎総〕領事」が「中日二十一ヶ条の条文に基づき、朝鮮人は以前から雑居権を取得している」から彼らの居住は合法だと主張した、と報じている。なお、底本には「『□□□』哈爾浜《ハルビン》通信」とあるが、『新聞報』の記事内容と本文が一致するため、「新聞報」の三字を補った。以下、底本には数ヶ所に「□□」があるが、同じく同紙を参照して校訂した。

（6）　一九三〇年、閻錫山・馮玉祥ら反蔣派との大規模な内戦「中原大戦」に勝利した蔣介石は、約法（基本法）の制定を図り、翌三一年二月、反対する立法院長胡漢民を軟禁した。胡漢民派の糾弾の結果、五月、広東・広西派の軍人や汪精衛らが連合し、南京に対抗する広州国民政府が樹立された（〜三二年一月）。

（7）　「中国経済学社当前之鉅責」（『申報』一九三一年九月四日、同六日）。中国経済学社は、一九二三年成立の経済学者や経営者などを成員とした学術団体。一九二七年には馬寅初が「社長」となっている。

（8）　国民党の元老呉稚暉は、一九二八年六月四日に南京で行った講演で国民党の政治指導権に言及し、訓政期では「国民党が諸葛亮になり、四億の人民は劉阿斗になる」と述べた（「首都と国民会議問題」、『呉稚暉全集』第八巻、九州出版社、二〇一三年、原載『中央日報』一九二八年六月五日）。これに対し中国共産党は、「中央通告」第五四号（一九二八年六月二十一日付）で、「いわゆる訓政の開始とは、すでに呉稚暉が一言で、民衆を「阿斗」にすることにすぎないと解説している」と非難した（『中共中央文件選集』第四冊、二六九〜二七〇頁）。

（9）『新社会』半月刊のこと。一九三一年七月、上海で創刊。

（10）『選編』原文には「□□□」とあるが、『新社会』半月刊の「発行兼編輯人」の兪頌華の名を補った。兪頌華（一八九三〜一九四七）、江蘇の人。日本に留学。『新社会』のほか、『時事新報』副刊「学灯」、『解放与改造』、『東方雑誌』、『申報月刊』など有力誌の編集に当たった。

（11）国民政府の第一回高等文官試験が、科挙の郷試・会試の形式に倣《なら》ったことを指す。七月六日、主考官以下の試験委員が試験会場（南京中学第二院）に入り、これを閉鎖する式典（封門の礼）を挙行、以後泊まり込みで業務に当たった。同月十五日から三十日にかけ職種別の試験の後、八月九日、科挙と同様「発榜」と呼ばれた合格者発表が行われた。

（12）『中央週報』第一六四期（一九三一年七月二十七日）に、「党・政府機関」と「学校及び地方団体」に「忠孝仁愛信義和平」の額を掲げることを命じる国民党中央執行委員会の通令が掲載されている。

（13）国民革命後に反蔣介石の旧国民党左派・共産党脱党者が組織した「中華革命党」、及び同党が一九三〇年に改組されて成立した「中国国民党臨時行動委員会」のこと。国民党に反対し、共産党にも与《くみ》しなかったため、「第三党」と呼ばれた。

（14）一九三一年九月初め、前述の「広東政府」（広州国民政府）が湖南省に出兵したことを指す。

（15）一九三〇年五月から十一月にかけ、蔣介石と閻錫山・馮玉祥・李宗仁ら反蔣派との大規模な内戦（中原大戦）のこと。

二つの路線――民傑及び小陳両同志に答える

〔『校内生活』第一期、一九三一年十一月二十八日、「両個路線――答民傑及小陳両同志」、独秀、十一月十六日付。ここでは『選編』のテキストを底本とした〕

最近われわれの間では、「抗日救国」というスローガン問題の討議が、「革命的民衆政権」[1]のスローガン問題へと発展し、ついには「中国第三次革命はひとたび始まるや社会主義〔革命〕である」問題をめぐる議論に至っている。これは民傑〔厳霊峰〕同志と陳〔陳岱青〕同志が、故意に問題を拡大したり、枝葉末節にこだわったりしているのであろうか。否、絶対にそうではない。彼らの民主主義スローガンに対する態度の根本には、彼らの路線全体があるのである。彼らの路線とは、以下のようなものである。

国民会議はブルジョワジーの機関である。

「国民会議を招集し民衆政権を実現」しても、それはある種のブルジョワ政権である。[2]

「革命的民衆政権を打ち立てる」国民会議は、必然的に、プロレタリアートが反対の段階――二つの革命の過渡期にあって政治闘争を始める際、最も恐るべき絞首具となる。

「国家の政権」は、国民会議が打ち立てられるものではない。

仁静同志はスターリニストと同様、「中国第二次革命は民主主義の任務を解決してはいないのであるから、第三次革命は民主主義の要求で開始される」、したがって革命の初期は社会主義革命ではなく民主主義革命である、と考える。仁静同志の……分析は誤りだらけだ。〔トロツキーの言う〕「ブルジョワジーの私有財産を動揺させ、覆す」ことは社会主義革命でなければ何なのか。それは「民主主義スローガンの下」に発動できるのか。その時民主主義の任務がまだ完成していないとしても、政権が移行していれば、……民主主義革命は完結しているのであるから、次なる革命は社会主義革命しかない。以上が陳同志の意見である。[3]

もし、ブルジョワジー御用達《ごようたし》の「抗日救国会」とか「国民会議」を「通じて」いわゆる「革命的民衆政権」を「実現」すると言うのであれば、その種の政権は、依然として「ブルジョワ独裁」である。もし、いわゆる「革命的民衆政権」が「プロレタリア独裁」の別称であるならば、いまこれを提起することは尚早だし、しかも〔そのことは〕レールス〔劉仁静〕の「鶏卵哲学」のロジックが発展せねば説明できないものである。「プロレタリア独裁」は、ブルジョワ支配の方式である「国民会議」によって「実現」されるのではなく、「ブルジョワ独裁」と対抗する革命闘争の中の大衆組織（例えば赤色組合、貧農協会、ストライキ委員会など）、ブルジョワジー御用達でない機関の中で生まれ発展する。これら革命闘争のすべての勢力を用いて「ブルジョワ民主主義の源泉を汲み尽くし」、最終的には「国民会議」を衝き破り、ニセ「民主主義のブルジョワ統治機関」を覆した「後にはじめて完成する」。「ブルジョワ独裁」から「プロレタリア独裁」への移行は、マルクス主義の国家学説によれば、「暴力を通じる」しかない。……要するに、「プロレタリア独裁」は「国民会議」を最終的に潰滅させてはじめて完成するのであって、「国民会議」を「通じて」実現するのではないのである。以上が民傑同志の意見である。[4]

こうした左傾路線は、スターリン派と共通点を有している。すなわち国民会議のスローガンを蔑視するか、少なくともこれを革命的スローガンとは見ない。その実現のために奮闘することを望まないし、機会があれば闇討ちをかけようとするのだ。なぜなら、それはせいぜいのところブルジョワ機関であり、ブルジョワ政権を実現することしかできないからだ。かくして、プロレタリアートがもし国民会議を実現するために奮闘するのであれば、それは、ブルジョワ政権を強固にするか改良するために奮闘することにほかならない。国民会議に対するこうした宿命論は、国民会議（あるいは抗日救国会）とは宿命的にブルジョワジーの御用を務めるのであって、プロレタリアートの御用を務めたりはできないとするから、当然、「国民会議を通じてプロレタリア独裁を実現する」という主張は、否定されることになる。

それでは、プロレタリア独裁は何を通して実現されるのか。

陳同志の回答は恐らく、「次なる革命は社会主義革命しかない」であり、さらにトロツキー同志の言葉、「……第三次革命は……開始時（注意――陳〔独秀〕）から断固として都市と農村におけるブルジョワジーの私有財産を動揺させ、覆すであろう」を引用することであろうが、彼は以前の王文元同志と同じく、「開始時」の三字だけ見て、カッコの中の「一九一七年十一月〜一九一八年七月」という十五字を無視している。[5]

民傑同志の回答は恐らく、「プロレタリア独裁はブルジョワ統治形式に依拠した国民会議ではない」のであって、それは「赤色組合、貧農協会、ストライキ委員会など」に依拠して、「最後には国民会議を衝き破るのだ」といったものであろう。彼の言い方によれば、われわれ左派反対派は、労働者や貧農へのあらゆる闘争のよびかけの中で、全般的な政治スローガンを何ら必要としない、「ブルジョワ支配の方式である国民会議」のスローガンなどなおさら採用すべきではないことになる。このいまだかつて採用されたことのない国民会議のスローガンは、そっくりそのままカヴェニャック〔フランス一八四八年革命で労働者を弾圧した軍人。ここでは蔣介石の比喩〕に返還すべきである。あるいは、この「暴力を通じる」必要のない「ブルジョワ支配の方式である国民会議」のスローガンは、反革命段階、ブルジョワ支配の下での、少しばかりの自由を求める灰色運動〔政治色の薄い運動〕に限られるのだ。

反革命段階では少しばかりの灰色運動ができるだけだ、およそ国民党政権打倒と革命政権による反革命政権の代置を大衆に向け宣伝し煽動することは、反革命段階における政治闘争の「正道」を踏み外すことだ、といった平和的な改良主義の傾向は、陳同志も民傑同志も同じである。彼らはもちろん、アナルコ・サンディカリストではないが、ひとたび政権問題を語りはじめるや、陳同志は諄々《じゅんじゅん》とわれわれを教え諭すのである。「今は反革命の段階である、が、反対派の現段階に対する具体的な認識である筈であり、それはまた、現在の政治闘争の出発点である」、と。したがって、彼らの路〔線〕が以下のようなものであることは明らかである。つまり、反革命段階では、国民会議のスローガンを採用しようとしまいと、国民党の政権問題に関わらない灰色運動が少しできるだけであり、社会主義のスローガンの下に政権を奪取するのは、将来の革命段階でのことである。言い換えれば、国民会議のスローガンは、せいぜい反革命段階で少しばかりの灰色運動をするのに用いるしかない、革命の高潮が到来すれば、ただちに社会主義の世界になるし、国民会議とかのスローガンは必要なくなる、ということである。私は、このようなまるきり画一的な段階論者は、あるちょっとしたことを忘れている、と考える。すなわち、彼らは、革命の高潮は天から降ってくるのかわれわれの替わりに反革命段階から革命段階へと歩みを進めることができる何か不可思議な力が存在するのか、そもそも彼らがいま秘密にせねばならないが、上帝だけは知っているのか、といったこと〔への回答〕を教えてくれないのだ。

この段階論の路線と対峙するのが、国際的な左翼反対派の永続革命論の路線である。例えば、トロツキーは次のように言っている。

この闘争（国民会議闘争を指す）は、ブルジョワ〔各〕階級の結合の間にくさびを打ち込んで亀裂を生じさせ、そのことでプロレタリアートの活動範囲を拡大させるのだ。（『中国革命問題』第二集、一四九頁）[6]

民主主義〔のスローガン〕は、すべてが幻想や欺瞞ではないし、歴史の動力でもある。（同前書、一五一頁）

形式的民主主義のスローガンは、プチ・ブル大衆を獲得するばかりか、広範な労働者大衆を獲得し、彼らをして――根本的には幻想であるが――自己の意思で軍閥や地主、資本家に抵抗できると感じさせる。プロレタリアートの前衛はこの経験の上に大衆を教育し、彼らを指導して前進する。（同前書、一五三頁）

わが党がプロレタリアートを指導して独裁に到達できたのは、ただ最大の気力をもって、民主主義のスローガンと要求の徹底的かつ無条件の実現を求めたからである。（同前書、一六七頁）

民主主義の問題は〔不可避的に〕、一定の期間、農民のみならず労働者をも捉えるようになるでしょう。こうしたことは、われわれの指導下で起こらねばなりません。（今年

の一月八日付書簡[7])

このアジテーションは、少なくともプロレタリアートの最先進層に次のことを理解させるようなプロパガンダによって補われる必要があります。すなわち、国民会議に至る道は、軍閥どもに対する蜂起と民衆による政権奪取を通じてのみ可能になるということです。(一九二九年十二月「われわれの言葉」に答える書簡[8])

永続革命論が示したのは、後進的なブルジョワ諸国の民主主義的課題はわれわれの時代においては直接にプロレタリアート独裁を導き、プロレタリアートの独裁は社会主義的課題を日程にのせるだろうということだった。ここに永続革命の中心思想があった。(『永続革命論』一四〜一五頁[9])

自国の民主主義革命を実現ないし完成させていない国々は、きわめて重大な意義を持った固有の特殊性を有しており、……先鋭な農業問題が存在し、耐えがたい民族的抑圧が存在する植民地諸国においては、比較的少数の若いプロレタリアートであっても、民族民主主義革命にもとづいて、先進国のプロレタリアートが純社会主義的な基盤にもとづく場合よりも早く権力に到達することができる。(同前書、一四〇頁。この段落と上の段落は、仁静同志の訳文による[10])

〔ロシア〕社会民主党の当面する課題は民主主義革命を完遂することである。だが、権力を獲得したプロレタリアートの党は、自らを民主主義綱領に限定することはできない。党は、社会主義的諸措置の道へと移行することを余儀なくされるだろう。（『自伝』[11]）

　民主主義的措置から社会主義的措置への移行は、プロレタリア独裁下のソヴィエト連邦で起こった。中国では、プロレタリア独裁の民主主義的段階から社会主義段階への移行は、はるかに急速に起きるだろう。（「中国と全世界の共産主義者へ[12]」）

　プロレタリアートの前衛が民主主義的スローガンのために、大胆かつ断固として容赦なく闘えば闘うほど……ますます速やかに大衆の意識の中で民主主義的共和国が、労働者の共和国と同じものとなるのである。（「スペイン革命問題[13]」）

　トロツキー同志が指示したこの路線は、はっきりと、民主主義のスローガンとは反革命段階だけでなく革命の段階でも用いることができる、しかもその重要性から、後進国家もこのスローガンを通じて反革命段階から直接革命段階に進み得る、としている。私個人は、この路線は正しいと絶対に信じる。

　私はいま、十二万分の誠意を以て、同志一人ひとりが充分な時間を使ってこの二つの路線を詳細に比較検討し、その上で賛否を決めてくれるよう要請する。なぜなら、このことは、われわれが結局のところ左派反対派であるか否かの根本問題の一つであるからだ。その他のあらゆる語句で、あれが間違っている、これがより正しいといったことは、すべて重要な問題ではない。修辞学を熱心に論じることは、革命の貴重な時間を費やすに値しないのだ。もし、われわれが民族民主革命の基礎の上に政権を奪取することを決定するのではなく、社会主義の基礎の上に政権を奪取すべきだと決定するなら、もしわれわれが後進国家の民主主義の任務は直接プロレタリア独裁を導き、その後政権を獲得したプロレタリアートが社会主義政策の道を歩み始めることを信じずに、最初から社会主義の革命を行い、それから振り返って、付随的に民主主義の任務を解決することを主張するのであれば、この手の「馬車を馬の前に付ける」やり方は、中国プロレタリアートの政権獲得時期を、世界革命成功後にまで延期させるだろう。なぜなら「いまの中国が現有の技術と経済的基礎に依拠し、自分の力で資本主義段階を飛び越えられるというのは、最も知識のない反動的な社会主義者だけが、持つことができる考えである」(トロツキー[14])からである。われわれの時代にあって、中国ブルジョワジーの平和は相当の時期にまで発展をとげており、次なる社会主義革命の経済的基礎の準備ができている、と言う人がいれば、それは中国左派反対派の隊列中に紛れ込んできた戴季陶だ。プロレタリアートが民族民主革命の基礎の上に、例えば抗日救国会や国民会議の闘争の中で五・三〇運動よりも一層大きな力を結集し、暴力によって政権を奪取できる時に、われわれにはソヴィエトがまだない、社会主義革命の経済的基礎はまだないとし、政権奪取の先送りを主張する人がいるかもしれないが、そういった融通のきかない先生は、せいぜい赤色教授になれるだけである。

なお私は、この二つの路線にあって、こちらでいくつかの名詞を拾い、あちらでいくらかのコメントをして、折衷路線を打ち立てようと企図する人がいても、それは徒労であり、自らに路線がないことを表明しているにすぎない、と考える。

私は、「プロレタリアートは、中国では民族の中で最も少数派であり、彼らが政権を掌握するには、自らの周囲に民族の中でも最大多数派の都市〔の貧民〕と農村の貧農を団結させるしかない」、「したがって一般的なプロパガンダにあって用いる」「革命的民衆政権」とか「民衆の革命政権」といったスローガンは、「プロレタリア独裁」のスローガンと衝突するものではなく、「プロレタリアと貧農の政権」のある種通俗的な表現にすぎない、と考える。それは、ブルジョワ独裁とプロレタリア独裁の間に介在する労農民主独裁のような歴史的に一定の意義がある用語と同じである、とは決して言えない。こうした通俗的表現は、陳同志の言うような、私の「一種の新たな理論的根拠」ではない。私はすでに去年十二月の『無産者』第七期で、「全権を有する国民会議を最高統治機関とし、国民党の訓政と軍事独裁に置き換えよう」というスローガンを提起している[15]し、マルクスやトロツキーの主張を自分の新発明だと装うはずもない。トロツキーが言った「民衆による政権奪取」については、前述で引用したところである。マルクスは、パリ・コミューンを論じたクーゲルマン宛書簡[16]で、「民衆革命〔ドイツ語原文はVolksrevolution〕」という言葉を用いており、ロシアのメンシェヴィキはこれをマルクスのある種の言い間違いだと考えたものだが、レーニンは十月革命後に出版した『国家と革命』の中で説明と弁護を行っている。彼によれば、それは「大多数の民衆」「すなわち貧農とプロレタリアとの自由な同盟」である（詳しくは『国家と革命』漢訳本、六一～六五頁）[17]。民傑同志は「民衆政権」とはイコール「民主独裁」――「労農民主独裁」のことだと言い張り、トロツキー同志の「民主独裁」批判の言説を次々に引用しては、仁静と私を攻撃している。だが、それは警官諸氏の、濡れ衣をこしらえて人を捕まえるやり口なのだ。

（1）『火花』第一巻第三期（一九三一年十月八日）は、「革命的民衆政権」を樹立し、全国の革命的民衆と兵士を指導することを主張した陳独秀「今回の抗日救国運動の光明なる前途〔此次抗日救国運動的康荘大路〕」（十月二日付）、「国民会議を招集し、民衆政権を実現しよう」のスローガンを掲げる列爾士《レールス》〔劉仁静〕「満洲事件と国民党」を掲載している。

（2）「それはある種のブルジョワ政権である」の部分の『選編』の中国語原文は「不是一種資産階級政権」であるが、意味が通らないため、『晩年』は「不是」（～ではない）を「這是」（それは～である）に改めている。ここでは『晩年』に従う。

（3）底本ではこの段落は二つに分かれているが、いずれも陳岱青の見解の紹介であるため、翻訳に際し二つの段落を一つにまとめた。

（4）底本では、この段落は四つの段落からなっているが、すべて厳霊峰の見解の紹介であるため、翻訳に際し一つにまとめた。

（5）ここで陳独秀が、陳岱青が「回答」の際に引用するであろうと想定しているのは、前掲『中国革命問題』第二集収録の「中国革命の回顧とその前途〔中国革命的回顧及其前途〕」に見える以下のようなトロツキーの言説（三〇〜三一頁）である。

　この第三次革命には（中国経済はロシアよりもかなり立ち後れているが）、ロシア十月革命後の半年の「民主主義」時期さえもあり得ないし（一九一七年十一月〜一九一八年七月）、開始時から断固として都市と農村におけるブルジョワジーの私有財産を動揺させ、覆すであろう〔這第三次革命（雖然中国経済比俄国落後得些）、連像俄国十月革命後半年的「民主」時期也不会有（一九一七年十一月――一九一八年七月）、而将於開始時就要堅決的動揺、而且推翻城市及農村中資産階級的私有財産〕。

トロツキー派の間では、ここでの「開始時」を革命全体の開始時と見るか、それともプロレタリアの政権獲得後のことと見るかで、王文元らと陳独秀との間で論争があり（「中国における将来の革命発展の前途」参照）、統一大会の時点では、後者の見解が政治綱領に盛り込まれていた。陳独秀の言うように、（　）の中の「一九一七年十一月〜一九一八年七月」に注意すれば、論じられているのは、プロレタリアの政権獲得後のこととなる。こう述べることで、中国第三次革命は革命全体の「開始時」から社会主義革命だとの陳岱青の、想定されるいわば蒸し返しの主張に反論を準備しているのである。

(6)「コミンテルン第六回大会以後における中国問題〔共産国際第六次大会後之中国問題〕」、『中国革命問題』第二集、一四九頁。以下、同書からの引用が続くが、いずれもこの論文からの引用である。

(7)「左翼反対派への手紙〔給中国左派反対派的信〕」（一九三一年一月八日）、『反対派ブレティン』第十九号、托洛次基著・凡西校訳『中国革命論』二八六頁。訳文は、『トロツキー研究』第三九号（二〇〇二年十二月）の西島栄訳による。

(8)「中国の反対派〔「われわれの言葉」派〕への返信〔答中国反対派書〕」、前掲『中国革命問題』二四六頁。訳文は、『トロツキー研究』第三九号の西島栄訳を参照した。

(9)中国語原文は『不断革命論』。訳文は、森田成也訳『永続革命論』によった（五八頁）。

(10)森田成也訳『永続革命論』二九八～二九九頁。

(11)森田成也訳『わが生涯』三三八頁。

(12)「中国革命の課題と展望 中国と全世界の共産主義者へ」（一九三〇年九月、『反対派ブレティン』第一五・一六号）、中国語版は「国際共産主義左派反対派告中国及全世界共産党員書」（『無産者』第八期、一九三〇年十二月二十五日）。ここでは、トロツキー研究所『ニューズ・レター』第三四号（二〇〇三年二月）の西島栄訳によった。

(13)原題は「スペイン革命」（一九三一年一月、『反対派ブレティン』第一九号掲載）。ここでは

『トロツキー研究』第二二号（一九九七年三月）の志田昇訳によった。

（14）「アリスキーへの書簡〔致亜爾斯基的信〕」（一九二七年三月二十九日）、前掲『中国革命問題』七頁。

（15）中国共産党左派反対派（無産者社）「国民会議運動のために民衆に告げる書〔為国民会議運動告民衆書〕」一九三〇年十一月二十四日付。

（16）一八七一年四月十二日付。中国語原文に、Kuyilmation とあるのは誤記ないし誤植。

（17）上海中外研究学会訳『国家与革命』一九二九年七月。『レーニン全集』第二五巻（大月書店）参照。

『熱潮』創刊の辞

〔『熱潮[1]』第一期、一九三一年十二月五日、「発刊詞」、無署名〕

二十世紀は二つの熱潮の世紀である。一つは広範な、苦役に耐え飢えに苦しむ奴隷たちが、寄生虫の連中にけりをつけようとする熱潮であり、もう一つは、幾十もの抑圧された民族が、帝国主義に対し、けりをつけようとする熱潮である。この二つの熱潮は、しばしば起伏を繰り返し、ずっと高揚してきたものではないけれども、それには結局のところ何物も抵抗できない。とりわけ二つの熱潮が合流し、ついには全世界を一新しようとしている時には。

今回、日本帝国主義は何憚《なにはばか》ることなく遼吉黒〔遼寧・吉林・黒龍江〕三省を占領し、中国各地で示威的に暴力を行使し発砲を行っている[2]。英・米・仏の各帝国主義はパリ会議〔国際連盟理事会〕で何憚ることもなく中国を犠牲にし、日本に媚びを売っているが、これはまさしく彼らが、熱潮がまだ伏流しているのに乗じ、その凶炎をのさばらせようとしていることなのだ。しかし、彼らの凶炎は、もとより時には熱潮を低く抑え込むかもしれないが、時にはそれを高潮たらしめる。今日はまさしく、中国民族の熱潮と帝国主義の凶炎が、決闘を始める時期である。この決闘の中で、凶炎がわれわれの熱潮を枯渇させるのか、それともわれわれの熱潮が彼らの凶炎を消し去るのか、それはわれわれの努力にかかっている。

　われわれ三億四億の、歴史のある、それも文化と革命の歴史を有する中国人に、力がないと言えるだろうか。少数の売国的軍閥・官僚・奸商・豪紳などの寄生虫を除いても、まだ多くの愛国的民衆がいるのだ。寄生虫どもの近視眼には、銃砲や軍艦、飛行機の力だけが目に入り、民衆の熱潮の力は目に入らない。しかも彼らは、この力を根本から恐れ、仇敵視している。だから彼らは帝国主義の凶炎に焼き焦がされることを甘んじて受けようとしている。

――実はすでに彼らの眉毛は焦がされているのだ。

　われわれは信じる、民衆の熱潮は、大砲や飛行機以上の力を持っている、と。被抑圧民族はこの力で帝国主義の凶炎を消し去り、あらゆる敵を滅することができるし、またそうするしかないのだ。

　抗日救国の民衆たちよ、君たち自身奮起する熱潮だけが君たちの根本的な武器なのであって、それ以外は、すべてが幻想なのだ。

　本誌の刊行は、熱潮のためにささやかな記録をし、また熱潮にささやかな動力を与えようとするものである。内外の凶炎に滅ぼされるかもしれないし、あるいは熱潮に浮かんで前に向け発展をとげるかもしれないが、それは自身の命運なのだ。

（1）『熱潮』は、一九三二年一月二十三日まで計七期が刊行された（『選編』編注）。

（2）関東軍は九月十八日の満鉄線爆破（柳条湖事件）後、二十日には奉天省の省都瀋陽全域を占領し、翌日には吉林省都吉林が無血開城、さらに十一月九日、黒龍江省都チチハルを陥落させた。このほか十一月八日、天津で奉天特務機関長土肥原賢二大佐が便衣隊に暴動を起こさせている。

対日宣戦とボイコットを論ず

〔『熱潮』第一期、一九三一年十二月五日、「論対日宣戦与排貨」、頑石〕

「対日宣戦だっ」「対日宣戦だっ」とは全中国にあまねき叫び声であり、日本帝国主義の何憚るところのない中国侵犯に対しあるべき、また最後となるはずの叫び声である。もしこの叫び声さえもなくなるのなら、そのことは中国各階級の人民がすべて、綿羊の如き不抵抗主義の亡国奴となったことを示すだけで、高尚な理想とかを表明しているわけではない。もし、人が「大同主義」とか、「国界を打破する」とか、「祖国はいらない」とか、「ブルジョワジーと豪紳地主の国家を愛さない」とか、「愛国に反対する」とか、「狭義の愛国と虚偽の民族主義に反対する」などなどの高尚な理想を表明して、根本から対日宣戦に反対するなら、それはただ、彼らの理念が、イエスやトルストイ、張学良の不抵抗主義なみに高尚であることを示しているにすぎない。

しかし、ある人〔中共党員・知機（筆名）〕は、「対日宣戦」とは国民党中央が出したスローガンであって、あらゆる反革命派が擁護していると考えている。だが、国民党中央にこんなスローガンを提起する勇気があるだろうか。恐らくあるのは逆の事実だ。それが示しているのは、デマを飛ばした人物の国民党中央に対する幻想にすぎない。「対日宣戦」というスローガンは、現在広範な大衆の中で流行しているが、大衆がすべて反革命とでもいうのか。そうなれば、われわれにどんな希望が残るのか。それに、君たち〔中国共産党のこと〕の革命スローガンはどんなものか。君たちは「民衆が自ら武装し、日本帝国主義を駆逐せよ」と主張している[1]が、武装して日本帝国主義を駆逐することは、対日宣戦でなくして何なのだ。どこかの士官学校の心理テストにあった「戦うも宣〔戦〕せず」といった滑稽なスローガンのようなものだとでも言うのであろうか。

　われわれは対日宣戦というスローガンに根本から反対するわけにはいかない。対日宣戦に反対することは、やり口を変えた不抵抗主義か、高尚な理想を語る不抵抗主義であって、実質的には反動であるのだから、われわれは大衆に次のように言えるだけである。対日宣戦は民衆自身の武力に依拠しなければならない。例えば、黒龍江の二万の農民は鋤を捨てて軍隊に身を投じ、黒龍江東部の〔依安県〕双陽鎮など十余鎮は民団〔自警団〕抗日軍を組織した。またハルピン護路軍[2]の第二十六旅〔旅団〕第三営〔大隊〕第十連〔中隊〕の兵士たちは、日本軍が黒龍江を攻めても指揮官が救援命令を出さないことに憤り、二十四日夕刻、連長と排長〔小隊長〕を射殺し、事務長に率いられて馬占山軍に加わった。フラルキ駐屯の第二十二旅の一個連も同様の行動をとった。[3] これらが今、眼前にすでにある実例である。対日宣戦を政府に請願しても、それは国際連盟やアメリカが正義を主張するよう望むことと同様の幻想である。なぜなら、中央であろうと地方であろうと政府の諸公は、対日不抵抗政策を放棄するはずがないからである。彼らは、開戦すれば実力を失い、地盤——民の膏血を搾り取る地盤を保てなくなることを恐れているのだ。

ボイコット運動に対しても、われわれは根本から反対すべきではない。ボイコットに根本から反対するのは、敵のスパイか奸商であって、中国人と見なすことはできない。

われわれが大衆に告げることができるのは、以下の諸点に限られる。（一）単なる消極的な経済絶交では勝ちを制することはできない。大切なのは政治闘争への積極的な努力である。（二）経済絶交で実際の成果を得ようとするなら、われわれ自身がきわめて大きな犠牲を覚悟しなければならない。工場主や商人たちのように経済的な利害得失を計算し、犠牲を引き受けないのであれば、ボイコットは必然的に絵空事となる。（三）したがって、ボイコットには学生や労働者が組織した大規模な〔密輸に対する〕検査隊が必要となる。厳格な上にも厳格に検査してはじめて、効果を収められる。商人にボイコット、一般人に自発的な日本製品不使用を希望したところで、そうした方法は方法なきに等しい。現在のボイコット運動は、もちろん相当の効果を挙げているが、しかし、それの影響はやはり大きいとは言えないし、ボイコットの前途には少なからぬ悲観的現象が生じている。このことは、政治闘争が進展していないこと、資本家が経済的な利害得失を計算していること、奸商の抵抗が検査員の力量をはるかに上回っていること、の三つの要因によっている。

　ある人は、ボイコットには犠牲を覚悟しなければならないとは、「中国民族ブルジョワジーの利益のために、中国の労働者・農民にきわめて大きな犠牲を覚悟させなければならない」ということだと考えているが、この言葉にはたくさんの間違いが含まれている。今回の日本製品ボイコット運動でブルジョワジーの犠牲を排除できるだろうか。上海の商人はまさしく二、三千万元の損失を計算しているからこそボイコット中止を主張しているのだ。中国の労働者・農民は、ブルジョワジーのように民族の利益を顧みないのではない。彼らは犠牲を覚悟している。経済面での犠牲（ボイコット中に一部の生活必需品の価格が上昇する）以外に、生命の犠牲も覚悟している。なぜなら被抑圧国家たる中国では、抗日救国は労農大衆自らの任務であり、他人の身の上に押しつけたり、民族ブルジョワジーの利益だと見なすことができないからである。犠牲を肯《がえん》ぜない者は、どうか民族革命戦線を離れ、不抵抗主義の高尚な理想家になってもらいたい。

（1）　知機「対日宣戦か？　それとも民衆が自ら武装し日本帝国主義を駆逐せよ、か？〔是対日宣戦？　還是民衆自動武装起来駆逐日本帝国主義？〕」（『紅旗週報』第二一期、一九三一年十月二十五日）。

（2）　護路軍は東省鉄路護路軍のこと。ロシアが中国東北に敷設した中東鉄道（旧東清鉄道。中国語では東省鉄路とも呼ばれた）の警備は、一九一七年のロシア革命後、ロシア軍守備隊からこの部隊が引き継いでいた。なお、原文には「ハルピン〔哈爾浜〕護路軍」とあるが、正確には、ハルピン―満洲里線小嵩駅駐屯の部隊である。

（3）　ここで述べられている黒龍江省での民団抗日軍の組織や、護路軍第二十六旅、第二十二旅の反日蜂起については、『申報』一九三一年十一月二十六日の記事「ハルピン―満洲里線の護路兵、義憤から馬占山軍に加わる　黒東各県の民団抗日へ〔哈満線護路兵　因義憤投馬部　黒東各県民団抗日〕」に見える。陳独秀はこの記事を参照したものであろう。

全党同志に告げる書

〔『火花』第一巻第七期、一九三二年一月二十八日、一九三二年一月一日付、「告全党同志書」、中国共産党左派反対派〕

親愛なる同志たちへ。

現在の反日運動は、表面的には意気盛んだが、行動の上では学生の孤軍奮闘にとどまっている[1]。労働者大衆が速やかに立ち上がり、この運動を充実させ指導するのでなければ、この運動は革命の道を歩むことができない。この点についてのわが党の責任はなんと重大で、また差し迫ったものであることか。

左傾化を始めている学生運動は、すでに反日から反国民党に至っている。各地の国民党の党組織は、かなりの攻撃を受けたので、民衆運動を押さえ込む力は一時緩んでいる。また今、国民党各派が党権・政権の争奪で対峙していることは、民衆に組織と闘争のチャンスを与えている。しかし、実際のところ、民衆が組織と闘争に奮起する運動は、まだたいへん弱体である。その主要な原因は、わが党の大衆における活動と指導力があまりにも不充分であることに帰せられる。

前回の革命の敗北後、わが党が正確な政策を採用し、大衆の力を潰散させるのではなく団結させ、党と大衆が日々乖離するのでなく連繋を深めることになっておれば、反日反国民党運動は現在のように軟弱なものであり得ただろうか。

不幸なことにこの三、四年来、われわれ（左派反対派）の、冒険主義に対する再三再四の警告に党のスターリン主義の指導機関は全く耳をかさず、逆にわれわれのことを解党派、反革命、国民党ブルジョワ陣営の一部と貶《おとし》めている。こうした侮辱は、決して事実を改変することはできないし、彼ら（モスクワから中共の現中央に至るまで）自身が党員大衆の面前で認めざるを得なかった過去の誤り——冒険主義の政策や自らへの誇大評価、都市労働運動を無視し大衆から乖離したこと、などを覆い隠せはしない。

しかも彼らは同時に、これらの誤り、党の基本的な力を弱体化させた誤りを一律にいわゆる「立三路線」のせいにし、ひたすら立三〔李立三〕個人を完膚《かんぷ》なきまでに攻撃しているのだが、現中央が執行している政策は、これまで立三が執行してきたスターリニズムの路線と変わりがない。それが、彼らが盛んに吹聴している「国際路線」である。国民会議のスローガンへの反対、都市労働運動の軽視、農村遊撃戦争の過大評価、工業・政治の中心都市を離れたソヴィエト政府の組織と強化の企図、第二次世界大戦と帝国主義によるソ連侵攻への反対を空騒ぎしながら、意識的にか無意識的にか現実の民族民主闘争を軽んじ、大衆のデモ組織に努めるのではなく、同志に強制して大衆の代わりに街頭デモをさせ、路面電車や自動車を破壊させるといった無自覚の挙動が、引き続き執行されている。現中央は威信に欠けているがゆえに、一層惜しみなく官僚主義・命令主義を励行し、単純な強制と服従とで政治と活動の指導に代替させ、党の組織を以前にもまして打ち砕き生気なきものとしている。

モスクワ方面は、彼らの「一国社会主義」の反動理論に基づき、国内の平和的建設に没頭し、全世界の労働者に「平和」と「国際条約遵守」を叫び立てている。これは明らかに、マルクスが残した「永続革命」の教えと、レーニンが残した「弱小民族の解放運動支援」という教えに背いている。彼らは日本が満洲を占拠し、ソ連侵攻の強力な基地とすることを容認している。彼らは、中国民衆の反日運動に対し冷淡であり、帝国主義にデマ（日露密約など）を飛ばす機会を与えたため、中国民衆のソ連に対する信念は揺らいでいる。

これらのすべてのために、広範な反日大衆は、わが共産党が自分たちを現実に指導し闘争へと進ませる政党であると認識することができていない。日増しに高まる反日運動は、いまなお中心がないのだ。このことこそ現在の反日運動の危機であり、またわが党の危機なのだ。

われわれ（左派反対派）は、この危機を打開するため、全党の同志に向け以下の見解を表明する。

（一）党員大衆は、ソ連の満洲事変に対する態度を改め、とりわけコミンテルンが世界各国の労働者とその前衛――共産党に呼びかけ、ともに立ち上がって中国民衆の反日運動を支援するよう急ぎ呼びかけよ、とモスクワに提案するよう中央に要求する。

（二）党員大衆は、現実の民族民主闘争に対し、速やかに断固として勇敢な態度と積極的な政策を採り、国内の革命闘争でもって第二次世界大戦とソ連への侵攻を防ぐことを、中央に要求する。後進国のプロレタリアートが断固として勇敢に、猛烈なる民族民主闘争に参加し、これを指導することができればできるほど、政権を奪取する道を歩む可能性が高くなる。同時に、民族闘争、例えば現在の反日運動は、労働者階級の指導を得られなければ、革命の道を歩むことは困難である。民主闘争、例えば現在の国民会議運動は、労働者階級の参加と指導を得られなければ、大衆は簡単に国民党や一般の上層階級のペテンにかかってしまい、せいぜいのところ議会制度の道を歩めるだけである。また、現在の農民の土地獲得の闘争も、都市労働者の反帝国主義・反軍閥の闘争と合流して共同の勝利を得るのでなければ、結局のところ外からのあるいは内からの原因で失敗するであろう。

（三）党員大衆は、全力を都市労働運動に傾注し、そうすることで労働者大衆が速やかに立ち上がって反日反国民党闘争に参加し、これを指導できるようにし、ひいては闘争を飛躍的に進展させることを、中央と各レベルの党組織に要求する。

（四）党員大衆は、あらゆるソヴィエト区で、以前からの土地〔獲得〕などの農民にとって切実な要求以外に、普通選挙で選ばれ全権を有する国民会議のスローガンをただちに加えることを、中央に要求する。なぜなら、国家の独立・民族の自主を求める反帝国主義運動と軍閥の税金〔徴収〕という抑圧への反対は、土地の獲得と連係し、これらの運動の民主主義的反映は、一般民衆の意識、とりわけ農民の意識にあっては、まさしく全人民を代表し全権を有する国民会議だからである。

（五）党員大衆は、全国の反日反国民党闘争を公然と呼びかけ、これを指導するべく、ソヴィエト区の武力をでき得る限り近くの労働運動や反日運動を有する都市に向け前進させ、これらの運動と合流させることの決定を中央に要求する。農村でソヴィエト政府を打ち立てる企図は、日がたてば必然的に、経済的な抑圧と階級指導の弱体、富農・商人の支配と貧農の怨嗟を招き、破産するのだ。

（六）党員大衆は、われわれの力量を統一して階級敵に向けるべく、あらゆる労働組合運動、ストライキ闘争、学生運動、反日運動、国民会議闘争、反国民党闘争及びソヴィエト組織運動の中での、すべての共産主義者の連合行動に対し、いかなる形式の阻止も破壊も行わないことを中央に要求する。われわれ（左派反対派）は、あらゆる行動において全党同志と手を携え前進する準備ができている。

同志たち、今は重大な時期なのだ。反日運動がプロレタリアートの参加と指導なくして失敗すれば、日本帝国主義の満洲における勝利は全帝国主義のソ連侵攻と中国民衆のさらなる奴隷化への序幕となり、中国の植民地化は、中国プロレタリアートによる民族解放闘争と自らの階級解放闘争での巨大な困難さを一層大きなものとする。われわれが直面している反日闘争は絶対に重要なものなのだ。闘争の中でわが党の正確な政策による指導が疑いもなく切実に求められている。同志たち、わが党の指導機関の誤りを是正し党全体を改造する努力は、一日とて先延ばしにできるだろうか。政治的な自覚がある戦士であれば誰でも、もはやこれ以上待つべきではない。われわれはこれ以上何を待てるのだ。

共産主義の敬礼を。

中国共産党左派反対派

一九三二〔年〕、一〔月〕、一日

（1）　満洲事変後、国連を舞台とする外交交渉で事態の解決を図った国民政府に対し、学生たちは日本との国交断絶や宣戦（出兵）を求め、デモや抗議行動を繰り返した。十二月十七日には、南京・北平・上海などの学生約五千人が南京で連合デモを行い、国民党中央党部や中央日報社に突入、警官隊との衝突で学生一名が死亡した。同月には、このほか上海・太原・杭州でも、党や政府の建物に対する包囲・突入などの実力行使が行われている（郭廷以『中華民国史事日誌』、『申報』一九三一年十二月十八日）。

討論欄

〔『火花』第一巻第七期、一九三二年一月二十八日、「討論蘭」、編者〕(1)

われわれの中での原則と戦術に関する討議は論争をも含め、党内だけでなく、党外のプロレタリア大衆、さらに一般の革命的大衆に公開し、彼らが真実の理解と正確な選択をできるようにすべきである。このためわれわれは今後、重要問題を討議する文献は、『校内生活』に発表するのでなく、本誌に特別な欄を設けて掲載する。スターリン派は往々にして、われわれの中にあるいくらかの異なる見解を拾い集めては、これを誇張し、左派反対派を破壊する一種のチャンスと見ている。だが実際には、左派反対派はこうした破壊を少しも恐れない。まさしくこの問題こそが、スターリン派がボリシェヴィキの組織ではないことを示している。レーニン同志が在世中指導していたボリシェヴィキ党の党内には、一貫して異なる見解があったが、重要な見解の相違についての論争は、その度ごと大衆に公開され、隠されることとなどなかった。そうすることで党員と大衆の政治闘争が高められ、党もあのように強大となったのである。スターリンが指導するようになると、秘密の厳守や〔情報の〕封鎖、懲罰などの制度が発明され、公開論争に取って代わった。こうした制度でできるのはカトリック式、マホメット式の個人独裁セクトだけであって、大衆的なボリシェヴィキ党を作り上げることはできない。これこそが、われわれ左派反対派がスターリン派と論争している問題の一つであって、また彼らがわれわれを党内に留め置かない原因の一つである。

（1）『選編』が利用した底本の「討論蘭」頁の右下隅には、「編者とは陳独秀である」とのペン書きのメモがあった（同書編注）。

東京事変と極東の時局

〔『火花』第一巻第一〇期、一九三二年六月十六日、五月二十日付、「東京事変与遠東時局」、陳独秀。底本として『晩年』も参照した〕

日本の上海出兵〔第一次上海事変〕は、犬養〔毅〕内閣自らの積極策ではなく、狂気の軍人派の尻馬に乗って帝国の威光を維持しようとしたものである。犬養内閣が、何物をも顧みない軍人派の狂気の政策に一貫して追従し、江蘇・浙江の占領へと進むことができないのであれば、十万の大兵力を呉淞・江湾・閘北に駐屯させていたずらに列強の嫉視を招き、莫大な軍費を費やして何も得られないところであった。ちょうどその時、南京政府が屈服して協定を結んだ。中国軍は前進を制限され、日本軍の撤兵やあらゆる敵対行為の停止について制限が加えられなかった[1]。したがって、この協定が調印されるや、犬養内閣は断固として撤兵を命じた。このことはもとより当然のことであったが、狂気の軍人派を激怒させ、五月十五日の事変を直接引き起こすのである。

満洲国不承認問題につき、スティムソン〔アメリカ合衆国国務長官〕はヨーロッパでイギリス、さらにはフランスの黙認を獲得したこと、ソ連の極東防衛の軍事配備は日々緊張の度を加えていること、そしてアメリカの海軍拡張計画と大西洋艦隊が無期限で太平洋に配備されたこと、これらも東京事変を引き起こした要因である。

しかし、これらは事変を直接引き起こした近因であるにすぎない。その深遠にある根本原因は、日本帝国主義自体の経済の発展過程とその政治構造にまで遡らねばならない。

日本は畢竟、最後に資本主義が起こった東洋の国家である。今から遡ること六十四年（明治元年・一八六八～一九三二）前、それは純粋な封建国家にして、土地も狭小な島国だった。一つには外からの刺激によって迫られ、すみやかに軍事的資本帝国主義国家へと跳躍した。この国家でのブルジョワジーは、革命を通じてではなく平和裡に政権を獲得した。それゆえに、政治的に生き残っている封建勢力は、いかなる資本主義国家よりも強大である。このため、奇形的政治構造が形成された。ブルジョワジーが世界にたどり着くのが遅すぎ、経済発展も乗り越えられない壁に直面したことから、奇形的政治構造の命運は引き伸ばされた。この政治構造とそれが育成した日本流のファシスト運動が、今回の事変の根本原因なのである。

初代の伊藤内閣から最近の犬養内閣に至るまで、全部で二十九代の内閣のうち、最初の十八代は藩閥内閣であった。政党内閣は第十九代の原敬（政友会）内閣に始まる。その後の十一代の内閣のうち一度藩閥内閣が復活したことがある。薩摩を代表する山本〔権兵衛〕内閣である。内閣の交代や政策の取捨選択は、元老派の一言で最終決定される。現在では西園寺公爵一人を残すだけとなっている元老会議は、陸軍の長州閥と海軍の薩摩閥の双方を代表する総代表であった。内閣における陸軍・海軍大臣の進退は、藩閥で決定されるのであって、内閣総理が決めるのではない。これらはすべて藩閥の慣習的権威によるものであって、憲法や官制に規定があるわけではない。

この他、法律で定められた参謀本部、海軍軍令部、教育総監部、軍事参議院、元帥府という五つのいわゆる「帷《い》幄《あく》上奏機関」は、陸軍・海軍大臣と同様、内閣の同意を経ずして直接天皇に上奏し、天皇の帷幄の中で政策を決定することができる。参謀総長と海軍軍令部長は、天皇に直属し、完全に内閣の外にいて、その指揮監督を受けない。陸海の軍部は、二面性を有する機関である。法律的には内閣に属し、実質的には帷幄上奏機関に属する。

これが、言うところの奇形的政治構造である。

日本の藩閥はこうした奇形的政治構造と直接天皇に上奏できる特権を利用し、しばしば省部を通じて内閣の政策とは異なる軍事侵略と外交を実行した。その結果はしばしば、藩閥が内閣に屈するのではなくして、内閣が軟化し、藩閥に屈した。これは日本では「二重外交」と呼ばれているが、実際にはそれどころか、「二重政権」である。

日本資本主義の発達は明治初年に始まり、日清戦争（一八九四年）前後に盛んとなった。一八六九年から七三年にかけ、毎年の全輸出品のうち工業製品が占める割合は、平均七・八パーセントであったが、一八八九年から九三年にかけては二五・四パーセントに激増、二十年間で一七・六パーセント上昇した。さらに一八九九年から一九〇三年では三三・〇パーセントにもなり、この十年間でも七・六パーセント上昇した。この三十数年間は、日本資本主義の発展の最盛期であった。日露戦争（一九〇四〜〇五年）後、その発展スピードは以前に比べやや減速し、一九〇九年から一九一三年にかけて工業製品が輸出総額に占める割合は、三七・八パーセントに上がっただけである。一九一八年にはピークの四五・五パーセントへと急上昇したが、これはヨーロッパ大戦中の特殊な状況であって、大戦後の一九二一年には四三・三パーセントに、二四年にはさらに四二・六パーセントに減じた。次第に低減する傾向は、世界経済恐慌の現在までずっと続いている。

だからトロツキー同志は述べている。「この二十五年来における日本資本主義の発展は、古い形式の政治と社会に異常な分解を引き起こしてきた。その時以来、日本はすでに何度となく革命へと向かった。しかし国内にはその発展が提起する任務を遂行する有力な革命的階級を欠いていた。満洲の冒険は、日本支配の革命的潰滅を加速させるだろう」[2]、と。日本の経済学者も「我が資本主義的第一期の繁栄は、大体に日露戦争後より漸次頽勢を示し、欧州戦後に於て、いよいよその行詰に直面するに至った」と言っているのだ（高橋亀吉「資本主義末期と日本経済の研究」。前記の数字も、この本による[3]）。

日本帝国主義は、どのようにそのゆきづまりを解決するのだろうか。

朝鮮、満洲、そして全中国方面への発展とは、日本古来の伝統政策、いわゆる「大陸膨張政策」である。この政策の実施をめぐって、明治初年に彼らの内部で西南戦争が引き起こされ、この政策にもとづき、日清・日露の戦争が起こされた。二回の戦勝は、日本の大陸政策成功の第一歩であった。ヨーロッパ大戦で列強が東洋を顧みる余裕がなかったことは、日本にとって大陸政策を完成させる絶好の機会となった。中国に対する二十一ヶ条の強要はこの時起こったものであるが、「当時民主主義が台頭」し、「民族自決と帝国主義打倒の潮流が世界に風靡したため、大きな好機は突然過ぎ去つてしまった」（日本の帝大教授神川琴〔彦〕松博士の言[4]）。日本は日清・日露戦争後、国力を膨張させ、大いに海軍を興し、商船を建造して列強とともに太平洋を疾駆させた。ここに、大陸政策とは別の、いわゆる「太平洋覇権政策」が新たに生まれた。ヨーロッパ大戦後のワシントン会議で、日本の大陸政策と太平洋政策はともに列強、特にアメリカからの打撃を受け、妥協的態度を採らざるを得なかった。当時十月革命の余波が全世界のプロレタリアと弱小民族を奮い立たせ、同時に国際帝国主義は革命の潮流に抵抗するため国際連盟を結成していたから、日本帝国主義もそれ以上孤軍で進もうとはしなかった。彼らと同類の強盗たちに連盟を求める、いわゆる「国際協調政策」を採用せざるを得なかったのである。ヨーロッパ大戦後、特にワシントン会議以来の十年間、日本の各政党内閣は、すべて国際協調という新政策を続けてきた。その間、田中〔義一〕内閣〔一九二七年四月～二九年七月〕が大陸政策を復活させようと図ったものの、国際協調政策に牽制され、結局それは果たされなかった。田中の次に成立した浜口〔雄幸〕内閣〔一九二九年七月～三一年四月〕は、国際協調政策を一層強化したが、それはいわゆる幣原外交の中核であった。

　しかし、早熟の日本帝国主義には新しい、そして廉価な資源が不足していた。旧来の植民地（朝鮮と台湾）の膏血もすでに搾り尽くしていた。こうした状況に恐るべき世界経済危機の襲来が加わり、日本帝国主義は一層袋小路に陥った。田中内閣の膨張政策はもとより毒を飲んで渇きを癒やそうとするものであったが、浜口内閣の緊縮政策も不景気を打開することはできなかった。その金〔輸出〕解禁は、金融危機を重大化させたし、犬養内閣の金輸出〔再〕禁止も、証券の下落を止めることはできなかった（五月一日の日本の有価証券の総額は一二九億四七〇〇万円、このうち株式の時価が一〇八億一二〇〇万円、公債が二〇億一二〇〇万円。前月の同じ日と比較して三億八九〇〇万円の減少であり、政友会の初組閣時に比べれば、一〇億八九〇〇万円の減少である）[5]。かくして、軍閥一派はその帷幄上奏の特権を根拠に、幣原外交の方針を無視し、大陸政策を復活させて帝国繁栄を取り戻すことを夢見た。それは当初満洲事変に実現され、上海事変と今回の東京事変にまで発展した。

日本帝国主義の道は、打開しがたい袋小路である。各ブルジョワ政党は政権を運営する能力がなく、客観的には反革命の道を歩んでいる。だが、今日の日本にはやはり有力な革命的階級、とりわけその有力な前衛――共産党が欠けている。だから左からの赤色運動は、天命に応じて生まれた右からの白色軍人のファシスト運動が勇んで前進していることに、なお追いつけてはいない。

日本の白色軍人のファシスト運動は、長くはぐくまれた歴史と社会的基礎を有している。明治初年、失業した武士、いわゆる「浪人」たちが組織した「愛国社」と「愛連」〔愛国青年連盟〕は、その開山の始祖である。[6] その後浪人たちが組織した「黒龍会」〔一九〇一年成立の大アジア主義を掲げた国家主義団体〕と、軍属が団結した「在郷軍人青年団[7]」は、ともに全国規模の膨大な組織であり、軍人ファシスト運動となり得る社会勢力である。目下、この運動で表面化している社会勢力は以下の通りである。

1　枢密院副議長男爵平沼騏一郎及び現内閣の陸軍大臣荒木貞夫と海軍大臣大角岑生が指導する国本社〔一九二四年成立、一時会員数二十万人を称した〕は、社員に退役軍人や財閥（例えば三井銀行筆頭常務〔原文は「総理」〕の池田〔成彬〕）・軍閥（前海軍軍令部長加藤寛治、参謀次長の真崎甚三郎ら）分子がおり、日本ファシスト党の基本団体である。[8]

2　青年軍人の組織した血盟団（三百人）と青年士官団（百二十人）[9]。

3　以前民政党に属した中野正剛一派は、失意の政客を糾合し、社会国民主義を標榜して新党運動を始めようとしている。[10]

4　貴族院副議長近衛文麿公爵、貴族院の伊沢多喜男、現内閣の書記官長森恪、民政党党員永井柳太郎、及び財界有力者たちは、国本社の運動に同情している。[11]

5　社会民衆党を脱退した赤松克麿一派が打ち立てた国民日本党、労農大衆党を脱退した大矢省三、藤岡文六、安芸盛らの国家社会主義派は、ともに右からブルジョワ党に反対し、ファシスト運動に共感している。[12]

6　在郷軍人青年団は、代表を東京に送り、ファシスト運動に参加させている。

7　茨城県の農民決死隊（三百人）は、東京の発電所を襲って爆破し、十五日夜の軍人ファシストの運動に呼応しようとした。[13]

最近の日本におけるファシスト運動の急速な蔓延は、一つには日本の国内経済に出口がなく、政党も無能で堕落していることによっているが、もう一つにはドイツのヒトラーの主義と運動の影響を受けたものである。政党政治と議会制度に反対し、極端な国家主義を擁護することは、ファシストの一般綱領であるが、日本のファシスト運動も他の国のファシストと同様、独自の特徴を有している。第一に、日本政治の奇形的構造により、彼らは特権的藩閥に支持され、ほぼ上から下への運動となっているから、多くの場合、暴力を多用して政党を屈服させる必要がない。第二に、日本が他国を侵略していることから、被抑圧国家であるドイツとは異なり、そもそも労働者大衆を引き付けることができないし、広範なプチ・ブル大衆を引き付けることもできない。まさしくこうした特徴から、日本のファシスト運動の最近の発展形態と前途が決定されている。

　現在、日本の各ブルジョワ政党の眼前にあるのは二つの道だけである。立ち上がって藩閥の特権、すなわちいわゆる「帷幄上奏機関」を打倒して政権と軍権を政党内閣に統一するか、あるいは、軍人のファシスト党に屈服し藩閥内閣を復活させるか、だ。前者の道を歩めば、大衆の奮起に支援を求めなければならないが、それは革命的行動であって、無能で堕落した各ブルジョワ政党が願うものでも、試せるものでも決してない。軍人支配が崩壊に向かい、ブルジョワジーの基本的利益を保護できなくなってからでないと、ブルジョワ政党が一時的に左旋回するとしてもきわめて限りがある。後者の道を歩むとすると、超然内閣になろうと連立内閣になろうと、また内閣総理が平沼になろうと鈴木〔喜三郎政友会総裁〕になろうと、軍人ファシスト派の勢力が中心となるのであって、政友会や民政党の勢力が中心となるのではない。以前の「二重外交」「二重政権」は廃止され、軍人ファシスト派の独裁が樹立される。

彼らの政治綱領といわゆる「強硬外交政策」が実施され、国際協調は放棄、その大陸政策が断固貫徹される。

　穏健な民政党ばかりか、強硬派を自称し外交政策は軍部と近い政友会さえも、最近、とりわけ前駐ソ大使田中都吉が満洲を視察〔三月二十七日～五月八日〕して復命した後は、満洲という爆弾は実に飲み込みにくいものであり（義勇軍が各地で奮起し、列強は満洲国を承認するはずもなく、軍費は莫大である）、上海に大兵力を駐屯させる名目が立たないと感じるに至った。さらに、イギリスとフランスの態度のある種の転換が国際連盟に影響を及ぼし、ソ連とアメリカがともに対日本の軍事配備を行ったことから、日本は全く孤立する立場に陥った。かくして犬養〔首相〕と芳沢〔謙吉外相〕が始めたのは、軍人の過度な冒険政策に盲従し続けることはできないと表明すること、断固として上海駐屯部隊を撤退させ、ソ連からの相互不可侵条約〔締結の〕提案を考慮することであった[14]。これはもとより、少し政治的常識のある政治家であれば、予測できることであった。しかし、政友会内閣はこのことで狂気の軍人ファシスト派の怒りに触れ、五月十五日の東京事変が引き起こされたのである。

　ある人は、日本の政党内閣は国際協調政策を十数年にわたって行ってきたが、少しも経済の出口を見出すことはできなかった、だから今日のような軍人ファシストの政変が起こったのだ、と考えている。それはまことにそのとおりである。しかし、日本帝国主義は世界に登場するのが少し遅すぎた。軍人の冒険的な大陸政策も、国際協調に比べてより良い出口を見出しているわけではない。それは、他の帝国主義国家が出口を持たないのと同様であって、もともと相互に利益が衝突し協調することができない全世界の帝国主義が、自身で解決できる問題ではない。世界のプロレタリア革命だけが、解決できるのである。

今後、日本の軍人ファシスト政府は、より冒険的でより狂ったような、いわゆる「強硬外交政策」を実行する。そのため当然のことながら、少なくとも極東の時局はますます重大化する。まず抑圧を受けるのは、中国である。その結果として、日本帝国主義自身は、対外戦争敗北の危機を迎えるのでなければ、国内の革命を引き起こす。あるいは、一九〇五年のツァー・ロシア政府の命運のように、二つのことがともに起こる。もし日本の平沼運動が、ドイツのヒトラー運動やポーランドのピウスツキ運動と結びつけば、ソ連侵攻の戦争から第二次世界大戦へと事態が進展することは、もちろんあり得る前途である。

東京の五・一五事変は満洲の九・一八事変と比べて一層、将来の多くの大事変の端緒となろう。中日両国のプロレタリア前衛は、極東の情勢が急転直下激変する時を警戒すべきであり、一秒も無駄にせず将来の大事変を迎えるための準備、すなわち各々自国の軍事専制政府打倒のための奮起をなさねばならない。

〔一九三二年〕五月二十日[15]

（1）　一九三二年五月五日調印の上海事変停戦協定では、中国軍は即時「其の現駐地点に止まるべし」とされたのに対し、日本軍には撤兵に五週間の期限が与えられ、「昭和七年一月二十八日の事件前に於けるが如く」とされた撤収地域にも、数々の例外規定が加えられたことを踏まえている、と思われる。

（2）「国際情勢の鍵はドイツにある」（対馬忠行編『社会ファシズム論批判』トロツキー選集第七巻、現代思潮社、一九六二年、七九頁）参照。

（3）高橋亀吉『資本主義末期の研究』第四編「資本主義末期と日本経済の研究」（改造社、一九二七年）三三〇～三三一、三三六～三三七頁。

（4）神川彦松「十字路頭の日本外交」（『外交時報』第六五六号、一九三二年四月）に、「我が国はこの好機会に乗して、青島戦役、対支二十一箇条の要求、……等の種々の企図を試みたが、軍国主義打倒、民主主義の確保、民族自決主義の唱導等、当時世界を風靡した之等の潮流に押されて、……我が大陸政策の終局の目的を実現すべき未曾有の機会は空しく遠方に飛び去つた」とある。

（5）『読売新聞』一九三二年五月十五日の記事「株式値下がり」が、東京株式取引所の調査として報じた全国有価証券総額は、陳独秀の言う一二九億四七〇〇万円ではなく二二九億四七〇〇万円であるが、株式総額一〇八億一二〇〇万円と減少額一〇億八九〇〇万円は陳独秀の挙げる数字と一致する（ただし、減少の対比年月は一九三一年十一月一日）。

（6）ここでは、明治期の自由民権運動団体である「愛国社」と、一九二八年成立の国家主義団体「愛国社」（「愛国青年連盟」はその下部組織）とが混同されているようである。

（7）ここでは「在郷軍人青年団」という一つの組織があるように記述されているが、陳独秀が本論文執筆の際に参照したことが確実な、『申報』一九三二年五月十八日の記事「異軍崛起之平沼擁立運動」には「在野軍人機関及青年機関」とあり、同記事が引用する『東京朝日新聞』五月七日の「拡大強化するファッショ旋風」には「在郷軍人団青年団」とある。これは、日清戦争前後から成立し始めた在郷軍人の組織を全国的に統合して一九一〇年に成立した「帝国在郷軍人会」と、一九二五年に結成された官製青年団の全国組織「大日本連合青年団」という、二つの団体を指している。

（8）この項目の内容は、『申報』一九三二年五月十七日「軍人泛繋運動急進」、同十八日「異軍崛起之平沼擁立運動」、同二十一日「日国本社之由来」、に見える。

（9）「血盟団」は、茨城県の日蓮宗僧侶井上日召が、小学校教員や農村青年らを組織したもので、民政党の井上準之助（一九三二年二月）や三井合名理事長団琢磨（同三月）の暗殺事件で逮捕されたのは十四名であったことからも、陳独秀の言う「青年軍人の組織した血盟団（三百人）」とは、正確な記述ではない。「青年士官団」（原文は「少年軍官団」）の記述を含め、その根拠は不詳。

（10）この項目の内容は、前掲『申報』「異軍崛起之平沼擁立運動」に見える。

（11）同前。

（12）この項目の内容は、前掲『申報』「異軍崛起之平沼擁立運動」、及び『東京朝日新聞』五月七日「全国労働同盟分裂迫る」、『読売新聞』五月二十日「「国民日本党」生る」、に見える。

(13) 五・一五事件の際、茨城県の橘孝三郎が率いた愛郷塾のメンバーら七名は、手榴弾で東京の変電所の破壊を図ったが、いずれも成功しなかった（保阪正康『五・一五事件』草思社、一九七四年）。彼らは当時の日本の新聞報道で「農民決死隊」と呼ばれ、青年将校との連絡が取りざたされている（『東京日日新聞』五月十九日「将校と農民決死隊」）が、その数を「三百人」とすることは、確認できない。

(14) ソ連側から「不侵略条約」の提案があったことについては、『東京朝日新聞』一九三二年一月十七日「日露不侵略条約問題」、同十九日「日露不侵略条約」で報道されている。

(15) 本編の内容は、前述のように日本の新聞報道（『読売新聞』一九三二年五月二十日）の報道内容を踏まえていることから、実際の脱稿日はやや後と考えられる。

第二部　獄中期間（1932–1937）

弁訴状

〔『陳独秀先生弁訴状』、出版年月・出版者不明、[1]一九三三年二月二十日付、「弁訴状」、陳独秀〕

私は行年五十五、弱冠〔二十歳〕以来、帝制に反抗し、北洋軍閥に反抗し、封建思想に反抗し、帝国主義に反抗し、奔走呼号して中国の改造を図ること今に至るまで三十余年である。前半期すなわち「五・四」以前の運動は、もっぱら知識分子の側に立ち、後半期は、労農勤労人民の側へと立場を変えた。大戦後の世界革命の大勢及び国内状況が明らかに示したところから、私はこうした転変をなさざるを得なかったのである。

半植民地の中国、経済が立ち後れた中国は、外からは国際資本帝国主義に、国内では軍閥官僚に苦しめられている。民族の解放、民主政治の成功を求め、血で自由をあがなう大業は、自分の身や妻子のことしか考えない懦弱《だじゃく》で妥協的な上層搾取階級の輩《やから》に実行できるものではない。しかも彼らは、帝国主義や軍閥官僚以上に、これまで踏みつけにしてきた下層の民衆が奮起するのを恐れ憎んでいる。このゆえに、彼らはこの大業をなそうとはしない。最も抑圧され最も革命的な労農勤労人民と、全世界の反帝国主義・反軍閥官僚のプロレタリア勢力が連合して一体となり、革命の怒潮をもって、対外的には帝国主義の支配を排除し、対内的には軍閥官僚の抑圧を一掃してはじめて、中国の民族解放、国家の独立と統一、経済発展、一般人民の生活向上を期することができる。労農勤労人民一般の闘争と中国の民族解放の闘争は、既に合流並進し、不可分となっている。このことが、私が「五・四」運動以後に中国共産党の組織を始めた原因である。

共産党の究極の目的はもちろん、搾取も階級もない、人々が「能力に応じて働き、必要に応じて受け取る」自由な社会を実現することである。すなわち、すべての生産手段を社会の公有とすること、社会の公共機関が民衆の必要に基づいて生産と消費の均衡を計り、計画的な生産と分配を実行し、社会の物質生産力を今日の私有財産・自由競争の資本主義社会よりも高度に発展させ、社会の物的な力をして人々が必要に応じて受け取ることができるレベルへと日ごと引き上げることである。したがって共産主義とは、経済学的には、ちょうど資本主義が封建制よりも高度であるように、資本主義よりも高度に発達した生産システムである。このことは、一般に考えられているような、単に貧しい人々がそれぞれ豊かな人々の財産を奪取するといったことを意味するのでは決してない。また、この生産システムは、われわれの空想では決してない。経済的に立ち後れたロシアは、すでに初歩的な試みをなし、その第一歩に成功している。全世界のあらゆる資本主義生産システムの国家が、経済恐慌の深淵に落ち込んでいるのに、ソ連だけが日増しに繁栄しているのである。この新たな生産システムの効能があらたかであることは、誰もが知るところだ。

　中国の帝制打倒の革命は、ソ連に先行すること七年であった。今日、両者の栄枯はほとんど比べものにもならないが、その原因はよく考えるべきである。共産主義は中国に適していないと言う人がいるが、妄言である。その究極の目的はもとより旦夕《たんせき》のうちに完成できるものではないが、また「平和」が実現できるものでもない。この目的の実現のために道を掃き清めるべく、中国共産党は以下のことを当面の任務としている。

　一つ、帝国主義に反抗し中国の独立を完成させる。中国の税関・鉱山・工場・金融・交通などの経済的命脈は、すべて直接間接に帝国主義の手に握られており、革命的行動を採り、われわれを支配するこれらの鎖を打ち砕くのでなければ、中国の民族工業に発展の可能性はない。列強の陸海空軍は全国の大都市を脅かし、さらに日本は武力で中国の領土の五分の一を占領している。こうした事態に抵抗しなかったり、あるいは空言やペテンを口にしたりするのは、ともに売国と同罪である。それでも言うに足る「民族主義」とやらがあるのであろうか。

　一つ、軍閥官僚に反抗し、国家の統一を実現する。軍閥官僚は、好き勝手に自分たちで内戦を勃発させては経済を破壊し、好き勝手に雑多で苛酷な税金を増やし、公債を発行して私腹を肥やし、好き勝手に法律を制定して人民の自由と権利を奪い、好き勝手に私人を任用して人材を抑圧、行政の効率を駄目にし、さらには好き勝手にアヘンの栽培を強制し、これを販売して人民を害している。軍閥官僚政治を徹底的に粛清するのでなければ、いわゆる国家の統一、民力の伸張など、すべて語るすべが全くない。国家が統一されなければ民力は伸びないし、国外の帝国主義の支配が覆されなければ、国内の軍閥官僚の害毒は一掃されない。つまりいわゆる独立した資本主義経済の発展など、寝言のたぐいだ。中国は結局半植民地のまま、後進国のままである。

一つ、労働者・農民の生活を改善する。近代産業労働者と彼らが指導する農民は、帝国主義に反抗する主要な勢力である。資本家・地主とその政府は、物質的にも精神的にも労働者・農民を抑圧しているが、それは帝国主義のために中国民族解放闘争の鋭鋒をくじこうとしているだけではない。農業国の中国にあって、農民の衰退は民族の衰亡にほぼ等しい。もし地主の土地を没収し、これを貧農のものとするのでなければ、農民は年中地主の搾取のために勤労を提供するだけである。そのことは、農業の衰退と農村の破産を回避できないばかりか、農民の購買力を日増しに弱め、都市の商工業に直接影響する。たとえ都市が資金を出して農村に金融機関を設立しても、農民にとって搾取の機関がもう一つ増えるだけである。

一つ、徹底的に民主的な国民立憲会議を実現する。賢人政治と〔民衆に対する〕養育政策は、近代国家に適していないし、民主的な共和国にはなおのこと存在しないものである。北洋軍閥が廃された以上、これに代わるのは人民しかないはずである。もし依然として賢人と養育を尊ぶのであれば、誰が賢人で、師保〔皇帝の養育係〕の任にたえるのか、それはどんな基準によるのか。北洋軍閥もその任に当たり得るのか。いわんや空前の外患に直面する今日、人民に組織がなければ能力がなく、政治的自由がなければ責任感もないのであるから、責任を負わせるべきではない。もしただちに全国人民の集会・結社・言論・出版などの完全な自由と、普通選挙で選ばれ全権を有する国民立憲会議を実現して、国を売り民を損なう軍閥官僚を制裁し、一切の政権を人民に帰し、全国人民の力を結集して全国の危急の問題を解決するのでなければ、今日、どうやって国を立てていくことができようか。

　およそこれらが、中国民族の利益のため、全国の人口の大部分を占める勤労人民の利益のため、奮闘してきたことの概要である。私は以前でも今でも、このことを全中国に公表し、全国の大多数の人民に賛否を求めたいと思っている。共産党は、プロレタリアートとすべての搾取され抑圧されている人民を代表する政党であり、その成功は多数の人民の支持にかかっているのであって、少数者の英雄主義を尊んでいるのではない。ましてや陰謀家たちの集団ではない。私がこれまでに行ってきたのは、こうした事とこうした志であり、現在考え将来に行おうとしているのも、こうした事とこうした志である。「鞠躬尽瘁《きくきゅうじんすい》し、死して後已む」〔諸葛亮「出師の表」に見える〕、私になお一息ありせば、全国の人民が外国帝国主義と本国の専制という二重の銃剣の下に輾転《てんてん》号泣するのを目にしながら、彼らのため挺身奮闘せずにはおれない。

今国民党政府は、私がこれまで一貫して革命に尽瘁してきたがゆえに逮捕し、検察官をして裁判所に「民国に危害を及ぼした」ことと「国に叛いた」の罪で訴えさせているが、私は絶対に認めることができない。しかも、政府が訴えているのは、私が考え、行ってきたこととちょうど逆である。国とは何か。土地・人民・主権の総和であるというのが、近代ブルジョワ公法学者の通説であり、これはいわゆる「共産主義の邪説」ではない。したがって、いわゆる亡国とはつねに、外国人がある国の土地・人民・主権を占有することを指すのであって、本国のある党派が別の党派の政権を打倒してこれに代わるのは、「亡国」と言うことはできない。「国に叛く」とはどういうことか。平時外患罪、戦時外患罪、秘密漏洩罪といった国に叛く罪状は、刑法に具体的に説明があり、抽象的な名詞で漫然とあてこすることは断じて許されない。政府と国家は区別できないとし、政権を握る者がすなわち国家であると考えるのは、フランス王ルイ十四世の「朕は国家なり」の説であって、近代公法学者を待つまでもなく排除すべきものだ。在野党が、国家に忠実でない、あるいは人民の自由・権利を侵害する政府党に反抗し、その政権打倒を主張することが「国に叛く」ことになるなら、古今東西、「国に叛いた」ことのない革命政党など一つもない。国民党とてかつて「国に叛いた」ではないか。袁世凱は孫黄〔孫文・黄興〕を「国賊」と呼んだ[2]が、これは正当な評価ではないか。民国とは何か。民主共和国の謂いであり、専制君主国とは異なるということである。欧州各国での専制打倒は、流血によって民主主義を勝ち取ったものだが、その内容は他でもない、憲法上の集会・結社・言論・出版・信仰の自由と権利を勝ち取り、参政なくして納税なしの信条を実行することである。これらは、民主共和国だけでなく、民主政治の下の君主国でも同様である。「民国に危害を及ぼす」とは何か。共和政府が人民の自由を剝奪し、人民の参政権を剝奪することは、すなわち共和から帝制への先触れである。ローマの歴史、十九世紀フランス及び中華民国初年の歴史が等しくわれわれに教訓を残してくれている。たとえ帝制にまで至らなくとも、人民に権利と自由がなく、大小の無冠の王たち〔軍閥のこと〕が至るところで権勢をほしいままにし、法律が制裁を加えるのは民衆だけで、文武の高等官はすべて議親議貴[3]で扱われたのだから、共和とは名ばかりで実体は専制であった。実が失われ名のみが残るとなれば、軍閥の頭目にして民衆の敵が「共和を三造した」と自らを誇り[4]、佞人たちは「共和の元勲」と称えることにもなる。本当のところ、民権の破壊とは、民主共和国に危害を及ぼすという実質では、その罪復辟と同等であるのだ。人民の集会・結社・言論・出版・信仰などの自由と権利を争い、徹底して民主的な国民立憲会議を実現し軍閥官僚を制裁しようと争うことが、「民国に危害を及ぼす」とされるのであれば、いわゆる民国とは一体どう解釈すべきものなのだろうか。

　国民党は全国の人力・膏血を尽くして兵を養い、全国の軍隊を擁して人民を搾取し反対者を殺戮している。日本が国土を侵し占領しても、終始まともに抵抗しないどころか、人民の抵抗を抑え、人民の組織を破壊し、人民の口舌を統制して、これを「鎮静」化させ、「沈着に対処」させようとしている。つまりは国民党の指揮の下、おとなしい羊のように帝国主義に屈服させているのだ。国家全体が滅ぼうとも、人に異見があり家に異説があることを許さない、というわけだ。しかるに私は、人民自らが組織と武装を拡大し、帝国主義に対し民族解放戦争を行い、そうすることで東北の問題を解決し、国家の独立を完成させることを主張しているのだ。試みに問う、どちらが「国に叛いている」のか。

　国民党政府は、党組織でもって議会に代え、訓政を民権の代わりとし、特別法〔危害民国緊急治罪法や出版法〕で刑法に代替させている。軍法で一般の人民を逮捕し裁判にかけ銃殺し、銃剣で人民から自由と権利を剝奪し、人民の頭上に立って自らを諸葛亮・伊尹と見なし、人民を阿斗[5]・太甲〔伊尹に補佐された殷の暗君〕と見下している。日本帝国主義が「力で人を服属させる」政策でわが国に対した時、国民党はすでに同様の態度でわが民を抑圧していたのであり、最近ではついに公然と「党国に背いた」罪で新聞記者を銃殺したと聞く。しかるに私は、民主共和国の実質を表す人民の自由と権利を勝ち取り、普通選挙で選ばれ全権を有する国民立憲会議の実現を勝ち取り、民主主義の史上最高段階までの拡大を勝ち取ろうとしているのであって、現在も将来も民国を簒奪して「党国」とする企図は持たない。試みに問う、どちらが「民国に危害を及ぼしている」のか。だから私は、政府が告発しているのは、私の考えや行動とちょうど逆のことだ、と述べたのだ。

　共産党員になることは犯罪行為だ、と考えるのであれば、フランスやイギリスやスイスのような欧米の民主主義国家には、そんなことはほとんどない。各国の共産党員はみな、一般の人民と同様、集会・出版・選挙参加の権利と自由を持っている。人民が政府もしくは政府の中の誰かに反対すれば有罪だ、と考えるのであれば、たしかに、はるか二千年前の周の厲《れい》王《おう》には監謗の巫がいて、秦の始皇帝には巷議の禁や偶語の刑、漢の武帝にはさらに腹誹の罰があった(6)。だが、当時はもともといわゆる言論の自由などなかったのだ。しかし、二十世紀の民主共和国にはこんな怪現象はあってはならないはずである。共産主義を宣伝することは、すなわち「三民主義と相容れない主義を宣伝すること」であり、「民国に危害を及ぼす」ことだと(「危害民国緊急治罪法」第六条の言うように)考えるのであれば、それはまるで異教徒と科学者を迫害した中世ヨーロッパの宗教裁判の手口である。当時は公認された信仰の自由がなかったのだが、今日の民国でそんなことが起こることは絶対に許されない。民国にしてそんなことが許されるのなら、日本帝国主義のために彼らの「中国は近代国家ではない」という説[7]が正しいことを証明するだけである。

要するに、私のこれまでの言論と行動は、すべて公明正大であって、国民に公表できないものはない。私はもとより無罪である。罪とは、中国民族の利益を擁護し大多数の勤労人民を擁護したがゆえに、国民党に得たにすぎない。昔の「パリサイ」〔派〕はローマを敵視せず、逆にユダヤ人の自由のために奮闘する「熱狂党」〔ゼーロータイ〕を敵視したが、今の国民党が敵視しているのは、帝国主義でも軍閥官僚でもなく、徹底して帝国主義と軍閥官僚に反対し、最も徹底的な民族民主革命に一貫して努力してきた共産党員なのだ。日本帝国主義が山海関を奪取し〔一九三三年一月三日〕、熱河に急進している時、国民党の軍隊は江西〔ソヴィエト地区〕に集中している。彼らは共産党員に対し、殺したり捕らえたりするだけでは不十分と考え、袁世凱の故智[8]にならい、アメとムチで自首や密告をさせようとしているが、そんなことで真の共産主義者を消滅させることはできない[9]。破廉恥でもって国民を導いているにすぎないのだ。今、彼らの手には権力があるのだから、反対者の迫害は、もとより十分になし得ることである。私はただ、民族のため民衆のためあらゆる犠牲を引き受け、天下後世の批判を待つだけである。もし強権以外に、いわゆる法律の力で人を罪に落とし、「国に叛く」

「民国に危害を及ぼす」と誣《ぶ》告《こく》するのであれば、私は呼吸が止まる最後の一分まで、必ずや大声で抗議する。裁判所が特殊な勢力〔国民党のこと〕に完全に従うのではなく、対内的にも対外的にもいくらか司法の独立という面子を保とうと考えるのなら、躊躇なく私に無罪を宣告し、拘禁中の私の経済的健康的損失を賠償するよう政府に命じる判決を下すべきである。

民国二十二年〔一九三三〕二月二十日　陳独秀

（1）一九三二年十月十五日に逮捕された陳独秀の、第一審での弁論を収録した『陳独秀先生弁訴状』（全一四頁）には、出版年月・出版者の記載がないが、陳独秀は一九三三年四月の王霊均・高語罕夫婦宛の書簡で、「弁〔訴〕状」を弁護士の章士釗から受け取ったと述べ、「組織が印刷したものだろう」としている（『選編』第五巻、五四頁）。彼の想定が正しければ、出版者は中国共産党左派反対派、また「弁訴状」末尾の脱稿日が二月二十日、王・高宛の書簡の日付が四月であるから、『陳独秀先生弁訴状』は三三年二月下旬から四月の間に発行されたことになる。

（2）袁世凱政権は一九一五年六月二十二日、孫文派を主な標的とした「国賊懲罰〔懲弁国賊〕条例」を公布している。

（3）皇族や貴族、顕官に対し刑罰が軽減された王朝時代の制度。

（4）「軍閥の頭目」とは安徽派の段祺瑞のこと。段は革命勃発後の一九一二年一月に共和制の支持通電を発したこと（その結果、清帝退位）、一九一六年の袁世凱帝制を支持しなかったこと（その結果、帝制は取消）、一九一七年七月清朝再興（復辟）を行った張勲の軍を破ったこと（その結果、復辟は失敗）の三つを誇り、これを「共和を三たび造った」と称した。

（5）第一部「中国はどこへ行くのか」の注8参照。

（6）「監謗の巫」とは周の厲王が設けた、王を誹《そし》る者を探し密告する巫のこと（『国語』）、「巷議の禁」とは町中での議論の禁止、「偶語の刑」は集まって話す者を刑に処すること（『史記』）、「腹誹の罰」とは、口に出さず腹のうちで非難した者を処刑すること（同）。

（7）日本の外務省は、満洲事変後、「（中国は）近代国家としての完全なる形態を具備せざる実状」を調査するよう国際連盟に要求している（『朝日新聞』一九三一年十一月二十日）。当時の日本では、「中国＝非近代国家」説が、満洲事変を正当化する言説として横行していた。

（8）一八九八年九月、袁世凱は変法派の譚嗣同《たんしどう》から西太后に対するクーデタを持ちかけられたが、逆にこれを西太后側に密告、そのため戊戌政変が起こったとされている（梁啓超『戊戌政変記』）。

（9）陳独秀の「弁訴状」には、ここで底本とした『陳独秀先生弁訴状』以外に、亜東図書館の汪原放が印刷した『陳案訴状滙録』に収録されたものがあり（強重華等編『陳独秀被捕資料滙編』河南人民出版社、一九八二年、所収）、脱稿日が四月二十二日になっているほか、若干の文字の異同がある。ここで原文は「不消滅」だが、『陳案訴状滙録』では「不能消滅」とあり、これに従う。

いくつかの論争問題

〔中共左派反対派中央宣伝部『政治問題討論集之二――国民会議与蘇維埃』一九三四年五月十二日、一九三三年十月八日付、「幾個争論的問題」、雪衣。ここでは『選編』のテキストを底本とする[1]〕

われわれの過去と現在の論争のうちいくつかの問題に、現実性があるのであれば、われわれは真実の解決を得ねばならない。そうでなければ、あらゆる活動、とりわけ〔組織〕内部の教育と対外的政治宣伝は、相反する双方の意見が掣肘《せいちゅう》しあうことで、一歩も進むものではない。私はこのためにこの短文を書き、これらの問題を解決する意見に貢献し、その一助としたい。

（一）民主主義運動の問題

経済後進国のプロレタリアートは、資本主義先進国のプロレタリアートよりもいくらか早く政権を獲得する、すなわちそれはブルジョワ的な民主主義革命の闘争の基礎の上に、政権を獲得する。そもそもこれが、「永続革命」の主要概念の一つである。この「永続革命」の戦略は、十月革命以前にあって、ボリシェヴィキとメンシェヴィキの論争の中心であった。双方がさまざまな事件や問題について戦術が異なったのは、この中心的戦略が異なることで分岐したためである。メンシェヴィキの段階論的戦略は、ブルジョワ民主主義革命では、ブルジョワジーが政権を獲得するしかない、プロレタリアートはプロレタリア社会主義革命でしか政権を獲得できない、と考えるものであった。こうした二つの異なる時代、異なる階級を分断する革命論は、すでに「十月」によって粉砕されている。われわれはさらに、ロシア十月革命の経験に基づき、以下のように推論する理由がある。すなわち、フランス大革命や一八七一年のパリ・コンミューンの闘争にあって、もし当時、十分な力を持つプロレタリアートとその党があれば、史上初のプロレタリア政権はフランスの民主主義革命の中で出現したであろう、と。ここからわれわれはまた、以下のような仮定ができる。一九二五～二七年の中国革命で、もし中国党が「永続革命」の戦略を採用しておれば、プロレタリアートは政権を絶対に獲得できなかったとは誰にも断言できない、と。理論的にも、いくつもの歴史上の大事件による検証でも、段階論はすでに破産しているのに、われわれがいまだにこれを議論していることは、まことにたいへん不幸なことだ。われわれがブルジョワジーの追従者でなければ、ブルジョワ民主主義革命の課題は、決して卑怯な中国ブルジョワジーの手で達成されはしないことを確信すべきである。例えば、帝国主義の羈絆《きはん》からの脱却、全国政権の統一、土地問題の徹底的な解決、真に人民が選挙する国民会議の招集、各級官吏の人民による選挙と罷免などは、社会主義的なものは一つもないが、中国ブルジョワジーが実現を望み、またそれができるものは一つもない。プロレタリアートの勇敢な闘争が勝利し、彼らが政権を獲得してこそ、これらの課題は達成されるのである。以上が、「永続革命」戦略を経済後進国に適用した場合の具体的な説明である。後進国のプロレタリアートが、「永続革命」という活路を歩むのではなく、民主主義運動を自らの事業として命がけで取り組むのではなく、民主主義闘争の勝利とプロレタリアートの政権闘争の勝利に不可分で密接な因果関係があると考えず、社会主義を実行する条件が成熟した時になってはじめて政権奪取を語り得ると考えるのであれば、それならば、ブハーリンが言ったように、数十年にわたる一つの時代全体の後まで待たねばならない。私は敢えて言うが、民主主義闘争に対する過小評価は、プロレタリアートにとっての致命傷となるだろう(2)。

民主主義闘争を過小評価する者には、二種類の人がいる。第一に、バクーニン主義者である。彼らはこれを全く放棄している。第二に、メンシェヴィキである。彼らは民主主義をブルジョワ統治下での改良運動に限定している。メンシェヴィズムは、中国党の中では根が深く、左派反対派にも持ち込まれたものである。少なくとも、多くの人は潜在意識の中からこれを除去できていない。したがって、彼らは依然としてメンシェヴィズムの見解でもって、インター左翼反対派がわれわれに与えた革命的民主主義のスローガンを右傾化させている。すなわち、インター左翼反対派がわれわれに教えてくれたのは、革命的民主主義は、反革命期の軍事独裁攻撃に用いられるだけでなく、革命期の武装暴動の実行、政権奪取にも用いるべきである、ということである。ところが、わが段階論者たちは、民主主義のスローガンはブルジョワジーのものであり、反革命期、ブルジョワジーの統治下でちょっとした改良運動をするのに用いることができるだけだ、民衆運動が高揚してくると不用になる、プロレタリアートは社会主義のスローガン、ソヴィエトのスローガンの下でのみ政権を奪取する、などと考えている。こうしたものがメンシェヴィキの段階論でなければ、どういったものが段階論なのだろう。こうしたものが民主主義スローガンの右傾化でなければ、どういったものが右傾化なのだろう。彼らはこのスローガンの右傾化から出発し、それが役に立たないと感じるまでになっているので、根本からこれを放棄したがっている。長編の政治論文で民主主義スローガンの役割を否定し、少しも革命的意義のない別のスローガンでこれに取り替えることだろう。あるいは国際的な左翼反対派の面子をとりつくろうためにだけ、または同志からの非難を回避するため、左翼反対派やスターリン主義の理論、その他の理論の雑貨の山に、民主主義運動と国民会議の核心に触れないバラバラの語句をいくつか載せ、各種雑貨の一つとするのだ。それは、左派反対派の民主主義スローガンに対する辛辣な諷刺である。したがって、私は断固として言わねばならない。われわれがもし左派反対派のコートをはおったメンシェヴィキでないのなら、中国プロレタリアートの命運に関連する民主主義運動やそのスローガンに対して、的確で深い認識を持たねばならないし、以下のことを認識せねばならない。それは、封建勢力に対するブルジョワジーの武器から、ブルジョワジーに対するプロレタリアの武器へと変化を遂げているのであり、反動期にあってブルジョワジーへ攻勢をかける際の武器というだけでなく、革命の高揚の中でブルジョワジーを打倒しプロレタリアが政権を奪取するための武器でもある。民主主義運動やそのスローガンは、ある特定の時期の戦術ではなく、中国革命の根幹であり、中国プロレタリアートが政権を奪取する革命の全戦術の礎石なのである。

(二)「民衆政権」というスローガン問題

「民衆政権」とはもともと、民衆運動が高揚しているが、プロレタリアの政権奪取を提起できるまでには至っていない時期の中間的な闘争環境の中での、臨時の煽動スローガンにすぎない。それを、党綱領におけるプロレタリア独裁や労農独裁のような政権の階級性を表現する問題と同列に論じることは全くできない。一昨年、反日反国民党の運動が高潮した時、このスローガンが提起されるや、狂ったような反対を受けた[3]。それは杜畏之から彭述之へと伝染した。述之はこのスローガンへの反対から、宣伝・煽動で政権問題に言及することにまで反対するようになった。彼は、国民会議を提起するにとどめ、政権のことは言わないようにすることを主張した。私は、国民党打倒のスローガンを叫んでいる以上、大衆が国民党打倒後に政権を接収するのは誰かと聞いた場合、われわれはどう答えるのだ、と聞くと、彼は、今はそもそも国民党打倒のスローガンを叫ぶべきではないのだ、と答えた。しかし、その時多くの学生や大衆がすでに南京でこのスローガンを叫んでいたのだ。述之は、残念ながら彼らの「行き過ぎ」を制止することができなかったわけだ。述之がかくも遠くまで離れていってしまったことは、まさしく、当時このスローガンを提起する必要があったことを証明している。スターリン派も、当初このスローガンを辛辣に嘲笑していたが、大衆の中で壁に突き当たると、このスローガンを採用するようになった。われわれがこういったスローガンに反対することは、今は問題ないが、将来必ず壁に突き当たる。ある人は、民衆政権とはブルジョワ政権のことだ、と言っているが、そんなことを言う人はブルジョワジーにおもねりすぎではないか。誰もが知っているようが、フランス大革命の時、史上最も革命的なブルジョワジーでさえ、民衆政権に反対したのである。真の民衆政権は、プロレタリア独裁の下でのみ出現する。彼らはまた自己矛盾を顧みず、民衆政権は階級性を表さないと言うのだが、私ははっきりした階級性の表明がないからこそ、それはプロレタリア独裁や労農民主独裁と鼎立するものではないのである、と考える。彼らはまた問う、民衆とは何か、と。私は反問できる、ソ連人民委員会の「人民」とは何なのか、と。トロツキー同志の言うところの「ボリシェヴィズム」は一九一七年の過程にあって、真のロシア国民の「党」であった。この「国民」とはまた何か。正しい答えは、トロツキー同志が言うところにしかない。「われわれが理解する国民とは、特権を有する頭目のことではなく、大多数の人民、すなわち労働者と農民のことである」(『ロシア革命と五ヶ年計画』[4]二九頁)。レーニンも、『国家と革命』の中でマルクスの言うところの民衆を論じ、同様の解釈を行っている。民衆とは労働者と農民である、と。[5]聞くところによると、最近の臨時大会[6]は「人民による自らの政府の樹立」でもって「民衆政権」のスローガンに置き換えたが、それまで「民衆政権」に反対してきた人たちも同意した、とのことである。実際、二つのスローガンの内容は同じである。だが逆に、私は今はこうしたスローガンを必要ないと考えている。なぜなら、こうした臨時の煽動スローガンは、それを比較的恒久的で政治綱領としての性質を有する宣伝スローガンとするには向かないからである。あらゆる戦術、あらゆるスローガンにはそれぞれの時間性があり、時によって変質をとげる。正確なものから不正確なものへと、はなはだしきに至っては誤りへと。

（三）国民会議問題

国民会議についての誤った見解は、言うまでもなく民主主義に対する謬見《びゅうけん》から演繹されてきたものである。施存統は最近、ずいぶんスターリン派に傾斜しているが、それは彼が左派反対派の国民会議が平和的にすぎる、と考えているからである。われわれは今しばらく、施存統のこの左派反対派の民主主義スローガンに対する侮蔑を非難しないでおこう。なぜなら、多くの自ら左派反対派をもって任ずる人が、施存統に劣らず、あるいは一層激しく、われわれの民主主義スローガンを侮蔑しているからである。国民会議はブルジョワジーの統治形式でしかない、国民会議は二つの革命の間の反動時期のスローガンでしかない、国民会議はいかなる問題も解決できない、国民会議運動は政権問題にまで関わるべきではない、国民党打倒のスローガンを叫ぶべきではない、といったように。これらの意見を総合してみると、施存統の左派反対派の民主主義スローガンに対する侮蔑が、これらより一層悪辣である、と言えるだろうか。トロツキー同志はかつて、われわれに教えてくれたものである。国民会議は民衆の暴動が実現すべきである、中国党は国民会議のスローガンの下に武装暴動を行い政権を奪取できる、共産党員が多数を占める国民会議がソヴィエト制を採択する、などと(7)。トロツキー同志のこうした指示は、左派反対派のコートをはおったメンシェヴィキの目から見ると、冒険主義の誤りを犯していると言わざるを得ないことになるのだろう。なぜならトロッキー同志のこれらの指示は、彼らメンシェヴィキの頭に浮かぶ国民会議の平和なイメージとは大きく乖離しているからである。同志たち、われわれは学者の態度を取り、専ら国民会議の学理上の定義や歴史上のある階級の性質、あれこれの問題解決の可能性を研究してみたりするのではいけない。われわれは革命戦士の態度を取り、プロレタリアートが必要とする国民会議のために、国民会議にわれわれが解決を要求する問題の解決を迫るために奮闘努力し、そうすることで大衆をして立ち上がらせ武装暴動の道を歩ませるのである。これが左派反対派の頭に浮かぶ国民会議運動のイメージである。私のことを故意に国民会議のスローガンを革命化していると批判する人がいるが、そう、そのとおりである。しかし、これは私の罪ではない。中国プロレタリアートが分《ぶん》に安んぜず、平和的なメンシェヴィキの学者たちの勧告に耳を貸さず、「永続革命」という「迷える道」を歩き出そうとしているからなのだ。将来またしても、左派反対派のコートをはおったメンシェヴィキの諸氏にお出でいただき、国民会議闘争の高揚の中で、もう一度「行き過ぎ」を止める芸当を見せてもらうかもしれないのだが。

（四）経済復興問題

資本主義の発達は当然、社会の進歩である。ロシアのプロレタリアートは、資本主義が発達したことからではなく、資本主義があまりに発達していなかったことから苦難に見舞われていた（この言葉は中国に一層あてはまる）。この点で、レーニンはストルイピンと見解を一致させていた。しかし、そのことでレーニンの革命政策がストルイピンと一致したわけではない。われわれは、資本主義があまり発達していない国家は、全資本主義世界のもっとも弱い環であり、まさしく容易にプロレタリア革命が爆発するということは、今は言わないでおこう。なぜなら、その他にも必要な条件があるからである。われわれは認める、いかなる幼稚な資本主義国家でも、そこにプロレタリアートの運動が、そしてプロレタリアートに有力な同盟者がありさえすれば、プロレタリア革命の可能性がある、と。もし、資本主義の発達が先進国に近いレベルにまで至っていなければ、その国のプロレタリアートは革命の任務を担うことができない、とするなら、「プロレタリア革命」なる名詞は、経済後進国の辞書からは永遠に削除されることになる。したがって、中国経済の復興問題と、今のプロレタリアートは革命の任務を担い得るのかどうかを一続きに関連させてしまうのであれば、私は、そこで言う革命の任務とは、社会主義のそれなのか、それとも民主主義の任務なのかを問わねばならない。前者であれば、それはメンシェヴィズムの伝統思想である。後者であれば、中国プロレタリアートの評価は、左派反対派誕生以前の、中国共産党誕生以前にまで引き戻されてしまう。梁幹喬が元の軍営に戻ることになったのも、中国プロレタリアートに失望し、農民に失望したればこそである。これは危険な思想だ。いわゆる経済復興問題が、簡単に言って、立ち後れた中国経済の範疇にあっては、経済状況が好転しているか悪化しているかでもって社会の脈を見、われわれの政治戦術やストライキ戦術の進退を決めるべきだと主張することであれば、それは全く正しいことであり、共産主義のＡＢＣである。この原則について、われわれは討議する必要はない。討議せねばならないのは、現実の経済状況の好悪、あるいはその徴候である。スターリン派は、経済危機は革命の発展に有利だとする不完全な理論、すなわち謬論に固執し、いたるところで経済の衰退現象を誇張し、経済が好転している事実を隠蔽して、彼らの冒険的な政策の前提に合わせようとしている。これは犯罪的な誤りである。この誤りに反対するがゆえに、逆の極端に走り、闘争の戦術を、徴候もありはしない虚構の経済好転を前提とし、これに依拠して待機主義を形成するなら、それは誤りへの反対から歩を進めて、自らも錯誤に陥ることだ。一部の人が中国経済の復興を予測してからまるまる一年になるが、一般の国民経済の崩壊はむしろより深く、より広いものとなっている。現在の統治者の外資を歓迎する（統制経済もこれに含まれる）運動は、中国を一層植民地化させる運動ではあるのだが、経済がいくぶんか活性化する徴候と見なすことはできよう。だが、国内のさまざまな紛争や混乱のため、この徴候は結局のところまだかなり脆弱で、南京政府の統治は、一九二八年から二九年にかけてのような安定した立場を回復してはいない。

たとえ外資の関係で経済が少しばかり活性化し、労働運動の展開に有利になったところで、そうした憐れむべき経済「復興」を大変な出来事、革命の任務を担えなかったプロレタリアートを突き動かし、この任を担えるまでに進歩させたという大きな出来事、と言いたてることはできない。そこまでのレベルの経済復興は、中国史上画期的な偉大な事業であって、中国で誰が民主主義革命の完成以前にそれを幻想することができるだろうか。さらに、このような経済復興以前、革命の任務を担うことができないと言われるプロレタリアート以外、どの階級が民主主義革命を完成させることができるのか。こうした循環論法の結果は、人を絶望の淵に陥れるだけである。プロレタリア革命の隊伍にあって、こうした危険な思想は、即時停止せねばだめなのだ。

（五）帝国主義のソ連侵攻問題

プロレタリアートのソ連の孤立は、世界革命の推進によってしか救済されない。「国際条約と国内憲法は、ともに効力のない、紙に書かれた文字である」。スターリン派の不可侵条約[8]の大部分は、帝国主義の国際的国内的な矛盾・衝突とソ連の世界革命の企図停止に基づき、帝国主義の諒解を得て保障としようとしたものだ。もし、世界革命の到来が遅きに過ぎたり、スターリン派の統治が左からの力によって弱体化され取って代わられるのが遅すぎたりすれば、国際資本とロシア内部のテルミドール勢力とが相呼応するだろうし、スターリン派の右へ左への急激な方向変換は、この呼応を強化させる。そうなれば、帝国主義が武力侵攻政策を採用せずとも、プロレタリアートのソ連は資本主義世界の中で長期にわたって独立不羈を続けることはできなくなる。ソ連への武力侵攻については、帝国主義者には苦い経験があるのだが、今や状況はさらに変わっている。帝国主義者はバカではない。可能性と必要性に基づかねば、彼らはソ連への武力侵攻という冒険的な試みをするはずがないのだ。今、ソ連に武力侵攻することが帝国主義に可能であろうか。現在のソ連は、もはや以前のソ連ではない。帝国主義の紳士たちの目にうつるそれは、もはや侮りがたい無頼の徒なのだ。帝国主義〔国家〕間での矛盾・衝突を弥縫《びほう》することだけで忙しいのに、これに各国内部での牽制が加わる。彼らがどうしてソ連に武力侵攻できようか。では必要があるだろうか。それもないのだ。彼らがソ連への武力侵攻を迫られるのは、ソ連が世界革命を推進しているという脅威あってのことである。スターリン派の一国社会主義の理論とそれが生み出した無条件の平和政策が支配するソ連を、帝国主義は脅威だとはたいして感じなくなっている。以下の二つの出来事を見るだけでも、この脅威の程度がわかる。ソ連顧問だったアメリカ人のThomas Campbellは、その著作[9]で、「スターリン君……は、私の手を両手で握り（私に言った）。……トロツキーが政権の座にあった時、共産主義を全世界に広めようとしていた。彼が言うには、それが彼とトロツキーとの決裂の第一の原因であった」と述べている（『ロシア革命と五ヶ年計画』一五一頁）。また、ヨーロッパのソ連侵攻の組織者にして、フランス支配階級を代表するエリオ〔元首相、当時下院外交委員長〕は、ソ連を訪問〔一九三三年八月下旬〜九月上旬〕後、敬愛するスターリンの「六項目」[10]をおおいに宣伝したものである。もし、われわれが前述の状況はすぐには変わらないと考えるのなら、帝国主義のソ連侵攻連合戦線はすでに解体され、しかもそのことは一時的なものではない、と考えるべきである。ヒトラー支配下のドイツは、フランス・オーストリア・ポーランドとの関係を改善できるまで冒険に打って出ることはしないだろう。だからトロツキー同志は、「ソ連の危機は国外にではなく国内にある」と言っている。この言葉が正しいなら、スターリン派の不可侵条約政策が帝国主義のソ連侵攻を隠蔽する煙幕弾となっている、というより、スターリン派が帝国主義のソ連侵攻の危機を誇張することの方が、国内の危機を隠蔽する発煙弾となっているのだ。

（1）『選編』は本論文の冒頭で、「一九三三年から三六年にかけ、陳独秀は獄中の彭述之ら、及び獄外の劉仁静、史朝生らといくつかの問題について論争をしていた」との編注を付している。

（2）原文には改行はないが、一段落が長くなるので、ここで改行した

（3）第一部「二つの路線——民傑及び小陳両同志に答える」参照。

（4）托洛茨基著・劉鏡園訳『俄国革命与五年計画』（新生命書局、一九三三年）。

（5）第一部「二つの路線——民傑及び小陳両同志に答える」参照。

（6）一九三三年九月、トロツキー派上海臨時委員会は、北平や広東から代表を集めて「全国緊急会議」を開催、以後、全国臨時委員会を称した（唐宝林『陳独秀全伝』香港・中文大学出版社、二〇一一年、六四四頁）。

（7）陳独秀は『火花』第一巻第七期（一九三二年一月二十八日）に、反対派の雑誌に掲載されたものを中心に、トロツキーの国民会議論を収録している（独秀輯「托洛斯基《トロツキー》同志論国民会議」）。ここでのトロツキーの議論の要約は『火花』収録のものの内容と一致する。

（8）ソ連は、一九三二年にフィンランド（一月）・ラトビア（二月）・エストニア（五月）と不可侵及び紛争の平和的処理条約を結び、ついでポーランド（七月）、フランス（十一月）と不可侵条約を調印している。

（9）*Russia: Market or Menace?*, Longmanns, Green and Co., New York, Toronto and London 1932.

（10）一九三一年六月の経済活動会議で「若干の工業部門の立ち後れ」を指摘したスターリンは、労働力の組織的募集、画一的賃金体系の廃止など六項目の提案を行い（「新しい情勢」『スターリン全集』第一〇巻、大月書店）、ソ連のメディアで盛んに喧伝された。トロツキーはこれを、第一次五ヶ年計画の失敗に対するスターリンの「救済策」と位置づけ、その「決定的破産」を指摘している（「第二次五ヶ年計画に際して危機に陥ったソヴィエト経済」一九三二年十月、対馬忠行編『ソヴィエト経済の諸問題』トロツキー選集補巻3、現代思潮社、一九六八年）。

トロツキー派国際書記局への書簡[1]

〔一九三四年五月十五日付、無署名。ここでは『選編』テキストを底本とした〕

新聞紙上で、トロツキー同志がフランス帝国主義からさまざまな嫌がらせを受けているのを知り[2]、またスターリン主義者の所業がいかに反動的であるかを見るにつけ、私はこのうえない悲痛を感じております。スターリンの官僚的党制度はすでに共産党の活力と精神を消滅させてしまいました。スターリンはすでに各国共産党の真の指導者を、自身の走狗と置き換えています。スターリンが中国で育て上げた「指導者たち」は、まだスターリン自身の走狗ではないにしても、スターリンの手下ミフ[3]の走狗であります。こうした「指導者たち」の闘争がもっぱら党機関を掌握するためのものにすぎないことを、西洋のプロレタリアートの多くは知らないでしょう。スターリンは全世界のブルジョワジーに奉仕しているのです。ソ連においてはスターリンの個人独裁がまさしく、プロレタリアート及びその前衛の独裁に取って代わりました。いわゆる「労働者国家」とソヴィエト政権は単なる名目上の存在にすぎません。ソ連はプロレタリアートの背に乗ったプチ・ブル階級によって支配されており、それはまさにブルジョワ反革命のために門戸を開いています。帝国主義者は今や、武器を手にソ連に反対するには及ばず、スターリン主義者を通じてその目的を達成することができるのです。この今では形だけの存在にすぎないプロレタリア政権は、ひとたびソ連の反動諸勢力に最終的に圧倒されたなら、テルミドールの到来[4]とならないともかぎりません。いずれにせよ、スターリン派はこのテルミドールを実現するでしょう。スターリンの立場はオーストリアのドルフス[5]のそれと似ています。スターリンは十月革命の指導者たちを西欧ブルジョワ階級と亡命ロシア白色政党に引き渡してしまいました。私たちは警戒心を高めなければなりません。私たちは新党を組織するだけにとどまってはならず、その上さらにスターリンの政治制度がまだなお改良可能だと幻想を持つことに反対しなければなりません。私たちは「ソ連防衛」というスローガンに対して、「十月革命の精神に基づくソ連再建[6]」というスローガンを対置しなければならないのです。これが私の国際書記局に対する建議です。国民党は私たちの親愛なる同志たち多数を拘禁していますが、私たちと世界プロレタリアートとの連合一致の精神を阻むことはできません。野蛮な監獄の中にあって、私たちを励ましてくれるのはただ世界革命運動の消息のみであります。スターリン派のでっち上げに対する私たちの回答は取りも直さず階級闘争なのです。

（1）『選編』の本テキストの冒頭には、以下の記載がある。――「訳者凡西〔王凡西〕按ずるに‥これは一九三四年五月十五日に陳独秀が南京監獄から当時のトロツキー派書記局に宛てた手紙である。中国語原稿はすでに失われている。英文訳稿は米国カリフォルニア州スタンフォード大学フーバー研究所文書庫にある。ここでは英語から中国語に戻した。一九九一年一月二十四日」と。また、編者注には「この文書は鄭超麟提供の書写訳稿による」とあるが、これは英国在住の王凡西が訳稿を鄭超麟に送り、それを鄭超麟が編者に提供したということであろう。

なお、本編の本邦初訳は『トロツキー研究』第三九号（トロツキー研究所、二〇〇二年十二月）掲載の長堀訳である。

（2）この書簡の当時、トロツキーはフランスに滞在していたが、フランス政府は国内の共産党やファシストの抗議で同年四月にトロツキーの国外追放を決めた。この決定は、受け入れ国がないため強行はされず、トロツキーはさらに一年あまりフランスに止まった。

（3）一九三〇年、コミンテルン使節団団長として来華、翌年初めの中共第六期四中全会でスターリン直系の王明指導部の選出を推進した。

（4）テルミドールはフランス革命暦の第十一月（熱月）。一七九四年七月、革命暦のテルミドールに、革命政府のロベスピエール派がクーデタで打倒され、反動期に入ったことを「テルミドールの反動」という。陳独秀はロシア革命が挫折し、反動派が勝利するであろうことを言っている。

（5）エンゲルベルト・ドルフス（一八九二―一九三四）。オーストリアキリスト教社会党の指導者。一九三二年から三四年まで同国首相、一九三三年権力を一手に掌握し、ファシスト国家建設を企図するが、ヒトラーが支持するオーストリア国家社会主義党と衝突し、ナチス党員に殺された。——『選編』原注（王凡西注）

（6）このスローガンの英訳は“Recreate the Soviet Union of October”。字面から直訳すれば「十月のソ連再建」ということになる。思うにこれは陳独秀のもとの言葉らしくないので、このように訳した。——『選編』原注（王凡西注）

プロレタリアートと民主主義

〔『火花』第三巻第一期、一九三六年三月十日、「無産階級与民主主義」、孔甲〕

人々はこれまで、民主主義について多くの誤解をしてきた。その最も浅薄な見解は、民主主義をブルジョワジーの専売品と見なして来たことである。だが、人類社会は、政治組織の誕生からその消滅にいたるまで、この過程にあって、民主主義は歴史の発展に従って発展し、各段階での内容と形態を形成してきたのである。階級や国家のない氏族社会にも、すでに政治組織は存在した。モルガンによれば、いわゆる一権政府（酋長会議）から三権政府（酋長会議、人民会議、軍事総指揮官）に至るまで、すべて民主主義的であった。モルガンによれば、「全員の熟知せる事情の下に召集され、民衆の環視中に開催され、〔そして彼らの雄弁家に公開された酋長〕会議は、必ずや民衆の〔影響〕下に行動したに違いない。形態こそ寡頭政治的なれ、〔この政府は〕民主的代議制であって、代表者は罷免さるゝことはあったが、終身官として選出された。各氏族員の同胞関係、及び官職に関する選挙制は、民主々義の萌芽であり、基礎であった。民主々義は其他の大なる原則が、か丶る進歩の初期段階にあったように、不完全に発達してはいたもの丶、猶且つ人類〔の種族における頗る〕古代の系譜を誇り得るのである」（『古代社会』第二篇第四章、一一八頁）[1]。

　階級社会になると、民主政の制度は、土地貴族によって大きく破壊され、その後第三身分すなわち市民各階級が出現してはじめて、民主主義（Democracy）の旗幟が掲げられ、貴族政治（Aristocracy）と対抗するようになった。この長期にわたる市民運動の目標は、総じて言えば、平民を抑圧する貴族・国王・教主・少数者の特権を覆し、政治面でも経済面でも普遍的な民権を拡大することであった。具体的には、民選議会で国王や貴族の専制に置き換え、ギルドを解散し、農奴を解放することであり、これらが民主主義革命の課題の主な内容であった（民主主義の課題は経済面に限られると思い込んでいる人がいるが、それは歴史の事実に合致しないデタラメである）。社会主義運動が生まれる以前、これら民主主義の課題を達成することは、人類の進歩の唯一にして偉大なメルクマールであった。それゆえ、民主主義とは、人類社会が進歩するための一種の動力であった。

　近世各国の革命運動は、多かれ少なかれ、このメルクマールに向かって進められた。革命に参加した各階級とその各階層は、すべてこのメルクマールの下、自らの利益の為に行動した。民主主義の要求をブルジョワジーの課題と見なし、ブルジョワ権力をまず樹立するため行動したのではない。ブルジョワジー自身も、初めからそうした意図があったわけではなかった。逆に、当初のいくつかの時期にあっては、彼らは旧支配階級と妥協し、旧統治階級の権力の下で若干の利益を獲得し、共同で下層の人民を抑圧することをねらったのであって、彼らはこうした民主主義の課題からする要求、とりわけ真の普通選挙や徹底した農民の解放には、完全には賛成でなかった。ブルジョワジーが最後まで守ろうとしたのは、「法律の前に人は平等である」といった嘘っぱちと豚小屋国会[2]のようなある種の形式的な民主主義にすぎなかったが、ファシストが台頭している今日では、こういったものさえ必要とされなくなっている。だが、闘争の結果、当時は大きな力を持って政権を掌握できるほどのプロレタリアートがまだ存在しなかったため、すべての権力は自然とブルジョワジーの手に落ちた。このため、歴史家は、この時期をブルジョワ時代と認めざるを得なかったし、またこの時期の革命をブルジョワ的な民主主義革命と考え、革命で達成を求められた課題とはブルジョワ的な民主主義の課題であると考えた。私が思うに、厳格に言えば、〔民主主義は〕人類社会の進歩の過程にわたる歴史的課題であり、これらを達成するのは、理論的には、一つの階級に限定されない。実際、ブルジョワジーが農民を指導して〔この課題を〕達成したと言えそうなのはイギリスだけである。フランスではプチ・ブルジョワジーが労働者を指導して達成し、ロシアではプロレタリアートが農民を指導して達成したのである。

立ち後れたロシアのプロレタリアートは、民主主義の課題を達成する闘争の基礎の上に、先進諸国のプロレタリアートよりも早く政権を奪取した。これは「永続革命」の戦略が、実践として初めて成功したものであって、「まず民主主義革命を達成し、それから社会主義革命を行う」という古い伝統的な思想はここに粉砕されたのである。さらにこの戦略は、中国革命にあってある種の反証を得ている。すなわち中国の民主主義革命では、プロレタリアートが政権を獲得できなければ、革命は失敗するしかなく、民主主義の課題を達成することなど語りようもない、ということである。ブルジョワジーは、東方へ行けば行くほど、無能で恥知らずになる。孫文の党——中国ブルジョワジーの最も先進分子の党——は、それが誕生し始めた最初の一秒から今日に至るまで、理論でも行動でも反民主主義である。彼らの言うところの革命とは、単に北伐を成功させ政権を取ることでしかない。帝国主義勢力を排除して中国を独立させること、農民を解放すること、議会を民選することなどなどの民主主義の課題達成は、「赤化」と見なされ、彼らとは水と油のように相容れない。形式的な民主主義と豚小屋国会さえもないのだ（われわれはここで、ボロディンがモスクワからもたらしたものは、銃砲を除けば、反民主主義の議論であったこと、それは孫中山らの好みに合ったことに注意せねばならない）。中国のプチ・ブルジョワジーは、その数がいかに膨大であるにしても、農民の革命における役割がいかに重要であるにしても、〔革命の〕指導的立場を占めることはできない。したがって、中国における民主主義の課題を達成する責任は、最終的にプロレタリアートの肩に担われる。これが、中国革命の永続性の客観的論拠である。

いわゆる「永続革命」を、字面で解釈してはならない。革命に有利な客観情勢が永続することを言うのだと考えるなら、それは反駁にも値しないデタラメである。あるいは、主体的に革命の推進に永続的な努力をし、民主主義段階に留まらないことを指すのだと考えられたりするが、その言葉自体が間違いではないとしても、意味が曖昧であり、スターリン派が攻撃するいわゆる「半トロツキズム」と解釈できる。つまり「民主主義革命の段階を完成させてから、続いて社会主義革命を行い、すぐにプロレタリア独裁に転化させる」、というものだ。それはやや急進的な〔革命〕段階論にすぎないのであって、「永続革命」を意味してはいない。

「永続革命」の真の意義は、後進国の民主主義革命と社会主義革命の不可分性を指摘したことにある。これはすなわち、後進国のプロレタリアートは民主主義革命の基礎の上に政権を獲得できるということである。プロレタリアートの政権が民主主義の課題を達成するのであって、プロレタリアートの政権がなければ、後進国の民主主義の課題は達成されるすべがない。したがって、民主主義革命の完成とプロレタリアートの政権奪取とを、二つの段階に分け、前者を完成させてから後者を推進することはできない。

「永続革命」の最も基本的な論点は、トロツキーが一九〇五年革命の勃発前に、断固として定義を下したものである。この点については、われわれはレーニンがトロツキーの学生なのであって、その逆ではないと言うことができる。

もしある人が、民主主義の内容を抜き去り、それを抽象的で中身のない名詞としてのみ用いようとするなら、その人はまったく、ブルジョワジーのために民衆を騙す策士である。時には汪精衛のポケットさえもこうした人物を必要とするだろうが、真理はすべて具体的なものである。したがって、プロレタリアートのマルクス主義は具体的であるし、われわれが言うところの民主主義も抽象的ではない。それは、全権を有する国民会議の普通選挙による選出、帝国主義勢力の排除と中国の独立、八時間労働制の実行、〔地主の〕土地没収と貧民への配分、および出版・集会・結社・ストの自由といった具体的内容である。

もしある人が、プロレタリアートは、民主主義の課題を達成する責任をその肩に担うべきではないと考えるなら、それはいくつかの点で間違っている。（一）民主主義の人類社会の進歩における歴史的意義を理解していない。（二）中国のブルジョワジーがまだ多くの民主主義の気質を有していると幻想している。だが実際には、聡明な中国ブルジョワジーは、民主主義運動が、彼らにとって、社会主義よりもいっそう直接的で現実の災難であることをよく理解している。（三）中国プロレタリアートの革命をいつとは知れない先のことへと遅らせる。なぜなら中国のブルジョワジーは、資本主義発展の障害を除去し、プロレタリアートをして社会主義の基礎の上に政権を奪取する可能性をもたせることが、永遠にできないからである。（四）民主主義のスローガンと闘争を放棄すれば、プチ・ブル大衆、特に農民〔の支持〕を獲得することができない。農民との同盟を得られないのなら、中国のプロレタリアートは政権獲得など考えない方がいい。もし、この人物が、自分は決して民主主義闘争の放棄を主張してはいない、と思っているのならば問いたい。闘争しながら〔責任を〕肩に担わないとは、どういう芸当なのだ。民主主義闘争はどの階級に担わせるのか。プロレタリアートは社会主義闘争のみその肩に担うべきで、民主主義闘争はブルジョワジーとプチ・ブルジョワジーのものとなれば、プロレタリアートは彼らの後に付き従って闘争に参加するしかないのではないか。

中国プロレタリアートは将来、いかなるスローガンの下に政権を奪取するのか、われわれは今そのことは知ることはできない。それは国内の情勢と国際的な情勢による。国民会議運動が中国でどのような過程を経て、どのような結果になるのか、今はわからない。それは階級闘争によって決定される。国民会議はソヴィエトと同様、決まったモデルがあるわけではない。もしある人が、われわれがいま採用している国民会議のスローガンを、民主主義の課題を解決することと政権を奪取することとあらかじめ切り離そうとするなら、それは全く自由主義ブルジョワジーの議会主義的観点であって、ブルジョワジーとプチ・ブルジョワジーの国民会議政府の下で、国家や独立と土地などの問題を解決できない国民会議の中で、たんなる一個の反対派となることを準備しておくことにほかならない。

民主主義闘争と民主主義闘争における全般的スローガンである「国民会議」に非革命的解釈を加えることはメンシェヴィキの伝統思想であって、この種の思想は、たとえ萌芽状態にあっても、われわれは厳しく反駁し斥けねばならない。いわんや彼らの先入観が今でも系統的に堅持されているにおいておや。

これらの思想の誤りの根本には、「永続革命」戦略の重要性と可能性が理解されていないことがある。

あるいは、プチ・ブル大衆を獲得し、ブルジョワ軍事独裁を打倒するためにこそ、民主主義の政治綱領とスローガンを採用するのであって、それは手段にすぎない、政権獲得後は用いることはないのだ、と言う人がいるかもしれないが、これに対する私の答えは、否、否、である。われわれの政権獲得後とは、まさしくわれわれの民主主義的政治綱領を実現する時代の始まりであって、終わりではない。その時われわれは、民主主義的政治綱領によって自らを制約することはできないとは言えるが、それを用いないと言うことはできない。われわれが民主主義の政治綱領とスローガンを採用するのは、目的であって、決して手段ではない。民主主義は官僚主義に対する抗毒剤であり、それは社会主義と対立したり、相容れなかったりするものではない。プロレタリアートは政権獲得後、民主主義を放棄するのではなく、これを拡大し、プロレタリア民主主義でブルジョワ民主主義に置き換える。すなわち、ブルジョワジーの狭い範囲から、搾取され抑圧される全国の人口の大多数を占める民衆すべてへと拡大し、量から質への転換、議会からソヴィエトへの転換を行い、大多数の人民の政治から引き続き全人民の政治へと拡大するのである。レーニンが『国家と革命』の中で言っているように、プロレタリアートの民主主義は、迅速な手段を用い、徹底的に官僚主義を排除し、さらにこの種の手段を徹底的に応用し、官僚主義の完全な消滅、民衆を代表する民主主義の完全なる実現（つまりレーニン言うところの「ほんとうにすべての人が国家の統治に参加する」[3]）まで続けるのである。この意味において、今の時代にあって、プロレタリアートだけが民主主義勢力の真の代表であり、われわれ共産主義者は、同時に真の民主主義者である。

　スターリンはこの点を理解せず、民主主義を放棄し、官僚主義でもってこれに代えた。このゆえにこそ、カウツキーの予測よりもずっと醜悪に、そしてまたレーニンの幽霊をしてカウツキーへの反駁の言葉をほとんど失わせ、憤死せしめるであろうほど、党を、各レベルのソヴィエトを、労働組合を、プロレタリアの政権全体を踏みにじるに至ったのであった。

　公平な立場で論ずれば、民主主義を蔑視したのは、スターリンだけではない。形式論理の頭脳を有するカウツキーのような先生方が、民主主義でプロレタリア独裁に対抗したため、多くの浅薄な古参ボリシェヴィキたちも、プロレタリア独裁で民主主義に対抗したのである。双方とも、民主主義とプロレタリア独裁は両立しないと思い込み、同じく形式論理の頭脳を持っていた。これはスターリン派の官僚主義が限りなく発展することにとって、大いなる手助けの一つとなった。

官僚主義の祖国に生まれ、マルクス主義の素養のないわれわれの世代の中国青年は、モスクワでこうした空気に触れると、自然に民主主義とはブルジョワジーと不可分であり、ブルジョワジーと同様に不潔だからごみために捨てるべきだ、清潔なプロレタリアート、清潔な共産主義者は民主主義と永遠に絶縁すべきである、これに触れるといつも臭いがする、と考えた。かくして、「民主主義者」は人を罵倒するための名詞となった。一九二四年から二五年の頃、あるコミンテルン代表とモスクワから戻って来た幾人かの中国人同志は、前後して私に言った。民主主義を提唱したことは、トロツキーの誤りの一つだ、と。

われわれは今、是正せねばならない。

是正の要点とは、以下の通りである。

（一）ブルジョワジーの狭小で形式的な民主主義を、歴史上各階級に伴って発展してきた民主主義の全内容と思い込んではならない。

（二）民主主義を社会主義と並存できないものと思い込んではならない。

（三）民主主義の要求を、ブルジョワ軍事独裁を打倒する手段にすぎない、われわれの目的ではないと思い込んではならない。

（1）モルガン著・荒畑寒村訳『古代社会』上（改造社、一九三一年）一七七～一七八頁（本文に見える頁数は誤記）の訳文にもとづき、陳独秀の中国語訳に見えない部分を〔　〕の中に補った。また、「代表者は罷免されることはあったが」の部分を、陳独秀は「しかし民衆に服従せねばならなかった〔然須服従於民衆〕」とやや意訳している。当時獄中にあった陳独秀は、一九三三年八月九日付の汪原放宛書簡で、この改造社版『モルガン古代社会』を上海の内山書店で購入するよう求めている（『選編』第五巻、七四頁）。

（2）原文は「猪圏的議会」。一九二三年十月、中華民国の国会議員は、直隷派軍閥の曹錕に買収され、彼を大総統に選出した。このため世論は国会議員を「猪仔」（豚の子）と蔑み、国会を「猪仔国会」と呼んだ。

（3）上海中外研究学会訳『国家与革命』（一九二九年七月）一六八頁。訳文は、『レーニン全集』第二五巻（大月書店）に従った。

中国の一日[1]

〔茅盾主編『中国的一日』一九三六年九月、生活書店（第二編「南京編」に収める）、同年五月二十一日付、「中国的一日」、陳独秀〕

友人が私に『中国の一日』のためにちょっと感想を書けと言うが、今日、私には何も感想はない。まずは当地の風景にことよせて、『中国の一日』というこのテーマについて二言三《ふたことみ》言《こと》語ろう。

『中国の一日』は『世界の一日』をまねて制作されるようだ。階級社会において、国際主義者の頭脳の中のいわゆる世界とは、上下二つに分断された世界しかなく、全体としての一つの世界はない。この上下二つに分断された世界の闘争の中で、もし、いわゆる全体としての世界という抽象観念で上下二つに分断された世界の存在を隠蔽し、その闘争を緩和しようと企図する人がいるとすれば、これは反動的観点であり、もし全体としての世界を縦に分断し、互いに依存しない無数の世界にして、この縦に分断されたそれぞれの世界の中で人類の理想を完成しようと夢想する[2]一方、国際間の上下二つに分断された世界の闘争を、縦に分断された各世界の闘争勝利の鍵だと見なさないなら、これも反動的観点である。一国家のうちでも、こんな具合で、二つ、あるいはそれ以上の上下に分断された社会の存在があるだけで、抽象的な全体としての国家などいうものは存在しない。この二つに、あるいはそれ以上に上下に分断された社会は、利害を異とし、取捨選択するところは互いに異なり、もし、この利害がまったく異なる、上下に分断された世界と〔一国内の〕社会とが協力、一致できると信じるものがいるとすれば、それは愚か者ではなく、ペテン師である。愚か者は許すこともできようが、ペテン師は許しがたい。

　全体としての一つの国家などというものは永遠に存在しない。全体としての一つの世界は、階級が消滅したのち、はじめて出現する。およそ、『中国の一日』を読み、『世界の一日』を読む人々は、極めて客観的にこの問題を考えるべきで、愚か者になってはならないし、ペテン師に騙されてもならない。

（1）ゴーリキーが企画中だった『世界の一日』をまねて、茅盾が一九三六年五月二十一日の中国の様子を、中国各地からの投稿で描き出そうとした書。邦訳『中国の一日』（中島長文編訳、平凡社、一九八四年）はおよそ七分の一の抄訳で、陳独秀の本編は未収録。

本編の成立については次のような証言がある。「一九三六年、茅盾先生が私に短い手紙をよこし、仲翁〔陳独秀〕に「五月二十一日」をお願いしてくれと言い、「「中国の一日」の簡単な原稿募集要項」を数枚同封してきた。私は五月六日、南京に行き、十一日に〔上海に〕戻った。南京では監獄に足を運び、数回仲翁に面会した。仲翁は「五月二十一日」を書き上げると、私に郵送してきたので、私は茅盾の言いつけどおり、五月二十八日、生活書店の徐伯昕先生に仲翁の原稿を送り、茅盾先生に転送してもらった。この文章はのちに、『中国の一日』に収録された」と（汪原放著『回憶亜東図書館』学林出版社、一九八三年、一八八～一八九頁。新装版は『亜東図書館与陳独秀』学林出版社、二〇〇六年、一九七頁）。

（2）　スターリンの一国社会主義論を批判していると考えられる。なお、トロツキーの『永続革命論』（一九三〇年、英語版も同年）には「コミンテルンの綱領は、地球にマス目を書き込み、社会主義の建設を独立して成し遂げるのに「十分な」地域と「不十分な」地域とに分け、こうして、革命的戦略にとって一連の絶望的な袋小路をつくり出した」（森田成也訳、光文社古典新訳文庫、三一六～三一七頁）とある。

われわれの時局における任務

〔『火花』第三巻第三期、一九三六年九月二十六日、「我們在時局中的任務」、鳦児〕

中央にせよ地方にせよ、権力を持つ軍閥が民族を解放する抗日戦争を推進できると幻想するなら、その者はペテン師でなければ頭がおかしい人間である。目下のところ日本帝国主義が最も露骨に中国民族の生存を脅かしていることは言をまたないし、抗日戦争が民族解放戦争であることも言をまたない。しかし、中国民族の解放運動となると、ことはそれほど簡単ではない。

アヘン戦争から義和団事件まで中国は、イギリス帝国主義の支配の下、半植民地の立場にすっぽりと収まってしまった。その間、〔イギリスの支配は〕北方で、帝政ロシアとドイツに脅かされたが、イギリスは日本の力を利用してこれを撃退し、全中国に対する支配を取り戻した。しかし、まさしくこのことによって、日本の勢力が中国の北方に引き込まれ、それはイギリスの華北支配にとって、以前のロシアやドイツよりも一層手強いライバルとなった。「九・一八」以後、日本帝国主義はさらなる発展を図り、中国全土を併呑しようとしたため、中国の南方でもイギリスと正面から衝突せざるを得なくなった。イギリス帝国主義者の中国南方における勢力は非常に強固なものであったが、ヨーロッパの多事のゆえに、極東では武力の支援ができず、日ごと日本に圧倒される趨勢にある。そこでイギリスは何度か、東京に英・日で中国を南北分割することを提案したが、極東のイタリア〔日本のこと〕に拒絶されてしまった。現在、イギリスの日本に対する防御策は、南京政府を利用してこれを自らの長春〔傀儡の意〕とし、南京政府を通してその経済力を中国南方の都市と農村に拡大し、深く入り込ませ、南京政府がなんとかまだ持ちこたえられるうちに、華南における権益をでき得る限り少しでも多く奪い取り、万一将来日本の中国併呑を防げなかった時、日本に自国の既得権益を承認するよう要求する、というものである。かくして、英・日間の利益の衝突は一層先鋭化し、蔣介石の南京政権はなおさら日本の目の中の釘となっている。リース・ロスの英日共同投資での中国援助という提案に対し、日本は、「イギリスは中国の税関を独占しており、また中国の銀行を独占している」との憤激の言をもって答えた[1]。イギリスのこの種の日本の攻勢への防御政策は非常に脆弱であり、アビシニアのイタリアに対する防御よりも一層脆弱である。なぜなら今、独・伊・日のたぐいの帝国主義者は、英・仏のたぐいの現状維持だけを求める国家のように、敵対者の後に追随して既成事実を認めることはできないからである。中国の重要な利権は、その大部分が直接間接にイギリス人の手に操られており、中国政府自らの手にはない。蔣介石の南京政府はイギリス帝国主義の代理人であるにすぎない（ここで指摘せねばならないのは、スターリン派はかつて蔣介石政府は日本帝国主義の代理人だと公言していたが、それはまるきり荒唐無稽の言であったことである）。東京の外交辞令によれば、「イギリスの在華権益を侵さない」とのことだが、それでは日本は中国の南方から何を獲得できるのか。何も得られない。中国の解放運動であろうと、英日の中国における利益の衝突であろうと、通常の外交ルートで解決できるものではない。なぜなら日本は初期の幼い帝国主義の段階から抜け出し、中国の資源、とりわけ自国が特に乏しい石炭・鉄・綿花・羊毛・石油を独り占めしようとする。これは日本にとって必死の闘争だ。日本の中国に対する侵略は、もし中国革命の抵抗に出くわさなければ、あるいは別の帝国主義と戦って負けなければ、必ずこのラインで進展し、自ら止まることは決してない。これはあらゆる資本帝国主義の発展自体が有する法則であって、日本軍閥とかに特有の冒険主義ではない。英日両帝国主義による中国支配権の争奪は、今の中国におけるあらゆる変動の基軸をなしており、これ以外の変動はこの基軸の付属物である。中国プロレタリアートを代表すると自称する共産党さえも、イギリス帝国主義の日本帝国主義に対する闘争の道具となっている。国民党については言うまでもない。

　日本とロシアの間には、乾坤一擲《けんこんいってき》の戦争に訴えねばならないほど重大な経済的な衝突は存在しないから、日露戦争を引き起こすような状況は、二つしかない。一つは、ソヴィエト・ロシアが自分の命運を中国革命のそれと一つに結びつけること、もう一つはソヴィエト・ロシアがイギリスのために尽力し、日本を中国南方から駆逐することである。ソヴィエト・ロシアの支配者が、世界革命政策の放棄をすでに公に声明している今日、前者の可能性はなくなっているから、スターリン派が極東で行う政策は、最大限でも後者の可能性を実現することでしかない。だが、ソヴィエト・ロシアがイギリスを支援して日本に迫り華南を譲らせても、イギリスはすぐにソヴィエト・ロシアを捨て、日本の華北・モンゴルの占領を黙認し、そうすることでソヴィエト・ロシア勢力の南下を阻止するだろう。

　英・米・日の帝国主義勢力の中国支配を覆し、国家の独立を完成させるという政治綱領は、中国ブルジョワジーの眼から見れば、決して中国民主主義革命の課題ではなく、恐るべき赤化運動である。彼らは、この運動を弾圧するためなら、最後にはどんな帝国主義と合作することも辞さない。中国のブルジョワジーを代表する蔣介石と高等華人すべては、目下のところ（目下のところにすぎないが）反日で一致しているが、彼らが反日であるのは、英米の支配の下にあれば、両帝国主義に代わって行う中国人民弾圧の報酬として、ちょっとしたおこぼれに与《あずか》ることができると考えているからだ。日本は、経済の面では、中国の憐れなほど小さな民族工業を消滅させ、中国を永遠に原料供給の農業国にすること、政治の面では、組織を有するブルジョワジーが政治的地位を占めることをやめさせ、旧来の各階級の落ちこぼれ分子をその傀儡とすることを狙っている。これが、蔣介石とすべての高等華人が親英反日である真の原因である。彼らは親英反日の内心で、イギリスの援助はアメリカと同様に結局は口先だけで実際にはやって来ないために、同時に日本の最終的な圧迫に直面して、日本帝国主義者の言うところの「覚悟」をするつもりかもしれない。あるいはアビシニアの皇帝と同様、国を失った後でも、ロンドンに行って憐れみを乞うつもりかもしれないが、今は確かなことは言えない。たとえアビシニアの皇帝と同じように、徹底的に反日親英であったとしても、民族解放運動と見なせるわけではない。アビシニア皇帝がイギリスに接近してイタリアに抵抗しているのは、オーストリア政府がイタリアの懐《ふところ》で眠りながら独立を高らかに叫んでいること、ユダヤの資産家がイギリス帝国主義の庇護下でアラブ人に反抗する国家再建運動をしていること〔と同様で〕、これらはすべて奴隷が奴隷主を選んでいるだけである。プロレタリアートが民族解放運動を支援すべきなのは、この運動が帝国主義に打撃を与える役割を果たすからであって、この役割のない民族運動は、根本から反動である。日本は全世界の帝国主義の極東における番犬であり、イギリスは全世界の帝国主義の首領なのだ。親英反日と親日反英の観念はともに、一秒たりとてプロレタリア戦士の頭脳にあってはならないのだ。プロレタリアートが解放された、つまりプロレタリアが政権を獲得した国家に至っては、世界革命の戦略を阻害しない範囲で、ある種の具体的な問題をめぐる闘争にあって、帝国主義間の衝突を利用する。当然、Aと連合してBを制する戦術を用いてもかまわない。だが、もしプロレタリアートが政権を獲得している時に可能な戦術を拡大し、プロレタリアが階級解放と民族解放のために闘争する時代の戦略に適用するなら、それは、主人を選ぶという恥ずべき態度だ。

今日に至るまで、蔣介石はずっと親英反日の政策を放棄していない。一方で元の主人を気にかけながら、一方で新しい主人の現実の圧迫を恐れ、少しずつ譲歩してなんとか生をつなごうとしているが、南京の地位が危機に瀕していることを見て取り、従来の四川・雲南・貴州に退いてこれを守る政策を改め、広東を奪い退却の場とすることにした。ここなら四川・雲南・貴州よりもイギリスの援助を得やすい。だから両広〔広東・広西〕軍閥の地盤を侵犯したのである（広西のアヘン税と、紙幣との交換停止で広東に貯蔵されている現銀七千万元を獲得することは、二の次の問題である）。両広軍閥は行き場を失い、宋哲元にならって日本の懐に飛び込み、しかも連日《れんにち》抗日の滑稽劇を演じざるを得なくなった[2]。だが、華北軍閥が軍事進攻で呼応しなければ、両広が勝てる見込みはあまりない。たとえ華北が〔南京政府から〕独立しても、軍事進攻して来ることがなければ、蔣介石があわてることはない。なぜなら、蔣介石はとっくにイギリスから「華北を放棄して華南を保持せよ」との意向を承《うけたまわ》っているからである。両広軍閥の本意は、元の地盤の保持にあるにすぎないから、もし蔣介石の譲歩が得られ、それにイギリスの圧力が加われば、妥協は絶対不可能というわけではない。また日本が、華北に対する全要求を正式に認める代わりに両広への支援を停止せよ、という蔣介石の条件を受け入れれば、さらに蔣介石による広東の将軍買収が加われば、両広は完全に敗北するだろう。これが、北は張家口から両広に至るまでの全中国の、あらゆる軍閥の抗日図画であり、つまりはスターリン派が国民党の軍事長官たちに跪いて求めている連合抗日という恥ずべき政策の諷刺画である。もし、両広の挙兵すなわち南京・広東の衝突は、中国が力を合わせて敵に立ち向かう戦線を破壊することだ、とするなら、それは寝言であるし、まるきり南京のためにボランティアで宣伝マンをやることである。もし、両広は真に抗日的であると考え、彼らを抗日救国の連合戦線の一部と見なし、民衆に彼らと誠心誠意相見え、一致団結することを呼びかけるなら、それは両広軍閥のために故意に民衆をペテンにかけることである。残念ながら、モスクワのスターリニストは前者の態度を取り（六月十一日タス電(3)）、中国のスターリニストは後者の態度を取った（最近朱徳《しゅとく》と毛沢東が連名で発表した「両広出兵・北上抗日についての宣言(4)」）。

　中国のスターリニストは、去年の八月一日に発表した「抗日救国のために全同胞に告げる書(5)」の中で、何の説明もなしに突然、山の上で中国ソヴィエト政府を樹立して国民党政府と対抗することからひとっ飛びに、「〔抗日救国の事業に〕ただちに参加することを望む〔中国すべての〕党派（もちろん国民党は含まない）・各団体[6]・各名流（もちろん杜月笙や黄金栄〔秘密結社青幇のボス〕は含まない）・学者・政治家及びすべての地方軍政機関と、共同での国防政府樹立を協議することを望む」ことへと至り、いわゆる「各界の同胞」、とりわけ「国民党と藍衣社〔国民党内ファッショ組織〕のすべての民族意識を有する熱血青年」に、「皆さんは〝家で争いごとがあっても、外からの侮りは一緒に禦《ふせ》ぐ〟という真誠の意識を持っているはずだ」と呼びかけ、さらに、「日寇《にっこう》が国民党党部と藍衣社組織の解散要求を出したことに断固たる抗議を表明する」と述べる。このような全国各界の同胞の大合作は、以前の四階級ブロックに比べてもずっと拡大されており、小心で狭量なマルクスやレーニンなら、当然酔夢の中でも思いつかない素晴らしい革命戦略である（彼ら自身が戦略だと言っている）。

　しかし、この文書は恥さらしではあるが、それでも徹底した恥さらしではない。というのは、なお「南京売国政府」とか、「人面獣心のクズの蔣介石が……わが領土を売り渡した」とか、「蔣賊」とか、時代に合わない語句があるのは、やはり遺憾なことだからである。はたしてこの点はその後まもなく、是正されることになった。朱徳が筆頭に名を連ねる中国紅軍の全国各省軍事長官宛ての、一致団結を要求する代電〔電報代用速達〕には、「南京蔣総司令」の御肩書きが、赫々《かっかく》と記されているのである[7]。

それはいいとしても、最近、スターリニストか準スターリニストが出版する『読書生活』（六月二十五日刊）で、彼らは一層明白に、快刀乱麻を断つが如く述べている。「わが当局の党と政府の指導者たちは、敵の圧迫下にあって、われわれ同様抑えられ息を切らしているのではないか。多くの軍事長官は、迫られて長城以南に退き、河北・チャハルから撤退し……、多くの地主……商工業者・資本家は、敵が庇護する密輸のために工場や商店を閉めているのではないか」「したがって、われわれが敵に抗《あらが》い救国をめざすとすれば、過去と同じであってはならないのだ。各階級〔『読書生活』原文は「各階層」〕が互いに対立し合い……、各党各派が対立し合い、自ら救国の力を分散して敵の乗じるところとなり、……各階級〔各階〕、各党派の互いの闘争は、……どれほど民族の実力を損ない、国家の活力を失わせ、今日の亡国現象を招いたのか、わからないのである。したがって、われわれは切実に希望する。……すべての階級的な仇敵視をやめることを。……われわれは対内的には敵はいない、対外的に一個の敵、すなわち日本〔原文に「日本」の二字はない〕帝国主義だけがある。……過去の各党各派各階級〔各階層〕のあらゆる先入見をなくし、民族生存のための闘争に力を尽くしてこそ、わが国家は安全の保障を得るのだ。われわれは大声疾呼する。国内に闘争はない。いかなる政党であろうと、いかなる部隊であろうと、いかなる社会団体であろうと（藍衣社は当然、含まれる）、資本家・買弁、商工業者であろうと、地主・豪紳・軍閥・官僚・政客であろうと、……であろうと、……であろうと、われわれはただちに団結し、動員するのだ」[8]（以前の四階級ブロックは、この大同団結に比べると、全く見劣りがする）。こうした段落を読んだ者は、うっかりすると、ある共産党員が国民党に投降する際の、千篇一律の反省文と考えるだろう。なぜなら、そこには同様の理論があり、字句も多くが同じだからである。そうそう、少しも間違ってはいない。この文書全体が、スターリン派すなわちいわゆる「中国共産党」が国民党に投降する、総反省文なのだ。これまで個別に投降してきた裏切り者たちは、まことに彼らの先覚者なのだ。スターリン派のこうした国民党と藍衣社に対する反省と誠意を尽くした媚態は、『紅楼夢』のあわれな賈瑞の、王熙鳳に対する誠意と献身と懇切さにちょうどマッチしている。その結果が賈瑞よりも幸福であるとは限らないにしても。

彼らは、もう一つ、楊文炤君に答える文章の中で以下のように述べている。「書簡の意見では、〔連合戦線から〕すべての「漢奸になり得る階級」を除外する、すなわち地主・官吏・買弁は除外し、資本家も除外することになる。しかし、目下のところ、敵に抵抗できるすべての軍事的経済的に必須の実力は、すべて彼らの手にあるのだ。われわれは目下の第一歩では、彼らと連合せねばならない。……われわれはもとよりすべての帝国主義を駆逐せねばならないが、目下のところ日本の独占と英米との矛盾を利用して、専ら抗日運動だけを行い、一時的に彼らと暗黙の協定を結んでもよい[9]」。もともと彼らは、英米帝国主義と暗黙の協定を結んでもよかったのだ。どうりで今年の五月三十日の記念デモで、彼らは日本帝国主義打倒のスローガンだけを掲げ、イギリス帝国主義の上海租界当局から賞賛されたが、彼らのこの種の反日連英政策は、蔣介石及びあらゆる高等華人と一致している。〔彼らは〕軍事的経済的に必須の実力は、地主・官吏・買弁の手にあるのだから、階級闘争を停止して彼らと連合すべきだと主張し、「対内的には敵はいない」、「国内に闘争はない」と声高に叫ぶ。この種の身を売る取引は、聡明で恥知らずのブローカーだけが思いつき、口から出せるものだ。愚かなレーニンは、植民地決議案[10]を起草した時期、中国やその他の植民地が敵に抵抗するため必須の軍事的経済的実力が、すべて地主や官吏、買弁の手にあると知らなかったわけではないが、しかし、彼は今のスターリニストの如き身を売る奴隷の計略を思いつく能力はなかった。たしかに今、スターリン氏は愚鈍なマルクスやレーニンが理解できない新発明をたくさんしており、これはそのなかでも些細な一つに過ぎないが、マルクス・レーニン主義はたしかに彼によって輝かしさを増したのである。あな、めでたし。

もう十分だ。彼ら自身が口にした供述書が、すでに自らのことをあからさまなまでに形容し、自らの頰を赤く腫《は》れるほど殴っているのだから、他人がこれ以上批判することはないのだが、われわれはこれだけは聞いておかねばならない。君たちが人面獣心で国土を売り渡したと罵った蔣賊が、いくばくもせぬうちにどうして、君たちの当局、党・政府の領袖にして共に敵と闘う戦友蔣総司令となり、彼と「兄弟として手を携《たずさ》え」、「一致団結し共同して侮りを禦ぐ」よう求めることになるのだ。抗日救国のためである以上、階級闘争を停止し、資本家や地主と誠心誠意団結するべきだ、となるなら、資本家や地主の残酷な搾取、抑圧の下で困窮し訴えるすべもない労働者・農民たちが、もし誠心誠意の団結という大義を理解せず、工場主や地主に対するストライキ・小作料不払いの闘争に立ち上がれば、それは階級闘争によって抗日救国の民族戦線を破壊したことで、「民国に危害を及ぼした」罪に処し、首を切り銃殺すべきだ、とならないのか。君たちが過去の階級対立や党派対立、自らが救国の力を分散させ敵の乗ずるところとなったことを深く悔悟しているのなら、今後も相互対立や闘争が引き続き、民族の実力が犠牲にされ、国家の活力を損ない、亡国の現象を招くことのないよう、今なぜ心を入れ替え、言行一致で共産党、ソヴィエト政府と紅軍の組織を即時解散しないのか。

　スターリン派のこの種の階級を裏切り、革命を裏切る理論が、労働者大衆の中でひどく悪い影響を生み出すだろうことを、われわれは予見できるし、少なくともそれは国民党の労働組合指導者たちの階級妥協、階級合作の反動宣伝を大いに助けている。北平や上海、両広の急進的な青年学生の間では、軍閥に対し幻想を抱くという悪影響がすでに生じているのだ。

　ある人は、スターリン派は本心では決して階級闘争を停止し、支配階級と一致団結しようとしているわけではない、支配階級に対するある種の陰謀にすぎない、と考えているが、この見解は間違っている。プロレタリアの政党が知っているのは、光明正大に民衆の闘争を指導することだけであって、陰謀など永遠に必要ないのだ。われわれはいかなる武装勢力（蔣介石を含む）の現実の対日戦争にも躊躇なく賛成するが、彼らが、君たちは連合しての抗日に賛成したのだから、国内の階級闘争を停止するべきだと言うなら、われわれはきっぱりと回答する。否、と。こうした意見をわれわれは公然といかなる人にも告げることができるから、陰謀は全く必要ない。ましてスターリン派は、公然と民衆に、連合抗日のため国内のブルジョワジー・地主・軍閥・買弁・官僚たちへの闘争を停止するよう呼びかけているのだ。これは何という陰謀だろう。この陰謀はどのような影響を生むのだろう。

またある人は、中国のスターリン派は、まことに遠くまで行きすぎてしまったが、モスクワの意見はそこまでデタラメではない、と思っている。この推測も間違っている。中国スターリン派の幹部たちは、モスクワが飼い慣らした兵卒であり、放屁小便でさえ意のままにはできない。政治宣伝で、どうして自分の一歩を踏み出せよう。まして、スターリンが中国に向け採用した新路線は、彼のインター路線全般の応用であって、これを特別に中国に行っているのではないし、中国のスターリン派が遠くまで行きすぎてしまったのでも決してない。この彼の路線全般は、彼の反動理論「一国社会主義」から出発している。一国で彼の言うところの「社会主義」の実現が図られる以上、世界革命の政策は放棄され、各国における階級闘争は放棄されて階級合作が取って代わる。もとよりこのことは、彼の思想のロジックの発展が必然的にしからしめるのだ。彼が世界革命を放棄した以上、どんな勢力に依拠して資本主義国家の包囲に陥ったソ連を守る（実際にはスターリンの支配を守る）のか。かくしてごく自然に、いわゆる「平和を愛好する帝国主義者」「民主的ブルジョワジー」と、彼らが以前社会ファシストと痛罵したかのブルジョワジーの助手――社会民主党の指導者たちが気に入られることになった（民主主義の英仏と連合してファシストのヒトラーに反対することと、プレハーノフが民主主義の英仏と連合して軍国主義のドイツに反対したこととは、同じ道を歩むものであり、同じく国際戦争は思想から出発すると考える唯心論である）。かくして、上では平和を愛好する帝国主義者すなわち民主主義のブルジョワ国家とブロックを樹立し、下ではブルジョワジーの助手と人民戦線を樹立する。この二つの力によってソ連を守るのであって、「敵に抵抗できるすべての軍事的経済的に必須の実力を手にしていない」プロレタリアートと勤労大衆は、当然スターリンの眼中にない。彼から見れば、今の時代にあって、マルクス・レーニン主義の決まり文句「階級で階級に対抗する」を高唱するのは時代遅れであり、さらに反革命でもある。なぜなら、マルクス・レーニンの決まり文句を用いれば、階級闘争がヨーロッパでは人民戦線をつぶし、中国では民族戦線をつぶすからだ。これらソ連すなわちスターリン支配を防衛する勢力をつぶすことは、反革命にほかならない。彼らのこうしたロジックに従えば、以下の公式が導かれる。現在、民主主義のブルジョワジーに反対すること、平和愛好の帝国主義者に反対すること、中国の資本家・地主・軍閥・買弁・官吏に反対することはすべて反革命に等しい。ここからわれわれは、中国のスターリン派がなぜ国民党に向けて総反省文を書かねばならなかったかを、そして彼らはモスクワよりもずっと遠くに行ってしまったわけではないことを、理解すべきである。

　スターリン氏が、このようにマルクス・レーニン主義を修正するのは、決してめずらしいことではない。ベルンシュタインやあらゆるブルジョワ御用学者がマルクスを攻撃した際の古くからのやり口をなぞり、マルクスの時代と今の時代は違う、マルクス以後の社会の発展と変遷、および今の時代の特徴をマルクスは知らなかった、だからマルクス主義は修正されねばならない、すなわち民族戦線で階級戦線に置き換えるのだ、と言っているだけだ。スターリニストが、新たに生まれた今の時代の特徴と見なしているのは、「ソ連の存在」と「ファシストの猖獗」の二つである。これらはともに、マルクスとレーニンの時代にはなかった。実際、社会の発展と変遷のために、それぞれの時代はその特徴を持つ。これは真理である。しかも、社会の進化の車輪が中軸に近づきつつある現代、発展・変遷の速度は日増しに速くなり、ほとんど年次ごとに、その特徴を持つようになっている。これもまた事実である。しかし、もしこのことによって現代社会の発展は、その特質（階級対立）を根本的に改変したと考えるのなら、それは真理をデタラメに変えることである。たしかにレーニンは、現実の闘争の中で一再ならず政治環境に基づき、速やかにそして断固として戦術すなわち策略を改変した。しかし、階級闘争の根本戦略を変えることはついぞなかった。これを旅行家に例えれば、バスや乗用車に乗ること、また歩行さえも、地形に基づいて変えるべきである。しかし、いまだかつて棺桶に眠って旅行した者はいない。これを戦争に例えれば、用いられるのが弓矢や戈矛であったり、鉄砲であったりするのは時代によって変化したものであるし、用いられるのが重砲であったり、機関銃や銃剣であったりするのは、また散兵線であったり密集隊形であったりするのは、状況によって変化するものである。しかし、いまだかつて自分で手足を縛って敵に引き渡す戦術があったためしはない。ソ連が敵の間の衝突を利用して、あるブルジョワ国家と軍事同盟を結び、別のブルジョワ国家の進攻をくい止めるというのは、戦術上許されないことではない。しかし、これは副次的な戦術である。もし戦術を戦略に変えてしまい、階級闘争の停止をブルジョワ国家への身売りの担保の品とするなら、それはソ連を搾取するだけで、守ることにならない。あたかも中国で、プロレタリアートがいかなる武装勢力の現実の抗日戦争を支援しようとも許されないことではないが、もし階級闘争の停止を代価、担保の品とし、広く入札を募集してブルジョワジー・地主・軍閥・買弁・官吏を招いて連合抗日を求めるなら、この種の身売り政策は、言葉を飾って抗日闘争を推進する、抗日闘争を指導すると称したところで、その実自らの反帝国主義の武装（プロレタリアートと農民の階級闘争）を解除することだ。抗日の資本家・地主・軍閥・買弁・官吏の大群を頭の中でこしらえ、彼らに自分を売って身を寄せようとしても、結果は、自分を売るだけで身を寄せることなどできないのだ。それはつまり、彼らに抗日を望むのは幻想であり（スターリン派は蔣介石に「一致団結」を哀訴したが、蔣介石の回答はもちろん、「内を安んじてはじめて外を攘《はら》える」であった）、現実には共産党は、彼らがプロレタリアの手足を束縛する手枷足枷となることを志願している、ということである。かくして、共産党がブルジョワジー・地主・軍閥・買弁・官吏を利用して抗日しているのではなく、彼らが共産党を利用して労働者や農民の闘争を制止しているのだ。かくして、ブルジョワジー・地主・軍閥・買弁・官吏が共産党を騙したのではなく、共産党が労農階級を騙したのだ。かくして、抗日闘争を推進するのではなく、大衆が革命抗日に向かう道をふさぎ止めているのだ。

　ファシスト運動とは他でもない、大ブルジョワジーが八方ふさがりのプチ・ブル大衆を利用し、プロレタリアートに対し最後のあがきをしているものであって、この運動に抵抗しこれを消滅させるのは、プロレタリアートが勤労大衆を指導しての階級闘争だけであって、階級合作ではない。階級合作は、プロレタリアートの力を弱め、プチ・ブル大衆のプロレタリアートに対する信頼を減少させ、ブルジョワジーの支配を強化し（フランスでのように）、プロレタリアートの国際的な動脈を断ち切り（独仏間でのように）、ファシスト支配の社会的力量を増大させ（ドイツでのように）、プロレタリアートをして英仏ブルジョワジーの膝《しっ》下《か》に伏してこれと合作せしめ、英仏ブルジョワジーは独伊のファシストの後に従って少しずつ妥協し、ムッソリーニが公然と彼らが自分に白旗を掲げるのをあざ笑うに至る。それ「階級合作」は、ファシスト運動を助長させるのであって、消滅させるのではない。この愚鈍にして有害な政策は、次なる帝国主義大戦の中で一層恐るべき害毒を顕現させる、すなわち第二インターナショナルの足跡をたどり、各国のプロレタリアートは祖国擁護戦争の血だまりの中に駆り立てられ、本国ブルジョワジーのために砲火の塵芥となり、植民地の民衆は、宗主国のブルジョワジーのために砲火の塵芥となる。レーニンの、国内革命戦争で帝国主義の国際戦争を打倒するという政策の応用に、無限の阻害力を加えるのだ。

だから、「ソ連の存在」と「ファシストの猖獗」という二つの特徴を根拠に、階級合作でマルクス・レーニンの「階級で階級に対抗する」戦略を修正することには、これっぽっちの理由とてないのだ。

スターリンというお人は、もともとプロレタリア国際主義者ではなく、プチ・ブル民族主義者である。彼の対外政策には民族の観点しかなく、インターナショナルの観点がない。彼は各国の国内に対して、民族だけを見て階級を見ない。彼のマルクス・レーニン主義の修正は、まさしく彼のプチ・ブル民族主義に基づいている。いわゆる「ソ連の存在」と「ファシズムの猖獗」という二つの特徴を根拠にしていることも、その時になって探し出した理由にならない理由にすぎない（そうでなければ、昨日まで高らかに叫んでいた「第三期」[11]は何の特徴が根拠だったのか）。こうした修正は裏切りである。全世界のプロレタリア戦士にとって耐えがたいのは、まさしくスターリニストが、かくの如き裏切り・堕落・身売り・無恥にもかかわらず、マルクス・レーニン主義を恬然と自称していることなのだ。もしスターリン主義が正しければ、マルクス・レーニン主義は根本から破産する。いかなる詭弁を弄そうとも、この二つが両立することはあり得ない。

　われわれは全世界のプロレタリアートに警告せねばならない。スターリニストがマルクス・レーニン主義を、階級を、革命を裏切っていることはすでに明白で、疑いを容れない。彼らは世界の革命運動にあって、マイナスの役割しか果たしていない。革命を推進できないばかりか阻害し、しかも将来の革命の爆発の中で、十月革命の遺産と権威を頼りに革命を絞殺し、中途で夭折せしめようとしている。一九二七年の中国で行ったように。

　われわれは効果の大小遅速を考えることなく、百遍でも千遍でも、以下のことを中国の民衆に告げねばならない。

中国民族の生命は、英日帝国主義の挟撃と争奪戦の下、日々衰亡に向かっている。この二つの帝国主義のあらゆる抑圧と束縛から逃れるのでなければ、中国民族には蘇生の希望がない。蔣介石とあらゆる高等華人、およびスターリン派の親英反日政策は、奴隷が主人を選ぼうとしているだけで、民族解放と国家の独立ではない。

中国を亡国から救う重任は、民衆自身の肩にのみかかっている。スターリン派の身売り政策を採用し、ブルジョワジー・地主・軍閥・買弁・官吏に頼って抗日救国の奇跡を起こせると望んではならない。

帝国主義者の中国侵略は、いつも銃砲に頼るわけではなく、千本万本ものロープを用いて、中国のブルジョワジー・地主・軍閥・買弁・官吏をつなぎ止め、中国全土にわたる侵略のネットワークを形成している。なぜなら、民衆を抑圧搾取して自らを肥やす欲望を持つことで、中国国内のブルジョワジー・地主・軍閥・買弁・官吏と外国帝国主義は、その利害を根本から一致させているからである。したがって、ブルジョワジー・地主・軍閥・買弁・官吏は、彼らによって抑圧されている民衆と相容れない敵対の立場にあり、民衆を弾圧するためなら彼らはいつでも帝国主義を連合して行動する。だから中国民衆の敵（ブルジョワジー・地主・軍閥・買弁・官吏）に反抗する闘争と、国外の敵（英日帝国主義者）に反抗する闘争は、分かつことができない。スターリン派は「階級闘争の停止」「内には敵はいない」「国内には戦争はない」と叫んでいるが、それは客観的には労農大衆の手足を縛り、国内外の敵に引き渡して蹂躙するにまかせ、彼らが解放される日が永遠に来ないようにすることなのだ。

労農勤労大衆は、民主主義と民族主義の闘争の主力軍である。したがって、階級解放闘争と民族解放闘争は分かつことができない。この主力軍が蜂起して国内外の抑圧勢力に反抗するため闘争してこそ、全国の兵士大衆から下士官にまで影響を与えて潮の如く〔闘争に〕加入させ、中国民族の抗日救国の光芒を全世界に輝かせ、全世界の革命的な民衆（日本も含まれる）の支援を得て、英日帝国主義を退けることができる。スターリン派のやり方のように、労農大衆及び急進的な青年にブルジョワジー・地主・軍閥・買弁・官吏との一致団結を呼びかけるなら、それは和平・鎮静・譲歩・投降での団結にすぎないのであって、抗日救国に一致団結することではない。

こうした宣伝・煽動がわれわれの当面の任務である。われわれは、日和見主義者に追随して民衆闘争の本来の大道を捨て、奇跡を希望するわけにはいかない。中国の内外の抑圧に反抗する革命闘争の発展は、われわれの宣伝・煽動の成功に正比例する。われわれはこの宣伝・煽動の努力にあってのみ、真のマルクス主義の革命政党を打ち立てることができるのだ。

一九三六年七月一日

＊　＊　＊

この文章が印刷に付される前に、両広軍閥の「抗日」運動は一段落を告げた〔陳済棠は七月十八日、下野して香港に逃亡〕。同時に、王克敏が南京政府を代表して華北に行き、事実上の割譲を行った。天津の日本軍は、華北の経済開発に対し直接行動を採り、駐華大使の通常の交渉によらない、と決めた[12]。北平・天津の財政機関にはすでに日本から顧問が派遣されている。こういったたぐいのことは、日増しに急転直下し、救いようがなくなる。これらのことは、以下のことを示している。（一）西南軍閥の今回の行動は、抗日でなかったばかりか、単純な内争でもなく、日英帝国主義間の暗闘の一幕であった。日本が南方に手を出すことになれば、イギリスは南京政府をして華北で日本に対し大々的な譲歩をさせ、釜の下の薪を取りのける〔問題の根本解決を図る〕計としようとしている。日本がしばし手を引くことにするや、たちまち陳済棠〔の権力〕は瓦解したのである。もしこれを、蔣介石が広東の将軍たちを買収した成果にすぎないと考えるなら、それはやはり表面的な観察である。（二）蔣介石政府はイギリス帝国主義の主旨を仰ぎ承り、華北を犠牲にして華南を保持する政策は、日ごとにあからさまになっているが、この手のドラマには、なお第二幕があることだろう。（三）連英反日と、軍閥と連合して一致抗日するという主張は、すべて恥ずべき破産に終わる。

（1）上海の新聞『申報』一九三六年六月十二日は、イギリス政府の対中国経済使節リース・ロスが、日本の馬場蔵相と会談、その際、英日の経済協力による中国の農業・交通の発展支援を提案した、と報道している。

（2）一九三六年、蔣介石が両広軍閥の半独立状態を解消する動きを見せたため、広東軍閥の陳済棠は六月、広西軍閥と連合し、「抗日」を掲げて湖南に出兵する反蔣行動に出た（両広事変、あるいは反蔣行動の日付から六・一事変と呼ばれる）。ここで陳独秀は、事変を日本の支援を受けたもの（「連日」）と見なしている。

（3）六月十一日のタス電は、モスクワの『イズベスチア』紙が、「日本帝国主義は南京と広東の対立を利用し、中国を弱体化させ分裂させせようと図っている」が、「彼らはまた中国の勝利のかぎが、〔諸勢力の〕連合作戦にあることを知っている」と論じたと報じている（『申報』一九三六年六月十二日）。

（4）中華蘇維埃《ソヴィエト》人民共和国中央政府・中国人民紅軍革命軍事委員会「為両広出兵北上抗日宣言」（一九三六年六月十二日付、『闘争』第一〇四期、一九三六年七月三日）。

（5）いわゆる「八・一宣言」。中共モスクワ代表団の王明が「中国ソヴィエト政府・中国共産党中央」の名義により、一九三五年八月一日の日付で作成した文書。同年十月一日付のパリの華字紙『救国報』に公表され、以後中国本土に伝わった。

（6）「八・一宣言」の原文には「各団体（工会〔労働組合〕・農会・学生会・商会・教育会・新聞記者連合会・同郷会・致公堂〔華僑組織〕・民族武装自衛会・反日会・救国会等等）」とあるが、陳独秀の引用ではこの丸括弧の中が省かれている。

（7）ここで陳独秀が言及しているのは、「中国紅軍総司令兼軍事委員会主席朱徳」を筆頭署名者とする「中国紅軍快郵代電」（『救国時報』一九三五年十二月九日）。宛先で、東北抗日連軍の軍長らと、陳銘樞、李済深、蔡廷楷、蔣光鼐の次に、「南京総司令中正」とある。

（8）嗇夫「国難の深化と全国救国連合戦線の樹立〔国難加深和建立全国救亡聯合陣線〕」（『読書生活』第四巻第四期、一九三六年六月二十五日）。

（9）「救国運動の連合戦線問題——楊文炤君に答える〔救亡運動的聯合戦線問題——答楊文炤君〕」（同前誌所収）。

（10）一九二〇年七月、コミンテルン第二回世界大会で採択された「民族・植民地問題についてのテーゼ」のこと。

（11）一九二八年のコミンテルン第六回世界大会は、資本主義が崩壊期である第三期に入ったと宣言した。

（12）一九三六年七月六日から二十二日、『申報』は、親日派政客王克敏が、冀察政務委員会の宋哲元の求めで上海から北上し、天津で支那駐屯軍の田代軍司令官と「経済提携問題」を協議、のち南京に戻り蔣介石に報告したこと、「天津日本軍経済顧問部」が、「華北の経済開発については直接行動を採り、専ら駐華大使館の通常の交渉に依拠して進めることをしない、と決めた」ことなどを報じている。陳独秀のこの部分の記述は、こうした新聞報道に基づくものと考えられる。

実庵自伝

〔『宇宙風』十日刊、第五一〜五三期、一九三七年十一月十一日〜十二月一日、一九三七年七月二十日付[1]、「実庵自伝」、陳独秀〕

第一章　父親のない子供

ヒュームは、その自伝の冒頭でこう述べている。「人は自分の人生について書く時、語ることが多すぎれば、どうしても虚栄を張るのを免れない。だから、私の自伝はできるだけ短くする。人はあるいは、私が自分の人生を自分で好きなように書くこと自体が、ある種の虚栄だと考えるかもしれない。しかし、この文章が述べるものの中から、私の著作についての記述を除けば、ほんの少ししか残らない。私の一生はほとんどが著作活動に費やされてきた。私の著作の大部分が最初から成功を収めたことも、虚栄の対象とするには足らない[2]」。

数年来、多くの友人たちが、私に自伝を書くよう勧めてくれたが、執筆が遅々として進まなかったのは、虚栄を避けるとかいうのではなかったし、今、少し書いているのも、虚栄とかのためではない。ヒュームの一生はほとんど著作活動で費やされたのに対し、私の一生はほとんど政治活動で費やされた。私の政治活動の大部分が失敗したことに至っては、決して虚栄の対象とするにはおよばない。私が今この自伝を書くのは、私個人に関わることはヒュームの言うように「できるだけ短く」しながら、主として私が一生で見聞きした政治・社会思想の変動を記憶の限り描き出し、現代青年のある種の生きた経験とするねらいからである。できるだけ短くもしないし、さして生気のない政治・経済の資料をむやみに引用して紙幅を稼ぐこともしない。

自伝を書く人は、幼年時代から説き起こすのが通例である。しかし私の幼年時代の記憶は、全くもってはっきりしない。フランクリンの自伝は冒頭で、「私はこれまで、先祖たちの些末な逸話を集めるのが好きだった。お前たち〔正しくは「お前」〕も覚えているだろうが、イングランドにいた時にその地の親戚や古なじみを訪ねたり、長い旅行をしたりしたのは、この目的のためだった[3]」と述べるのだが、私は現在、フランクリンのようにすることはできないし、またそうすることを望まない。ただ、幼年時代でやや印象深かったことを少しばかり書くだけである。

第一のことは、私が幼い頃から父親のいない子供であったことである。

民国十年（一九二一）、私が広東にいた時、ある宴会の席で陳炯明がまじめくさって私に聞いた[4]。「世間ではあなたが「父親討伐団」とかいうものを組織したと言っていますが[5]、本当にそんなことがあったのですか」。私もまじめくさって答えた。「私の息子にはこの団体を組織する資格がありますが、私には参加する資格もないんです。というのも、私は幼い頃から父親のいない子供だったからです」。この時その場にいた人たちのある者は、私の言葉を聞いて呵々大笑し、ある者は目を大きく見開いて私を見ていた。まるで私が何を言っているのかわからないようだった。言葉が通じなかったからか、聞いていることに答えてないと思っていたのだろう。

私が生まれて数ヶ月で父は死んだ。ほんとうに、私は幼い頃から父親のいない子供だったのだ。幼い頃で覚えているのは、家が安徽省の懐寧県城にあり、そこには厳格な祖父と、有能で慈愛に満ちた母、阿弥陀仏の〔ように優しい〕兄がいたことである。

私の祖父のことを親戚一族は皆、「白ヒゲじいさま」と呼んでいた。泣いている子供に、白ヒゲじいさまが来るぞ、と言えば、たちまち泣き止んだものだ。白ヒゲじいさまの厳しさ恐ろしさがわかろう。このじいさまには、奇妙な習癖が二つあった。一つは清潔を好むこと、もう一つは静けさを好んだことだ。家の中でどこかの部屋の隅が掃かれていなかったり、テーブルや椅子が拭かれていなかったりしようものなら、母や一番上の姉がひどい目に遭った。また、彼は家の人間が歩く時に音を立てるのを許さなかった。私の二番目の姉は、幼くて物事を知らないため歩く時ときどき音を立て、何回ひどくぶたれたかわからないほどだ。われわれの外祖母もわが家に来ると、祖父の目の前を通るのでないかぎり、抜き足さし足で、まるで盗賊のように歩かねばならなかった。というのも、彼は〔音がすれば〕誰がたてたものかわからずとも怒鳴りだした。そうした時に、自分がたてた音だと進んで申し出ることなどしたくなかったからである。ところであの頃、私にはいつも不思議に思っていたことがある。こんなに清潔さと静けさを好む祖父は、アヘン吸引者だったのだが、家で吸うだけでは満足できず、しょっちゅう町に出かけては不潔で騒々しいアヘン館でアヘンを吸っていたことである。そうした時、清潔を好み静けさを好む彼の習癖はどこにいってしまったのだろう。この疑問はそれから半世紀たった今になってやっと答えを得た。第一の答えは、人は群れを好む性質を有しており、アヘンを吸うにも集団であってこそ趣がある、ということだ。しかし、この答えは浅薄であるかもしれない。より精緻で奥深い解答は、アヘン玉をあぶる芸術の相互鑑賞にある。〔アヘン館にいる〕皆の全意識が相互鑑賞という芸術世界に埋没し、この芸術世界以外はすべて忘却していたのだ。こうした解答を、他の人は私が冗談を言っているのだと思うかもしれない。たぶん、私の友人劉叔雅〔劉文典〕[6]だけがこの哲学を理解できるのではないか。

私は六歳から八、九歳にかけてこの祖父に勉強を教えてもらった。私は小さい頃からいささか小賢《こざか》しかったが、この小賢しさが私を苦しめることになった。祖父は、兄の勉強には、たいして注意を払わなかった。私だけが気に入られ、なろうことなら一年で「四書」「五経」を読み終えさせ、それではじめて、彼の意にかなったのである。「四書」とか『詩経』はまだよい。最も嫌だったのは『左伝』である(7)。また幸い、祖父は「三礼《さんらい》(8)」の重要性をあまり理解していなかったようである。そうでなければ、私の幼い命を絶ってしまっていたことだろう。私が〔経典を〕暗誦しようとしてそれができなければ、そのことは彼を怒らせ私を殴らせたが、それはまだ小事である。彼を最も怒らせたのは、目を怒らせ歯ぎしりをし、ほとんど狂ったかのように恐ろしく怒ったのは、私がどんなにひどく殴られようとも、少しも声をあげて泣かなかったことである。彼は何度となく憤り感情をこじらせて罵った。「こいつは将来大人になったらきっと、まばたき一つせず人を殺す凶悪な強盗になるにちがいない。まことに家門の不幸だ」。私の母はそのためどれほどの涙を流したかわからない。しかし母は、祖父ほど私のことを悲観していなかった。いつもやさしい言葉で私を励まして言った。「息子よ、がんばってしっかり勉強するのよ。将来学業が成ったら、挙人(9)になってお父さんのために名を上げておくれ。お前の父さんは一生勉強を続け、それでも挙人に合格できなかったの。そのことを死ぬまで無念に思っていたのよ」。私は母の涙を見て、自分も泣きだした。母は私の涙をぬぐいながら、私を叱った。「お前という子は本当に困ったものね。じいさまがあんなにぶっても泣かなかったのに、いまわけもないのに泣きだすなんて」。母の涙は祖父がふるう板きれよりも確かに権威があった。今に至るまで、私は殴られることも、殺されることも恐れないが、人が、とりわけ婦人が私の前で泣くのを恐れる。母の涙は、私をして勉強に精を出させる強制的な命令であった。われわれが知っているように、殴られても泣かない子供はたくさんいる。その後、必ずしも芽が出るわけではないが、強盗になるとも限らない。祖父の私に対する予測は、全く当たらなかった。私はその後、強盗にはならなかったし、最も憎んだのは人を殺すことだった。私は、今の時代は戦争を免れないが、たとえ革命戦争での殺人も、残忍で野蛮なことだと思う。しかし、戦争にはまだ進歩的な役割がある。その他の、政治的な暗殺や法律による死刑宣告などの殺人は、人々の残酷さと野蛮性を助長するだけで、少しもいい影響を及ぼさない。他の殺人は言うまでもない。

　父の性格についてはよくは知らない。母の人となりは、たいへん有能で、義を重んじ金銭のことは気にかけず、好んで弱者の側に立った。だから親戚の一族は彼女のことを女丈夫と呼んでいた。しかしその実、彼女はお人好しであり、往々にして悪事を大目に見、厳格で断固たる態度には欠けていた。私が覚えている二つの出来事が、彼女のこうした弱点をはっきりと示している。

　私の祖父の世代のある人が、われわれ一族の族長であり、懐寧の言葉で「戸尊《こそん》」といった。渌水《ろくすい》郷一帯では、かなり名望のある郷紳であり、ちょっとした社会の柱石であった。私の母は彼を尊敬しており、われわれ子供たちももちろんそうであった。ある年（たぶん光緒十二年〔一八八六〕）、大水が出て広済圩《こうさいう》が決壊し、淥水郷（懐寧県城の東の村）全体が水につかった。この族長は泣き顔で私の母に、村人たちの苦痛を訴え、つづいて金を貸して自分の家族を救ってくれるよう頼んだ。母はたいへん恭《うやうや》しく彼に接したが、金を貸すことはとうとう承知しなかった。族長が去ったのち、私は母に言った。「わが家は貧乏だけれども、水につかった家よりはいくらかましです。どうしてお金を全然貸してあげないのですか」。母は、眉をしかめたまま一言も口にしなかった。私は母の性格がわかっていた。言いたくないことは、いくら聞いても無駄なので、心の中でいぶかしさを言った。母さんはいつも服を質に入れてはそのお金を困った人に貸しているのに、いつも私たちには貧乏な人をばかにしてはいけない、乞食を罵ってはいけない、と教えているのに、どうして今日は、水びたしになった一族に、しかも普段から尊敬している族長に金を貸そうとしなかったのですか、と。五年か六年たった頃、私は多くの人から聞かされ、やっとこの族長の人となりをわかるようになった。一族の中やあるいは近隣との間で紛争が起こると、決まって彼に理非曲直の判断が求められたのだが、彼の理非曲直の判断はたいへん公平で、関係の親疎を問わないものだった。一概に、そこで得られる鶏・米・アヘンあるいは老本洋〔スペイン銀貨〕の多少を基準としていたのである。したがって、彼の親戚の一族が敗訴することもあったし、よそ者なのに勝つこともあったのだが、村人たちは皆、この郷紳が公正無私であると称賛していたのだ。しかも彼にはもう一つ、輿論の称賛を受けるに値する出来事があった。すなわち、堤防修理や被災民救済が必要になるたび、彼は誰よりも熱心に、厳寒であろうと酷暑であろうと、寸暇を惜しんで民衆のため奔走し、なすべき務めを果たした。だが、およそ彼が修理を監督した堤防は、他の人が担当した部分より一段ともろかった。たぶん彼は次のように考えたのだろう。決まりの人件費と資材費で真面目に仕事をすれば、自分にとってはある種の損失である、また将来の被災民救済の機会を失うことになるから、それもある種の損失である、それでは自分に対してあまりに申し訳ないではないか、と。こうして見ると、私は母が眉をしかめたまま何も言わなかったわけがわかるのである。彼女が族長の人となりをよく知っていたからなのだ。しかし、彼女はその後も、彼に恭しく接した。こうしたことが、彼女の弱点でなかったと言えるだろうか。

　ほかにも、族長が配下として用いていた戸差《こさ》のことがある（戸差は、族長の命を奉じ、族内の法を犯した子孫を逮捕して祠堂に連れ行き処罰することを職務とした）。彼は同時に、陰差（閻魔大王の使用人）をも兼ねていた。彼はしょっちゅうわが家にやって来ては、自分はあの世でお宅の先祖に会った、お宅の先祖には金がない、金をもらって彼らのために紙銭を焼くよう頼まれた、と言うのである。私の母は、恭しく彼をもてなし、金を与え紙銭を代わりに買ってくれるように頼んだ。もちろん、紙銭は陰差をやっているこの先生のために焼かれるのである。陰差が帰ると、母はいつも私たちに、彼のでたらめを信じてはいないという態度を見せるのだった。ある日また彼がわが家にやって来て、あの世に行った。大きく口を開きあくびをし、背筋をぴんと伸ばしてベッドに倒れ、口では何かぶつぶつ言っていたが、誰にも聞き取れなかった。たぶん酆都《ほうと》城〔冥土〕の方言だったのだろう。私は彼のことが腹立たしくてたまらず、外に出て家や近隣の子供十何人かと示し合わせ、家の表門と裏門からどっと駆け込んで、声をそろえて火事だと叫んだ。この陰差先生はたちまち声をあげるのをやめ、あわてて小さなあくびをするとこの世に戻り、目を閉じたまま聞いた。「こちらに火事がありましたでしょう」。ベッドのそばに立っていた母は微笑みながら答えた。「そうです」。すると彼は言った。「たいしたものでしょう、私はあちらでわかっていたのです」。私はそばで腰をかがめ、首をすくめ手で口を覆い、大笑いしそうになるのをこらえていた。母は羽根ほうきを手に私を遠くに追い払い、笑いをこらえながら叱った。「このいたずら小僧っ」。だが、彼女はその後も、恭しくこの陰差様を酒や肉でもてなし、紙銭を買ってくれるよう彼に金を渡した。これは、私の母が悪事を大目に見ていたことを示す、もう一つの事実である。

　ある人は私のことを悪を憎むこと仇敵の如しだと称賛し、ある人は私の性格を乱暴だと批判する。実際のところ、性格が乱暴だというのは当たっているが、悪を憎むこと仇敵の如しというのは、必ずしもそうではない。この点では、私は私の母と同様、厳格で断固たる態度に欠けており、時にはまるきり悪事を大目に見てしまった。このため何度も大事を誤ったし、何度もひどく騙された。今になってみるとそのことはよくわかるのだが、未だ徹底的に改めることはできていない。主な原因は、そもそも政治的に厳格でもなければ断固としてもいないことにあろうが、母親の性格からの遺伝も影響していることだろう。

母の科挙を崇拝する思想の方は、幸い終始、影響を受けることはなかった。こうしたことでは、われわれはもちろん、一世代上の人々、とりわけ新旧いかなる教育も受けたことのない婦人を難詰するべきではない。

なぜなら、その時代の社会にあって、科挙は虚栄どころか、実際に全社会の一般人の現実生活を支配していたからである。〔科挙合格の〕称号があってこそ高官になれ（当時捐班出身〔買官者〕の官はたいして尊敬されなかったし、高い官位にはつけなかった。高官になるには正途出身〔科挙合格者〕でなければならなかった。洋博士[10]は当時まだ発明されていなかった）、高官になれてこそ大金持ちになれ、それでこそ田地を買って地主になれ（当時銀行預金とか証券取引とかはまだ発明されていなかった）、大きな家屋を建て（洋式建築ではない）、農民を虐《しいた》げ、先祖の名を輝かせることができるのだ。当時、人の家で男の子が生まれると、上海のちっぽけな十里の洋場〔租界〕でだけは、将来コンプラドール（買弁のこと）になられますとお世辞を言ったものだが、それ以外のところのお世辞言葉はどこでも、〔お子様は〕学校に入り、挙人に合格、進士に及第、状元になられましょう[11]、であった。姑の嫁に対する待遇の善し悪しは、息子に称号があるかどうか、その程度が基準となった。夫に称号があれば、舅も姑もおだててくれるが、ないとなると使用人にさえいじめられる。貧しい農民の息子には、挙人・進士・状元は言うに及ばず、秀才を夢見ることすらできない話だった。無理算段をして息子に何年か勉強させ、何にせよ百ばかりの文字を書くことができるようになれば、それでもう才子のうちに入った。もし先生について県城に行き、試験〔県試〕を受けることができ、でたらめでも何百字か書いて答案を提出してしまえば、一回目の試験の合格者発表にその名がなくとも[12]、戻った郷里では人の上に出ることになり、極悪非道な地主たちも、この小作人を違った目で見た。だから当時農村では、次のような二句からなる俚諺《りげん》が流行した。「試験場に行き屁をひれば、先祖のために名を上げる」。農民の息子が秀才にでもなろうものなら、すごい出世だった。将来土豪劣紳になる基礎を築いたことになり、一生食べていけた。だから都市であろうと農村であろうと、何度受験しても合格できない人々は、往々にして祖先の墓の風水が悪いと恨み、骨を掘り出して改葬した。これがかの聖人を尊ぶ輩が、名をあげ先祖に誉れをもたらす孝の道なのだった。こうした社会の空気にあって、人々とりわけ女性の頭の中では、科挙は当然、神聖な事業だった。

私の母親はいかなる教育も受けていなかったけれども、当時の伝統的な「忠孝、節義」といった通俗的な教育標語は知っていた。だが、ありがたいことに、彼女はこうした標語でわれわれを教育することはなかった。彼女のわれわれに対する教育とは、科挙を受験させることであり、少なくとも挙人となり、父に代わって名を上げることだった。兄が秀才になった時、母親はとても喜んだ。私と言えば、うれしい一方で、恐れてもいた。うれしかったのは母親が喜んだからであり、恐れたのは八股《はっこ》文《ぶん》[13]を学び科挙を受ける災難が、自分の身の上にもふりかかって来るからである。

祖父が死んでから、塾の教師は何人か変わったが、私は誰に対しても大いに不満だった。十二、三歳になった時、兄が私に勉強を教えてくれた。兄は私が八股文が嫌いなことを知っていたので、経書を復習した以外は、昭明〔太子〕の『文選』[14]を読むことを教えてくれた。初めて読んだ時は、少し頭が痛かったが、後には少しずつ読むにつれ味わいが出てきた。それ以後、一層八股文を馬鹿にするようになったが、このことは阿弥陀仏の兄をして、私に八股文を教え受験に備えよという母の厳命と、私がそれを嫌いだと知っていることとの間で悩ませた。そのまま光緒二十二年（一八九六）になり、私は十七歳になっていた。県試の期日の一、二ヶ月前、兄はもう我慢できなくなり、無理押しに私に言った。「試験も間近だ、おまえも少しは八股文を学ばねば」。私は一言も声をあげなかった。彼は私の性根を知っていた。

声をあげないということは、反対ではなく承諾ということなのだった。彼は喜び勇んで小考〔県試・府試〕の書式に合った路徳[15]の文章を持ち出して私に解説してくれたが、私はそれを表面的には聞いていたものの、心の中では依然、私の昭明『文選』のことを考えていた。兄もまもなく路徳の文章が私に合わないことを見て取ったので、金黄[16]〔金榜〕と袁枚《えんばい》の制芸〔「四書」からの出題への八股文での答案〕を持ち出してきて見せた。私は彼らの文章に少しは興味を覚えたが、結局しっくりこなかった。兄は、この話しもしにくい弟にほとほと困り果て、なりゆきにまかせるしかなかった。彼はたいへん温厚篤実な人物であったが、推測するに、この時は苦しまぎれの思いつきで、母親に対し虚偽の報告をし、私がいかに努力して八股文を学んでいるか告げたに違いない。そのことは、この時期[17]の母親の、うれしそうな顔から見て取れたのである。私程度の八股文では、県試と府試の成績は当然かなり低かったが、院試では宗師〔安徽の言葉では学院[18]のことを宗師といった〕が出した題目は、「魚鼈《ぎょべつ》勝《あ》ゲテ食ウベカラズ材木」というツギハギ問題だった[19]。私はこの意味の通らない問題に、意味の通らない文章で応えることにした。つまり、『文選』のあらゆる鳥獣草木の難字と、『康熙字典』のでたらめな古文を用い、むちゃくちゃに木に竹を接ぎ、前の文と後の文がつながらずともかまわず、堂々たる文章を作り上げたのだ。そして、文具を片付けて答案を提出しようとした時、山東の大男である李宗師〔李端遇[20]〕自らが近づいてきて、私の答案を手に取った（この時、私と他の何人かは、幼童〔十四歳以下の受験生〕であったり、県試・府試の首席合格者であったり、あるいは経古で提堂に合格していたりしたため[21]、宗師の机の前で受験していた。だから、彼は自分でたやすく答案を手にできたのである。私は幼童で受験していなかったし、県試・府試の首席でもなかったが、試験場に入った時、答案用紙に提堂と印が押されているのが目に入り、経古に合格していたことがわかった。昭明太子のおかげであることは、言うまでもない）。彼は私の答案を開いてだいたい二行か三行見て、言った。「待て、慌《あわ》てて帰ることはない」。私はこれを聞いて飛び上がった。どんな災いがふりかかるのか、と思ったのである。彼は答案全体をほぼ読み終えると、大きく目を見開き、頭の先からつま先まで私を見て聞いた。「十といくつだ、どうして幼童で受験しなかった[22]」。私が、「童生《わたくし》は今年で十七歳です」と答えると、彼はうなずいて言った。「まだ若いのだから、家に帰ったらしっかり、しっかり勉強するんだ」と。家にもどって答案の原稿を兄に見せると、彼は読み終えるや眉をしかめ、まるまる一時間ばかり、一言も口をきかなかった。私はと言えば、科挙の受験はもともと母のためうわべを取り繕ったもので、真面目に取り組んだことでもなかったが、この時兄の失望した様子を見て、少しつらかった。ところが誰が知ろう、私のかの意味の通らない文章は、意味がわからない大宗師を騙し、私を首席で合格させたのである。このことから、私は科挙を一層軽んじるようになったのだが、合格通知が届くと、母は涙をこぼさんばかりに喜んだ。懐寧県人に対する「見識が低い」という批判は、彼ら自身も認めるところであった。人がひどい目に遭うと、親戚や友人、近所の者はそれを実際の何十倍のものだと思い込むのがつねだったし、人が少し成功しても、彼らはやはり何十倍にもこじつけてしまう。われわれ陳姓の家門は、懐寧県ではたいしたことのない家柄で、郷紳たちはこれまで馬鹿にしてきたものだった。ところが一族の中で私の父が初めて秀才となり、叔父も挙人に合格、今やわれわれ兄弟がともに青年秀才となったのを目にすると、彼らは違った目で見るようになったばかりか、多くの神話を作り出したのである。わが家の祖先の墓の風水はかくかくしかじかですばらしい、城外の迎江寺の宝塔は陳家祖先の墓前の一本の筆からできた、私が生まれる前夜に母はこれこれの夢を見た、などなど、こういったたぐいは数え切れない。彼らは、後年の私が、想像していた挙人・進士・状元ではなく、康党〔康有為ら変法派〕・乱党〔孫文ら革命派〕・共産党となってたてつづけに彼らの度肝《どぎも》を抜くとは、まことに思いもしなかったことだろう。最も面白かったのは、何人かの金持ちたちが、私という父のいない貧乏な子供を見初《みそ》め、先を争って、人づてに母に対し私には婚約者がいるのかと問い合わせてきたことである。母が〔私の合格に〕この上もなく喜んでいたことには、こうした社会的原因があった。母が喜べば、当然私もうれしかった。恐れたのは、次の年に江南郷試[23]という災難が、わが身に降りかかってくることであった。

第二章　江南郷試

江南郷試は、当時の社会にあって、一大事だった。日清戦争の敗戦を経たものの、人々はまだ夢の中にあったからである。その頃私は、のちに試験場で実体験するほどひどい災難を想像していたわけではなかったが、とにかく自分はこの災難は免れない、少しばかり積極的に勉強し、挙人になって母親の願いをかなえ、その後でよりまともな学問に専心するしかない、と思っていた。だからその一年というもの、何度も病気をしたが、それでもしっかりと受験勉強をした。経義と策問[24]には少しは興味が持てたし、八股文さえも嫌々ながら一通り勉強した。習字については、私は石碑の拓本帳をまねて書くのが好きだったが、兄はいつも館閣体[25]を学ぶよう勧めた。実のところ、私は心の中で笑っていた。自分の考えはもう決まっている、挙人に合格しておしまいにしたいだけで、その上に進みたいわけでは決してない、嫌いな館閣体を学んで何になるのか、と。しかし、私たち兄弟の仲はとてもよかった。意見の上で衝突しないことが一つもなく、彼の言うとおりにすることは一つもなかったが、いつも穏やかな態度を保ち、彼に口答えして兄弟の情を壊すようなことはしなかった。

たぶん光緒二十三年七月〔一八九七年八月頃〕のことだったろう、私は初めて母のもとを離れ、初めて家を出て南京の郷試に赴くことになった。同行したのは、兄、兄の先生〔家庭教師〕、兄の勉強仲間と先生の兄弟数人であり、皆で汽船で行くことに決めた。汽船の方が民船〔旧来の無動力船〕よりもずっと早かったからである。当時、南京の郷試に赴く人の多くは、民船に乗りたがった。それは何も国粋を保存しようというわけではなく、一儲けできたからである。船の先頭に「奉旨〔勅命により〕江南郷試〔に赴く〕」と大きな字で書いた黄色い布旗を掲げれば、水路の税関は船に密輸品が満載されていることをはっきり知りながら、検査しようとはしなかった。あるいは今の日本人の密輸よりもずっと威風堂々たるものであったかもしれない。われわれの一行はなんと、こうした邪《よこしま》な金儲けをしようとしなかったのだから、正人君子だったと言えるだろう。

　われわれ正人君子の一行のうち、私以外は、南京の郷試に来たことがあった。私だけが、初めて家を出たのだった。南京に到着して儀鳳門〔南京城西北〕のような高くて大きな城門を見た時、ほんとうに田舎者が町に出たもので、大いに視野が開けた。それまで誇りに思っていた省都――周囲九里十三歩〔約五・四キロ〕の安慶城は、この時私の頭の中で、突然山あいの小都市に変わった。驢馬の背に揺られる道すがら、私はずっと、南京城内の建物や街路はどれほど繁華で美しいだろうと夢想し、また上海の城門はどれほど高く大きいのだろうと夢想していた。というのは、上海は南京よりもずっと、何倍もにぎやかだと聞いたことがあったからである。城内に入ってみると、私は失望した。城北のいくつかの大通りの広さは、安慶に比べて天と地ほどの差があったが、建物は安慶と同じく、低く小さくボロボロだった。城北一帯の荒涼さは、安慶と兄《けい》たり難く弟《てい》たり難しといったところだった。南京すべての特色と言えば、「大きい」ことだけだった。しかし、家屋はボロではあったが、人の血で積み上げたような洋式建築はまだなかったし、城の内外の交通手段はロバしかなかった。それが道を行く時、首にかけられた鈴がカランカランと音をたて、四つの蹄のパカパカという音と相和すと、ロバの背に乗っている者には、何かしら詩心がうかぶのだった。当時の南京には人に引かせる人力車や馬車はまだなかった。今の広州人があげつらっている「市中の虎」、南京人が呪ってやまない「棺桶」〔いずれも乗用車のこと〕やバスがなかったのは言うまでもない。城南の通りは安慶と同じく狭く、多くの人が泣き叫ぶ中に建設された大通り〔中山路〕[26]はまだなかった。日清戦争後に巨額の賠償金を支払うことになったため、物価は毎日のように上がり、郷試の時南京の人口は一万数千人も増えたから、米は一升〔約一リットル〕七、八十銭に、豚肉は一斤〔約〇・六キロ〕百銭にもなって、人々は苦しみをなめていたのだが、今思い返してみると、あの頃の南京人の表情は、自由で闊達だったと言える。少なくとも、人が人と会う時、相手がスリかスパイでないかと疑いあうようなことはなかった。こんなことは、物質文明と革命の罪悪なのだろうか。そうではない、絶対にそうではない。そこには別の原因があるのだ。

南京に着いた最初の晩、われわれ正人君子の一行は、知人の家の床で眠った。翌日朝早くに起き、三人を荷物の見張りに残し、他の者は手分けして住むところを探しに行った。残った三人の一人目が、兄の先生であった。彼はわれわれの正人君子一行の最高指導者だったから、当然、親征にお出ましになって尊厳を損なうわけにはいかなかった。二人目は、私の兄である。彼は、話し下手だったからだ。私のような子供も、もちろん一層役に立たないから、残って荷物を見張る三人目となった。午後、住まいが見つかり、すぐに引っ越した。ところが、部屋を探してきた数名の正人君子は、その部屋に足を踏み入れるや、目を大きく見開き、互いに顔を見合わせ、異口同音に言った。「この部屋は高い上にボロだ、全く騙された」。私は聞いていてわけがわからなかった。彼らが自ら見極めた部屋なのに、どうしてたちまち、騙されたと思うのだろうか。そのわけがわかったのは、三日か四日のち、同宿の別の受験生との会話からである。私たちより先に引っ越して来ていた何人かの正人君子は、部屋を探しに来た時、大家の家で美しく着飾った妙齢の女性が窓辺に座り針仕事をしているのをはっきり見たのだったが、引っ越してみると、かの仙女は一陣の清風となり、その行方は知れなかった、というのである。後で聞いたところによると、この手の美人の計は、南京の大家たちが受験生を呼び込むための常套手段であり、騙されたのは私たちのところの正人君子にとどまらない。そうした臨時に招かれた仙女は、一部は親族のもの、一部は地元の娼妓であった。

騙された受験生が多かったのはもとよりだが、大家の方が騙されることもないわけではなかった。もし彼らの家の中に本当に若い女性がいたり、不用心にも塩漬けの魚とか豚肉を厨房や軒下につるしておいたりすると、こうした時、翼がないのに飛んでいってしまうのだ。受験生には「読書人」の体面という護符があったから、大家が姦淫・窃盗の罪名を彼らの身に加えることなどできるはずもなかった。このほか、彼らは商店で買い物をする際、チャンスがあればちょっとしたものを袖の中に隠したが、店の者はそれを見ても、声をあげようとはしなかった。というのも、彼らは口を開けば「われわれは皇帝の聖旨を奉じて郷試に来た者である。おまえたちがわれわれを盗賊と侮辱することは、皇帝を侮辱することなんだ」と言ったからである。天は高きに、皇帝は遠きにあるもの、彼らのこうしたほら話で商人たちがすくみあがったわけでは必ずしもない。商人が一番恐れたのは、数が多い受験生たちが口答えに腹を立て、暴力沙汰に及ぶことであった。彼らが誰かと喧嘩を始めると、それが知り合いであるとないとにかかわらず、通りすがりの受験生が進み出て助太刀した。そして商人たちは、受験生が喧嘩に助太刀するのは、別の目的があることを知っていた。人も多いし手出しも多い混乱の中で、商人の損失は一層大きなものとなったのである。たとえ役所に訴えても、人数も多く勢いもあった受験生に、役所は何の手出しもできなかった。南京では郷試のたび、一時的に人口が一万数千人増加した。一人当たり平均五十元使うとして、市場には五十万元の実入りがあったことになる。臨時の商店が城南の至るところ、とりわけ状元境〔孔子廟付近〕一帯に生まれた。商人たちにとって、金を稼ぐことができるのであれば、少々酷な扱いを受けても何ということはなかった。この文と武に秀でた受験生たちは、魚釣巷〔秦淮河近くの花街〕に娼妓を買いに行く時だけは、暴力を用いず、口々に寒士〔貧乏知識人〕だと称し、妓楼に値引きの相談を持ちかけた。この場合、彼らはそのようにして始めて読書人としての品格気概を保てると思っていたのだろう。

　われわれの住まいの部屋は、まことにボロいうえに部屋代が高く、私も〔部屋を探してきた〕彼らと同じく騙された〔ひどい目に遭った〕ことになるのだが、それはまだ小さなことだった。私が最も耐え難かったのは、大便の問題である。いま思い出しても、まだ頭が少し痛む。住まいには便所がなく、男たちは馬桶〔桶状の便器〕を使い慣れていないので、門外の道端の空き地で大小の用を足したのである。私の記憶では、あの頃の南京でやや辺鄙なところではだいたい、家の門外の両脇の空き地に、一つまた一つと小さなピラミッドがあったものである。われわれの住まいだけがそうであったのではない。また私の兄ばかりか、そもそも道学先生〔朱子学者〕であり、口を開けば孔孟〔孔子と孟子〕、閉じれば程朱〔程顥・程頤と朱熹〕の博学老先生にして、宋代儒者の語録数冊を読破、「男女ニ別有リ」[27]「男女ハ授受ヲ親《みずか》ラセズ」[28]とかいった礼教をよく知っている彼も、毎日道端の空き地で用を足した。時には女性が道を通りかかることがあったが、見えないふりをするしかなかった。同宿の何人かの怠け者たちは、礼義・廉恥・正心・修身といった八股の文章を大声で朗誦する合間に、門前に行って見張りをし、向こうから若い女性がしとやかにやって来るのを見つけると、まるで急いでお宝を見せびらかそうとするかのように、ズボンを下ろしてかがみ、用を足そうとした。出るものも出なかったのだけれども。私と言えば、いつも暗くなってからでしか用足しに行けなかった。だから、時に人糞を踏んでしまって住まいに戻った。気がふさぐうえに、人からは笑われ罵られた。おまえはエセ真面目だ、どうして昼間のうちに行かないのだ、こんなふうに踏んづけて戻ってくれば、部屋中が臭いじゃないか、と馬鹿にされたのである。「エセ真面目」との罵倒は、当たっていたかもしれないし、間違っていたかもしれない。私はあの頃、すでに男女の交わりのことを知ってはいたし、自分で自分を損なうこともよくしていたから、もし女性と床をともにする機会があれば恐らく辞退しなかっただろう。だが、あんなにもがさつに、町で見知らぬ女性にお宝を見せびらかすことを、私は、あまりにくだらないことだと思ったものだ。

八月初七日〔西暦九月三日〕、われわれは試験会場に入ることになった[29]。私は受験用竹籠と書籍、文具、食糧、それに飯を炊く鍋と七輪、油布[30]〔桐油を塗った防水布〕を背負うだけで、普段の気力を使い果たしてしまった。もし兄が私の代わりに答案用紙を受け取ってくれなければ、私は〔入場する受験生の〕押し合いへし合いの中で圧死していたことだろう。受験者用の建物に入るや、魂の三分の二個半までが消えんばかりに驚いた。長さ十数丈〔一丈は三・三メートル〕の通路に、数十から百もの独房が並んでいた。独房の大きさは、ちょうど今の警官の立哨ボックスぐらいだったが、高さはずっと低かった。長身の者が中で立つ時は、頭を下げ腰を曲げるのである。これが、当時の科挙出身の老先生がその滋味を味わったと自慢した「低い部屋」である。その三方向は不揃いな煉瓦でできた壁で、もちろん、内にも外にも石灰は塗られていなかった。中は蜘蛛の巣と塵芥でいっぱいで、きれいにするのは容易ではなかった。中に入って座り、一枚の板を目の前に渡せば、これが机となる。眠るのも、言うまでもなくそこに座って眠るのである。一本の通路には、きっと一つか二つの空き部屋があったから、そこがその通路の公衆便所となった。試験場独特の用語では、これは「クソ部屋」と呼ばれていた。そして、一回目の試験で幽霊にたたられることなく、答案に自分の不道徳行為を書いたり、硯からはねた墨で答案を汚したりしたために、その名が張り出されることがなければ[31]、二回目の試験に進むことになるのだが、もしその時、不幸にも「クソ部屋」を割り振られれば、三日間異臭に悩まされ、そのうえ、人からは良心に恥じる行いをした報いだ、と取り沙汰された。その年の南京の天気は、八月中旬でもまだひどく暑かった。〔受験者の〕皆は、〔ドアがない〕独房の出入り口に持参の油布をかけて陽光を防いだ。だが、出入り口のすぐ向かいは、通路をはさんで高い壁で、通路の幅は人ひとりと半分が通れるだけのものだった。その上には、空が一本の筋のように見えた。油布をかけてしまうと、この筋のような空も見えなくなり、空気がまるで通らなかった。受験生それぞれが向かいの壁に飯炊き用の鍋をかけ、飯炊きを始めると、太陽の熱が加わって、通路は火の道と化した。飯炊きも料理も何も知らなかったから、私は三回の試験の九日間、いつも生煮えか茹ですぎた麺を食べていた。ある出来事が私に深い印象を残している。一回目の試験の時、徐州出身の太っちょを見かけた。彼は、長い弁髪を頭にぐるぐる巻き、全身に一糸もまとわず、破れ靴をはいていた。手には答案用紙を捧げ持ち、火のような通路の中を行ったり来たりし、そのたびに上の大きなアタマと下の小さなタマを左右に揺らしながら、自分の意を得た文章を奇妙な声で長く引き伸ばして読み、最も気に入ったところにくると、力をこめて太腿をたたき、親指を立てて言うのだった。「すばらしい。今回の試験は必ず合格する」。

この「今回の試験は必ず合格する」氏を、私は一時間か二時間見ていた。その間、私は彼を見ていただけでなく、彼のことからあらゆる受験生の怪しげな様子を連想し、そうした怪しげな様子から、これらの動物が志を得れば、国家と人民はどれほどの災厄を蒙《こうむ》るかを連想し、そこからまたいわゆる人材選びの大典〔科挙のこと〕とは、何年かおきにこういったサルやツキノワグマを運んできて動物展覧会を開くようなものだと連想し、そこからまた国家のあらゆる制度は、恐らくこういった欠点を免れないことに連想がゆき、そこから最後には梁啓超らの一派が『時務報』で述べていること[32]にはいくらか道理があるのではないか、と思うに至った。これが、『文選』バカから康梁〔康有為・梁啓超〕派に転向した最大の動機である。一、二時間の瞑想は、私個人のその後十数年の行動を決定した。私にとって今回の郷試は、もともと嫌々ながらのものだったが、図らずもその結果は私に意外な有益をもたらしたのだ。

（1）『選編』編注によれば、陳独秀は友人の台静農にこの「実庵自伝」の親筆原稿を送り、その末尾に以下のように記した。「この原稿は一九三七年七月の十六日から二十日の五日間で書きました。当時、南京第一監獄におりまして、敵機が日夜爆撃するものですから、これを書いて憂《う》さを晴らしました。記念のため静農兄にお贈りするものです。一九四〇年五月五日　独秀記　於江津」。なお、「実庵自伝」の本邦初訳は、横山宏章著『陳独秀の時代――「個性の解放」をめざして』（慶應義塾大学出版会、二〇〇九年）に収録されている（四七四～四九二頁）。

（2）イギリスの哲学者デイヴィッド・ヒュームの自伝は、『哲学評論』第一巻第一期（一九二八年）に孟健「休謨《ヒューム》自伝」として訳載されているが、陳独秀はこれを参照していない。原書から訳したものと考えられる。

（3）ベンジャミン・フランクリンの『自伝』を、陳独秀は、熊式一訳『仏蘭克林自伝』〔商務印書館、一九二九年）の訳文にほぼ基づいて引用している。ただし、本訳文で「お前たち〔你們〕」とある部分は、熊式一の訳では「汝」であり、フランクリンの自伝は一人息子への書簡の形式で始まるので、「你們」は誤記である。

（4）一九二〇年十一月、広東省の省都広州を占領した粤軍総司令陳炯明（のち広東省長）は、陳独秀に打電して、広東の教育行政を主管することを求めた。これに応じた陳独秀は同年十二月末広州に到着、翌年一月から十月にかけ、広東全省教育委員会委員長の地位にあった（唐宝林『陳独秀全伝』）。

（5）「父親討伐団」の原文は「討父団」。陳独秀の教育行政改革に対し、保守派は「討父」、「仇孝」といった非難を加えていた（同前）。

（6）劉文典（一八八九〜一九五八）、字は叔雅、安徽の人。日本に留学。一九一六年の帰国後、陳独秀の紹介で北京大学の教員となった。二九年には清華大学国文系主任、抗戦中は雲南昆明に移り、西南連合大学などで教鞭をとった。アヘン中毒者であった。

（7）「四書」「五経」は、儒教の文献のうち最重要とされ、科挙の出題対象となった経典。「五経」は『詩経』『書経』『易経』『礼記《らいき》』『春秋』、「四書」は『論語』『孟子』『大学』『中庸』。このうち春秋時代の魯の年代記である『春秋』には三つの注釈書（伝）があったが、そのうち「左伝」が科挙の出題対象となった。四書五経の本文総字数が四三万一二八六字であったのに対し、「左伝」の字数はその半分に近い一九万六八四五字に及ぶ（宮崎市定『科挙』中公新書、一九六三年）。

（8）儒教の経典のうち「礼」に関する『周礼《しゅらい》』『儀礼《ぎらい》』『礼記』のこと。四書五経に数えられ、科挙の出題対象となった『礼記』だけで九万九〇一〇字を数える。

（9）三年に一度、省単位で行われる科挙本試験の第一段階「郷試」に合格した者の称号。社会的に尊敬を受け、官に就くこともできた。

（10）清末の教育制度改革の結果、帰国した留学生に、留学年数や留学先の学校のレベルに応じ、試験をした上で進士や挙人など科挙合格の資格を与える制度が導入された。「洋博士」とはこうして立身した人々を指すか。

（11）当時の制度では、科挙の本試験を受験するには、童試と呼ばれる予備試験（県試・府試・院試）を突破し、県や州、府に設けられた官立学校の生徒（生員。一般に「秀才」と呼称された）にならねばならなかった。「学校に入り」とは、このことを指している。さらに本試験第一段階の郷試に合格すると前述のように「挙人」の称号を得、第二段階の北京で行われる会試を経て第三段階の殿試に合格すると「進士」の称号を獲得、官職が与えられる。進士合格者のトップの称号が「状元」である。

（12）県試は普通二十日間ほどの間に五回実施され、一回ごとに合否が掲示されて合格せねば次の試験を受験できなかった（宮崎市定『科挙』）。したがって、ここで陳独秀が述べているのは、科挙の数ある予備試験の最初の一回を受験しただけの事例である。

（13）「四書」「五経」からの出題への答案で用いられた文体。八つの段から構成され、後半の四つは長い対句（股）からなるため、八股文と呼ばれた。きわめて厳格な形式で、一九〇一年の廃止まで、多くの受験生を悩ませた。

(14) 六朝時代の梁の昭明太子蕭統（五〇一～五三一）が編纂した、周から梁までの詩文集『文選』のこと。

(15) 路徳（一七八五～一八五一）、字は閏生、鷺洲と号す。陝西周至の人。清朝中期の学者・教育者。嘉慶十四年（一八〇九）の進士。軍機章京を最後に官を辞し、以後は陝西各地の書院で教学に当たり、多くの学生を育てた。

(16) 原文には「金黄」とあるが、金榜の誤記ないし誤植か。金榜（一七三五～一八〇一）、安徽の人、字は輔之、乾隆三十七年（一七七二）の状元。翰林院修撰、山西郷試副考官などに任じた後、官を辞して学問と著述に専念した。

(17) 府試は、科挙の予備試験（童試）の第二段階。第一段階の県試が知県の担当であったのに対し、これは知府が担当し、計三回の試験が行われた。

(18) 院試は、科挙の予備試験（童試）の第三段階。学院（学政・提督学政とも呼ばれた）は省の教育行政長官。この学政が、第一・第二段階の県試・府試に合格した受験生（童生）に第三段階の試験（院試）を実施した。

(19) 『孟子』梁恵王章句上に「数罟不入洿池、魚鼈不可勝食也。斧斤以時入山林、材木不可勝用也」（細かい網で池をさらうことをしなければ、魚やスッポンは食べきれないほどになる。斧や斤《ておの》での材木伐採の時季を限定すれば、材木は余るほどになる）とある二句の、傍点部分をツギハギにして出題（截搭題）し、これに対する解釈を求めた問題。陳独秀はこれを「意味の通らない問題」（「不通的題目」）と述べるが、こうした出題は普通に行われていたようである（商衍鎏『清代

科挙考試述録』生活・読書・新知識三聯書店、一九五八年）。

(20) 生没年不詳、字は小岩、山東安丘の人。同治二年の進士。通政使や工部侍郎などを務めたほか、一八九四年から九六年にかけ、安徽学政であった。

(21)「経古」は、院試の実施に先立って、経解（五経題）・史論・詩賦・性理・孝経などの科目のうち一つを受験生が選び受験するもの。この「経古」の合格者、および幼童の受験者、そして県試・府試の成績上位者は「提堂」と呼ばれ、院試の会場で学政の席の前に座った（商衍鎏『清代科挙考試述録』）。

(22) 幼童として受験すれば、県試の最初の問題が易しいものとなり、経古の試験も経書の一部の暗誦（もしくは書き取り）だけとなるなど、優遇されたからである。

(23) 郷試はふつう省単位で行われるが、江蘇と安徽は清初に江南省として一省であったことから、両省の郷試は「江南郷試」として一つに扱われ、南京で実施された。

(24)「経義」とは、儒教の経典（四書・五経）の一部を出題し、従来の注釈に自らの見解を加えて論じさせるもの。「策問」は古今の政治につきその得失を評論させる問題。

(25) 官庁や科挙で用いられた画一的な楷書の字体。名称は宋代の三館（史館・集賢院・詔文館）と秘閣・龍図閣・天章閣を総称して「館閣」と言ったことに由来する。

(26) 一九二五年に北京で死去した孫文（号・中山）の棺は、二九年、南京郊外の陵墓（中山陵）に移され埋葬されたが、その前年、棺を運ぶための自動車道路（中山路）が、長江河岸の港から陵墓予定地まで、南京市街を貫いて建設された。このため、多くの住民が立ち退きを強制された。

(27) 男女の間には厳格な区別がある、の意。『礼記』効特性に見える。

(28) 男女は物品を直接手渡ししてはならない、の意。『孟子』離婁章句上に見える。

(29) 郷試試験場（貢院）への入場は、旧暦八月八日午前一時頃に開始されることになっていた。ここで「八月七日」とあるのは、陳独秀らが前日の深夜から貢院の門前で開場を待っていたからであろう。

(30) 原文は、「考籃、書籍、文具、食糧、焼飯的鍋炉和油布」。「考籃」（受験用竹かご）とは、文具や食糧などを入れるためのものであり、「書籍」は外から受験場内に持ち込むことは許されず、場内で購入する韻書（詩を作るため漢字を韻で整理した書物）に限られたはずだが、ここでは陳独秀の記述に従う。

(31) 答案用紙を汚損したり、頁を飛ばしたりする規則違反を犯した答案を出した場合、その受験生は名を試験場外に張り出され、以後の受験ができなくなる。

(32) 『時務報』は一八九六年八月九日刊行の変法派の雑誌。梁啓超は変法（制度改革）の主張のほか、学校改革、科挙改革、商工業振興、女子教育などの議論を展開した。九八年八月八日の第六九冊で停刊。

第三部　出獄後（1937–1942）

私の魯迅認識

〔『宇宙風』散文十日刊第五二期、一九三七年十一月二十一日、「我対于魯迅之認識」、独秀〕

世の中で、魯迅先生ほど毀誉褒貶の激しい人はいない。

魯迅先生とその弟の啓明先生〔周作人〕はともに『新青年』の書き手で、一番主要な書き手というわけではなかったが、発表した文章は少なくなく、とりわけ啓明先生はそうだった。しかし、このお二人は自己の独立した思想を持っており、『新青年』の書き手の誰かに付和雷同して参加したのではなかったので、二人の作品は『新青年』の中で特別な価値をもった。これは私の個人的見解であるが。

魯迅先生の短編ユーモア作品は中国空前の天才的創造であり、思想も進歩的だった。民国十六、七〔一九二七、八〕年ごろ、先生はまだ政党〔共産党を指す〕に接近しておらず、党内の無知な輩は魯迅には一文の価値もないと罵った。当時、私は先生のために大いに不平を抱いた。その後、先生が政党に接近すると、かの無知蒙昧な輩は、突然先生を天上にまで持ち上げた、まるで魯迅先生は以前は犬だったが、今は神とでもいうように。私は逆に、本当の魯迅は神ではなく、また犬でもなく、一人の文学的天才を持った人だと思う。

最後に、いく人かの誠実な人たちが、私におおむね信頼するに足る魯迅先生の消息をちょっと教えてくれた。魯迅は接近した政党の統一戦線政策に全面的に反対[1]というわけではなく、彼が反対していたのは、土豪、劣紳、政客、悪徳商人との丸ごとの連合であったのだが、この〔意見対立の〕ため魯迅は恨みを抱いて亡くなったのだ、と。現在全国の軍人が血戦の中にあるとき、なんと上海の商人が敵を助けて、食料を提供し、大量の日本製品を秘密裏に売りさばき、それで救国公債を引き受けるという怪現象があるという。このことから見ても魯迅先生の意見はまったく理由がないわけではなかったのだ。この点において、この老文学家は最後までいかほどかの独立思考の精神を持ち、いい加減に付和雷同することを肯《がえ》んじ得なかったのであり、これは私たちが敬服するに値するところである。

（1）陳独秀が言うのは、魯迅最晩年の一九三六年夏に起こった「国防文学論戦」の際の魯迅の態度についてである。一九三五年七〜八月のコミンテルン第七回大会は、一九三三年のドイツにおけるナチスの政権掌握を受け、従前の中間勢力主要打撃論（社会ファシズム論）から一転し、社会民主主義、ブルジョワ民主勢力との連係を求める「人民戦線」戦術を打ち出したが、中共も三五年「八・一宣言」を中華ソヴィエト政府（王明起草になる八・一宣言のテキストは中国ソヴィエト政府とする）と連名で発表し、内戦停止、国防政府・抗日連合軍樹立等を呼びかけた。これに呼応して中国の左翼文芸界でも周揚らの主導の下、同年末には左翼作家連盟（左連）が解散され、「国防文学」が有力なスローガンとなる。左連の常務委員も務め、階級論者でもあった魯迅は、国民党に強い不信感を持っており、左連解散や「国防文学」のスローガンに反対した。一九三六年六月、胡風は魯迅、馮雪峰らと協議の上、「民族革命戦争の大衆文学」というスローガンを提起し（そのためこの論争は「二つのスローガンをめぐる論争」とも言う）、事態は「国防文学論戦」へと発展した。論争には中共上層部が介入して、二つのスローガンは矛盾しないとして収束、ほぼ同時に魯迅は死去した。

この時期の陳独秀は、抗日民族統一戦線について、魯迅の「土豪、劣紳、政客、悪徳商人との丸ごとの連合」には反対という部分的反対論（総論としては賛成）を共有していたものと考えられる（第二部の「われわれの時局における任務」参照）。この論戦の際、魯迅作とされた「トロツキー派に答える手紙」をめぐる問題が起こるが、これについては長堀祐造著『魯迅とトロツキー』（平凡社、二〇一一年）第七章参照。

なお、本編の本邦初訳は『慶應義塾大学日吉紀要 言語・文化・コミュニケーション』第三四号、二〇〇五年三月、掲載の長堀著「魯迅と陳独秀」中の拙訳である。

どのようにすれば民衆を動員できるのか――十一月武漢大学での講演

〔陳独秀『我対於抗戦的意見』一九三八年三月、亜東図書館、一九三七年十一月二十一日付、[1]「怎様才能発動民衆――十一月在武大講演」、無署名〕

全国の財力・人力を動員するには民衆が必要です。軍隊が前進して戦うにはもとより民衆の支援が必要ですし、後退するにしてもやはり民衆の支援がいります。負傷兵を救い、漢奸を粛清し、後方を固めるために、民衆の力を必要としないことは何一つとしてありません。私たちが、アビシニアの皇帝が軍隊にだけ頼って民衆を動員しなかったために敗北した教訓をまだ忘れていないのであれば、この抗日戦争の中で広範な真の民衆――主には生産を担う労農大衆――を急ぎ動員せねばならないことは、疑うべくこともないことです。敵の側でさえ、このことがわかっています。盧溝橋事件が起こった時、上海の日本の新聞は彼らの政府に対し、次のように警告しているのです。「日本軍が中国軍に勝つことには、問題がない。しかし、もし全中国の民衆が真に立ち上がり、民族解放の革命闘争をするのであれば、それは武力で解決できるものではない。政府はこの点に十分な注意を払うべきである」、と。

開戦以来、政府党であろうと在野党であろうと、みな異口同音に民衆を動員せねばならないと言っています。公然と民衆は必要ない、と言う人はきわめて少数です。しかも、「全民抗戦」という言葉は、刊行物の常套句となっています。ですが実際、本当のところを言わせてもらえば、そんなものは全くないのです。ですから、喉がつぶれるほど大声で民衆の動員を叫んだところで、民衆はたいして反応を示してくれません。民衆に立ち上がってもらおうと思えば、どうすれば民衆を動員できるのかを考えねばなりません。

私たちは、民衆は高度な意識と意志を持つ人間だということを知らねばなりません。牛や馬のように、鞭で好きなように進ませたり、止まらせたりできるのとはわけが違います。いわんや、人の意のままにできる、意識を持たない木石とかゴマ団子でもありません。ですから、政府の命令にせよ政党の空虚なスローガンにせよ、それらに民衆を動員する万能の力があるわけではありません。民衆を動員し抗戦に参加させるには、以下のことが必要です。

第一に、民衆自身の苦痛を取り除かねばなりません。毎日出る授業が七時間か八時間である学生さえも抗日活動に参加するすべがないのに、労働者は毎日十二時間から十三時間働き、日曜日も休息できず、日勤であろうと夜勤であろうと仕事の後には疲れて半分死人のようになっているのですから、抗日活動を担える可能性は一層ありません。農民は耕地が足りないため衣食すら困難な上に、高額の小作料や高利貸し、雑多で苛酷な税金、そしてさまざまな徴発やペテンが、彼らをして生きていけないほどに抑圧しています。彼らの目の前の敵は、貪官汚吏・地主・土豪劣紳・保甲長〔隣保組織の長〕であって、日本の軍隊ではありません。一年中こうした苦痛の中に生きている農民がどうして抗日の情緒を持てるでしょうか。生産を担っている労働者と農民は、最も頼りになり、力を持っている民衆であって、決して無業の遊民と比べられるものではありません。しかも彼らは全国人民の最大多数を占めます。彼らが抗日に立ち上がることができねば、他にどんな広範な民衆を動員できるのでしょうか。この他、雑多で苛酷な税金、下層の人民に向けての公債負担の強制、減員減給は、商人や職員たちの抗日情緒を減殺しています。学生は授業で忙しすぎて、やはり抗日活動をする時間がない。ですから、ソファに座って、民衆が愛国的でない、抗日に立ち上がらない、と非難している人々は、「民に食べる米がないなら、どうして肉を食べないのだ」と言った皇帝〔晋の恵帝〕とまるきり同じ代物《しろもの》です。

　第二に、民衆に恒常的な組織を持たせねばなりません。組織とはある種の力です。あらゆる生物は無数の細胞組織からなっています。細胞そのものには力がありませんが、無数の細胞がさまざまな器官を組織し、さまざまな生物を構成すると、各種の力が生まれるのです。一皿のばらばらの砂のような民衆にはもちろん力がありませんが、民衆が烏合の衆ではなく、組織、それも恒常的な組織を持てば、偉大な力が生まれることになります。しかし、民衆自身の苦痛が除去されねば組織など語りようがありません。また自らの苦痛の除去のためでなければ、民衆は組織を切実に必要とすることはありません。しかも、苦痛の除去を本当に実現するには、やはり民衆自身の組織の力に依拠せねばならないのです。したがって民衆を動員して抗戦に参加させるには、各職業の民衆が自分たちで選挙する自分たちの労働組合、学生会、商民協会、農民協会などを復活させ、充実させねばなりません。看板だけで民衆のいない官製民衆団体は、抗戦中、命令を上から受けていくつか通電(2)を発しているだけで、それらに何の力もありはしません。

　第三に、人民に政治的自由を持たせねばなりません。人民に組織があっても、政治的な自由、集会・結社・言論・出版の自由がなければ、彼らの組織の力は、彼ら自身の苦痛の除去に用いられるだけで、政治に用いられることはありません。抗日とはある種の政治闘争です。人間は政治的な動物です。人民は政治的な自由を持ってはじめて、被征服の奴隷ではない自由民となり、国民となります。奴隷が国を愛するはずはなく、国家・民族の利益のために自ら命がけで戦おうともしません。数千年の専制政治の下、組織もなく政治的自由もないまま苦しい生活を送り、統治者に対してはつねに、「我ヲ撫スル者ハ后《きみ》、我ヲ虐ゲル者ハ仇」〔『書経』泰誓下〕との見解を抱いてきたわれわれの頭の中では、国家や民族という観念は、ある種の贅沢品だったのです。ですから、今、人民に国を愛させ、国家・民族のため積極的に対日抗戦に立ち上がらせようとするなら、人民の苦痛を除去せねばならないだけでなく、人民に彼らの組織を持たせるだけでなく、人民に政治的な自由を持たせ、彼ら自身に自分たちは国家の主人である、自分たちの利益は国家の利害と関わっているのだと、真実感じさせることができねばなりません。このことは、政府の命令や宣伝・教育が代替できることではありません。

　もしわれわれが、ここで述べました三つのことを切実になしとげることができれば、民衆の動員は当然、問題ありません。そんなことをすると、動員しすぎになるのでは、と考える人がいるかもしれませんが、私はこうした「動員しすぎ」がなければ、われわれの目の前の凶悪で強力な敵に対抗し、国家と民族の危急を救うことはできない、と考えるのです。

　この他、民衆の動員と関係することがもう一つあります。すなわち、政党の指導の問題です。われわれはもちろん、民衆動員運動の中での政党の指導的役割を否定することはできませんが、一つの国家の中にいくつかの政党が存在すれば、必然的に政党間で民衆の指導を争う問題が生じます。この問題は、欧米各国や日本では、平時にせよ戦時にせよ、従来さほど重大だと感じられてきませんでした。なぜなら、彼らの政府党や在野党は、政綱の発表や公開の講演で民衆を自覚の側に獲得しようとするからです。各党は民衆団体の中にそれぞれのフラクションを持ち、それぞれが民衆を獲得し、団体の指導権を得ようとします。党争がいかに激しかろうと、他の政党が民衆を獲得したり、指導権を得たりするのを許さないといったことは、想像だにされませんでした。ところが近年になると、いくつかの国では一党独裁という怪現象が生まれ、自党以外の政党の存在を全く認めません。これでは、政党間で民衆や指導権を取り合う問題はそもそもあり得ません。中国では、現行の政治制度がファシスト独裁であるとか、あるいは共産主義独裁であるとかは誰にも言えませんから、当然党派間で民衆を取り合うこと、それも先進的な民主主義国家で通用している方法で解決することが許されるはずです。問題はさほど重大ではありません。民族が危急存亡に直面する今日であれば、なおさら各党各派の協力して国を救おうという呼び声は全国に遍《あまね》く、民衆を抗戦へと立ち上がらせることができさえすれば、力を出す者が多ければ多いほど好《よ》いのです。在野党も道理から拒めませんし、政府党も疑いを持つことはありません。在野党は少しばかりの民衆の支持を得ただけで、すぐに政権を奪取できるわけではありません。さらに政府党が毅然決然として、先ほど話しました三つの方法で民衆を動員すれば、他の党派がより急進的な綱領を採用して一層多くの民衆を獲得することなど、まるきり考えられないことです。たとえ抗日の綱領が異なろうとも、政党の間で各国で通用されている方法が遵守され、それぞれが自らの綱領と政策に基づき宣伝に努め、民衆の賛否に従って民衆を獲得しようとするなら、まさしくそのことにより、政治の進歩を推し進め、民衆の政治的水準を高めることができます。

もし、そんなことをすればあまりに民主的にすぎると考え、正当ではない、それどころか卑劣な手段――例えば、武装した手下による脅迫や金銭の誘惑で民衆を自らの手下とする、他党派についてのデマを飛ばし侮辱して一党独裁を図る、政治勢力を利用し、民衆の立ち後《おく》れた意識を利用する、さらには党員に民衆のふりをさせて他党派を圧迫する――で民衆を強奪しようとするなら、政党間、あるいは一政党の中での派閥の間で行われるそうした非政治的で無原則な強奪は、民衆を動員できないどころか、すでに立ち上がっている民衆を失望させ、意気をくじき、消極的にさせることでしょう。皆さんが急ぎ目覚めるのではなく、ずっとこうした手段で民衆を獲得しようとするなら、私は、彼らが一人の民衆をも得られないであろうことを請け合います。その結果は、各政党が民衆を指導して敵に抵抗するのではなく、敵が漢奸を指導して中国を滅亡させることになるのです。

（1）本講演の日付は、『選編』の注記に従った。

（2）政府機関・公的団体・新聞社などに、同時に同じ文面の電報を打つこと。中華民国期、政治的主張を表明する手段として用いられた。

『新華日報』への書簡

〔『掃蕩報』一九三八年三月二十日、三月十七日付、「致『新華日報』」、無署名。ここでは『選編』のテキストを底本とした〕

私は昨年九月〔正しくは八月二十三日〕に出獄したのち、剣英〔葉剣英〕・博古〔秦邦憲〕と一度話をし、また別に剣英一人とも話をした。武昌に到着後、必武〔董必武〕も私に会いに来た。[1] ともに、私が漢奸であるかどうかの話にはならなかった。羅漢によると、彼らには私に復党してもらいたいという考えがあったとのことである。しかし最近、貴紙と漢口出版の『群衆』週刊及び延安出版の『解放』週刊を読んだところ、突然、私が日本から手当を受け取って、スパイとなっていると書いてあった。[2] だが、私はいくら考えてもわけがわからなかった。今月になって貴紙の「短評」[3]を読み、ハタと思い至った。この「短評」から読み取れるのは、君たちに関心があるのは、陳独秀が漢奸であるかどうかの問題ではなく、陳独秀が反トロツキスト運動に参加できるかどうかなのだ。君たちがデマを飛ばし侮蔑してきたことの苦心は、私や他の人間にはよくわかる。君たちの私に対する要求は、「彼がもし漢奸・匪徒と甘んじて仲間でいるのでなければ、公然と率直に自らがトロツキスト漢奸組織からの離脱を宣言し、現実面でトロツキスト漢奸の行動に反対すべきである」[4]ということなのだが、私は率直に君たちに言おう。もし私がトロツキー派が漢奸となっている真実の証拠を見出したのなら、私は真っ先に同派に反対する。それとは違って人を暗に誹謗中傷し、君たちの後にくっついて応援団をやるような良心に悖《もと》る行為を、私は一生涯やりはしない。敵から金銭を受け取りスパイとなったのが事実であるなら、刑事での重大事件である。漢奸組織からの離脱と漢奸行動への反対を声明したからといって、事実を消せるものではない。漢奸であるかどうかは証拠の有無によって判断されるべきで、決して君たちが言うように、「陳独秀が漢奸であるかどうかは、陳独秀がトロツキスト漢奸組織からの離脱を公然と声明し、トロツキスト漢奸の行動に反対するかどうかで判断される」[5]べきではない。真実の証拠以外、声明をしようがしまいが、事実を消すことも成立させることもできない。いわんや今は無政府時代ではない。漢奸を見つけた者がすべきことは、政府に証拠を提出し、法に基づき処理してもらうことでしかない。政府機関が漢奸であるかどうかを判定するまでは、いかなる私人も彼らを漢奸であると決定する権利はない。なおのこと人々が根拠もなく互いに他人を漢奸だと指弾しあい、政治闘争の宣伝手段とすることを許してはならない。

　私は、長期にわたる入獄と戦時による通信の途絶のため、中国にまだトロツキー派組織があるのかどうか、よくは知らない。私は、南京で剣英と話をした時、私の意見は陳独秀以外のいかなる人をも代表しない、私は中国の大多数の人々のために話をしたいが、いかなる党派〔の見解〕に拘束されることも望まない、と言明しておいた。武漢到着後今日に至るまで、こうした態度は一貫している。抗戦中に紛糾を増すことを避けるため、一貫していかなる党派にも参加せず、自分の刊行物も持っていない。私のあらゆる言論は、各党各派の刊行物に送り発表している。私の政治的態度を武漢の人士ならたいてい知っている。事実は雄弁にまさる。私はいかなる声明も、画龍添足であると考える。

以前、私は冒険政策に反対したために、中国共産党から解党主義〔原文は「取消主義」〕であるとして除名された。これは全世界周知のことである。したがって、ある人から「赤匪」から離脱したことを公然と声明せよと言われた時にも、これを画龍添足であると考え、断った。私は今、トロツキー派に対しても、同様にそうした画龍添足のことをするのを望まない。君たちは漢奸の罪名を捏造して私に圧力をかけ、こうした画龍添足のことをさせ、君たちにつき従う応援団にしようとしているが、それはまことに妄想をたくましくするというものだ。君たちはこれまで手段を選ばず、事実や是非を全く顧みなかった。自分たちに付き従い鼻面を引き回されて歩む者なら戦士、君たちに反対する者は漢奸というわけだ。人としての道徳はこうあるべきだろうか。

〔一九三八年〕三月十七日

（1）　この時、葉剣英は八路軍参謀長、秦邦憲は中共中央政治局常務委員、董必武は国民党との折衝にあたる中共代表団のメンバーであった。

（2）　陳独秀を日本の手当を受け取るスパイだとしたのは、『解放』週刊三〇期（一九三八年二月八日）の康生「日寇のスパイにして民族の公敵トロツキー匪を剪除せよ〔剷除日寇偵探民族公敵托洛茨基匪徒〕（続）」。同文には、満洲事変後、親日派唐有壬と陳独秀・羅漢が会談し、「トロツキスト匪が日本の中国侵略を妨害しない」ことと引き替えに「日本が陳独秀の「トロツキスト匪中央」に毎月三百元の手当を出す」取り決めを行った、とある。

　このほか、『新華日報』一九三八年一月二十一日に掲載された陳紹禹（王明）の「抗戦中のいくつかの問題〔抗戦中的幾個問題〕」が、「トロツキスト匪」が「日寇の意を受け、全力で抗日救国の事業を破壊しようとしている」と述べ、同紙の三月六日付社説も、三月二日に始まった第三次モスクワ裁判（右翼＝トロツキスト・ブロック事件）に関連させ、「わが国のトロツキスト漢奸もまさしく「右翼＝トロツキスト・ブロック」のような「綱領」に基づき、甘んじて日寇の走狗となり、あらゆる方法で日寇の中国侵略を助けている」と述べているが、これらは陳独秀の名や「手当」の件には言及していない。また、『群衆』週刊一三期（一九三八年三月十二日）の漢夫

「日寇の命令を執行するトロツキスト漢奸（執行日寇命令的托派漢奸）」は、「葉青・陳独秀らトロツキスト漢奸」が「日寇の命令を受けて暗殺を実行、漢奸別働隊を組織している」と述べるが、日本の「手当」についての記述はない。

なお、トロツキー派＝漢奸論については、これ以前の一九三六年後半、中国国内では馮雪峰が魯迅名義の「トロツキー派に答える手紙」で暗に主張し、国外では在ソ連の王明らがパリ発行の中共機関紙『救国時報』で大々的にキャンペーンを張っていた。また毛沢東も、一九三七年十月の延安での講演「魯迅論」でこれを主張した。詳細は長堀祐造『魯迅とトロツキー』第七章参照。

（3）「短評　陳独秀はトロツキスト漢奸なのかの問題（短評　陳独秀是否托派漢奸問題？）」（『新華日報』一九三八年三月十七日）。前日の三月十六日、傅汝霖（国民党候補中央執行委員）・王星拱（武漢大学校長）・高一涵（監察院湘鄂区監察使）ら九名が、中国共産党の反トロツキスト漢奸のキャンペーンは「共産党内部の理論闘争」であり、陳独秀は漢奸ではない、とする公開書簡を『武漢日報』に発表しており、これに応えたものである。なお、「短評」とはコラムのことだが、ここでは社説に準じる扱いを受けている。

（4）「短評　陳独秀はトロツキスト漢奸なのかの問題」。

（5）同前。

日本の社会主義者に告ぐ

〔『政論旬刊』第一巻第二二期、一九三八年九月五日、八月二十一日付、「告日本社会主義者」、陳独秀[1]〕

日本にまだ社会主義者がいるとすれば、彼らにこの文章を献《ささ》げる。

全世界の労働者階級と社会主義者（当然のことながら、戦争をしている双方の労働者階級と社会主義者も含まれる）は、抑圧国家のブルジョワジーと被抑圧国のブルジョワジーを別なものと見なし、植民地・半植民地が帝国主義に反抗する戦争と帝国主義間の戦争を区別し、植民地・半植民地の帝国主義に反抗する戦争に対しては、たとえそれがブルジョワジーが指導するものであっても、この反抗の戦争を支援するべきである。このことは、そもそも科学的社会主義者の先達たちが、かつて自ら実践し、われわれに残してくれた教えである。だがそれは今日、日本の同志たちによって裏切られている。

私の知る限り、最初にそうしたのが山川均氏である。巴金氏は彼になおも道理を説こうとしているが、私にはそれが不思議でならない[2]。彼にどんな希望があるのだろうか。二人目がわれらが旧友にして誠実なる佐野学である。われわれはかつて彼のことを日本の李大釗と称したものだが、今の彼はあまりの不誠実へと変わってしまった。三人目が、最近いわゆる転向を行った鈴木茂三郎氏である。[3] 彼らはいずれも、社会主義から愛国の戦いへと転向している。

われわれが彼らの愛国主義への転向を非難すれば、彼らは憤懣やるかたなく、われわれに以下のような詰問をすることだろう。中日両国が戦争をしている時、中国の社会主義者には愛国運動支援が許され、自分たち日本の社会主義者の愛国主義転向は糾弾されねばならないのか、と。私には、これは形式論理の観点から言葉を弄《もてあそ》んだだけの、その内実を全く考えないものに思える。被抑圧民族の愛国運動は、進歩である。なぜなら、この運動は帝国主義に打撃を与えるからである。抑圧国家の民族主義と愛国運動は、反動である。なぜなら、それは自己の帝国主義政府を助け、抑圧され侵略されている民族を抑圧し侵略するからである。これが、愛国運動に対する弁証法的見解である。このことをわからないほどにはなっていないはずの山川・佐野・鈴木の諸氏が、本当にわれわれを詰問するのであれば、それは、彼らが社会主義の大先達たちの教えを自覚的に裏切っていることの証左である。

他にも厚顔な諸氏は、あろうことか、狡猾にもプロレタリアートの利益を口実にデタラメを言い、人々をペテンにかけようとしている。彼らは資源に乏しい日本が、それを中国から奪うことは日本プロレタリアートの現在の生活にも将来の社会主義建設にも有益である、だから日本のプロレタリアートは対中戦争を支持すべきだ、と考えるのである。この手の国際主義の裏切り者〔スターリンのこと〕の「一国社会主義」に淵源する観点が、帝国主義の日本に応用されれば、誤りの上に誤りを重ねることになる。社会主義の建設を、革命的国家間の分業互助に立脚して行うのではなく、資源をわれ先に奪取することに立脚して行うのであれば、そんなことは昔の中国の大家族における嫁たちが、われ先に「へそくり」をした醜態と変わりがない。社会主義の建設を語る資格があるだろうか。現在、自給自足を幻想するファシズム国家の実現がもはや不可能となっているのに、将来、自給自足を幻想する社会主義国家が生まれ得るだろうか。さらに今の生活について言おう。日本で行われているのは、財閥・軍閥の尽きない欲望から生まれた、狂ったような軍備拡張と、狂ったような侵略戦争の必要を満たすことだけであって、その結果、庶民の生活資源はどれほど貧しくなっていることだろう。日本帝国主義が世界の舞台に登場するのは遅すぎた。資本主義の先進国に学び、植民地・半植民地の一部を掠奪して労働貴族を養おうとしても、それはもはや無理なことだった。無産大衆は言うまでもない。日本の商品が他国と競争する際の特徴は一貫して、労働力の安さであった。であれば、〔待遇〕改善運動などペテンであって、憐れむべきほどのものでしかない。だから、日本が対外侵略戦争に勝つたびに、それに続いて軍備拡張が行われ、続いて労働者・農民・庶民の生活〔水準〕が下がる。かりに、豊富な資源を獲得してはじめて、日本のブルジョワジーは待遇改善政策の物質的な条件を手にできる、と言うのであれば、中国東北四省〔遼寧・吉林・黒龍江・熱河〕の豊富な資源を奪ったのち、労働者の実質賃金がどうして上がるのでなく下がり[4]、農村が一層疲弊し回復できていないのか。「九・一八」前に日本が満洲から輸入する商品の価値は七千万円であったものが、盧溝橋事件の前にはすでに三億円となっていた。同時に物価指数も「九・一八」前よりも百パーセント上昇している[5]。これらは、労働者・農民・庶民の生活改善を表しているだろうか。おまけに、略奪品のおこぼれ分配で労働者階級を対植民地・半植民地戦争支持へと駆り立てる裏切り行為は、ヨーロッパ・ブルジョワジーの御用達たる「社会主義者」が行ってきたことなのだが、これを日本の社会主義者も学んでいるわけだ。

さらに一部の人間（社会主義を自称する畠田素之のような）は、胡適之〔胡適〕を非難して、なぜ日本帝国主義に反対して英米帝国主義に接近するのか、と言っている[6]。この非難は、一見したところ公平なようだが、残念ながら彼は日本人であるのだから、当然、日本帝国主義のため説客となっている嫌疑はちょっと免れない。今、私が胡適之氏に代わって弁明をする必要もないのだが、このことだけは彼らに言わねばならない。中国の真の社会主義者は、帝国主義者のなかで主人を選ぶようなことはしたことがない。われわれは、中国の解放のためには、日本だけでなくすべての帝国主義の支配から脱却せねばならない、と考える。しかし実際のところ、この十年間、日本帝国主義者は中国に対する抑圧を公然と先鋭化させ、それはどの帝国主義の中国に対する横暴をも上回っている。したがって、われわれは憐れむべき〔小さな〕力を集中して、日本帝国主義と死闘を戦うしかないのだ。抗日戦争の中で、同時にあらゆる帝国主義者に反対するのだ、とわれわれに教え導く者がいれば、われわれはその人間を日本帝国主義のスパイだと考えるしかない。中国国民党の従前の政策は、反日ではなく反英だった。後になってどうして正反対の方向に向かうことになったのか、日本帝国主義の政府はなぜ自らを省みず、逆に中国国民党と蔣介石を非難するのだろうか。

　私は、日本のあらゆる庶民に告げねばならない。われわれの言う「抗日」とは、日本帝国主義の財閥と軍閥に対するものであって、日本の庶民に反対しているわけではない。われわれは、中国侵略は日本帝国主義者の要求であって、日本の庶民の要求ではないことを知っている。また、社会主義者はいかなる派のものであれ、ごく少数者が言っている「縦断的な民族運動」の主張に付和してはならない。そんなことは理論的に通らないし、現実にもあり得ない。中国人にはたくさんの漢奸がいるし、日本人にも鹿地亘《かじわたる》夫婦[7]が代表するように、中国の抗戦に共感する人が少なくないが、これをどう縦断するのか聞きたいものだ。われわれの綱領は、中国・朝鮮・日本の三国の庶民を団結し、共同して日本の帝国主義者を打倒することだ。その時になってはじめて、中韓人民のみならず、日本人民も解放されるのである。

もし私に荒唐無稽な仮定が許されるなら、日本に勝利した後の中国が帝国主義国家となり、日本を侵略するとして、その時中国の社会主義者は本国政府に真っ先に反対し、日本政府と人民の対華抗戦を支持するはずである。

私の以上の文章は、決して山川・左〔佐〕野・鈴木といった人たちに向けてのものではない。私が希望するのは、日本の労働者と社会主義を志向する青年たちが、私の言葉に耳を傾け、合理的な回答の声をあげてもらいたい、ということである。

最後に私はわが周作人氏のことに言及せねばならない。日本人民の誠実さと勇敢さ、清潔さと同情心に富むことを敬愛し、さらには日本の政治が中国よりも公明正大であることを認め、中国社会の堕落と政治の不良を痛恨している点で、私は周作人氏と同じである。だが、これらのすべては、私の日本帝国主義に反抗する心情を低減させることはない。日本帝国主義の銃剣の指揮の下に、日本帝国主義の走狗・中国の漢奸・売国賊の指導の下に中国文化の再生を高談する(8)ことは、人類文化の大恥辱に他ならない。したがって、私は周作人先生のため痛惜せざるを得ないのだが、それは厳格に言えば痛惜ではなく、叱責であるべきだ。氏が、私の多年にわたる尊敬する友人であるとしても。

〔一九三八年〕八月二十一日

（1）　本編の本邦初訳は、早野一訳「日本の社会主義者に告ぐ」（『トロツキー研究』六七号、二〇一五年十二月）である。

（2）　山川均は、『改造』一九三七年九月号掲載の短文「支那軍の鬼畜性」で、通州事件の「惨状」は「鬼畜以上」であり、国民政府による排外感情の煽動こそが事件の直接の原因であり、「北支事変の究極の原因と認められている」と述べた。これに対して巴金は、「山川均先生へ〔給山川均先生〕」を雑誌『烽火』第四、五期（一九三七年九月十九、二十六日）に発表、通州事件で殺害されたのは征服者の立場にあった日本人であり、大半がアヘンの売人、モルヒネ中毒や特務工作従事者であった、事件の直接の原因は日本の「軍閥の暴行」である、と論じた（『巴金全集』第一二巻、人民文学出版社、一九八九年、所収）。なお、この問題については、山口守「記憶への旅（七）中国」（福岡県人権研究所機関誌『リベラシオン』一四三号、二〇一一年九月）も参照のこと。

（3）　日本の社会主義者のなかでも労農派に属し、日本無産党書記長であった鈴木茂三郎は、一九三七年十二月十五日の第一次人民戦線事件で逮捕されたが、陳独秀が本編を脱稿した翌三八年八月二十一日までに「転向」を声明した事実はないようである。ただし、『読売新聞』一九三八年三月二十日の記事「翻然悟る〝沈黙三羽烏〔大内兵衛・荒畑寒村・鈴木〕〟」は、鈴木が当局の取り調べに応じはじめていることを報じており、こうした報道が、陳独秀をして鈴木が「転向」したと判断させたのかもしれない。

（4） 日本の実質賃金指数は、一九三二年の一五六・三から逓減して三六年四月には一三八・五となり、三八年六月でも一三九・二であった（『東京朝日新聞』一九三六年六月三十日、三八年八月十六日）。

（5） 『東京朝日新聞』は、一九三〇年の日本の満洲からの重要輸入品の総額を八八二五万五千海関両（当時の一海関両＝約一・二円で換算すれば七三五〇万円）、三七年上半期の満洲国からの輸入額が約一億五千万円（年間に換算すれば約三億円）になったと報じている（三一年十月十五日、三七年八月二十七日）。また、同紙一九三八年五月十八日には、この月の東京小売物価指数が一九七・六になったとある。陳独秀は、こうした報道を踏まえたか、同様の統計を掲載する資料を用いたと思われる。

（6） 『選編』は、原文に見える「畠田素之」を注記なしに「高畠素之」（『資本論』翻訳や「国家社会主義」の提唱で知られる）に改めている。しかし、一九二八年に病没した高畠の言説を、三八年の時点で陳独秀が取り上げたとは考えにくい。一方、三八年に近い時点で、胡適に「なぜ日本帝国主義に反対して英米帝国主義に接近するのか」といった批判を行った人物にあてはまるのは、ジャーナリストの室伏高信である。胡適は「謹んで日本国民に告ぐ」で、「武器を手にした拳の下で「親善」など語り得ない」と述べた（『独立評論』第一七八号、一九三五年十一月二十四日）のに対し、室伏は「胡適に答える書簡」で、中国の真の敵は日本ではなく英国だ、と反論している（同一八〇号、同年十二月八日）。陳独秀は、「社会主義者」の高畠素之と「胡適批判」の室伏高信の事跡を混同し、さらにその名を誤って「畠田素之」としたものと考えられる。

（7）　プロレタリア作家の鹿地亘と池田幸子（上海で鹿地と知り合い結婚）は、鹿地が侵略戦争反対の論文を公表したことから、一九三八年三月、国民政府軍事委員会政治部に招聘され、以後反戦活動に従事した。

（8）　日本軍の占領後も北京に留まった周作人が、毎日新聞北京支局主催の座談会「更生支那の文化建設を語る」に出席したことを指す。座談会を報じる『大阪毎日新聞』一九三八年二月十六日の記事が、『文摘』戦時旬刊第一九号（同年四月二十八日）に訳載されたことから、多くの抗戦派知識人が周作人を非難していた。

われわれは資本主義を恐れてはならない

〔『政論旬刊』一巻二三期、一九三八年九月十五日、八月二十四日付、「我們不要害怕資本主義」、陳独秀〕

工業の発展は、国が滅びる場合のみならず、石炭・鉄・綿花など重要原料地域が失われて回復できないだけでも、たいへん難しいものとなる。抗戦中では、工場が破壊され、港湾が封鎖されているのだから、なおのこと工業〔の発展〕など語り得ないし、それゆえ主義とかも語り得ない。だが、われわれが抗戦建国を声高らかに叫ぶ一方で、見解の紛糾を回避するため主義を語るべきでないとするなら[1]、結局何主義の経済制度を採用して工業を建設するのか語らないことになる。それは少しばかりおかしなことだ。

これまで東洋の精神文化を妄信してきた人々も、鉄のような事実の教訓の結果、今では公然と工業の発展に反対することが少なくなった。このことは中国にとって幸いなことである。だが、どの種の経済制度で工業を発展させるのか。資本主義か、それとも社会主義か、それが問題となる。とりわけ進歩的な青年の心の中では、火のように熱く解答が望まれる問題となっている。一部の頭の悪い、また偏見に固執する半老人たちには、かまけるまでの値打ちもない。だが、純粋な青年に対しては、指導の責任を放棄するわけにはいかない。彼らの前に進もうとする心理を抹殺したり、彼らの幻想に憚《はばか》ってわけのわからない理論を作り出し、彼らに迎合し彼らを騙し、そうすることで仲間に引き入れようと図ったりはしない。

　われわれが理解しているところの、今日に至るまで少しずつ進歩してきた経済制度の主なものは、古代社会を除けば、封建制、資本主義制、社会主義制の三つである。封建経済制の特質は、土地が領主に附属し、農民が土地に附属し、労働者がギルドに附属することにある。世界各国で行われた封建制は全部が全部同じではないが、この三点の根本的な特質は同じである。一部の人は、中国の前資本主義的な立ち後れ現象をすべて封建的と呼んでいるが、こうした言い方は科学的ではない。聡明なる人類は自己の欠点を修正できる。生活の必要に応じるため、封建制の生産力に対する束縛を打破し、土地の売買を自由にし、農民に移動の自由を、労働者に労働の自由を与えざるを得ないのである。長期にわたる奮闘を経て、前資本主義の時代は工業資本主義の時代に移行し、資本主義経済制が封建経済制に取って代わった。人類社会の生産力は、ここに一歩前に向けて発展を遂げた。資本主義経済制の特質は、「財産の私有、自由な競争、生産の集中」にあるが、これらはもとより〔封建制の〕束縛の打破、前資本主義時代の落後性の解決であって、自然な発展の結果なのだ。資本主義制の下では生産力は大々的に発展し、生産が集中される。ただ財産の私有のゆえにそれは少数者の手に集中され、販売する商品を製造し少数の個人の資本を増加させるために生産がなされるのであって、直接に大衆の消費のための生産がなされるのではない。生産物の分配は、財産の大小・有無が基準となるのであって、大衆の必要が基準となるのではない。したがって、生産力と購買力の不均衡、すなわちエセ生産過剰の問題が発生する。かくして生産が制限され、生産物が破壊される。市場と原料を争奪するために植民地を争奪する戦争も、こうしたことから起こり、戦争のためには軍備を拡張せざるを得ない。かくして人類の力の大きな部分が、人を養う生活用品にではなく、人を殺す手段に用いられる。これは、資本主義制自体の欠陥である。聡明な人類は、そこで方法を講じ、さらに自身の欠点を修正した。すなわち、生産力を束縛する財産私有制を廃止し、国家が計画する生産で個人の自由競争に代え、社会の生産力を一層発展させることである。これが、社会主義制の根本的な意義である。生産の集中と技術の向上といった要求については、社会主義は資本主義と同じである。

このように述べてくれば、社会主義は、生産力の増大と人類の幸福にとって、ともに資本主義にまさり、策としては上策である。ではどうしてわれわれは、社会主義を採用して工業を発展させるべきでないのか。

なるほど、社会主義制は資本主義制よりもずっと優れている。しかも、社会主義運動は資本主義制とほとんど同時に生まれたものである。世界の国々では、資本主義が誕生するとその後すぐに社会主義運動が生まれている。それらの成否は社会の発展条件によって決まるのであり、人間の主観で意図的にまず悪い方の資本主義制を採用し、それから良い方の社会主義制を採用しようとするわけではない。はるか昔の十六世紀、ネーデルランド革命の時期、南部各州の住民たちは革命の間に没収された土地・財産を無償で貧民に分配することを要求したが、三部会に拒否されている。また、十七世紀のイギリス革命の時には、議会の多数派〔実は少数派〕（独立派）からジョン・リルバーンの率いる「水平派」が分離し、彼らの理論家ウィンスタンリー[2]が土地の共同耕作、共同消費、売買・貨幣・雇用の廃止を主張し、政府は彼らのことを共産主義者と呼んだ。十八世紀から十九世紀にかけてのフランス革命では、パリのコミューン総代であったショーメットの一派、シャボ〔モンターニュ派の国民公会議員〕の一派、および「〔怒り〕狂《アンラージュ》える人」と呼ばれたジャック・ルー、ヴァルレ〔ともにサン・キュロット運動指導者〕らが、金持ちに対する所得税・財産税の徴収、公共作業場の設立、国家財産の一部の無産人民への貸与、高利貸しの厳罰、都市政府による食糧の廉価販売を要求し、金持ちに反抗する新たな革命を起こそうとした。また、バブーフ、ダルテらが組織した「平等派」は、暴動を手段とし、平等な成員からなる共和国を実現してブルジョワ共和国に取って代えることを目指した。それは労働者の革命的独裁を樹立する政権であり、共和国の国民の財産は、共産主義コミューンの成員（六十歳以下の労働人民）の生活を保障するために分配されねばならないと主張された。リヨン暴動では[3]、ブランキやバルベスが一八三六年成立の「四季協会」を指導し、人が人を搾取すること、社会のあらゆる不平等に反対し、革命によって独裁政府を樹立し、平等原則を実現することを主張した。これらの急進的でプチ・ブル的な社会主義運動と暴動は、すべてが失敗に終わり、ブルジョワ政権と資本主義の発展のために道を開いただけであるが、そのことは決して、資本主義が本質の上で社会主義よりもずっと優れていると証明するものではない。社会の歴史的発展にあってブルジョワジーやプチ・ブルジョワ、および労働者や農民、庶民はすべて一致して、生活の必要のために生産力の増大を迫られてきたのである。同時に、旧社会の胎内ではすでに高利貸資本、商業資本および手工業資本がブルジョワジーの優勢を構築していた。当時はまだ生産を集中させた大産業がなかったから、一般の庶民を指導して社会主義の任務を執行できる産業プロレタリアートとその政党は存在しなかった。だから、革命を指導するプチ・ブル急進分子は、生産の集中と生産力の向上を阻害する「均産」や「平等」という幻夢に沈酔していた。彼らが失敗する運命にあったのは、もとより歴史の必然だった。彼らの英雄的な闘争が今日でも敬服に値するものであるとしても、彼らの失敗は、正しく社会の進歩であった。十九世紀の前半、ヨーロッパ各国のブルジョワ支配が日増しに強固なものとなり、資本主義の罪悪が日増しに明らかになるにつれ、プチ・ブルジョワジーの空想的な社会主義の流派が雨後の筍のように勃興した。とりわけフランスには、主なものとしてサン・シモン派、フーリエ派、ルイ・ブラン派、プルードン派、カペー派、ブランキ派があり、一時はヨーロッパを席捲した。これらの流派は、資本主義をひどく憎んでいる点では同じであるが、彼らのうちブランキ派が、以前のバブーフと同様、少数の革命家の秘密組織で武装暴動を組織し政権を奪取することを主張したのを除けば、すべて平和な宣伝家であって、支配者や慈善的な資本家が彼らの主義主張を受け入れ、平和裡に社会主義に到達することを望み、革命闘争に反対し、労働運動に反対さえした。彼らは十九世紀後半の科学的社会主義の先駆となったこと以外、当然ながら何事もなし得なかった。

　現在の中国でも、多くの青年たちがぼんやりと資本主義に反対し、社会主義を好んでいる。このことは、ある種の進歩だと言えるが、だが、われわれは彼らに対し、経済発展や政治闘争にもとづかない、単に資本主義を嫌うだけの感情的でプチ・ブル的な空想的社会主義を胸に抱くことと、プロレタリアの科学的社会主義とは違うのだということを指摘せねばならない。科学的社会主義者から見れば、資本主義はその功罪にかかわらず、畢竟人類社会の進化が必ず通らねばならない過程なのだ。それがなければ、小生産者の社会は生産力を発展させ、生産を集中させることはできない。したがって、無産者がいるだけでは工業プロレタリアートは生まれ得ない。資本主義は決して、人々が嫌うからといってこちらに来ないわけではないし、社会主義も人々が好むからといってやって来るものでもない。それは、社会発展の条件が決定するのである。人々の努力は、それが来るのを少しばかり早めることができるだけである。十九世紀の末期、ロシアのプチ・ブルジョワジーのナロードニキは、ロシアの国情の特殊性を根拠に科学的社会主義の理論を否定し、ロシアは農村共同体〔ミール〕制から、直接社会主義に到達できる、資本主義の段階を飛び越えその害毒を受けないですむ、と考えた。この時、ロシアの科学的社会主義者は、それはある種の反動思想だと考え、厳しい批判を加えた。なぜならこの手の思想には現実性が少しもなく、ロシア社会の飛躍的進化を阻害するからである。レーニンは、かつてロシアのナロードニキに中国の孫中山〔孫文〕氏を学ぶよう勧めたことがある[4]。彼は、中国資本主義発展のための孫中山氏の工業計画は革命的である、と考えていた。私は、歴史が再演されないことを望むが、中山氏の信徒がさかさまにロシアのナロードニキに学ばないようにも望むものである。

　現在でも、くどくどしく資本主義に反対する見解は一部にあるが、われわれがこれらを論じる必要はない。なぜなら、彼らは心底資本主義に反対しているのではなく、いわんや社会主義を好むがゆえに資本主義に反対しているのでもないからである。彼らが口にすることと、実行することとは全く異なっている。ここでは、老経済学者の馬寅初先生の見解を論じれば充分である。馬先生の見解はだいたい次のようなものである。中国はロシアの道を歩むわけにはいかない。アメリカの道を歩んでも、弊害が大きいし、危険である。かくして、出口がないと感じた馬先生は、やはり国家経営の工業を発展させ、同時に私営の工業は認めるが制限を加えるとの主張を提起するしかなかった[5]。これはまさしく、ローズヴェルトの経済復興〔ニューディール〕計画の基軸と同じなのだが、ローズヴェルトのプランが資本主義の範疇から飛び出してしまっていると考える人はいないし、馬先生も資本主義を否定してはいない。しかし、馬先生には注意してほしい。今日の中国はアメリカに比すべくもなく、しかも世界の大勢から言って、来るのが遅すぎた中国の資本主義は、将来でも自分の〔資本主義が繁栄した〕十九世紀末を持つことはないのだ。馬先生が言っているのは、飢えと寒さに苦しむ人が、将来金持ちになった時に子孫が無駄遣いをするのをどう防ごうかと日夜迷い心配するのと同じで、杞人が天を憂うるものだ[6]。しかもこの杞憂は張之洞の「中学を体とする」[7]見解と同様、中国の工業の発展を数十年にわたって阻害するものだ。中国民族を不運の極みに落とすものでなくて何であろうか。国家が工業を発展させるというのは、中国では過去にあったし、将来でも一部では採用せねばならない。しかし、中国の過去の経験や日本の明治初年の国営工業の経験、そして中国の今の招商局と民生公司[8]の営業成績の対比は、すべて一様に、国家が工業を経営するやり方を過度に楽観的に評価してはならないことを警告してくれている。たとえ国営が普遍的に成功したとしても、資本主義の範疇から飛び出したことには必ずしもならない。人が羨むソヴィエト・ロシアの国家工業について言っても、十月革命はもともと政治の成熟〔の結果〕であって、経済の成熟〔の成果〕ではなかった。もし、レーニンに、ソヴィエト・ロシアのことをブルジョワジーなきブルジョワ国家と呼ぶ理由があるのなら[9]、われわれも次のように言うことができる。ソ連の国家工業はブルジョワジーなき資本主義である、と。ソヴィエト・ロシアは社会革命を経て所有関係と国家の階級性を変更し、剰余労働は名目的には労働者自らの国家のものとなっているが、実際には一般の労働者の賃金と生活水準をはるかに越える上級職員、寄生官僚といった階層がなお存在している。このことから、人が人を搾取する資本主義制を抜け出している、とは言えないのである。また別の国〔中国のこと〕で、国家工業を提起した人がいるからといって、それを国家資本主義だ、すでに資本主義の範疇に属しているのだ、と思い込むのは、一層軽佻浮薄の見解である。

われわれは唯名論者に学び、社会主義と聞くや粛然と尊敬の念を起こし、資本主義と聞くや蛇蝎《だかつ》の如く恐れ、糞蛆の如く嫌うのであってはならない。もし人々が中国はいま社会主義制を採用して工業を発展させることができると敢えて断言しないのであれば、毅然決然として資本主義制を採用して工業を発展させねばならない。工業が発展してこそ、旧社会の立ち後れを除去し、新たな社会への道を切り開くことができる。

われわれは、融通のきかない先生方のように、中国の資本主義は欧米が旧来たどった順序正しい進化の道を歩み、最後までの発展をとげねばならないと考えるのではない。われわれはただ、資本主義とは中国経済が発展する中で必ずたどらねばならない過程だと考える。来なければならないものなら早く来させよう。そのことを恐れてはならない。老成して国のために謀る者は、「責任を負い、まじめに話す」[10]ことをせねばならない。わずかであっても、うぬぼれてはならないのだ。

〔一九三八年〕八月二十四日

（1）中国国民党は一九三八年四月一日、臨時全国代表大会（武漢）で「抗戦建国綱領」を採択し、全抗戦力の蔣介石への集中、軍事中心の経済建設などを提起した。

（2）ウィンスタンリーは、陳独秀の言うような水平派（レベラーズ）の「理論的指導者」ではなく、真生水平派（ディガーズ）の指導者であった。

（3）原文には、「在里昂《リヨン》暴動中、有布南克《ブランキ》・巴爾比士《バルベス》領導一八三六年成立的「四季社」反対人剝削人、……」とあって、本文の以下のような訳となるが、リヨン暴動は一八三一年十一月に労働者の自発的な闘争として起こっており、ブランキらの「四季協会」が指導した事実はない。陳独秀の誤解か、あるいは「在里昂暴動中（リヨン暴動では）」の後に、いくつかのフレーズが雑誌掲載の際脱落したものか。

（4） レーニン「中国の民主主義とナロードニキ主義」（一九一二年七月十五日）は、孫文の民生主義（平均地権論）の本質をナロードニキ主義と規定しながら、「中国の大規模な工業的発展」についての孫文の見通しを評価し、平均地権論が主張する土地国有化を「理想的に完成された資本主義」と評価している（『レーニン全集』第一八巻、大月書店）。

（5） このように要約される馬寅初の主張は、陳独秀の「中国はどこへ行くのか」（一九三一年九月、第一部所収）が紹介する中国経済学社（馬はその社長）についての無署名論文の議論と合致している。陳独秀は、この論文の著者を馬寅初と考えていたのであろう。この他、馬寅初は、『中国経済改造』（商務印書館、一九三五年）で「国家統制経済」を主張している（七〇五頁）。

（6） 杞の国の人が天地の崩落を恐れた故事から、無駄に心配することを言う（『列子』天瑞）。

（7） 第四部「戦後世界大勢の輪廓」（一九四二年二月十日付）の注（6）を参照。

（8） 招商局は一八七二年、官民合弁で設立された汽船会社。一九三二年に国有化されたが、その後経営状況は好転しなかった。民生公司は一九二五年四川省で設立された民間汽船会社。外国企業を含むライバル会社との競争に打ち勝ち、一九三五年には長江全線の汽船業を統合した。

（9） レーニンは『国家と革命』の第五章「国家死滅の経済的基礎」で、共産主義の第一段階では、「ブルジョアジーのいないブルジョア国家さえのこっている」と述べている（『レーニン全集』第二五巻、大月書店、五〇九頁）。

（10）　汪精衛（兆銘）の語。陳独秀は「まじめに話す〔説老実話〕」（『青年嚮導』第四期、一九三八年七月三十日）で、この二つの語句に言及している（『選編』第五巻、二六〇頁）。

蔡孑民先生逝去に思う——四川江津にて

〔『中央日報』一九四〇年三月二十四日、「蔡孑民先生逝世後感言——作于四川江津」、陳独秀〕

「人生古《いにしえ》より誰か死無からん」[1]、もとより特別のことではないのだが、蔡孑民先生の死については、公的な意味においても、私的な情においても深い感慨を禁じえない。四十年来の社会的、政治的感慨である。

私が初めて蔡先生と事をともにしたのは、清朝光緒の末年のこと、当時、楊度生〔楊篤生のこと。反清革命家〕、何海樵〔反清革命家〕、章行厳〔士釗〕などが、上海で爆薬を学んで暗殺を謀る組織を発起し、行厳が手紙で私を招いたので、私は安徽から上海に着くや、この組織に加わり、上海に一月《ひとつき》あまり滞在したが、毎日楊度生、鍾憲鬯〔清末の科学者、反清革命家〕が爆薬実験をしていた。このとき孑民先生もしょっちゅう実験室に来ては爆薬に習熟しようとし、みんなで話し合いもした。次に私が蔡先生と事をともにしたのは、民国五、六、七〔一九一六、七、八〕年、北京大学でのことである。北京大学では蔡先生と比較的長いことご一緒したが、私は先生のかなり深みのある人となりも知ることになった。

一般的に言って、蔡先生は可もなく不可もないお人よしである。しかし、国家の重大事、あるいはすでに決断を下したことについては、いつも頑固に信念を守り通し、態度はとても温和だったが、融通無碍を肯んじなかった。これは老先生の敬服すべき一点目である。戊戌の政変以来、蔡先生は自らつねに新しい進歩的運動に加勢したが、北京大学校長のときには、守旧派の陳漢章〔清末民初の歴史家・経学者。北京大学教授〕、黄侃〔清末民初の革命家、国学者。北京大学教授〕、ひいては清朝の復辟[2]を主張した辜鴻銘〔清末民初の学者、北京大学教授。尊孔復古の立場から新文化運動に反対〕や洪憲運動[3]に関与したころの劉師培〔清末民初の学者、思想家・アナキスト。民初には袁世凱の帝制復活を支持。北京大学教授〕などに対しては、彼らの学問が人の師たるに足るとして、胡適、銭玄同、陳独秀とともにひとつ大学にうけいれたのである。このような自己と意見が違うものを受け入れる雅量、学術思想の自由を尊重する卓見は、同を好み異を憎む専制になれた東洋人にあってはまことに珍しいものである。これは老先生のさらに敬服すべき二点目である。

　蔡先生は亡くなってしまったが、先生の友人、先生の学生で蔡先生のお人柄を追慕するものはみな、先生のこの二つの美徳を拳々《けんけん》服膺《ふくよう》すべきである。

　蔡先生の逝去後、ある北京大学の元学生が私に手紙をくれ、先生の告別式の記念特集号の類に載せる文章を書くように言い、またさらにこう言ってきた[4]。「五・四以来、時に社会では国粋と道徳を廃棄する議論が起こりましたが、先生はこれに反駁し正すことがおできでしょうか」と。この問題に関する私の意見はつぎのようなものである。

おおよそ、まともな民族はみな自分の文化、つまり国粋をもっている。全世界の文化のるつぼの中で、各民族の価値ある文化は国「粋」と言えるのであって国「渣《さ》〔かす〕」ではない。それは容易に溶けてなくなりはせず、民族が滅亡してさえ、その文化の生命は民族の寿命よりもさらに長いのである。問題はある民族の文化を、その民族が自分の掌中で保存するかどうかであり、もし、ある民族が滅亡してしまい、あるいは滅亡しないうちですら、その文化、すなわち国粋が他の民族によって保存されるとしたら、まったくひどいことだ。「国粋保存」の説は、この点において意義があるのであり、もしある人が、民族文化を全世界文化から切り離して孤立したものと見なし、また国粋を全世界の学術から切り離して孤立したものと見なし、残余のものを保護するという旗幟《きし》のもと、周囲に目を閉じ尊大かつ排外的となり、域外の学術を取り入れることを拒絶し、ひいては外国の科学的方法を自国学問整理の道具とすることを拒絶し、一切の学術が比較研究の機会を失うとしたなら、精妙な語を選んで〔自国の学問を〕詳しく説明することはできず、ただ国「渣」を抱いて国「粋」と見なすだけである。経書を声高に読みながら、自分ではその訓詁の内容がまったくわからないという人さえいるが、こういう国粋家は本当にどうしようもない。

人と人がともに暮らす社会は、法律のほか、道徳もその維持に不可欠のものであり、道徳をまったく否定する人は、どの階級、どの党派に属していようとも、間違いなく、邪悪で恥知らずな小人である。しかし、道徳は真理とは違い、社会に適応するための必要から生まれたものであり、空間的、時間的制約があり、こちらで道徳と見なすものが別のところでは必ずしもそうとは限らず、昔は不道徳と見なされていたことが現代ではそうとも限らないのである。たとえば、寡婦を生きたまま焼くことは、古代インドでは道徳と見なされていたが、貞節を守ることを重視した中国人でも必ずしもそうは思わなかった。寡婦が再婚することは、中国では不道徳なことと見なされたが、西洋と現代の中国ではひどく悪いことなどとは考えない。殺人は最も不道徳なことであるが、戦場ではより多く殺傷できてこそ勇士であり、殉葬や割股〔自分のももの肉を割いて、病気の父母に食べさせ治療する風習〕は古代の忠孝の美談であった。男女同権の説は、西洋から中国に伝わり、当然ながら中国固有の道徳、すなわち礼教とは相容れなかったが、現代の紳士たちはこの方面では固有の道徳を公然とは死守しなくなった。しかし、実際は男子が男女同権を実行するのは、強い自制力の道徳が必要である。総じて、道徳は時代及び社会制度の変遷に従うはずのもので、いったんできあがったからといって、変わらないというものではない。道徳は自律によるもので、人を責めるために持ってくるものではない。道徳は身をもって実践するもので、みだりに叫ぶものではなく、道徳の叫びが高くなればなるほど、その社会は間違いなく立ち遅れており、ますます堕落するのだ。それとは対照的に西洋の大科学者たちの行いは、道学者ぶった神父、牧師に劣るわけではなく、清代考証学者の大先生たちは、同時代の湯斌〔清代の官僚、礼部尚書〕、李光地〔清代の官僚、文淵閣大学士〕などの道学者たちの了見よりもずっと善良であった。蔡先生について言えば、先生は美学を宗教に取って換えようと主張し、孔子を祭ることに反対し、道徳を持ってきて人を説教しようとしたことはなかったが、先生の品行は道徳を声高に唱える人よりもずっとすばらしかった。

これは私個人の意見であるばかりでなく、あえて言うなら、この二つの問題において、蔡先生と適之〔胡適〕先生と私の意見は大体において同じであった。適之先生はまだ健在だから、信じられない人は適之先生に聞きに行けばいいが、おおよそ蔡先生の言行を知る人は誰であれ、私のこの言葉が死人に口なしで、口に任せてでまかせを言っているなどと思いはしない。

五・四運動は中国現代社会の発展の必然的産物であり、功罪を問わず、すべてを数人に帰するべきではない。しかし、蔡先生、適之、それに私は、とりもなおさず当時の思想、言論上、主要に責を負うものであり、重大な問題について、当時の論に疑義が出た以上、適之が国内にいないため[5]、先生のあとに残された私が、この短文でついでに申し述べ、天下後世に伝えないわけにはいかない。もって蔡先生を記念する次第だ。

（1）南宋の忠臣、文天祥の詩、「過零丁洋〔零丁洋を過ぐ〕」の一句。「丹心を留取して汗青を照らさん」と続く。「人生は古来、誰にも死があるもの、どうせ死ぬなら、わが誠心をとどめ歴史を輝かせたいものだ」の意。文天祥は元軍に捕まり、屈服を拒否して処刑された。

（2）復辟については第二部「弁訴状」注（4）参照。辜鴻銘は弁髪をたらした復古派の北京大学教授として有名だった。

（3）中華民国大総統袁世凱の帝制画策運動を指す。袁は一九一五年末、請願を受ける形で即位を受諾、翌年から年号を洪憲とした。しかし、これは第三革命を惹起し、袁は三月には帝制取消を宣言し、間もなく憤死した。

（4）「何之瑜の胡適宛書信」によれば、「北大同学会は仲甫〔独秀〕先生に、記念の文章を書くよう頼んだことがありましたが、この文章は掲載されたときには一部削除されたものでした」（『胡適来往書信選』（下）二五九頁〔中華書局香港分局、一九八三年版では、四四三頁〕）という。――『選編』編集者注による。

（5）胡適は蔣介石の要請を受け、一九三八年九月から一九四二年九月まで中華民国駐米大使として米国に赴任していた。

楊朋升[1]への書簡

〔一九四〇年六月十二日付、独秀。ここでは『選編』テキストを底本とした〕

朋升先生侍史

成都では連日〔空襲〕警報が鳴っていると聞きます。手紙を差し上げてもご返事なく、恐懼していたところ、ちょうど五月三十日のお手紙を頂戴、拝読致しました。喜悦の極みであります。青城[2]はたいへんいいところと聞きますが、こうした田舎で家屋を建てられるとは、長くお住まいになるお考えのことと存じます。私の手紙など粗雑で無礼な代物、保管していただいているとは、恥じ入りとまどうばかりです。お手紙には、「恩来が成都に来た」とありましたが、周恩来のことでしょうか。あなたは彼と会って話されたのですか。この人は、他の〔共産党員の〕佞人に比べれば少しは道理に通じていますが、多くの小人たちの虜にされ、抜け出ることができていないのです。彼らは、私についてのデマや侮蔑をあらゆるところに広め、むちゃくちゃに騒ぎ立てています。

御健康を祈ります。奥様にもよろしく。

弟　独秀手啓

〔一九四〇年〕六月十二日

（1）楊朋升（一九〇〇～一九六八）、四川の人。一九一六年から一九年、北京に学び、新文化運動の影響を受け、日本に留学した。抗戦当時は、武漢警備司令部・川康綏靖公署（成都）参謀。陳独秀と書簡の往来があり、陳の生活を支援した。人民共和国成立後に投獄され、一九六八年、獄中で病死した（『選編』の「編者按」による）。

（2）青城は成都の北西約六十キロにある景勝地の山名。楊朋升の住む成都では日本の空襲も多く、気候も暑いことから楊朋升の夫人や娘たちが「青城に数ヶ月居を移すことはよいことです」と、陳独秀は一九四〇年六月一日付書簡（『選編』収録）で述べている。

鄭学稼への書簡

〔鄭学稼「陳独秀先生的晩年」[1]、『掌故』第八期、一九七二年四月十日、一九四一年十二月二十三日・一九四二年一月六日付、独秀〕

学稼兄侍史

十四日のお手紙、拝見しました。お手紙が論じておられることは、なお多くの点で卑見といささか異なりますが、これはあるいはあなたが「私の根本意見」をまだ詳しく読んでおられないからでしょう。このテーゼ式の短文は、トロツキー派（国外と国内）の諸氏の謬見に向けて書いたものです。私は精神面の調子が依然よくないため、長い文章を書く力がなく、詳しい議論を展開することができません。それで誤解されかねないのかもしれません。レーニンとトロツキーの見解は、中国には適合しません。ロシアや西欧でも正しいことがあったでしょうか。私はボリシェヴィキの理論とその人物（トロツキーも含まれます）の価値を評価し直すことを主張するのは、「ロシア・ファン」たち、とりわけモスクワのパンを食べたことのある友人たち向けのものです。私自身は、すでに彼らの価値を評価し終えています。

私はナチスとはプロシアとボリシェヴィキの混合物だと考えます。私が彼らを評論する際には、いつも科学的態度をとっており、いかなるセクトの観点にも依拠しません。いわんやボリシェヴィキの正統をもって自認することを潔しとしません。卑見は、人の賛同を得ることが難しいと思います。お手紙の「ボリシェヴィキとファシストは双生児」説を拝読した時は思わず手を打ち、大いに愉快でした。私はずいぶん前から、「ロシア革命の教訓」なる本を一冊書き、われわれの従来の見解を徹底的に覆そうと考えているのですが、残念ながら精神的な調子が悪く、しばらくは執筆できそうにありません。御著書が完成し、一読して快となす日が待ち望まれます。先日こちらではあなたが某校で演説され、ヒトラーが勝利しなければ中国民族解放の希望はない、と話されたと聞きますが、今こうしてお手紙を拝見すると、お考えはこれと異なるようで、たぶん伝聞の誤りなのでしょう。御教学が順調でありますように。

独秀手啓〔一九四一年〕十二月二十三日

卑見では、英米が勝利してこそ、中国民族の解放とまでは言えないにせよ、その経済と政治に発展の希望が生まれる、と考えます。

学稼兄侍史

先月二十一日のお手紙及び『評伝[2]』一冊、数日前に受け取りました。二十九日のお手紙も昨日拝読しました。お尋ねの件へのお答えは、あらまし以下の通りです。①そうした主張〔共産党と呉佩孚との合作〕はありませんでした。ただ、守常〔李大釗〕が〔呉の部下〕白堅武と同じ学校〔天津法政学堂〕に学んでいたことから、呉と会ったことがあるだけで、合作とは言えません。②〔八・七会議〕当時、私に反対したのは瞿秋白がトップで、コミンテルンが派遣した代表〔ロミナッゼ〕が公然と主宰していました。密かに指令していただけとはとても言えません。党から除名されたのは、その一年余り後[3]のことです。③以前、毛〔沢東〕と私の間には個人的な悪感情などありませんでした。私は、彼のことを農民運動の現場要員であり、政治的水準はかなり低い、と考えていました。④広州暴動以前にソヴィエトが成立したかどうかですが、中国党内ではこうした問題は発生しませんでした。毛の自伝が言うのは正しくありません[4]。この本を私は読んでいませんし、御著書の『〔毛沢東〕評伝』も読んでおりません。読んで自伝を引用して述べてあることに正しくないところがあれば、別途申し上げます。二十九日のお手紙を拝読し、あなたの言われた、ヒトラーの勝利は中国に有益だ、というのは一時的な思いつきであって、お考えの全体ではないことがわかりました。独ソ戦の当初、もしソ連がドイツを破れば、中国の北部はソ連のものとなっていたかもしれませんが、南部はそうではありません。今、ソ連はその武力の大部分が消滅し、英米にメンツを保つだけの属国となりはて、一層、害悪とはなりそうにありません。もし、最終的な勝利がヒトラーのものとなれば、ソ連とイギリスがおしまいであることはもちろんでしょうが、中国によいことがありましょうか。その時、ヒトラーの勝利は日本の勝利です。ならば中国がドイツの工業を利用して日本を打ち破るのは時間的にも空間的にも無理な話です。独ソ開戦の当初でも、情勢はそのようでした。したがって、私はヒトラーが敗北し、英米が勝利してはじめて、中国は完全な滅亡を免れる、ヒトラーが勝利すれば汪精衛式の政府しか存在できない、と一貫して考えてきました。なぜなら、中国と日本はもはや両立できませんし、日本はヒトラーが頼りにしている助手であるからです。彼は中国のために日本を怒らせることを決してしません。日本は極東の勢力なのですから、英米の勝利以外に打倒するすべがありません。あなたはどうお思いになりますか。はっきりお教えください。前の手紙であなたに、農山〔辞農山〕から久しく手紙が来ませんが、誰かに干渉されているせいでしょうか、とお聞きしましたが、まだご返事がありません。どうか早くお知らせ下さい。ご健康を祈ります。

弟独秀　拝

追伸　希之〔呉季厳〕は今月六日に油渓から家族を連れ重慶に向け出発しました。重慶から貴陽に行きますが、重慶で一週間ばかり滞在します。彼は、必ず農山・国燾〔張国燾〕の二兄を訪問し話をすると言っています。あなたの必要な本は、お近くの農山兄らに頼んで言ってもらってはいかがでしょう。

麦麦〔李麦麦〕の言うように、大戦がたいへん長引くことはないでしょうし、ヨーロッパも潰滅には至らないでしょう。追記。　〔一九四二年〕元月六日

（1）本テキストは、鄭学稼『陳独秀伝』上（時報文化出版企業有限公司、一九八九年）に写真版が掲載されており、これに基づき底本の不備を補い、段落替えの一部を改め、傍点を加えた。

（2）鄭学稼が一九四〇年頃に書いた『毛沢東評伝』のこと。翌年になって重慶で『毛沢東先生評伝』として出版された（鄭学稼「陳独秀先生的晩年」）。

（3）中国共産党中央緊急会議（八・七会議）の開催が一九二七年八月、陳独秀の除名は二九年十一月であるから、正しくは「二年余り後」である。

（4）「毛の自伝」とはエドガー・スノーに対し毛沢東が語った「自伝」が一九三七年、雑誌*ASIA*に、“The Autobiography of Mao Tse-Tung”として発表され、これが中国語誌『文摘』への訳載をへて、同年十一月、史諸録・汪衡訳『毛沢東自伝』（黎明書局）として刊行されたもの。以後、多数の毛沢東『自伝』が刊行されているから、鄭学稼はそのうちの一つを読んだものであろう。鄭学稼は、『自伝』に、「一九二七年十一月に最初のソヴィエトが江西と湖南の省境の茶陵に成立しました〔在一九二七年十一月、最初的蘇維埃、成立於茶陵、在江西湖南省辺境上〕」とあることにつき、陳独秀に問い合わせたのである。

第四部　陳独秀最後の論文と書信

解題

第四部には何之瑜編、陳独秀遺著『陳独秀最後の論文と書信（陳独秀的最後論文和書信）』を原著の構成どおりに独立した形で収める。まず、編者何之瑜と本書『陳独秀最後の論文と書信』出版の経緯とについて略述しておく。

何之瑜《かしゆ》（一八九六～一九六〇）、字は資深、変名に伍桐、賀松生など。湖南安郷の人。一九一八～二五年頃、北京大学に学び、この間、中共に入党し、一九二五年に北京共青団地区委員会委員となる。第一次国共合作期には、中共湖南省湘潭地方委書記として活躍し、毛沢東の「湖南農民運動の視察考察」（一九二七年三月、『毛沢東選集』第一巻所収）ではこの時期の湘潭県の農民運動は成功例として挙げられている。一九二七年六月、毛沢東が中共湖南省委書記となると、何之瑜はその下で組織部長を務め、二人は良好な関係にあったと鄭超麟は記す。一九二八年モスクワで開催された中共第六回大会には湖南省代表として出席した。のち、陳独秀とともにトロツキー派に転じ、機関紙『無産者』の出版責任者となる。一九三一年五月の中国トロツキー派統一大会後、国民党に逮捕され、一九三七年夏まで獄中生活を送った。釈放後はトロツキー派組織からいったん離れ、抗日戦期間、国立四川江津九中で教鞭をとりつつ、北京大学同窓会の委託で晩年の陳独秀の生活を助けた。一九四九年、鄭超麟らと中国トロツキー派少数派組織、中国国際主義労働者党の建党に参加し、中央委員となる。そのため、一九五二年十二月の中共政府によるトロツキー派一斉検挙で逮捕、投獄され、一九六〇年、かつての湖南省委時代の同志、毛沢東が建国した人民共和国の監獄で獄死した。

一九四二年五月、陳独秀が亡くなると何之瑜は、その葬儀を取り仕切り、遺著を集めた。抗日戦後、胡適に援助を求めつつ、何之瑜はこれら遺著を商務印書館から出版しようとしたが、国共内戦、新中国成立前の政治・社会情勢もあって、この計画は実現しなかった。当時、何之瑜と上海で同居していた陳道同[1]によれば、一九四八年十一月、何之瑜は陳独秀の遺稿を、何・陳（道同）二人の勤務先である文華映画会社営業部の宿舎に持ちかえり、数日間整理していたという。これが、本書『陳独秀最後の論文と書信』の原稿であった。この書も結局、商業出版はかなわず、鄭超麟らトロツキー派の友人たちが資金を出し合い、私家版として出版された。また、鄭超麟自身も本書編集に、一定程度関与していたことが鄭本人の回想からはうかがえる。

何之瑜の本書「後記」には、一九四八年十一月二十八日という日付があり、陳道同の証言に符合するが、本書に奥付はなく、正確な出版時期は不明である。陳道同は、これを上海

「解放」（一九四九年五月）の少し前とするが、胡適日記の一九四九年二月二十三日の条にはすでに本書を読んだ感想として、「陳は晩年、大いに進歩し、すでに「トロツキー派」ではなく、民主自由の道を歩んでいたことを深く喜ぶ」との記載があり（『胡適日記全集』第八冊）、さらに鄭超麟は本書に収められた「SとHへの書簡」について、「一九四八年の発表」と書いていることから、一九四八年末出版の蓋然性が高い。陳道同によれば、発行部数は二百〜三百部程度であったという。

さて、何之瑜から送られた本書を読み、大いに喜んだ胡適は、長文の解説を書き、それは、一九四九年六月、広州の自由中国出版部名で刊行された『陳独秀の最後の見解（論文と書簡）［陳独秀的最後見解（論文和書信）］』に「序言」として附された（なお、同書の中表紙・奥付では書名が『陳独秀の最後の民主政治についての見解（論文と書簡）［陳独秀最後対於民主政治的見解（論文和書信）］』となっており、この書名での刊行も一九四九年六月、同じ紙型で自由中国社出版部が行っている）。この胡適序『陳独秀の最後の見解』には何之瑜編の原著にあるマルクス主義、トロツキズム堅持の色彩の強い書簡四通（本巻に訳出した「陳其昌らへの書簡」「トロツキーへの書簡　附トロツキーのフランク・グラス宛書簡」「西流らへの書簡（日付不明）」「Yへの書簡（一九四二年一月十九日）」の四編）が収録されていない。この『胡適序本』の編纂、出版に胡適自身がどの程度関与したのか、即断はできないが、本書にはこうして何之瑜編の原著といわばその海賊版とも言うべき『胡適序本』の二種の版本があるわけである。ともあれ、本書によって、近代中国の起点に聳《そび》える巨人、陳独秀晩年の思想が明らかにされ、後世に伝わることとなった。陳独秀晩年のトロツキー及び中国トロツキー派組織との関係、民主主義思想、抗日戦観、第二次世界大戦観、さらにはスターリン主義とファシズムに対する強い嫌悪感などを読者はここから読み取ることができるであろう。何之瑜の功績は大きいと言わなければならない。

　本巻では原著を底本に、『胡適序本』を参考テキストとしている。どちらも超稀覯本であるが、前者は米国南カリフォルニア大学東アジア図書館（University of Southern California, E. ASIAN LIB.）所蔵のテキストを、後者は本巻訳者所蔵のテキスト（一九四九年九月付の第二版、劉仁静旧蔵本）を用いた。なお、後者には、原著にない各編の執筆日時が記載されているが、これはおそらく何之瑜が胡適に提供した情報によるものと考えられる。しかし、この『胡適序本』が記す執筆日時にも不正確な部分があり、そのため、『選編』、『晩年』その他テキスト、諸研究にも誤りが残されたままであったが、本巻では、江田憲治の考証によって、この執筆時をほぼ確定している。それによれば、原著の論文編、書信編の各編がそれぞれ執筆順に配列されていることがわかる。

　なお、本書の英訳に Gregor Benton ed. & tr. *Chen Duxiu's Last Articles and Letters 1937–*

1942, Curzon Press, Richmond, U. K., 1998 があり、その注には、英国在住で訳者ベントンと親交のあった中国トロツキー派指導者のひとり、王凡西生前の証言に基づく貴重な事実も含まれ、参照価値は高く、日本語翻訳・附注に当たっても多くを被っている。

（1）陳道同「何之瑜晩年両件事」（二〇〇〇年十二月執筆）参照。拙訳と解題及び原文テキストは『慶應義塾大学日吉紀要 中国研究』第九号（二〇一六年三月）に掲載。陳道同の亡父陳其昌、別名陳仲山は何之瑜の同志、友人だった。陳其昌は魯迅に手紙を出し、「トロツキー派に答える手紙」問題のきっかけを作ったトロツキストで一九四二年に日本軍によって殺害された。詳細は長堀著『魯迅とトロツキー』（平凡社、二〇一一年）第七章参照。

〔解題〕主要参考資料

1 鄭超麟「記何資深」（『懐旧集』東方出版社、一九九五年に収録。のち『史事与回憶 鄭超麟晩年文選』全三巻、香港天地図書公司、一九九八年、の第二巻に収録）。

2 鄭超麟「海峡両岸両位世紀老人的通信」（『陳独秀研究動態』第一一期、一九九七年五月）。

3 「隔海書簡 鄭超麟―胡秋原（一九九六、十二―一九九七、六）」（『陳独秀研究動態』第一二期、一九九七年十月）。

4　何之瑜「独秀先生病逝始末記」（一九四二年）、「後記」（一九四二〜一九四三年執筆）、「陳独秀叢著総目」（一九四七〜一九四八年執筆）（『陳独秀評論選編』下冊、河南人民出版社、一九八二年）。

5　中国社会科学院近代史研究所中華民国史研究会編『胡適来往書信選』（中華書局香港分局、一九八三年）。

6　王効挺・黄文一主編『戦闘在北大的共産党人』（一九九一年、北京大学出版社）。

7　『胡適日記全集』（台北・聯経出版事業、二〇〇四年）。

8　『中国共産党組織史資料匯編』（中共中央党校出版社、一九九五年）。

9　『中国共産党組織史資料』第二巻（中）（中共党史出版社、二〇〇〇年）。

〔付記〕

第四部中、「私の根本意見」「世界大勢再論」「被抑圧民族の前途」の三編の本邦初訳は『トロツキー研究』第三九号（トロツキー研究所、二〇〇二年十二月）掲載の長堀訳である。

私の根本意見

〔何之瑜編『陳独秀的最後論文和書信』（一九四八年末刊）、第四部全編はこの底本によるので以下の編では初出を省略する。一九四一年十一月二十八日[1]、「我的根本意見」、無署名〕

（一）いつでもどこでも、革命的情勢だ、などということはあるはずがない。もっとも荒唐無稽なのは、反動的情勢を革命的情勢と言いなすことだ。つまり、支配階級が勝利して安定に向かいはじめているのに、崩壊に向かっていると言いなし、中間階級が革命階級から離れ動揺しはじめているのに、支配階級から離れ動揺しはじめていると言いなし、革命階級の敗北後の憂憤の情を、革命的情緒の高揚だと言いなすということである。私たちは「人民が窮乏すればするほど革命的になる」というたわごとに反駁しなければならない。「圧力が大きくなればなるほど、反発力も大きくなる」という物理現象は、社会に適用するのはいいが、そのためには被抑圧者に奮起するに足るエネルギーがあるということを条件としなければならない。

(二) プロレタリアートの大衆がいつでもどこでも革命に傾く、などということはあるはずがない。とりわけ大闘争が深刻な敗北を喫したあとや、社会的経済的恐慌のときはそうである。

(三) プロレタリアートにその社会条件に見合う十分な数に裏打ちされた力がなく、経済的政治的組織もないとき、他の階層の人々と変わるところはそれほど大きくはない。とりわけ、十余年来のソヴィエト・ロシア官僚支配の経験と、中日戦争および今次の帝国主義大戦の経験からして、私たちは目下各国のプロレタリアートの力を過大評価することはできないし、「資本主義がすでに終わりに行き着いた」と軽率に宣言することもできない。もし、全世界を震撼させるほどの干渉[2]がなければ、今次の大戦は無論、資本帝国主義の終焉とはならず、その発展の第二段階の始まりとなろう。つまり、多数の帝国主義国家から、併呑兼併で単純化した対峙する二大帝国主義集団への始まりとなるのである。

(四) プチ・ブルジョワジーの「集中」「統一」の恣意性と、プロレタリアートの「集中」「統一」の自発性の違いを厳密に区別しなければならない。

(五) 急進的かつ思い上がったプチ・ブル分子と、断固として、かつ率直なプロレタリア分子との違いを厳密に区別しなければならない。

（六）現在は最後の闘争の時代ではない。立ち後れた国家においてばかりでなく、欧米先進諸国についても、ブルジョワジーとプチ・ブルジョワジーにはすでに進歩的役割がまったくなくなり、完全に反動陣営に行ってしまったと主観的に断定するものがいるとすれば、それは将来ブルジョワジーが進歩的役割を見せたとき、これに対してあわてふためいて投降するという結果をもたらすであろう。

（七）何ら先入見を持たずソヴィエト・ロシア二十余年来の経験を理解し、科学的、非宗教的にボリシェヴィキ理論とその指導者たちの価値を評価し直すべきである。一切の罪、例えばプロレタリア政権下での民主制の問題などをスターリン個人の責任に帰してはならない。

（八）民主主義は人類に政治組織が発生してから、政治が消滅するまで、各時代（ギリシャ、ローマ、近代から将来に至る）において、多数階級の人民が少数の特権者に反抗する際の旗幟である。「プロレタリア民主主義」は空文句ではなく、その具体的な内容はブルジョワ民主主義同様、すべての公民が集会、結社、言論、出版、ストライキの自由を持つことを要求するものである。とりわけ重要なのは、反対党派の自由で、これらがなければ、議会やソヴィエトはともに何の価値もない。

（九）政治上の民主主義と経済上の社会主義とは相補的なものであり、相対立するものではない。民主主義は資本主義およびブルジョワジーと不可分のものではない。プロレタリア政党がブルジョワジーと資本主義とに反対することを理由に、民主主義をもいっしょくたにしてこれに反対するなら、たとえ各国にいわゆる「プロレタリア革命」が起きても、官僚制の消毒素となる民主制もなくなり、ただ世界にスターリン式官僚政権の残虐、汚職、虚偽、欺瞞、腐敗、堕落が出現するだけで、決して社会主義など創造することはできず、いわゆる「プロレタリア独裁」などは端《はな》から存在せず、党の独裁となり、その結果は指導者の独裁にならざるをえない[3]。いかなる独裁制も残虐、汚職、虚偽、欺瞞、腐敗、堕落の官僚政治と不可分のものである。

（十）今次の国際大戦はもちろん二つの帝国主義集団が互いに全世界の覇権を争う戦争である。いわゆる「民主主義と自由のための闘い」というのは、もちろん建前である。だがそれだからといって、英米民主主義国に若干の民主主義と自由とが今なお存在することを否定することはできない。英米では野党、労働組合、ストライキは現実のものであり、約束手形ではない。ナチの第五列[4]の手先を除けば、いかなる詭弁を弄そうともこれを否定することはできない。ナチがユダヤ人に対して用いたやり方で、米国が自国内の孤立主義派[5]に対したということは、いまだかつて聞いたことがない。ヒトラーのナチの輩は野蛮と暗黒支配のドイツ統治方式で全世界を支配しようとしており、つまりは中世の宗教裁判よりも野蛮、暗黒のやり方で世界を支配しようとしている。ナチは一つの主義、一つの党、一人の指導者のみが存在を許され、自己と異なるいかなる存在も認めないという世界にしようとしており、征服した国では土着のナチとその他雑多な土着ファシストの存在しか認めないのである。ヒトラーの輩の勝利は全人類を窒息させ、全人類の思考可能な頭脳と自由意志を持った人たちを、そうしたものを持たない牛馬や機械に変えるだろう。だから、世界各国（当然ドイツも含む）の良心的進歩分子はみな、今次大戦の最初から、そして今もこれからも、「ヒトラーのナチの輩を殲滅すること」を各民族共同の進撃の総目標とすべきなのである。その他一切の闘争はこの総目標からみて、プラスであってマイナスでないということで初めて進歩的意義を持つのである。というのはヒトラーのナチがひとたび勝利するや、社会主義とか、民主主義とか、民族解放とかはすべて話にならなくなるからである。

（十二）今次の帝国主義戦争で民主主義国側に対し、祖国敗北主義方針[6]を採り、国際帝国主義戦争を国内革命戦争へという戦略を採るならば、それはいかに左翼的に聞こえようとも実際はナチの勝利を助けるだけである。例えば、英国人自身の帝国主義政府がもし革命によって転覆させられたとするなら、その時には英国陸海空軍の力は間違いなく分裂弱体化しており、革命の新政権は、ナチ軍のロンドン侵攻に抵抗するに足る強大な軍事力を短期間に育成することは決してできない（「自国帝国主義政府の敗北が、疑いなく災禍を減ずる」と言うならば、今ナチに占領されているチェコ人やフランス人は本当に幸運ではないか！）。時間の問題を無視すれば、真理も荒唐無稽なものになってしまう。中日戦争がすでに帝国主義大戦によって変質したと考える理由はあるが、そのために中国において祖国敗北主義を採るべきだと主張することはできない。重慶政府の消滅は、今日では独・伊・日三国の勝利が早まることを助ける以外に、他の幻想は持ちようがない。私たちは同じ理由からソ連で祖国敗北主義を採ることを主張しはしない。人類の自由の命運においてヒトラーの徒党よりスターリンの徒党のほうがましだと信じるに足る事実はないにしても、である。

（十二）革命の基礎的準備、つまり大衆の団結は、わずかなりとも民主的傾向をもつ政権の下での方が、ナチ強権支配下よりも困難であるとか、ナチの勝利はその敗北よりもドイツの革命運動に有利であるとか言えるいかなる理由もない。ナチのヨーロッパにおける覇権がいつまで続くか誰にも予想できない。もし、ナチは勝利後必然的に崩壊するという理由で、その勝利を助ける口実とするなら、このような大きな犠牲とこのような滑稽な戦略は、以前ドイツの国内政変において、スターリンが宣言した「ヒトラーに政権を取らせよう」「政権獲得後、すぐに敗北するから」といった言い方と異なるところがない。加えて現在のヨーロッパは中国の戦国時代、ヨーロッパ近代初期同様、経済発展の点では統一を要求しているが、革命的統一がないため、ナチの反動的統一は客観条件の上ではその実現の可能性があるのである。しかし、こうした反動的統一は経済の上では、資本制度の生産力に対する束縛（私有財産制）を揺り動かすには足らず、ヨーロッパ王権時代が封建制度の生産力発展に対する束縛（農奴とギルド）を揺り動かしたような進歩的作用は果たさないのである。政治上、民主制を消滅させ、中世の暗黒政治に回帰するなら、それはたとえさほど長期にわたらないとしてもやはり人類にとって恐ろしい災禍であり、計り知れない損失なのである。

（十三）戦争と革命は進歩に向かう国家においてのみ、生産力の発展の結果であり、また転じて生産力発展の原因となる。衰退中の国家にあっては逆に、生産力をさらに削ぎ、大仰虚飾、汚職、奢侈、因循という具合に国民の品格をより一層堕落させ、政治をさらに暗黒化、すなわち軍事独裁化させるのである。

（十四）国際戦争では双方の武器と軍事技術が均衡した国家間であってはじめて、員数、民衆の志気、作戦精神が勝負を決する要因だと見なすことができる。内戦においては、十九世紀の新しい武器の発明でエンゲルスは市街戦の価値を改めて評価し直さざるを得なくなったが[7]、二十世紀の新しい武器、戦術の発明で、もし支配陣営が内部崩壊しないのであれば、民衆暴動と市街戦の可能性は必然的に減じることになるであろう。

（十五）資本制が私有財産を存在条件とするように、帝国主義は植民地と半植民地をその存在条件とする。私たちは、資本の支配が崩壊せずして私有財産が消滅すると幻想を持つことはできない。同時に植民地と半植民地の民族独立戦争が帝国主義国家（宗主国とその敵対国家）内部における社会革命と結合せずして勝利を得ると幻想を持つことはできない。今日、英米とドイツの二大帝国主義が全世界の奴隷支配権を互いに争う今日、孤立した民族戦争は、いかなる階級が指導しようとも、完全なる敗北に終わるか主人を交替させることにしかならない。あるいはさらに凶悪な主人に交替させることもあるだろうし、たとえ開明的な奴隷使いの主人に替わり、自国の政治経済発展にかなり有利になったとしても、もとの植民地・半植民地の奴隷的地位を根本的に変えることはできないのである。

（1）原著には執筆日付はなく、『胡適序本』には「一九四〇年十一月二十八日」とあるが、本編を最初に公表した鄭学稼「陳独秀先生晩年的《の》思想」（『民主与統一』一九四六年七期）によれば、一九四一年十二月一日付の陳独秀の鄭宛書簡とともに本編が送られてきたことがわかる。この点は、後年の鄭学稼「陳独秀先生的晩年」（『掌故』第八期、一九七二年四月）収録の陳独秀書簡などから見ても確かであり、『胡適序本』の言う「一九四〇」年は「一九四一」年の誤りである。唐宝林『陳独秀全伝』（香港中文大学出版社、二〇一一年、初版、八〇一頁）が、本編を一九四〇年作とするのも同様に誤りである。なお『選編』注は『胡適序本』の日付の誤りを正しく指摘している一方、『晩年』注は「胡適序本は一九四一年十一月二十八日に作る」と誤記している。

（2）後掲の「世界大勢再論」に「全世界を揺るがすような大革命の干渉がなければ、こうした状況は相変わらず継続していくことだろう」（本巻三三九頁）という似た表現がある。陳独秀の言う

「干渉」とはここでは大革命を指すと考えられる。

(3) この部分は、トロツキーの「われわれの政治的任務」(一九〇四年)のレーニン組織論批判を想起させる。曰く「党内の政治においては、こういった方法〔代行〕は、……党の組織が党そのものを「代行」し、中央委員会が党の組織を「代行」し、最後には「独裁者」が中央委員会を「代行」するということに帰着する」と(菊池昌典『人類の知的遺産67 トロツキー』講談社、一九八一年、所収。この部分は原暉之訳)。

(4) 敵に内通するものの意。スペイン内戦時に、四個部隊を率いてマドリッドに侵攻したフランコ派将軍が、さらにこれに呼応する一個部隊が共和派内にいると称したことに始まる。

(5) 第五代大統領モンローの宣言に基づく、欧米相互不干渉を主張する米国の外交政策。ここでは具体的には米国の参戦反対を意味する。

(6) 革命的祖国敗北主義とも言う。レーニンが第一次大戦時に、祖国防衛主義に陥った第二インターナショナル諸政党の態度に対置した主張。帝国主義間戦争では、交戦国のプロレタリアートは自国内で自国の敗北のために闘うべきとした。これは「帝国主義戦争を内乱へ」というスローガンと対で、社会主義革命へのひとつの道筋を提示したもの。第二次大戦当時、中国トロツキー派指導者の一人で陳独秀の中共時代からの側近でもあった鄭超麟はこの立場をとり、抗日戦争の進歩性を認めなかった。陳独秀はこうした傾向を批判している。

(7) マルクス『フランスにおける階級闘争』独語版(一八九五年)へのエンゲルスの序文参照。『マルクス・エンゲルス全集』(大月書店)第七巻所収。

戦後世界大勢の輪廓

〔一九四二年二月十日付、[1]「戦後世界大勢之輪廓」、無署名〕

歴史は再演されることはない。今回の大戦は、世界の各方面にすでに巨大な変化を生み出すか、あるいは巨大な変化の萌芽を生み出している。過去の理論と公式の表に将来の事態の発展を書き込むことは、まるで役に立たない。

今回の大戦の結果は、三つのうちいずれかである。第一は、英・米と独・日との勝負がつかず、講和することである。第二は、勝利が英・米に帰することであり、第三は、勝利が独・日に帰することである。第一の結果となる可能性は最も小さい。われわれはこれを推測する必要はないだろう。第二と第三の可能性はどちらが大きいだろうか。現状からすると、当然、独・日が優勢である。開戦してすでに二年余、ソ連が出て来て〔戦線を〕支えたため、イギリスは半年間完全に休養できた。にもかかわらず今、全力を挙げてもドイツの北アフリカの少数部隊[2]に敵《かな》わないのであるから、イギリスが近い将来ドイツの大軍に勝利できるというのは、全く想像しがたいことである。イギリスの各戦場での敗北は陸軍と空軍が衆寡《しゅうか》敵せずであったからだとすると、一年か一年半後、英・米軍の兵器生産が大拡充されたのちには戦局に変化が生じるであろう。だが、いま「工場の全面改造」が呼びかけられているが、過去から現在まで政府官吏の因循さが国を誤り、工場主たちも個人的利益しか見ていないことを考えると、将来の兵器生産競争で、英・米が、ドイツ本土及び同国が利用できる隣国に勝てるかは、確かに大問題である。将来勝てると仮定したところで、どんな神秘的な力があれば、ヒトラーとその仲間たちをして一年、場合によっては一年半、兵を按じて動かず、英・米の軍備充実を静かに待たせることができるのだろうか。ドイツの内部的危機は、英・米よりもまことに大きいが、しかし対外戦の疲弊や壊滅的な敗北が起こる以前に、それが爆発することはなさそうだ。ドイツの唯一の弱点は石油が不足していることだが、このことがドイツの長期戦遂行を不可能にするのは、ドイツがコーカサスやイランを奪取する力を一貫して持っていない場合だけである。さまざまな情勢から、ドイツには速戦速決が有利であり、英・米は持久戦に利がある。双方ともに、時間が第一要件である。したがって目前に迫っているドイツの春季大攻勢は、それが地中海で起ころうとヨーロッパ・ロシア大陸で起ころうと、マルタ・ジブラルタル・スエズからシンガポールに至る戦線の勝負となろうと、モスクワ・コーカサス・イラン・イラク・シリアからシンガポールに至る戦線の勝負となろうと、今回の大戦全体の勝敗を決する最大の鍵である。この戦線の勝利が独・伊・日に帰すれば、英・米は長く持ちこたえることはできなくなる。古より今日まで、土地が広く人口が多く物産が豊かということだけが、勝利を決定する重要な条件ではない。

勝利が英米のものとなれば、独・伊・日は皆おしまいであるが、講和会議あるいは国際的な善後会議の場で英・米が対立しあう局面が形成されることになる。戦後のイギリスがヨーロッパ・北アフリカ・近東及び中東を整頓することはそもそも容易でなく、その勢力は一時的には極東に及ばなくなる。極東から東南アジア・オーストラリアは自然にアメリカの勢力範囲に属する。その時ソヴィエト・ロシアは〔イギリスとアメリカの〕双方が味方につけようとする奇貨となる。イギリスとアメリカの命運は、次なる大戦で決せられる。

勝利がもしヒトラーのものとなれば、イギリスはおしまいだし、アメリカも暫時二つの大洋を区切って自らを守るしかない。しかしヒトラーが勝利しても、彼の銃口は依然西に向けられ、ウラル山脈・イラン・インド以東は彼の軍事力の直接及ぶところではない。その場合、米・日間に講和が成立していようといまいと、日本はアメリカとドイツの双方が味方につけようとする奇貨となる。もとよりアメリカは、必ずしも対日戦争を続けようとはしないし、ヒトラーはアメリカを征服するまでは、極東問題のために日本を怒らせ、この頼りになる同盟国をアメリカ側に転向するよう仕向け、両大洋でアメリカを挟撃するための右腕を自分で断ち切ることなどするはずはない。ヒトラーは、極東におけるイギリス勢力が消滅した後で日本に脅威を与えれば、日本は、アメリカが極東から退出する条件でアメリカと妥協する可能性があることを知っている。アメリカとドイツの命運は、次なる大戦で決せられる。

世界があと何回大戦を繰り返すか、われわれにはわからない。わかっているのは、戦争の因が除去されるまで、戦争の果は免れないということである。しかも、勝利がドイツのものとなれば、次回の戦争がより早く到来することは必然である。アメリカとドイツの間には、いわゆる講和は行われていないが、現実の戦闘は必ず一段落するものだ。ドイツはもともと、その新秩序を樹立し勝利の果実を手にするための停戦期間を必要としているし、さらにアメリカまで航行できる戦艦と輸送船を補充するための時間を必要としている。しかし、この期間が過ぎれば、ドイツの対米戦争は南アメリカから開始されることになろう。国際的な大戦争は、本来、前回の大戦争の継続延長である。われわれは決して、「永続平和」「民族自決」「民族平等」「資本制の消滅」といった聞こえのいい宣伝に幻惑され、戦後にこれらがすべて実現される、などと夢想してはならない。

資本制に改良を加えようという欧米人の企図は、今に始まったものではない。しかし、その結果、株式会社や協同組合のそばにトラストがそびえ立つことになった。世界の半分に労働法が普及した後でも、いわゆる「社会主義国家」はいまだに出来高賃金を復活させねばならない。資本制の改良は容易なことではないし、資本制の消滅は、なおさら人が想像するように簡単ではあり得ない。今回の大戦後は、イギリスとアメリカの世界となっても、ドイツ・イタリア・日本の世界となっても、彼らが資本制を改良し、自らの支配に適応させようとすることは必然である。ヒトラーは今までずっと資本主義を非難してきたが、そのことでいかなる人をも騙せない。自分で自分をからかっているだけである。彼らの改良の企図とは、関税協定から経済同盟までを利用してブロック経済圏内の関税障壁を軽減すること、バーター貿易によってブロック経済圏内の貨幣の役割を減退させること、産業の国有化で一部の私営企業に代替させること、に他ならない。しかし、一つのブロック経済圏内の関税障壁が軽減されるとしても、別のブロック経済圏に対する関税障壁が一層強化されることは必然である。バーター貿易の方法は、全面的には実施できないし、そこで貿易できるのは依然として貨幣による計算、商品交易であって、分業互助ではない。ある種の産業国有化は、すでに前世紀に行われたことであるが、全部の国有化、すなわちいわゆる国家資本主義の実施は、理論的には言えるとしても、実際には絶対に不可能である。生産手段を占有する大グループが、革命による没収を通じてではなく、自らすすんで私有財産を国家に献《ささ》げるといったことは、想像できない。平和的に没収する超然政府があり得ると幻想する人がいるが、こうしたいわゆる「超然政府」は、ある日の午前に人の企業を没収しようとして、その日の午後にその政府が人に没収されてしまうといったものだ。だから、以上に述べた三つの改良の企図は、資本制を揺るがすことは決してできない[3]。

資本制というものは、それが誕生した時から、利益と弊害がそれ自身の発展のロジックに沿って日々増大するのであって、あらゆる改良方法は、その基礎を動揺させたりできないし、これをコントロールしようとしても、社会経済全体を衰退へと歩ませるだけなのだ。その利益だけを得て弊害から免れようと虫のいい計算をしても、成功するはずがない。私有財産制と商品生産は、資本制の基礎であって、またその弊害の根源である。この生産制の目的は生産手段の所有者のために商品を売り、その私有財産を増やすことにある。あらゆる人民に直接食料品を供給するために生産するのではないのである。その生産力が発展すればするほど、需要供給法則に基づき、生産力と購買力はますます均衡を失う。このため生産は過剰となり、物価が下がり、工場が倒れ、労働者が失業して経済恐慌が生み出される。一時期を経過すると、生産力は減退して原状に復し、さらに後には、生産力が以前よりも強化され、一層大きな恐慌へと向かう。こうした循環で恐慌の周期律が構成される。従来、生産過剰を救済する策は二つあった。一つは、自ら生産量を減らし、場合によっては産品を破壊するといった愚かで笑うべき方法である。もう一つは、植民地や国外市場を奪い、戦争へと向かう狂気の恐るべき方法である。国内生産で過剰となった商品を国外市場で販売せねばならないし、さらに国外商品の国内市場への侵入を阻止せねばならないから、そのために関税障壁を高くし、軍備を拡張し、戦争を準備、さらには戦争の実行へと至るのである。この一連の因果関係の現象は、現代の国家当局が採用せざるを得ない方策である。資本制を消滅させることができない以上、彼らは資本制に鼻面を引き回されるしかないのだ。そうでなければ、敗北するしかない。これはもとより事実がもたらす必然であり、決して思想や良心といったものが改変できることではない。全世界でいくつかの強大な国家が市場を争奪し、戦争を準備し、戦争を実行せねばならない時代、彼らは勢力範囲拡大に全力を挙げ、ひしめき合っている。どうして民族自決や民族解放を語ることができようか。前回の大戦が終わろうとしていた時、ウィルソン〔アメリカ合衆国大統領〕の十四ヶ条[4]が全世界を驚かせたが、たちまち影も形もなくなってしまったのは、ロイド・ジョージ〔イギリス首相〕やクレマンソー〔フランス首相〕がウィルソンを欺《だま》したのではなく、ウィルソンが自分で自分を欺していたからである。なおかつ、このペテンは、フランスを滅ぼし、イギリスとアメリカを傷つけ、日本に対しては強国の体面を失わしめた。今回の大戦後、この資本制の世界でなお平和主義を標榜する国があれば、その国は次なる大戦での敗者である。

今回の大戦後、勝利がどちらのものとなろうと、帝国主義の支配は依然として変化がないであろうか。資本制が一日とて存在するかぎり、それが自然に生み出した帝国主義は、当然自らを根本的に廃棄することができないが、支配の形式が変わっていくことは必然である。

すなわち、民族化から国際グループ化へという形式の改変である。この改変は、帝国主義制度の終結ではなく、逆に拡大と強化に向かうものである。今後は、十九世紀以前の民族国家運動が帝国主義の発生にともなって没落したのに加えて、二十世紀初期の七ヶ国か八ヶ国の帝国主義列強の対立も終わりを告げるだろう。ドイツ、イタリア、日本はともに、民族国家から帝国主義国家になったもののうち、比較的歴史が浅く、なかでも日本が最後の一国である。全世界の植民地と後進国の市場は、すでに他国が足早に獲得していた。このことが、彼らが危険を冒して、狂ったように戦争によって帝国主義世界の旧秩序を改変しようとしたことの唯一の原因である。戦争の結果、真に完全に独立し、他国の支配を受けない国家は、対立し合う二つの指導国家だけとなる。アメリカとドイツの対立か、イギリスとアメリカの対立である。その他の国家・民族は、同盟とか全面協力などの名目の下に、この二つの指導国家が指導するブロックに隷属することになる。日本とソヴィエト・ロシアは、当然自分のブロックを指導する野心を持っているが、彼らの命運を決定するのは、結局のところ生産力である。その他の植民地や後進国が、民族闘争によって新たな独立国家を生み出そうと企図しても、そうした時代はすでに過去のものだ。各ブロックの中では、国力の強弱により、「国家は」四つの等級に分けられる。第一は、やや面子が保てるいわゆる「同盟国」である。例えば、ドイツに対する日本、英米に対するソヴィエト・ロシアである。第二は半植民地であり、ドイツに対するイタリア、英米に対するオランダやフランス、ベルギーがそれであり、自らの政府を持っているものの、政治、とりわけ経済が多少とも指導国家の支配を受ける。第三は保護国であり、ドイツに対するフランスやベルギー、イギリスに対するデンマークやイタリア、アメリカに対するフィリピンがそれであり、自らの政府を持っているものの、独立した外交は持てない。第四が植民地であり、自治政府すらなく、統治権は指導国の総督の手に握られている。植民地よりさらに立場が低いものは、これまでにはなかったけれども、今あるとすれば、種族が日々消滅に向かっているアメリカやオーストラリアの先住民である。このように、ブロック内の国家・民族の地位には高低の差はあるが、共通点もある。すなわち、彼らの政治・経済制度は、多かれ少なかれ指導国家のモデルにより改造されねばならない、〔指導国家のモデルに〕根本的に反する制度は存在を許されない、ということである。ドイツが指導するブロックでは、多少ともナチスの制度に基づき改造がなされ、英米が指導するブロックでは、多少とも民主主義の制度によりそれが行われる。社会主義の制度はどうか。それは、指導国家における革命が成功してはじめて実現できるし、ブロック全体に影響を及ぼしうる。ロシア革命の経験によれば、帝国主義世界の最も弱い環の破砕だけでは、結局その全体を瓦解させることはできない。現在のソヴィエト・ロシアに至っては、その生産力は指導国家の任にたえないし、それ自身がとっくに社会主義を離れている。

夢を見ることが好きな人々は、今回の大戦が始まるや、弱小民族の独立のチャンスがやって来たと夢想した。だが実際には、アジアの植民地は英米の手を離れるや日本のものとなり、アフリカの植民地はイギリスの手を離れるやドイツ・イタリアのものとなった。戦争が社会主義革命のすみやかな到来をもたらすであろうと夢想する人もいたが、残念ながら事実は彼らの美しい夢を打ち壊した。〔そのこと自体が〕すでに悲哀にたえないことなのだが、もしそのうえ、今後は民族闘争さえも制限され、ナチス党は地球の半分を支配することになる、と気がつけば、彼らは歓喜の天国から悲哀の深淵へと落ち込むように感じ、坂道を下る運命なのだ、と感じることだろう。しかし実際のところ、人類の進化史は、一貫してとても冷静に前進の道を歩んでいるのであって、今それは天国に向かうことを意図してもいなければ、破滅や深淵への墜落に向け歩んでいるわけでもない。人々が自分で、幻の希望・歓喜から失望・悲哀に至ろうとも、それは何の責任も負わない。今回の大戦が、ひどく不幸なことに、果たして勝利がナチスに帰し、ナチスが地球の半分を支配することになり、この人類の半分を占める人民が、政治的にはその時期全体にわたって息の根を止められるような大きな苦難に直面することになるとしても、経済的には英米の勝利の場合と同様、資本制の生産力に対する束縛を揺るがすことができないとしても、資本制の範疇の中で大きな進歩が生まれ得る。例えば、幣制の統一、関税障壁の軽減、物資の集中などによって世界の数多くの小規模経済単位が次第に減少し、経済発展の障害が部分的に除去され、社会の生産力は戦前に比べ飛躍的な増大をみることになる。このことは客観的に、将来の社会主義世界のために広い道を切り拓き、物質的な基礎を強化する。資本主義は本来、血の罪悪の中で進歩を生み出すことを慣例としているのであり、視野の狭いセクトの人だけが、この遠景を見出し得ない。人類の歴史は地球と同じく、光明の白昼であろうと暗黒の深夜であろうと、歩みを止めないのだ。

まじめな話、まっとうな民族の解放とは、帝国主義国家の社会主義革命と同時でなければ実現することはない。後進国や弱小民族の「民族自決」「民族解放」とは、資本帝国主義の世界にあって、そもそも幻想である。いわんや二派に分かれた帝国主義の首脳が、戦時だということで全世界の後進国と弱小民族を脅し上げている今日、民族闘争は制約されることになる。こうした話を聞いて驚くのは、幻想を好む人間だけだ。世界経済は統一により進歩するという観点から見れば、民族闘争が制約を受けることとは、必ずしも全く悪いことではない。全世界にせよ一つの国家にせよ、革命的統一がないのであれば、反革命的統一にも進歩の意義がある。例えば呉佩孚[5]の〔目指した全国〕統一は軍閥割拠よりましだったし、劉湘の〔四川省〕統一は、防区時代よりましだった。また、民族闘争が制約されることになる、というのは、指導される立場の民族はおとなしい羊のように何もできない、と言っているのではない。ただ、今後の民族闘争は一定の制限を受けるし、この警戒感を持っていてはじめて、有効なステップを踏むことができるのだ。（一）自己の政治的民主化と民族工業の発展に努めることで、ブロック内での地位を向上させる。今はもはや李鴻章の時代ではないのだから、富国強兵で一躍、十八、十九世紀式の民族独立国家とか二十世紀式の世界の一等国とかになるといったの夢を見るべきではない。（二）自己の実力を創造し（工業と人民的組織）、指導国家内部の革命闘争に対応した闘争を準備し、自らの民族の真の解放と進歩を達成する。門戸を閉じて、一国家の中で一民族の力で、帝国主義の勢力を排除し、民族資本主義国家の独立を実現できるなどと幻想を抱いてはならない。（三）国外の闘争に対しては、枢軸国の闘争であろうと非枢軸国の闘争であろうと、すべて民主主義から出発するべきであって、民族主義から出発するべきでない。専制的なドイツ・イタリア・日本三国の提携と横行は、それぞれの民族の最後の鉄条網を衝き破っている。これはすでに一民族の問題ではなく、全人類の民主と自由の存亡問題である。もし依然として民族の立場から出発して闘争するなら、インドの眼前の敵はイギリスであり、中国も将来抗米戦争を戦うことになろう。（四）われわれは、わが民族の生存を脅かしている帝国主義の侵略に全力で反抗せねばならないが、その文化を拒絶してはならない。外来文化を拒絶する保守的な傾向は、往々にして自己の民族をして停滞から衰退へと向かわせる。中国文化にはまことに優れた点があるが、これを誇大に評価すれば、形だけの地位に君臨してあらゆるものを見下ろす偏倚的な発展をとげ、民生や国防が依存して特に重視すべきである物質文明を文化から排除することになる。さらに人によっては中国史上における民族の栄光である印刷と火薬の発明をも文化から排除し、文化を文芸の枠にまで縮小させているが、こうした文化への誤解の結果、今回の抗日戦争の中でも、絶対に起こってはならないことが二つ起こっている。一つは、詩詞を口の端《は》にのぼせ手に筆を執ってこそ「文人」と称すべきであるのに、わけもなくこれを「文化人」と改称していることである。このことは、日本が中国を「文字の国」と称しているのと同様、中国文化に対する諷刺である。もう一つは、呪文で銃砲を防げるとした義和団の思想を引き継ぎ、標語・スローガン・歌唱で飛行機・大砲・戦車を防ごうとしていることである。これは中国文化の奇形的発展の末路である。張之洞の「中学を体と為し、西学を用と為す」との説[6]は、われわれの進歩を半世紀もの間阻害してきたのだ。われわれは、〔かつてのように〕「本位文化[7]」や「東方文化[8]」を高唱して後生の人々に害悪を及ぼしてはならない。

あるいは、今回の大戦は枢軸国と反枢軸国の帝国主義両派がそれぞれ勢力圏を拡大しようとする闘争であって、民族解放の闘争ではない、弱小民族が参加する意義は全くない、と考える人がいるかもしれない。こうした見解は、民族解放は当然に帝国主義の支援に依存して成功できるわけではないが、また弱小民族自らの力で解決できる問題でもない、ということを理解していないことから生じている。しかも、「中立」という言葉は、現代の戦争史では二度と現れることはない。ビルマ〔現ミャンマー〕人が、知らない天使とつきあうよりも、むしろ馴染みの悪魔と手を結んだほうがいいと言うのであれば、われわれは彼らに、今の世界に天使とかがいるとは知らなかったが、君たちの言う馴染みの悪魔とは、君たちが知らない悪魔より十倍も凶悪なことは知っている、と彼らに告げるべきである[9]。中国で、アメリカを助けて日本と戦うのは、前門で虎を防ぎながら後門に狼を入れることだ、と言う人がいれば、われわれはその人に次のように言うべきである。アメリカが勝利し、われわれが自ら変わることに努めることができ、これ以上汚職腐敗をかばい立てしなければ、たぶん以前の半植民地の地位を回復できるだろう。もし勝利が独・伊・日のものとなれば、われわれ〔の立場〕が植民地に落ち込んでしまうのは必然だ。南京の傀儡政府でさえ、まもなく消え失せることになる。

以上述べたところは、人によっては、消極的な議論だと考えるであろう。ならば、将来の事実がその人に教訓を与えるのを待つしかない。

〔民国〕三十一〔一九四二〕年二月〔十日〕

（1）　原著に見える脱稿日付は「三十一年二月」としかないが、『胡適序本』は日付を「三一年二月十日」としている。これに従う。なお、『選編』編注によれば、本論文の前半は重慶『大公報』一九四二年三月二十一日に発表されたが、その後半は、国民政府軍事委員会戦時新聞検査局により、「内容が抗日建国の政策に乖離、違反する」として公表を禁じられたという。

（2）「砂漠の狐」と呼ばれたエルヴィン・ロンメル将軍（一八九一〜一九四四）のドイツ・アフリカ軍団（のちアフリカ装甲集団）のこと。

（3）原文には改行はないが、一段落が長くなるので、ここで改行した。

（4）一九一八年一月八日、アメリカ連邦議会で発表された平和原則。秘密外交の廃止・海洋の自由・経済障壁の撤廃・軍備縮小・植民地問題の公正な解決などを提起した。

（5）一九一八〜三五年、四川軍閥の諸軍は駐屯地区（防区）ごとに税収を支配した。

（6）「中国の学問が本質であり、西洋の学問は応用である」との意。張之洞の著作『勧学篇』（一八九八年）に見え、西洋文明を技術中心に導入しようとした洋務運動の立場を示している。

（7）一九三五年一月、王新命ら十名の教授が雑誌『文化建設』に「中国本位文化建設宣言」を発表し、「中国本位」に基づく過去の検討、現在の把握、未来の創造を主張した。これは国民党の陳立夫指導の中国文化建設協会（『文化建設』はその機関誌）の主張を代弁するものだった。

（8）アジア最初のノーベル文学賞受賞者であるインドの詩人タゴールの中国訪問（一九二四年四月）を機に、西洋文化を批判し「東方文化」を礼賛する議論が起こり、これに対して郭沫若や茅盾らが批判の論陣をはった。

（9）一九四一年十二月十六日、アウンサンらビルマの反英独立運動家が日本の支援を得て独立義勇軍を組織したことを指すか。ここでの「馴染みの悪魔」とは日本のことであろう。

世界大勢再論

〔一九四二年四月十九日[1]、「再論世界大勢」、無署名〕

私が「戦後世界大勢の輪廓」の中で行った国際情勢の予測では、将来には帝国主義の天下あるのみということになり、悲観的すぎると言う者がいる。客観的予測を評定するには、その現実性がどうかということだけを問うべきであり、悲観的であるか否かは論ずる必要はないと私は考える。今の世界は前世紀末以来、金融資本がすでに民族の境界を越えており、帝国主義の天下はもはや事実となっている。そうでなければそれは帝国主義ではない。これは将来の問題ではなく、将来は七、八の帝国主義国家がさらに併呑しあい、二大帝国主義集団となるだけである。ある日、全世界を揺るがすような大革命の干渉がなければ、こうした状況は相変わらず継続していくことだろうし、私たちの予測よりもさらに悪い状況にまで至ることもありえよう。つまり、この大戦で、もしヒトラーが勝利すれば、英国はもとより終わりだし、ローズヴェルトも失脚して米国のヒトラーが現れてこれにとって代わり、次の世界大戦は独米の戦争となり、民主主義とナチズムの闘争ではなく、二つのファシスト集団間の同士討ちとなるだろう。そうなれば、ローズヴェルトが言ったように、民主主義と自由は、数百年間は回復できず、人類の進化史は左表のような道をたどることになろう。

未来世界 プロレタリア民主制から全人民民主制へ
ファシスト独裁
近代世界 ブルジョワ民主制
封建諸侯及び末期君主独裁
古代世界 （ギリシャ・ローマ） 都市市民の民主制
地主大祭司軍事指導者独裁
上古社会 氏族社会民主制

右表によれば、将来ファシスト独裁は以前の独裁制同様、普遍的な展開を見せ、歴史上の一時代を画すが、それはつまり、各時代の民主制はその発展の前に必ず暗黒独裁の一時期を経るということだ。もし、人々が幻想と楽観の安楽椅子に身を沈め、ナチの発展するがままに任せているなら、私たちにはこの暗黒時代到来の可能性を否定する理由はない。

　客観的な予測と主観的な努力とはまったく別物というわけではないが、方向性を同じくするとも限らない。たとえば、今次の大戦で、独・日勝利の可能性がかなり高いと予測すれば、私たちは勝敗が決する前に英米の最終的勝利のために力を尽くして援助すべきと主張することにやぶさかでない。しかし、同時に民主同盟側の勝利に力を尽くすべきだからといって、枢軸国側には敗北しかないと盲目的に考えてはならない。私たちは理想を追求してもかまわないが、事実から遊離した幻想を追求してはならない。絶対不可能な理想ではないことをはっきり見極め、刻苦して前進するほかないのである。前途遼遠であっても、楽観的幻想で自らを慰めてはならない。楽観的予測で砂上の楼閣を築いて自分で自分を慰め、ついには事前の警戒を解くより、可能性のある悲観的予測でわが目を覚まさせ、他者をも喚《よ》び起《お》こして事前の努力を一段と強化するほうがましである。目を閉じて将来には帝国主義の天下しかないという可能性を否定するより、目を見開き、悲しむべき趨勢をはっきり見て取り、将来ファシスト帝国主義独裁制が普遍的に発展し、歴史上一時期を画す危険があることを承認すること、それゆえ主観的努力を強化し、この大戦中に徹底してヒトラーとその仲間の勢力を壊滅させ、さらに厳しい懲戒を加え、民主主義と自由の巨大な潮流でファシズム思想を埋没させ、それが戦後の勝利した国家において形を変えて復活、蔓延しないようにし、人類近代の進化史が別の道を歩むようにする、つまり暗黒時代のファシズム独裁を経ずしてブルジョワ民主制から直接未来のより拡大した民主制に至らしめることのほうがましである。たとえこれが不可能であったとしても、「その不可なるを知りて、而《しか》もこれを為す〔不可能だとわかっていながら、それでもやろうとする[2]〕」の精神で、青年世代が、将来ファシズム独裁の暗黒期間を可能な限り短縮すべく持続的な努力を続けるよう影響を与えなければならない。私たちが追求しうる理想とはこのようなものだけである。もし、今次の大戦において、帝国主義戦争を一切の帝国主義を転覆する戦争に転化しようと望むなら、それはまったく事実に基づかない幻想となろう。これは私が昔日の同志たちの悪評[3]を顧みることなく、一貫して英米と連合してナチを攻撃することに賛成する理由である。最悪なのは客観的には楽観的予測をし、それで主観的努力の代わりとすることである。もし、この大戦の前にチェンバレン〔英国首相。対ナチス宥和政策推進、一九三八年のミュンヘン会談でヒトラーに譲歩〕、ヴォロシーノフ〔第二次大戦勃発時のソ連国防相〕、ノックス〔米国海軍長官（一九四〇～四四）、就任前から中立政策には反対〕が軽薄な楽観的態度で敵は一撃にも値しないなどと見なさず、大言壮語の代わりに慎重に十分な軍事的準備を行っていたなら、今の戦局はずっとましなものだったろう。というのは、現下の敵は、外国の大言壮語に脅されて圧倒されてしまうような清朝の総理衙門〔清末の外交事務担当の官庁〕とは違い、口先で宣言された軍備拡張案や兵器激増の数字に騙されるはずがないからである。恫喝やペテンで勝利が得られる時代はすでに過ぎ去ったのだ！

〔一九四二年〕三月十六日、リトヴィノフ〔ソ連外相代理（一九四一～四六）兼駐米大使（一九四一年十一月～四三年八月）〕はニューヨーク経済クラブの会食会で演説したが、その中のいくつかの言葉は正しい。「私は時間の要素を信じる。それは闘う双方にとって当てにできない狡猾な盟友である。われわれは持久戦に従事しつつ、一方では軍需品と後方準備を、敵を凌駕する程度にまでしており、もとより計画どおりである。しかし、こうした計画は、敵がその期間中何らなすところがないと保証されていなければならず、そこではじめて有効と言えるのだ。しかし、諸兄先刻ご承知のごとく、わが敵はそんなものではない。敵は現在の成功を利用して進軍しつづけ、土地を占領しつづけ、原料の新たな供給地を包摂し、百千万の人民を奴隷化し、さらには新たな同盟国を獲得しようとしている。敵が得たこうした利益は、結局のところ、わがほうがこの一方的停戦状態によって得られた軍備上の優位性と比べ間違いなく優に越えて余りあるものである」。「かりにも、われわれには敗北の可能性がないといった軽薄な論で互いに慰め合うなら、勝利までの本当の距離は間違いなくますます遠くなるであろう。これは、われわれがつねに引いて恐れるところのことなのである」。これこそ、米国人とそのすべての同盟国人の「最後の勝利は当然わがほうにある」とか「独・伊・日には敗北しかない」という浮薄な楽観論に対して一矢を報いるものである。過去はとがめまい。チャンスはわれわれに何度も訪れはしない。今後最終的な勝利を獲得しようとするなら、浮薄な楽観論を厳しく戒めなければならない。試みにハリファクス〔チェンバレン内閣の外相、のち駐米大使〕（この人物は、ダンケルク戦後、英国世論が指摘するチェンバレン内閣で国を誤らせた罪人の一人である）がニューヨーク経済クラブで行った楽観的な演説を、リトヴィノフの同日の演説（前を参照）と対照して、われわれはより一層こうした楽観的態度を根絶するようにしなければならないし、ハリファクスを敵と見なさなければならない。同時に以下のようなことに真剣に注意して、楽観論に代えるべきである。

（一）英米両国はロシアに対して猜疑心を持つべきでなく、持てる力の大きな部分をロシア軍と共同してモスクワ防衛に当てるべきで、リトヴィノフの言うように「優れた装備の軍隊を非戦闘地域におく」べきではない。また、ロシアは戦争中すでに英米を越える実力を証明しており、ロシアはヒトラーを壊滅させられる、などという法螺《ほら》を信じてはならないし、さらにモスクワ防衛は単にロシアを利するだけだなどと考えてはならない。兵器の増産は同盟国の最終的勝利の保証であるが、兵器の生産には時間がかかるのに、ハリファクスは楽観的にこう言う。「米国は軍事的、工業的にまだ潜在力を有している」と。われわれには魔術でもってそうした潜在力をあっという間に兵器に変えることなどできないことを彼は忘れているのだ。ヒトラーは春季攻勢を夏まで先のばしにしたが、おそらくその進攻目標は依然モスクワである。モスクワが一年から一年半持ちこたえ、ヒトラーが大軍を南下させることができなくなってはじめて、英米は、兵器増産が敵を上回るに十分な時間を得ることになるのである。そうでなく、ひとたびモスクワが陥落してロシア軍の精鋭が壊滅すれば、これこそヒトラーの各個撃破計画の思うつぼであり、勝利に乗じて、コーカサス、イラン、イラクまで軍を南下させ、日本軍とスエズで合流し、地中海を封鎖するだろうが、この時英米軍の兵器増産はまだ実現しておらず、大勢はもう決してしまうのである。

（二）兵器の増産はいたずらに叫べばできるというものではなく、敵軍と同等であるばかりか、これを凌駕することを必要とするが、現有の兵器製造工場ではもちろん十分ではない。新工場を建設するには時間が足りず、唯一の方法は「強制的工場改造」のみである、すなわちできる限り他の工場を兵器工場に改造することである。敵の兵器を凌駕しないことには最終的な勝利はない。ここまで言うと、「唯武器論」だとして反対する者が恐らくはいるだろう。しかし、人類は石の矢じりを発明して以来、戦争の勝利は時を下るに随い武器への依存度を増し、現在に至っては、戦争はほとんど武器の競争と言ってもいいくらいである。仏軍のセダンでの、英軍のダンケルクとマレー、シンガポールでの英雄的な惨敗は、この真理を証明している。唯武器論に反対する者[4]は、彼ら自身も米国にタンクと飛行機を要求しており、その声は他の者に劣るところはなく、そのこと自体がやはりこの真理を証明しているのだ。

（三）過去の国際連盟の経験から、戦争の勝利と戦後の集団的安全を得ようとするには、指導者を持ち、相当な強制力を持つ経済的及び軍事的国際集団を組織する必要があり、民族化から国際集団化に向かうのは今後必定であるばかりでなく、人類進歩の要求である。この要求――われわれは力を尽くして民主的集団をもってファシストにとって代えるべきという要求――は世界連邦への移行を目指す。ネルーの主張するような英米抜きのアジア集団というものについて言えば、言葉としてはきれいだが、その実、これはアジアの立ち後れを引き延ばし、さらにビルマ人の「馴染みの悪魔と手を結んだほうがいい」という言い方同様、ある種の人種的偏見であり、また同様に日本のいわゆる「大東亜共栄圏」のためにお先棒を担ぐもので、われわれはどうしてもこうした有害な幻想を排除しなければならない。ただ力のみがものをいう戦時下のこの世界にあって、英米と独伊日の二大帝国主義集団を離れて「蒼頭して特起する〔他軍と区別するため頭に蒼い布を巻いて目立つ姿で蜂起する。『史記』「項羽本紀」の言葉〕」などということは幻想でなければ、ペテンである。ネルーのアジア独立の主張とチャンドラ・ボースのインド独立の呼びかけ[5]は動機は違おうとも結果としてはともにドイツ、日本を助けるだけである。

（四）われわれは民主主義国家の兵器工場たる米国が指導する反ナチ戦争に参加したからには、また世界の民主と自由を擁護して闘う同盟国集団に参加したからには、当然民主と自由をもって国民の中心思想とし、全国民がその視線とその目標を同じくして戦闘の意志を集中するようにしなければならない。たとえ、中国の経済発展が立ち後れていること、さらには歴史伝統と戦争中という条件のもとにあることを考えに入れるとしても、民主自由制はしばらくは不変で、理想の境地にまで達する。これはもちろん事実であるが、われわれは少なくとも民主と自由という道に向かおうとする決意は表さねばならない。民主と自由に徹底的に反対し、民主と自由を陳腐な空言だと痛罵し、また民主と自由を主張する人は時代錯誤だと非難する一部人士のようであってはならない。あるいはもう少し遠慮がちに、中国に特殊ないわゆる「民主と自由」を持ち出してきて、世界の諸民主主義国家で通用している民主主義の基本原則に反対しようとする人士のようであってはならない。こうした人士に共通な意見は、民主主義と自由とはすでに現代国家には適合しないというものだが、彼らの言う現代国家とは議論の余地のないものとしては、独伊日であり、あるいはロシアも含まれるのかもしれないが、英米はもちろん含まれない。そうだとすれば、全国の進歩分子はこの抗日戦争が反独伊日戦争にまでなったのはなぜなのか結局わからなくなってしまうのではないか？　全国の戦闘の意志は分散しはしないか？　米国は「民主物資で非民主主義国を援助している」と嘲笑する敵の悪辣な宣伝を助けはしないか？　また、友好国が、われわれの民主同盟参加の誠実さに懐疑の念をおこすのではないか？　こうしたことはみなわれわれの考慮に値する問題である。あるいは、今後一時期のみならず、永遠にファシストの天下しかないと考え、民主と自由は永遠に死滅し、再生しないと考える者がいるかもしれない。このような事実や歴史的根拠のいささかもない予測は、ある種の思想と言えるのみで、悲観とか楽観とか云々することはできないのである。

（1）　本編の『選編』注によれば、原稿コピーの日付は三月二十八日とあるという。原著には日付はない。ここでは『胡適序本』に従う。また『選編』注によれば、「戦後世界大勢の輪廓」は発表後、各方面から非難を受け（同編の注1参照）、続編の本編も国民党中央宣伝部から「対ソ外交を顧慮して」発禁処分になったという（唐宝林・林茂生著『陳独秀年譜』上海人民出版社、一九八八年、五三七頁）。

（2）　『論語』憲問第十四の言葉。

（3）　前掲『陳独秀年譜』によれば、中国トロツキー派臨時中央は一九四〇年六月、陳独秀の「西流らへの書信」で示された民主主義擁護、革命的祖国敗北主義批判の主張を謬論として「陳独秀の来信に対する決議」を議決、さらに一九四一年一月にも「陳独秀の民主主義と独裁等の問題に対する意見に関しての決議」で陳独秀を批判している。後者は、第四部後掲の「連根への書簡」「西流への書簡」をも踏まえた決議であろう。

（4）　陳独秀はここでは、毛沢東の人民戦争論を念頭においていると思われる。

（5）　ネルーは独立が得られるなら連合国側で参戦するという立場であり、中国とともにアジア集団の盟主となることを構想していた。ボースは、英国の窮地に乗じて独立しようと反英武装闘争を主張、日本との協力を企てた。

被抑圧民族の前途

〔一九四二年五月十三日、「被圧迫民族之前途」、無署名〕

被抑圧民族は資本帝国主義の産物であり、被抑圧労働者は資本帝国主義のために商品を生産し、立ち後れた被抑圧民族は資本帝国主義のために商品を買わされ原料を生産する、これが資本帝国主義の二本の支柱である。

被抑圧民族は資本帝国主義の抑圧に反抗し、戦争に至るが、これは絶対的道理であり、非難すべきものではない。このような民族の自由のために戦われる大闘争は、誰が指導しようとも、その民族の進歩分子はみなこれを擁護すべきである。なぜなら、ブルジョワジーが指導する民族解放闘争のみならず、たとえ封建王公が指導する民族解放闘争であろうと、資本帝国主義に打撃を与える進歩的意義を持つからである。

しかし、この闘争がもし、民族闘争の範囲内に限定されるなら、その前途はどうなるだろうか。

第一に、国内的観点から言えば、生々しい実際の経験が次のようなことをわれわれに教えてくれる。戦争は民族の後進性を減じえないばかりか、逆に増大させる。政治思想、学術思想は戦争のために後退するが、いまこれはさておき、経済についてだけ言えば、持久戦において避けがたい封鎖とインフレーションに、〔中国では〕社会的制裁がなく、政治組織も弱体であるため、腐敗官吏、悪徳商人、地主が買いだめ・売り惜しみで国難を金儲けの千載一遇のチャンスとする、そのため前線で血まみれになって戦う将兵と、後方で懸命に働く庶民が衣食にもことかく苦労をしている。ところが、もしあまり平和的でない手段でこうした現象をなくそうと主張すると、こう叫ぶ者がいる。それは民族闘争の範囲を越え、一致して外敵に当たる民族戦線を破壊するものだ、と。そして実際、それは民族闘争の範囲を越えるが、こうした現象をなくさなければ、それこそ民族解放戦争の致命傷となる。ところがそれは宣伝、勧告や政府の禁令の紙切れでなくすことはできない、だとしたらどうすべきなのか。

　第二に、国際的観点から言えば、各派帝国主義間相互で植民地及び後進国の市場争奪が極めて尖鋭に展開される今日、ガンジーは強国の援助に頼って一民族が自由を獲得することはできないと考えており、これは百パーセント真理であるが、他の強国の援助がなければ眼前の強国の抑圧から逃れることもできない。同時に、一部強国はこちらから頼ろうとしようがしまいが、無理矢理援助を押しつけてくる、というのも百パーセント真理である。そこでネルーは活路がなくなってしまった。ネルーは、ガンジーとは少しばかり異なる点があったのだろう、米国の援助を拒否すべきとは主張していない。米国勢力がインドに入ったなら、われわれが知るように、その植民地に対する態度は独・伊・日よりましなばかりか、英国よりもましだろう、フィリピンがその例だ。しかし、フィリピンは独立した民族国家とはいえない。もしインド人が民族独立を理由に（この理由はもちろんきわめて正当なものだが）、英国勢力を排除して、日本を新しい主人に替えたなら、一層ひどいことになるだろう。ガンジーとネルーが、インドが外国の抑圧を受ける時代はすでに過ぎ去ったといかに強く宣言しようとも、その本心では自分たちの力量が英国を追い出すまでになり、同時に日独を撃退するまでになったとは必ずしも考えていない。結局は相変わらず新しい主人の支配下に屈服し、非協力運動を続けるほかない。だとすれば、どうすべきか。

　したがって、資本帝国主義の現世界では、いかなる弱小民族も、門を閉ざして自分たち一民族の力に依拠し、すべての帝国主義の侵入を排除して、そうした孤立的民族政策を実現しようとするなら、前途に見込みはないと私は考える。唯一の活路は全世界の被抑圧労働者、被抑圧後進民族と一致団結してすべての帝国主義を転覆して、商品売買の国際資本主義旧世界を分業互助の国際社会主義新世界にとって替えるというよりほかなく、こうして民族問題は自ずと解決をみるのである。

　私のこの見解に対して、あるいは二種の反論を提起する者がいるかもしれない。一は、後進民族はどのようにして社会主義を語れるのか、またどのようにして他国の労働者や他の弱小民族と一致団結できるのか、と。また一は、社会主義は民族解放問題を包含しているのか、と。

　第一の反論を提起した者は、古い民族観に目を覆われ、将来の国際化の新しい趨勢が見えていないのである。立ち後れた民族自身の経済条件ではもちろん社会主義は語れないし、〔自国で〕資本主義がどのように発展するのかについても語れない。今日、立ち後れた民族は資本主義であれ、社会主義であれ、発展させようとするならば、先進国家に頼らざるを得ない。民族的誇大妄想から自由でありさえすれば、この命運は認識できる。この百年来、資本帝国主義の植民政策はすでに、立ち後れたすべての民族の万里の長城を打ち破っている。今次の大戦の後、各派帝国主義の支配形態は植民政策から、より集中的、有機的国際集団へと転化するだろうし、いわゆる大西洋憲章[1]や太平洋憲章等々はこうした集団運動の始まりにほかならない。もし、国際集団を指導する社会主義国家がナチ敗北後のドイツに出現したなら、先進国と後進国はほどなく社会主義連邦として融合するだろう。つまり、資本帝国主義が指導する国際集団内にあって、後進国は指導的国家に引きつけられ、強制されて、全面協力するが、この不平等協力は集団圏内のすべての立ち後れた民族に指導国家の労働者人民との相互団結の機会を提供する。これこそ、帝国主義強盗ども自らが、自分たちを転覆する被抑圧者の大結集を作り出すということであり、いかなる民族主義英雄も、この国際集団化の新しい趨勢を阻止することはできない。そうして被抑圧民族はこの国際的な新しい趨勢にうまく適応してはじめて、将来に見込みが出てくるのである。

第二の反論を提起する人は第二インター[2]の理論に惑わされている。第二インターは資本の統制下で改良運動を企図しただけだったから、被抑圧民族解放の問題を考慮したことはなかった。被抑圧民族は資本帝国主義の支柱の一つであり、真の社会主義運動は根本から国際資本帝国主義の統制を転覆しようとするものであるため、第一インター[3]以来「被抑圧労働人民の解放」と「被抑圧民族の解放[4]」とは真の社会主義運動の二大旗幟であった。社会主義革命がひとたび成功するや、途中で変質しない限り、それは商品貨幣制度及び国家制度と長期にわたって並立することはできない。この段階で被抑圧民族などというものがまだ存在しているであろうか。これは理論だけでなく、ロシア十月革命の実際の経験があり、十月革命は、全ロシアの絶対多数の人民が共産党の「労働者解放」「農民解放」「小民族解放」の三大旗幟のもとに結集して成功したものである。革命勝利後、この三つの課題は一つ一つ実現し、ロシア共産党の空手形ではなかっただけでなく、〔革命ロシアは〕対外的には帝政ロシア時代の被抑圧民族に対する不平等条約の自主的廃棄を宣告して、被抑圧国家に有していた特殊権益、例えば、租界や領事裁判権などはすべて放棄を宣告したのである[5]。そこで、当時全世界の労働人民と全世界の被抑圧民族はみな、モスクワは全世界の被抑圧者の灯台であり、全世界の革命運動の総参謀部だと見ていた。もし、近年の中日戦争とこの大戦初期のポーランドとヒトラーに対するソ連の政策から、社会主義国家の被抑圧民族解放闘争に対する態度に懐疑をもつようになった人がいるなら、それはその人自身が混乱しているのだ。われわれが擁護する前期ソ連を中傷する人たちもいれば、われわれが痛惜する後期ソ連を持ち上げる人たちもいるが、この二者はまったく別物なのだ。前期ソ連は世界革命の立場に立ち、後期ソ連はロシアの民族的利益の立場に立っている。ソヴィエト・ロシアの指導者が、西欧革命が頓挫したため、途中で変節し、世界革命を中心とする政策を放棄して、ロシア民族の利益を中心とする政策に代えて以来、各国の頭脳明晰な人たちの見方は、次第に懐疑から失望に変わって今日に至っている。人々はソ連に対して内心まだ若干の希望を抱いているとはいえ、実際はソ連が世界の列強の一つであることを認めざるを得ないだけであり、もし、ソ連が社会主義国家だとかたくなに言い張るなら、社会主義を踏みにじることになろう。もし、ロシアが辛苦に耐え、往年の国際社会主義の立場をそのまま守りつづけていたなら、中日戦争が始まるや、全力で中国を援助していたはずだ。つまり、英米同様、局外に身を置いて中国を援助するというのではなく、中国の対日抗戦を指導することは自らの責任だと考え、出兵して参戦し、ソ連と中華民族の存亡を同じくしたはずだということで、そうしてこそ、国際社会主義者の態度であり、指導国の態度である。もしそのようにしていたなら、日本はあれほど簡単に上海や南京を占領できなかったろう。また、遅くとも張鼓峰事件[6]が起こったとき、ソ連がそれ以上日本と妥協しなかったなら、武漢も決して陥落しなかったろう。中ロが一貫、共同して今日まで抗戦してきたなら、日本は南洋をほしいままにして、フィリピン、マレー、ジャワ、ビルマの多くの弱小民族群を蹂躙することはなかったであろう。ナチの軍隊がポーランドに進攻した際、もしソ連がまだ国際社会主義の立場に立っていたなら、ヒトラーと妥協するはずはなく、民主主義を体現して、被抑圧被侵略民族を指導し、ファシストに立ち向かって進撃するという偉大な事業を、他人のために火中の栗を拾うなどと言いなすことはありえなかっただろうし、ファシストとグルになってポーランドを分割することはなおさらありえなかったろう。この当時、英仏比〔ベルギー〕連合軍はいまだ壊滅してはおらず、ヒトラーは東西の両戦場で同時に勝利できるとは決して考えていなかった。孤立したポーランドが敗北し、東部戦線に問題がなくなると、ヒトラーはそこではじめて英仏比軍を壊滅させる戦力と、ノルウェー、オランダ、デンマーク、ユーゴスラビア、ギリシヤなどの多くの群小国を征服する戦力を得たのである。

　ロシアの採った前期と後期の立場の違いと、それがもたらした結果の違いということの一連の歴史的エピソードを見るだけで、国際社会主義と被抑圧民族との関係が十分説明できる。

ロシアはヨーロッパにあっては所詮かなり立ち後れた民族であったが、その民族政策の結果はどうであったろうか。ロシアは自国の安全のため、近きファシストを攻める[7]代わりに、ファシストと妥協した。その結果独ソ戦争は、ヒトラーがヨーロッパで孤立していた時ではなく、ヒトラーがヨーロッパ各国を撃破したあとに始まり、ロシアがファシストと妥協した代償として得たポーランドの半分とバルト三国はヒトラーの所有となっているばかりでなく、ヨーロッパ、ロシアの土地と人民の大部分もファシスト軍の手に落ちている。もし、英米の援助がなかったら、モスクワも今日まで持ちこたえたかどうかわからない。ロシアは自国の安全のために、一貫して日本との開戦を回避し、中国共産党すらこのため、〔遊撃＝ゲリラならぬ〕「遊べども撃たず〔ぶらつくだけで戦わない〕」という悪名を被った。その結果、日本はヒトラーと共同して明日にでもロシアを挟撃できる状態であり、ロシアはあまり安全とはいえない境遇に置かれている。だが、時が来ても中国の力強い声援は得られないだろう。なぜなら、ロシアは中国が日本に弱体化されるのを座視していたからである。だから、いかなる後進民族も、もし民族政策を自ら限定するなら、必ずや孤立（民族政策とは実際孤立政策にほかならない）に陥り、前途はなくなるだろう。これはソヴィエト・ロシアも例外ではありえないのである。

〔民国〕三十一年〔一九四二〕五月十三日

（1）一九四一年八月、ローズヴェルト米大統領とチャーチル英首相が太平洋上での会談後、出した共同声明。領土不拡大、民族自決など八ヶ条からなり、戦後の国連結成の理念となった。太平洋憲章とは大西洋憲章の米中による太平洋版を想定した陳独秀の架空の造語。

（2）一八八九年、パリの国際労働者大会で成立した、各国社会主義政党、労働組合の連合組織。改良主義的傾向を強め、第一次世界大戦では、反戦・平和を貫けず、各国の多くの組織は祖国防衛に走り、一九二〇年に組織は消滅した。ロシア革命後、レーニンらによって第三インター＝コミンテルンが結成された。

（3）一八六四年、マルクスらによってロンドンで結成された世界初の国際的労働者組織、国際労働者協会のこと。マルクス派とバクーニン派の対立もあり、一八七二年に活動を停止した。

（4）マルクスの「被抑圧労働人民の解放」のスローガンに加え、レーニン、コミンテルンはこのスローガンを提起した。

（5）一九一九年七月の、ソヴィエト・ロシア外務人民委員代理カラハンによるカラハン宣言を指す。

（6）一九三八年七月、「満洲国」・朝鮮・ソ連境界が交差する張鼓峰で起こった日ソの軍事衝突。日本軍は大きな損害を被った。

（7）原文はファシストを「近攻」するという表現だが、これは「遠交近攻」という成語から採っている可能性もある。戦国時代、魏の范雎が唱えた、遠国と交誼を結び、近国を攻撃するという外交政策。秦はこれに従い天下を統一した。『選編』、『晩年』テキストは中国語で同音の「進攻」と作るが、ここでは原著及び『胡適序本』に従った。

陳其昌らへの書簡

〔一九三七年十一月二十一日付、「給陳其昌等的信」、仲。『胡適序本』未収録〕

璠、昌、霽諸兄へ(1)

璠兄の十月十四日、十七日の二通の書簡、すでに受け取りました。十六日の書簡及びお猿(2)の書簡と出版計画もすでに受け取っています（二十日の書簡も受け取りました）。お猿が計画している本は、容易なものではありません、今辛抱強く、こんな本を作ろうなんて、私はあえて賛のひとことも書く気になれません、(3)私は門外漢ですから。私がお猿にこんな言葉を返すのは、彼のやる気をそぐようですが、実際、答えようがないのです。璠兄の結婚(4)については、私はこれを聞いて、うれしくもあり、心配でもあります、うれしいというのは、彼が思いがけない良縁を得たことであり、心配というのは、その将来の生活です。圃兄はここ〔陳独秀は当時、武昌に滞在していた〕に来てすでに一週間になりますが、近々湖南に行って教師になるかもしれません。私はここに長くいようとは思いませんし、長くいようもありませんが、落ち着き先はまだ決まりません、どこにも悪いやつがいるからです。私は理論やらはわかりませんが、左であれ、右であれ、偏ることを決して憚ることなく、必ずや努めて偏頗を求め、必ずや中庸の道を唾棄し、人が言うからと、豆腐や白菜がどうの[5]という痛くも痒くもない言葉を自分も言うなどということは絶対にしません、私はきわめて正確な言葉を言いたいし、きわめて間違った言葉を言いたい、可もなく不可もない言葉は絶対に言いたくありません、君たちはみなスターリン主義者でみな彭君の友人であり、私とは永久の伴侶というわけにはいきません。羅漢[6]の人となりは、もとよりいい加減なところがありますが、君たちが羅漢に大攻撃を加えるのは、羅漢よりも何万倍も愚かです。君たちはむやみやたらとスターリン主義者と国民党を、とりわけスターリン主義者を罵りますが、それは原則上は誤りではないとしても、政策上はといえば、非常なる誤りで、このまま誤りつづければ、将来どこへ行ってしまうのでしょうか。璠兄は他人をカルト呼ばわりしていますが、今は多分、自分がカルトに伝染していて自覚がないだけなのです。霽兄の十一月二日の書簡は受け取りました、璠、霽両人と俊、昌両人との間には微妙な意見の違いがありますが、根本的にはやはり同じで、つまり、今次の戦争の意義を理解していません[7]、超林[8]はといえば、もっとずっと遠くまで離れてしまっていますが、根本的には君たちと同じで、この前の帝国主義者間の大戦という理論を完全に今日に適用し、まったく、トンチンカンもいいところです。私は昌、俊に対してはまだ少し幻想がありますが、それは二人の最近の情勢に関する見解が私と近いからではなく、二人の活動精神が比較的積極的で、もし大衆の間で積極的に活動する人々の中にいることができれば、最終的には現実を把握することができるだろうからです。私たちはスターリン主義者と協力することは原則上はさしつかえありませんが、今は論外です、協力には双方に何かしらの元手が必要です、それも同一の工作対象で互いに接触せざるをえないときに必要なのですが、今、そのような条件はありません。「合併」[9]はもとよりデタラメですが、羅兄からはまだこの件について私に話はありません、君たちはどうして神経過敏になる必要があるのですか。互いにデマを飛ばし、悪態をつくのはもちろん馬鹿げたことで、みなセクト主義にとらわれて、共通の敵が目に入っていないのです。彭君とノッポ[10]とについて言えば、たとえ意見が同じであっても、私は彼らと一緒に仕事に当たることは絶対にないし、それに彼らとは根本的な意見でも遠く離れています。香兄[11]からの来信も受け取っています。昌兄の十月二十九日、十一月三日の書簡及び、英文の書簡[12]もみな受け取っています。もとよりことは、方法を講じようもありませんし、私としては講じたいとも思いません、おそらく力を尽くしてもうまくはいかないでしょう、前回の羅君がとりもなおさず、殷鑑遠からず〔戒め、教訓。出典は『詩経』〕です。新聞社が書くことには、自ずと誤りが多いものです、『申報』のインタビュー記事は、私はまだ見ていませんが、一部送ってもらえますか。[13] こういうことが多すぎて、予防しようも、訂正しようもなく、そのまま聞きおき、折りをみて将来自分で書いた文章や書物で証明とするほかありません。私は自分自身の独立した思考に意を注ぐだけで、いかなる人の意見にも妥協しません、私がここで発表する言論は、すでに人々に広く声明しているように、ただ私一個人の意見であり、いかなる人をも代表しません、私はすでにいかなる党派にも隷属しませんし、いかなる人の命令や指図も受けず、自ら主張し自ら責任を負います、将来誰が友人となるか今はまったくわかりません。[14] 私は絶対に孤立を恐れません。健康を祈ります。

弟[15]　仲[16]記す

十一月二十一日（一九三七年）

（1）『選編』注によると、本書簡に登場する人物について鄭超麟は、次のように証言している。播は羅世播、昌は陳其昌、霽は趙済、圃は濮清泉、彭は彭述之、俊昌は寒君と陳其昌二人を、ノッポは尹寛を指す、と。本編に登場する人名はすべてトロツキスト。経歴等は本巻末に付した索引の人名注を参照のこと。

（2） 孫煦（雪廬）のニックネーム。

（3） ここの初出原文は「不敢賛一詞」。『選編』その他が「不敢不賛一詞」と作るのは、文脈からして誤りだろう。ベントンの『英語版』も水如編『陳独秀書信集』（新華出版社、一九八七年、内部発行）によるため、後者の訳となっている。『胡適序本』はこの書信を収録していない。

（4） 『英語版』のベントンの注によれば、羅世璠は陳独秀同様一九三二年に国民党に逮捕されたが、一九三七年日中戦開始で出獄後、趙済の妻の妹と結婚した。

（5） 一九三五年六月に国民党に処刑された瞿秋白の絶筆「言わずもがなのこと〔多余的話〕」は「中国の豆腐も非常にうまいものだ、世界一だ、お別れだ」という文で締めくくられている。陳独秀は、八・七会議での自らの失脚に重要な役割を演じ、コミンテルンに追随した瞿秋白を、あてこすっている可能性がある。

（6） 羅漢は陳独秀が一九三七年八月の出獄後、国共合作下での抗日支持の姿勢を明確にすると、葉剣英らを介して、トロツキー派と中共との間での協力に関する交渉を行っていた。羅漢の行動は軽挙としてトロツキー派同志から非難を浴びた。なお、羅漢は一九三九年に日本軍の重慶爆撃で死亡、北京大学同窓会から託されていた陳独秀援助の役割は何之瑜に引き継がれた。

（7） 陳其昌、寒君を含むトロツキー派の多くは、抗日戦を支持し、その指導部を批判する立場をとっていた。

（8） 鄭超麟のこと。鄭超麟は、日中戦争は近づきつつある世界帝国主義戦争の一部だとして、祖国敗北主義を主張し、抗日戦の進歩性を認めなかった。

（9）　初出原文は「合併」だが、『選編』は「合作」とする。「合作〔協力〕」は条件が整えば可能だが、「合併」つまりはトロツキー派の中共への吸収は論外だ、というのが陳独秀の意図である。「合作」ではそれが歪曲されてしまう。大きな校訂ミスである。『英語版』も前掲注（3）の水如編『陳独秀書信集』をテキストとするため「合作」ととっている。

（10）　前掲注1の通り、尹寛を指す。

（11）　誰を指すか不明。おそらくトロツキストであろう。

（12）　『英語版』のベントンの注によれば、この英文の手紙は、フランク・グラス（中国名・李福仁）からの書簡で、陳独秀に安全のために米国への出国を促すトロツキーのアドバイスを伝えるものだった可能性が強いという。このあとの部分は、陳独秀のこれに対する態度表明と読める。

（13）　『申報』臨時夕刊の一九三七年十月二十八日と同二十九日に連載された同紙特派員の叔棣「前線と後方／陋巷の中の陳独秀先生〔前方与後方／在陋巷裏的陳独秀先生〕」のことを指す。この頃陳独秀は多くのインタビューを受けており、十月九日の『抗戦』週刊の記者による「抗戦期における種々の問題」（『抗戦』第一巻第六期、一九三七年十月十六日、『選編』所収）のほか、上海『時報』紙には少湯「陳独秀訪問記」（九月三十日付）が掲載され（『国聞週報』第一四巻第四〇期に転載）、『時事類編特刊』一九三七年四期は、陳斯英「陳独秀先生訪問記」（十一月二日付）を収録している。

（14）　鄭超麟は回憶録で、陳独秀のいかなる党派にも属さないという「声明」は、「たんに一種の外交辞令にすぎない。その当時、陳独秀は抗日戦争の中で国民党と共産党の影響外にある民主的人士を団結させなければならず、その際、まずトロツキー派問題でごたごたしたくなかったのである」（長堀・三好・緒形訳『初期中国共産党群像』2、平凡社東洋文庫、二〇〇三年、二六六頁）と解しているが、疑問が残る。

(15) 自己の謙称。

(16) 陳独秀の字仲甫の一字をとった自称。

トロツキーへの書簡

〔一九三八年十一月三日付、「給托洛斯基的信」、無署名。『胡適序本』未収録〕

工業国日本に対する農業国中国の戦争は、開戦前には、国民党政府にその意志がなく、あたふたと応戦しましたが、最小限度の準備もあまりに不十分で、ある部分ではまったく準備がありませんでした。開戦後、またもや反革命的方法で、民族革命の任務を執行した[1]のですから、軍事的敗北は予想外のことではありませんでした。

最近、広州、漢口が相次いで陥落[2]すると、全国の商工業大都市が完全に日本軍の手中に落ち、国民党政府の軍事防御線は、すでに平漢線〔北京―漢口を結ぶ鉄道〕、粤漢線〔広州―漢口を結ぶ鉄道〕以西と宣言され、長沙と西安はおそらくともに守りきれないでしょう[3]し、日本軍は長沙を取れば、すぐに粤漢線を完全に占領するでしょう。西安を取れば、中国とソヴィエト・ロシアの通信連絡を途絶させられますから、この二都市は日本軍がどうしても取りたいところなのです。中国の軍事力は、漢口を失ったがために完全に崩壊した、とまではなっていませんが、せいぜい四川、貴州、雲南、広西といった数省まで退却してその地を守ることができるだけです。この数省の経済と文化は、ともに長江流域よりも後れており、この数省を開発して反攻するというのは、なまやさしいことではなく、すばやくできるというものでもありません。もし、蔣介石政府が雲南から英仏の援助物資[4]を得られなくなると、四川、雲南、貴州を守ることも怪しくなります。

　中国の現在の情勢には、三つの道があります。（一）英仏などを介した調停で、蔣介石が日本の要求を承認して屈服する、（二）蔣介石政府が四川、貴州、雲南まで退却してここを守り、事実上、戦争を停止する、（三）日本軍が雲南に侵攻し、蔣介石が外国に逃亡する、です。もし、第一の道の場合、屈服の程度と国民党政府の国内政策によって中国の将来の情勢は決まります。もし、第二、第三の道の場合は、日本の中国内における広大な占領地は統治に際して当然ながら困難が発生しますが、これは困難に過ぎず、日本経済は日増しに苦境に陥り、中国を開発する力はないとはいうものの、新たに中国から獲得した大量のできあいの資源と物資、広大な新市場は、中国駐留に必要な軍費をなんとか支えられるでしょうし、加えて新式の武器と陣地構築で中国の数ヶ所の重要拠点と交通線を占領すれば、日本国内と国際環境が劇的に変化しない限り、中国には日本軍を駆逐する力はないでしょう。

　中国に初めて生まれたプロレタリアートは前回の革命の敗北と中共の妄動政策が招いた虐殺によって、きわめて弱体化しましたが、さらに今回の戦争で全国の工場、運輸機関の大部分が破壊されてしまいました。中国の労働者は、数的にも、物質的にも、精神的にも、三、四十年以前の状況へと後退してしまいました。

　中共の人数は、私たち〔トロツキー派〕よりもはるかに多い[5]ですが、それは一部の知識人と労働者的基礎をまったく欠いた武装部隊にすぎません。私たちの上海、香港二ヶ所の組織員は全部で五十人にも足りませんし、その他、全国各地に分散した分子も約百名あまりです。

　私たちはもちろん、今回の戦争で大きく発展するなどという幻想は持ったことがありませんが、もし政策がもう少し正しかったならば、今のような衰退には至らなかったでしょう。私たちのグループは最初から極左的傾向がありました。たとえば、次のように考える人たちです。民主主義革命は中国ではすでに完結している。次の革命の性質は純粋な社会主義革命であって、民主主義革命の要素はない。中国の次の革命はひとたび始まるや社会主義的なものになる。国民会議のスローガンは疑わしく階級的意義がない。国民会議は反動時代の平和的運動のスローガンで、政権奪取のスローガンにはなりえず、プロレタリアートはソヴィエトのスローガンのもとにおいてのみ、政権奪取ができる。民族民主闘争はブルジョワジーの任務であり、プロレタリアートは運動に参加してもいいが、自己の任務ではないと考え、同志の中で中国のプロレタリアートは民主、民族の問題を解決する任務を自分の双肩に置くべきだと主張する人はブルジョワ左派の意識であると攻撃する。いつ、いかなる時期、事件、条件のもとでも、他の階級の党派と、外国帝国主義あるいは国内の独裁者に対する共同行動を協議するのはみな日和見主義だ、などというものです。こうした極左的傾向は、組織内部の宣伝教育上、大きな力を発揮し、ついには中日戦争に対する全般的な態度を決定づけ、誰もこれを正すことができず、正そうとするものは、みな日和見主義者だということになりました。戦争中、こうした極左派の人々は、口では抗日戦に参加するといいながら、抗日戦争の意義を過大評価することには反対だとも言いました、彼らの言う意味は、国民党統治に反抗する戦争であってはじめて革命的であると考え、日本帝国主義に反抗する戦争は革命的ではない、ということかもしれません。また、「愛国」ということの言葉をあざ笑うものがいます。今回の戦争が蔣介石の日本の天皇に対する戦争だと言うものすらいます。(6) 労働者が戦争に参加するのは、ブルジョワジーの替わりに大砲の餌食《えじき》になることだと考えるものもいます。彼らは、共産党、国民党と交渉して共同して抗日工作に当たろうと企図するものはみな、堕落し、投降するものだと考えています。大衆の目から見えている「トロツキー派」とは抗日行動ではなく、機関紙の毎号で紙面いっぱいに中国共産党と国民党を攻撃痛罵する文章なのです、そのため、スターリン派の「トロツキー派漢奸」という宣伝は、各階層で反響があり、私たちに同情的なひとたちも「トロツキー派」が今、一番反対しているのはいったい誰なのか、わからないのです。開戦から今日までずっと、こうした状況が相変わらず続いており、大衆を獲得するすべがないばかりか、大衆と顔を合わせるすべすらまったくないため、彼ら極左派の意識はますます狭隘となり、ついには、革命党員は、社会関係が単純であればあるほどいい、などという理論をでっち上げるものすらでてくるのです。

こうしたセクト主義の極左派小グループ（そのなかには〔極左方針に〕同意しない分子も少しはいますが、例外です）にはもちろん、発展の見込みはありません。かりに発展できたとしても、かえって中国の革命運動には障害となるでしょう。

スターリン派は、前の革命敗北[7]後の中国の新情勢を理解しなかったがために、多くの誤りを犯しました。今度の戦争で敗北した後には、中国情勢の変動はその何倍にも大きくなり、さらに楽観はできなくなります、今日、もし私たちが未来にありうる政治環境を深く理解できず、中国プロレタリアートの現実的力量とプロレタリア政党[8]の状況をはっきりと認識できぬまま、実際に踏み出し可能な工作方針を決定できなければ、屋根裏部屋にこもって夜郎自大に自己満足しているよりほかありません。

漢口陥落後、大規模な戦争はないでしょう、共産党あるいは国民党が農村の各小都市で指導する小規模な反日闘争が、相当期間、広く続くでしょう。近代の戦争においては、これは余波にすぎず、集中的な戦力を形成して敵を撃退することにはなりません。もし、国民党政府がチェコの道を歩むなら、日本に屈服して、広大な領土を割譲し、英米の力に頼って長江流域の一部の省を保持するでしょうが、この統治のもとでは反共の元の道に戻ることも十分ありえます[9]。このとき、私たち、さらには共産党でさえ、改組して党名変更しなければ、半公然の存在としてすら存続不能となるでしょう。

私たちは失地回復を待って活動しようなどと幻想を持つべきではなく、引き続く日本占領の環境下、ただちにその狭い範囲内から活動開始の準備をすべきです、私たちの発展には一定時間が必要ですが、戦後（外国あるいは自国の統治下を問わず）、工業が復興しはじめてようやく私たちの活動はかなり順調になるでしょう。私たちの活動が順調になったとき、マルクス主義を称する秘密のあるいは半公然の小グループが、必ず多くの場所で生まれるでしょうが、大運動がなく、中心勢力がなければ、こうした小グループを統一するのは難しいでしょう。組織上、相当数の労働者大衆を獲得し、政治宣伝と行動上、保留なしに百パーセントの力を民主・民族闘争に傾注する小グループだけが、改めてプロレタリアート政党を創造する中心勢力になることができるのです。組織上、労働者と民族民主闘争に近づこうと努める宣伝といった初歩的かつ基本的活動は、日本占領区、国民党統治区双方で同じく採用すべき活動方針であり、違うのは日本占領区では、より非公然となるという点だけです。現在、大衆から、また現実の闘争から遠く遊離した極左派は、もし、過去に民族民主闘争を軽視した誤りを深く自覚して、態度を全面的に改めることができないのであれば、また、もし各人が謙虚に、上述のような活動方針のもとで粉骨砕身、活動しないのであれば、さらには、もし相変わらず、おおぼらを吹き、指導者ぶって空っぽの指導機関を組織し、第四インターナショナル支部の看板を頼りにセクト主義を実行して自ら王たらんと妄想するなら、中国における第四インターナショナル[10]の声望を失う以外、なにごともなしえないでしょう。

一九三九年[11]〔一九三八年十一月三日〕

（1）開戦後、蒋介石は共産党に対し、国民党統治区では政治的反対運動を、共産党統治区〔辺区〕では軍事的活動を強化した。

（2）日本軍の広州占領は一九三八年十月二十一日、武漢占領は同月二十七日。

（3）長沙はよく持ちこたえ、日本軍による占領は一九四四年六月十八日のこと。西安は日中戦を通じて陥落することはなかった。

（4）当時、ビルマから昆明へと通じるいわゆる援蒋ルートがあった。

（5）中共は抗日戦開始前の一九三七年七月には約四万、抗日戦終結時には百二十一万の党員を擁した。『中国共産党組織史資料匯編』（中共中央党校出版社、一九九五年）四二五頁。

（6）これは鄭超麟に対する批判である。

（7）一九二七年の蒋介石による四・一二クーデタにはじまる事態を指す。

（8）陳独秀がここで言うプロレタリア政党とは、中共よりもむしろ中国トロツキー派組織を指していると思われる。

（9）実際、一九四一年一月の皖南事変以降、国民党は反共攻勢を強めた。

（10）スターリンのコミンテルン（第三インター）に対抗するべく、トロツキーは一九三八年九月、パリで第四インターを結成した。

（11）初出テキストは「一九三九年」とするが、鄭超麟「陳独秀のトロツキー宛書簡はいつ書かれたのか（陳独秀致托洛茨基信是哪一日写的？）」（『史事与回憶　鄭超麟晩年文選』第三巻、二二〇頁、香港天地図書有限公司、一九九八年）によれば、これは鄭超麟が協力して何之瑜編原著に本テキストを収録する際、当時知りえた経緯を勘案して仮りに記した日付であるという。この日付は現在、米国スタンフォード大学のフーバー研究所に保管されている当該書簡（英文）にある「一九三八年十一月三日」という日付と違うが、どちらが正しいのかという質問に、鄭超麟は一九九五年執筆の上記文章で、後者が正しいはずだと証言している。当該書簡は、一九三八年秋に四川の陳独秀を訪ねた陳其昌が一九三八年末か翌年初めに上海に持ち帰って英訳し、上海で中国トロツキー派と行動をともにしていた米国の社会主義労働者党（ＳＷＰ）に所属するトロツキスト、フランク・グラスを経由してトロツキーに送られたものである。

付録　トロツキーのフランク・グラスへの書簡[1]

〔一九三九年三月十一日付、「附托洛斯基給李福仁的信」、トロツキー〕

親愛なる同志へ

あなたの上海からの一月十九日の来信、及び四川方面からの来信での意見〔編者〔何之瑜〕按ずるに、前の「トロツキーへの書簡」のこと〕を読み、きわめて大きな関心を持ちました、私たちは以前には欠けていたこうした情報をやっと得られたのです。私たちの旧友〔陳独秀〕が政治上、依然として私たちの友人であることを[2]、私は非常に喜んでいます、若干のありうる分岐を含みますが、今の私には必要な正確度でこうしたありうる分岐に判断を下すことはできません。

もちろん、私には確定的見解を確立して私たちの同志たちの政治的意見や、彼らの極左主義の程度に判断を下すのはとても困難です、したがって、私たちの旧友側が彼らを厳しくとがめることが正しいのかどうかについても判断しかねますが、旧友が表明している意見は、本質的に正しいと私は思いますし、その基礎の上に旧友と恒常的に協力できることを希望します。

私は、わが旧友がアメリカに行って一定期間暮らすのが一番いいとずっと思っていますが、もし、最高当局の許可がないとしたら、あなたはこれが可能だと思いますか。

私は旧友の楽観的意見には同意しません。つまり、わが旧友は自らに対する危険はまったくないと考えているのです。確かに、一定期間内、私たちの中国の同志は、限られた狭い範囲内で言えば、自分たちの無力さのせいで守られているのですが、私たちは国際的には日一日と強大になってきています。私たちの党[3]はすでにアメリカでは重要な地位を占めはじめています。スターリン派にとっては、これは恐ろしい警告なのです。スターリン派はこうした危険が他の国で起こるのを極力阻止しようとするでしょう。彼らは私たちの運動内で最も著名な人物〔陳独秀〕に手を下すでしょう。

もっとも熱烈な敬礼と祝福をもって

トロツキー　一九三九年三月十一日

（1）　フランク・グラスについては前掲「トロツキーへの書簡」の注（11）を参照。なお、双山訳『托洛次基檔案中致中国同志的信』（香港トロツキー派パンフレット、刊行年不詳）によれば、本書簡の中国語への翻訳は鄭超麟による。また、双山訳のこのパンフレットに収録された「トロツキーへの書簡」と「トロツキーのフランク・グラスへの書簡」のテキストは、何之瑜編の原著テキストとは若干の異同があるが、ここでは原著に従う。

(2) 佐々木力「復権する陳独秀の後期思想」(岩波書店『思想』二〇〇二年七月号)によれば、一九三八年段階で彭述之は第四インターナショナルに対し、陳独秀がトロツキストとしての立場を放棄したと報告していたという。本編はその反証となりうる。

(3) 米国のトロツキスト政党、社会主義労働者党(SWP)を指す。

西流[1]らへの書簡

〔一九四〇年三月二日付、「給西流等的信」〕

コミンテルンの過去の反ファシズムのスローガンは間違いではなく、彼らの間違いは「人民戦線」「反侵略戦線」などの筋違いのスローガンで、あてもなくブルジョワ政府と連合する夢を見た点にあり、国際プロレタリア反ファシスト連合戦線[2]を組織したことではありません。英仏ブルジョワ政府とファシズムのヒトラー政権が開戦すると、コミンテルンは実際はヒトラー側に立ちながら、帝国主義大戦反対を宣言し、英仏労働者に戦争反対を促しました。フランス共産党の四十余名は、ヒトラーに対する戦争に賛成したため除名されましたが、これは実のところ、ヒトラーの英仏に対する勝利を助けることでした。重慶で出ている『新華日報[3]』はレーニンの一九一四年の大戦に反対する論文を大々的に訳載し、毎日、今回の大戦が前回の大戦の繰り返しであると叫びたてています[4]、つまり双方の帝国主義者がともに本国人民を奴隷のように酷使することと植民地を略奪することを擁護するために戦争をするのだ、と。『動向月刊[5]』もなんと彼らの雷同者となり、私にはこの道理において、中国トロツキー派とスターリン派の区別が見出せません。レーニンの一九一四年の大戦に対する理論[6]が正しいのは、マルクス・エンゲルスの普仏戦争に関する既製の理論[7]を踏襲しようとせず、自分の頭で当時の帝国主義大戦の環境と特質を観察分析したことによります。そのスローガンが効果を持ったのは、ロシア帝国が実際敗戦国となり、加えてロシアは広大であり、ドイツはブレスト・リトウスク条約[8]以上の迫害をロシアに与えることができなかったためで、それで十月革命はどうにか持ちこたえられたのです。今は私たちもレーニンの一九一四年の大戦についての既製の理論を踏襲すべきではなく、自分の頭で今回の戦争の環境と特質を観察分析すべきです、すべての理論とスローガンには時間性と空間性があり、いい加減に踏襲することはできないのです。欧州大戦のような大きな事変に対して、その実際の環境と特質を観察できずに、歴史の繰り返しだと見なし、過去の大戦の経験と理論という一大巨編を暗唱して、こと足れりとする、この手のマルクス主義理論家は陳腐な文章を踏襲する八股文家なのです。歴史は繰り返しませんが、誤りは繰り返され得るのです、レーニンの一九一四年の大戦についての理論とスローガンを中日戦争に応用し、被抑圧民族の反帝的特質を忘れるものがいるかもしれませんが、その人はいかに左翼的美辞麗句を歌い上げようとも、日本を助けるだけです。今また、レーニンのかつての理論とスローガンを今回の戦争に応用し、反ファシズムの特質を無視する人がいますが、その人はいかに左翼的美辞麗句を歌い上げようとも、ヒトラーを助けるだけです。英仏は被抑圧民族のプロイセンではありませんが、ヒトラーは欧州をほしいままにしたナポレオン三世であって、ヴィルヘルム二世[9]ではありません。ですから、ドイツばかりではなく、英仏のプロレタリア政党ももとより「祖国防衛」のスローガンを採用してはならず、「ファシズムのヒトラーに共同して打撃を」のスローガンを採用すべきなのです。今日の武器と通信はともに以前とはまったく異なり、英仏の国内戦争がたとえ勝利したとしても、ヒトラー敗北以前であれば、この革命新政権の運命は〔革命ロシアの〕ブレスト・リトウスク条約調印のような幸運には恵まれないでしょう。来信で君はこうも言っています。「もしファシズムが勝利したら、人類は大きな災禍に見舞われることになります、だから力を尽くしてファシズムの勝利を阻止しなければなりません」と。この言葉はきわめて正しい。しかし、どうやってファシズムの勝利を阻止するのでしょうか。私が思うに、ヒトラーが対英仏戦争に敗れ、昔のナポレオン三世が敗れたときのように、国内で革命が惹起されてはじめてファシズムの勝利を阻止できるのです。もし、英仏が〔祖国〕敗北主義を採ったならば、人類の災禍を促進するだけで勝利は自ずとヒトラーのものとなり、無論英仏政府や英仏独プロレタリアートのものともなりません。もし、交戦双方が帝国主義者だから労働者は双方に反対するべきだというなら、それは以前、ヒトラーとブリューニング[10]を同じと見なし、ナチ党と社会民主党を同じと見なしたのと同様の誤りを犯すことになります、このような軽重黒白を区別しないという誤りは、以前にはヒトラーの国内での成功を助ける原因となり、今また、ヒトラーの国際的成功を助ける原因となるでしょう、プロレタリアートはもとより明日の準備をしなければなりませんが、では今日はなにをなすべきなのでしょうか。今日はすでに戦争の最中なのです。ヒトラーに賛成か反対か、実際上も理論上も曖昧にすることはできません。ヒトラーに反対なら、同時にヒトラーの敵を打倒するべきではなく、さもなければヒトラーに反対し、ファシズムの勝利を阻止するといってもみな空文句です。お考えはいかに。お返事をお待ちします。

一九四〇年三月二日

（1）　西流は、陳独秀のまたいとこに当たるトロツキスト濮清泉のこと、別名濮徳志など。

（2）　一九三〇―三三年、トロツキーは迫り来るファシズムに対して、共産主義者、社会民主主義者による統一戦線を提起していた。一方、スターリンのコミンテルンは、中間勢力こそ主敵であるという社会ファシズム論で、社民勢力攻撃に終始し、結果として一九三三年のヒトラーの政権掌握を助けた。その後、一九三五年のコミンテルン第七回大会は、一転して社民政党、ブルジョワ政党との連携を求める人民戦線戦術を打ち出した。

（3）中共機関紙。一九三八年一月漢口で創刊。一九三八年十月、重慶に移り、一九四七年二月、国民党によって停刊に追い込まれた。

（4）『新華日報』は一九三九年十一月四日から五日にかけて、レーニンの「社会主義の原則と一九一四年の戦争」を訳載している（これは「社会主義と戦争」の第一章「社会主義の諸原則と一九一四―一九一五年の戦争」として大月書店版『レーニン全集』では第二一巻に収録されている）。ここには、「反動的な戦争では、革命的な階級は自国政府の敗北をのぞまないわけにはいかない。また、自国政府の軍事的敗北と、この政府を打倒することが容易になることとの関連性を見ないわけにはいかない」（訳文は大月版『レーニン全集』第二一巻、三二二頁による）とある。このほか、同紙は十一月八日の記事「コミンテルンは帝国主義大戦に反対の宣言を発表」をはじめ、数々の記事で第二次世界大戦を「帝国主義戦争（大戦）」と呼び、十一月二十九日の「帝国主義戦争に反対する巨大な流れ」では、「第一次帝国大戦」中のレーニンの「指示」に従い、「今回の第二次帝国大戦」でも帝国主義戦争に反対せねばならない、と主張している。

（5）トロツキー派機関誌。一九三九年七月上海で創刊。発行名義人は当時上海でトロツキー派運動に関わっていた、米国人トロツキストのアレグザンダー・ブックマン。

（6）祖国敗北主義を指す。「私の根本意見」の注（6）参照。

（7）一八七〇年、普仏戦争が起こると、マルクス・エンゲルスは、ナポレオン三世のフランスが勝利した場合、ドイツ労働運動が壊滅するとして、プロイセンの戦争が防衛的である限りという条件で、これを支持した。

（8）第一次大戦中の一九一八年三月、ドイツ及びその同盟国とソヴィエト・ロシアとの間で調印された単独講和条約。交渉のロシア側代表はヨッフェ、トロツキー。ロシア側は広大な領土を失い、賠償金支払いの義務を負ったが、戦争から離脱することでソヴィエト・ロシアは革命の成果を守る時間的余裕を得た。のち、ドイツの大戦敗北で、同条約は失効した。

（9）ここでは、普仏戦争勝利で初代ドイツ皇帝に即位したヴィルヘルム一世とすべき。

（10）ドイツ首相（一九三〇—三二年）。経済危機克服に失敗して失脚、ワイマール体制崩壊の端緒となった。スターリンが、ヒトラーが後に控えている時に、ブリューニング退陣を提起したことを、トロツキーは非難した。

西流らへの書簡

〔一九四〇年四月二十四日付、「給西流等的信」、無署名〕

……前の書簡では意を尽くせなかったゆえ、ここにさらに以下のごとく申し述べる次第。

私には二つの確信があります。（一）この大戦終結の前に、さらには戦後の短期間中には大衆の民主革命は実現の可能性はない。（二）現在のドイツ、ロシア両国の国家社会主義とゲー・ペー・ウー[1]政治、これにイタリア、日本が続くが、これらは現代の宗教法廷で、もし今、人類が前進しようとするなら、こうした中世の宗教法廷よりもさらに暗黒の国家社会主義とゲー・ペー・ウー政治をまず打倒する必要がある、それがため、すべての闘争（反帝闘争も含め）は、この闘争に比べたら、二義的、さらにはそれ以下の地位に置かれる、もしこの闘争を損なう闘争があるとすれば、それはより反動的である。私は以上の見解に基づき、英仏米国内で戦争に反対することは反動的であるばかりでなく、インド独立運動ですら反動的であると考えます。民族闘争は世界的闘争の利益をひとたび離れるや、反動的にならざるを得ず、加えて事実においても、インドがひとたび英国から離れるや、必然的に日本あるいはロシアの統治下に入ることとなって、英国に対する決定的勝利をヒトラーにもたらしますが、これは反動でなくてなんでありましょう。私のこの意見を見て連根兄[2]が驚くばかりでなく、君たちもまた必ずや用心して考えるべきだと判断するでしょう。なぜなら、これは私たちの頭の中にある以前学習した公式と大きくぶつかるからです。この書簡を連根兄にまた転送して見せ、あわせて前の書簡ともども書き写して×兄[3]に渡していただければ、さらに好都合です。……四月二十四日

追伸

反国家社会主義、反ゲー・ペー・ウーの政治的大闘争は民衆によってではなく、英仏による対独戦争というかなりいい形をとっています、これは全世界の革命者の恥辱でありますが、もし、さらに空理空論を声高に叫んで、国家社会主義者に勝利を得させるなら、それはもっと屈辱的な罪悪です！

（1）ソ連の秘密警察のこと。チェカーの後身、ＮＫＶＤ、ＫＧＢの前身。

（2）王凡西の筆名の一。

（3）　誰かは不明。

西流らへの書簡

〔日付不明[1]、「給西流等的信」、無署名。『胡適序本』未収録〕

……君の欧州戦についての意見に以下のように答えます。君の欧州戦についての意見は、平素保持してきた民主とソ連についての意見を根本的に翻すものですが、まだ既成の理論と公式に囚われているのは免れ難いことです、つまりレーニンの前の大戦に対する理論と公式に囚われており、いまだ自分の頭で問題を考えることができておらず、私が君への前の書簡で書いた二点のうちの第一点目の誤りを犯しています。レーニンの時代の帝国主義はマルクス・エンゲルスが見たことがないものだったので、レーニンはマルクス・エンゲルスの普仏戦争についての既成の理論を踏襲することはできませんでした。私たちの時代のファシズムとゲー・ペー・ウー政治もレーニンは見たことがありませんでしたから、私たちもレーニンの前の大戦についての理論を踏襲することはできないのです。前の大戦の結果においては、英国が負けようが、ドイツが負けようが、人類の運命はそうたいした違いはありませんでしたが、今回の戦争でドイツ、ロシアが勝ったなら、人類は少なくとも半世紀間はより暗いものとなり、英仏米が勝利したなら、ブルジョワ民主主義は保たれ、そうしてはじめて大衆的民主主義に向けた道ができます。ファシストの勝利が大衆的民主主義の実現を加速させると、私たちは明確に見極められるでしょうか。もしそう考えるなら、「能無し」〔スターリンを指す。原文は「死狗」〕がドイツでヒトラーの政権掌握前に持った謬見の繰り返しです。私たちは今、英仏で国内の革命でファシズムに答えようと呼びかけうると仮定できるでしょうか。客観的条件には、こうした軽率な仮定を可能とするものは少しもなく、こうした仮定はヒトラーと「能無し」を助ける以外のなにものでもないと私は考えます。以前多くの人が国民会議は不要で、ソヴィエトだけが必要だと言った[2]ので、私は尋ねたことがあります。ソヴィエトはもちろん国民会議よりすばらしいが、どうやってソヴィエトに向かうのかと。君は今こう言います。「われわれは大衆的民主主義を忘れてはならない」と。私は君に問いたい。「君が忘れないと言うだけではなにもならない、どうやって大衆的民主主義に向かうのか」と。形式的民主、限定的民主でも大衆的民主主義闘争に有利で、ファシズムとゲー・ペー・ウー政治は大衆的民主主義運動のブレーキです。中国問題について言うと、英仏がもし敗北するなら、中国は日本、ロシアの統治となるほかなく、英仏が勝利するなら、全世界のファシズム運動は破産し、当然東西の旧秩序が回復し、それは中国の国内政治にも影響します。想像すればわかるように、私たちはこれよりもっとすばらしい夢を見ることができるでしょうか。以前、コミンテルンの国内的スローガンは「人民戦線」、国際的スローガンは「平和戦線」でした。「民主戦線」というスローガンはほとんど使われたことはありません、各国の〔共産〕党は使ったことがありますが、私はこのスローガンを認めることはできません、これは誤ったスローガンです、というのは、ソ連は根本的に民主的ではないからですが、各民主主義国家がヒトラーとの決戦の意思表示をしていない時点では、民主戦線という贈り物で英米の政策に連帯することは、各民主主義国内の民衆闘争のブレーキとなってしまうと思うからでもあります。このことと、各民主主義国がヒトラーと戦争を始めた今も、民主戦線という政策をとらないこと、この両者はともに誤りなのです。今回民主を擁護するということは、前の大戦中に民主を擁護したこととは比較できません、なぜなら前の大戦時にはまだファシズムの問題はなかったからで、そのことはすでに詳しく上述したとおりです、その他は、この問題のために書いた前の書簡を参照してください、この書簡と(3)×さんに書いた前の書簡を、ともに××さんに送って見せてください、そうすれば、私がもう一度書かなくてもすみます、君と私は数年前からすでに「能無し」が全世界の罪悪の首魁であり（今回は、○×さんが言うところの感情に走っているわけではありません）、誰であろうと、こいつを倒してくれるなら二人とも賛成だと考えてきましたが、君はもう忘れてしまったのですか(4)。私は今、まじめに言いますが、誰であろうと能無しとヒトラーを倒す人に、私は額づきその人の奴隷になりたいくらいです……。

（1）原著の配列と内容からして、本編はこの前の四月二十四日付「西流らへの書簡」とこのあとの七月三十一日付「連根への書簡」の間に書かれたものと考えられる。

（2）ここでの陳独秀はトロツキー派組織が正式採用する以前、国民会議のスローガンに疑義を呈したトロツキスト同志たちを念頭に置いている。

（3）『英語版』のベントンの注によれば、おそらく×は趙済、××は王凡西のことであり、○×ははっきりしないが、やはり王凡西のことだろうという。

（4）同じく、ベントン注によれば、南京の獄中で陳独秀は西流と同棟で過ごす機会があり、陳独秀は西流に自分の民主主義観を説いたが、のちに西流は王凡西の民主主義観に説得されてしまったという。

連根への書簡

〔一九四〇年七月三十一日付、「給連根的信」、無署名〕

……君たち〔上海のトロツキー派指導部〕の意見が一致した[1]のを見て、私は病気を押してでも簡単に二言三言、返信を書かざるをえません。君たちの誤りの原因は、第一にブルジョワ民主主義の本当の価値を理解せず（レーニン・トロツキー以下みな同じです）、民主政治をブルジョワジーの統治方式としか見なさず、偽善だ、ペテンだとしますが、民主政治の本当の内容が、裁判所以外の機関は逮捕権がなく、納税を伴わない参政権はなく、議会が承認しなければ政府に徴税権がなく、政府の反対党には結社、言論、出版の自由があり、労働者にはストライキ権があり、農民には土地耕作の権利があり、思想、宗教の自由がある、等々だということを理解しないことです。これらすべては大衆が必要とするもので、十三世紀以来、大衆が七百年にわたる血の闘争でやっと今日のいわゆる「ブルジョワジーの民主政治」として獲得してきましたが、まさしくこうしたものを、ロシア、イタリア、ドイツが覆そうとしているのです。いわゆる「プロレタリア民主政治」は、ブルジョワ民主主義とは実施範囲の広さが違うだけで、内容上、これとは別にプロレタリア民主主義があるわけではありません。十月革命以来、「プロレタリア民主主義」という無内容な抽象名詞を武器に、ブルジョワジーの実際的な民主主義を破壊してきたことが、今日のスターリン統治のソ連を招いたのであり、イタリア、ドイツはそれに習ったのです。今、君たちはまたこの無内容な名詞を武器に、ヒトラーのためにブルジョワ民主主義の英米を攻撃するのです。第二に、ファシズムと英仏米帝国主義者の階級的役割が違うこと（帝国主義は寡占金融資本と中産階級の連合であり、プロレタリアートの結社、宣伝を一定限度内で許容せざるをえないのです。一方、ファシズムは寡占金融資本とルンペン・プロレタリアート及び右派過激プチ・ブルジョワジーの連合であり、プロレタリアートの結社と宣伝を徹底的に排除します）、ファシズムの経済制度が英米帝国主義と比べ、国際化局面から日に日に国内化、自足自給の封建化へとシフトしていることを理解せずに、これを単なる政治制度の違いだと考えている点です。政治制度は、その階級の経済的推進力であり、ゆえなくできるものではありません。たとえ、政治体制の表面から論じるだけでも、ドイツ、イタリア、ロシアのゲー・ペー・ウー体制と英仏米の議会制度とはわずかな違いでしかないと言えるでしょうか。第三に「中間闘争」の重要性を理解していないことです。私たちはもし、片目だけで最後の闘争を見て、この最後の闘争のみがファシズムやその復活を消滅させ、問題を解決できると考えるなら、反ファシズム運動、ストライキ運動、国民会議運動等々のような中間闘争はみな無益の挙ということになり、最後の闘争が天から降ってくることを静かに待つほかありません。さらに第四に、英米が敗北して革命が起こり、ブルジョワ支配を全面的に覆すという仮定は、まったくもって幻想、奇跡です（××への書簡[2]を参照ください）。以上、四つの原因をまとめると、やはり次のようになります。「実際の歴史、事変の発展に眼を閉じ、ひたすら抽象的な公式をもてあそぶ」ということです。自然科学の公式も時に覆されることがありますが、社会科学の公式はもっとずっと脆弱です、歴史は繰り返さないのに、古い公式を持ち出して万能薬とし、永続的、演繹的に今の日々変動する複雑な事件に適用するのは、辻褄があいません。

大戦開始以来、重慶の『新華日報』は、レーニンの前の大戦時の理論に基づいて、英仏などブルジョワ民主主義国家の虚偽を非難する言葉を大声で叫びたて、帝国主義間の戦争に反対し、両陣営とも侵略強盗であると言明しています。事実上、その行間から暗にヒトラーを助けているのです。私は君たちの書簡を子細に読みましたが、思想的には「能無し」〔スターリン〕と同じで、多くの言葉が共通しています、最近小冊子『破暁』[3]（『破暁』はもちろんトロツキーの意見に基づいています）を読みましたが、なんとファシズムが英米を攻撃するにまかせ、さらにはソ連のフィンランド侵攻[4]を弁護していますが、スターリン、ヒトラーのためにこんな宣伝を進んでするとは、態度は明らかではないでしょうか。まだどちら側にも加担していないなどと言うのでしょうか。「民主主義国の英米に反対する」、「ファシズムを攻撃しない」、「ソ連擁護」、この三つの政治綱領を合わせれば、第三インターと第四インターは道理からして合併すべきということになります。君たちがこのように今後さらにスターリンに反対するなら、それは政治原則のない私人間の権力闘争になってしまうでしょう。スターリンが掌握している軍、警察、裁判所などの国家統治機関を除いた架空のソ連を、誰が探し出して擁護できるというのでしょうか。もし、君たちの意見が変わる望みがないとすれば、「能無し」と妥協するのは時間の問題にすぎません。さらに、もし君たちの希望（少なくとも『破暁』の著者はそうです）にしたがって、各民主主義国が、米国すらが敗北したなら、トロツキーはメキシコに住めなくなり、そのときは「能無し」と妥協しなければ、ほかに活路があるでしょうか。

一九四〇年七月三十一日

……………

追伸

私は今、二つの問題を提起しますので、諸兄の返信を願います。

（一）ナチの脅威のもとにある、英仏の革命党は、反ナチのスローガンで力を結集することができるのか、それとも本国政府反対のスローガンで力を結集することができるか。

（二）もし、今ドイツ国内にある種の民主勢力があって、ナチに対して国内戦争を起こしたら、君たちは同時に両勢力を打倒しようと主張するのか、それともナチと連合して民主派を打倒しようと主張するのか。あるいは意因〔鄭超麟の筆名の一〕の主張のように、両方に知らん顔を決め込むのか。

（1）一九四〇年六月、中国トロツキー派臨時委員会が「陳独秀の来信についての決議」を採択したことを指すか。同決議は、陳独秀が「公然と英仏帝国主義の側に立ち、革命的「敗北主義」に反対し、「帝国主義戦争を国内戦争に転化する」ことに反対し、……以前のスターリンの「民主戦線でファシスト戦線に反対する」間違った立場を継承している」と非難するものであった（前掲唐宝林・林茂生『陳独秀年譜』による）。

（2）ベントンの注によれば、××はおそらく西流のことという。とすれば、内容的に前掲の「西流らへの書簡」三通のうち、第一、第三書簡が考えられる。

（3）『動向』停刊後の一九三九年十二月に、その後継として単行の小冊子体で刊行された。王凡西著『双山回憶録（増訂本）』（香港・士林図書服務社、一九九四年、二九〇頁）参照。

（4）一九三九年十一月三十日、ソ連軍はフィンランドに侵攻し抵抗に遭うが、翌年三月、フィンランド国内にソ連基地をおくことを認めさせた（第一次ソ連・フィンランド戦争）。

西流への書簡

〔一九四〇年九月付、「給西流的信」、仲[1]〕

西流兄：先日、一筆差し上げ、〔鄭〕超麟兄からの来信を同封しておきましたが、ご覧いただけたことと思います。七月二十一日付のお手紙、及び守一〔王凡西〕の書簡も読みましたが、病気のせいですぐご返事できませんでした。今もこんなありさまです（この手紙を書くのに二十数日もかかりました。精神状態の悪さ、ご想像ください）。その他のことは、どうかお疑いなきよう。

お手紙には、「彼〔王凡西のこと〕の民主主義に対する理解と、世界情勢に対する過度の楽観には、私はいささかの稚気を感じざるを得ません」とありましたが、われわれの論争の中心には、まさしく、（一）世界大戦の敗戦国に革命が起こるか、（二）民主主義を擁護すべきか、という二つの問題があります。あなたは、彼のことを稚気があると思いながら（実際には反動です）、同時に彼は間違っていないとも言っているのですから、あなたご自身も、少しばかり自己矛盾だと感じておられることでしょう。

第一の問題については、私は否の一字で答えるしかありません。特に、英・仏についてです。この点、資深〔何之瑜〕と希之〔呉季厳〕の方が、私より断固として英・仏で革命情勢が生まれる可能性を否定しています。その理由は以下のとおりです。（一）両国の革命勢力は、スターリン派によってすっかり破壊されています。（二）各国のブルジョワジーは一八七一年と一九一七年の経験があるため、敗戦後、その武器が国内の敵に利用されるくらいなら、むしろ国外の敵にすべて引き渡そうとするでしょう。（三）今のドイツの武器や戦術、征服地統治の方法は、一八七一年や一九一七年の比ではありません。英・仏政府軍の敗北後、民間で蒼頭が特起する〔蜂起軍が起こる〕ことは、しばらくの間あり得ません。（四）ドイツはまだ世界の覇権を獲得しておらず、負ければ戦争は終わりで、ナチスの敗北後にこれを継ぐのが依然ファシスト政権であることはなさそうです（この状況は英・仏とちょうど逆です）。その時になれば、社会民主党やその他の自由主義派が台頭しましょうが、しかしそのことは、革命運動の開始に有利だと言えるだけです。ヒトラーの敗北後のドイツですぐに革命が起こるとは、革命政党が存在しない以上、言いがたいことなのです。以上の理由から、以前にわれわれが信じていた「帝国主義大戦後、敗戦国では革命が引き起こされる」という公式は、完全に覆されました。公式を妄信し、歴史事象の進展に目をつぶる人だけが、一九一七年の夢を見ることができ、今回の大戦は前回の大戦の再演であると言うことができるのです。

英・仏革命に望みがないのに、英・仏で敗北主義をとることは、ヒトラーの勝利を助ける以外のなにものでもありません。歴史は再演されることはありませんが、人の手による誤りは再演されることがあります。かつて、ブリューニング内閣とヒトラーは同様だとの考えが、ナチスの政権獲得を助けましたが、今またナチスのドイツと民主主義の英・仏は同様だという考えが、ヒトラーによる民主主義の伝統を持つフランス征服を助けたのです。さらに一歩、議論を進めましょう。もし、人々が以前と同じく民主主義を軽視し独裁を崇拝するならば、守一が言うように、「人類は善悪にかかわらず、ファシズムと社会主義という二つの独裁の間で、選択を行わねばならない」のです。言い換えれば、ドイツとロシアの二つの政治体制の間で選択するしかないということです。とすれば、たとえ英・仏の敗北が革命を引き起こしても、ヒトラーの勝利と同様、世界を一層の暗黒に陥れるだけです。ゲー・ペー・ウーが支配するソヴィエト・ロシアだけでも人々を窒息させるのに充分であるのに、さらにいくつものゲー・ペー・ウーのソヴィエト・イギリス、ソヴィエト・フランスが加わるとすれば、あなたはこれに耐えられますか。かくして、第二の問題を詳しく論じねばなりません。すなわち、守一が言うように、「われわれの間での主要な意見の相違は、やはり民主主義の問題にある」からです。

この第二の問題について、私は、ソヴィエト・ロシアの二十年来の経験にもとづき沈思熟考すること六、七年、ようやく今日の意見を決めました。（一）私は次のように考えます。大衆政権でなければ、大衆的民主主義を実現できないのはもとよりのことだが、もし、大衆的民主主義が実現されなければ、大衆政権とかプロレタリア独裁とか言ったところで、必然的にスターリン流の少数者によるゲー・ペー・ウー体制に堕してしまう。これは、物事の勢いがしからしめるのであって、スターリン個人の心ばえが特に悪いからではない、と。（二）私は次のように考えます。大衆的民主主義でブルジョワ民主主義に置き換えることは進歩であり、独・露の独裁で英・仏・米の民主主義に置き換えることは、退歩である。こうした退歩を助ける者は、直接にせよ間接にせよ、意図的にせよそうでないにせよ、すべて反動である。たとえその人間が口ではどれほど左翼的言辞を吐こうとも、と。（三）私は次のように考えます。民主主義は抽象名詞であるだけでなく、具体的な内容を持っている。ブルジョワ民主主義とプロレタリア民主主義の内容は大体同じであり、その実施範囲に広い狭いがあるだけである、と（前回の書信及び後掲の表を参照）。（四）私は次のように考えます。民主主義の内容には議会制度が含まれるのはもとよりだが、議会制度が民主主義の内容すべてであるわけではない。長年にわたり、多くの人々は、民主主義と議会制度を一つのものと思い込み、議会制度と同時に民主主義を排斥してきたが、これこそがソヴィエト・ロシアが堕落した最大の要因である。議会制度は過去のものにも、歴史の残影にもなろうが、民主主義はそうではない。ソヴィエト制に民主主義の内容がなければ、それは依然として形式民主主義の代議制である。ロシアのソヴィエトに至っては、形式的なブルジョワ民主主義の議会にも及ばない、と。（五）民主主義は古代ギリシャやローマから今日、そして明日明後日に至るまで、それぞれの時代の被抑圧大衆が少数の特権階層に反抗する際の旗印です。決して、特殊な時代の歴史現象にすぎないのでも、時代遅れの特定の時期のブルジョワ支配方式にすぎないのでもありません。もし、民主主義はもはや時代遅れだ、一たび去って復《ま》た返らず(2)だ、と言うのであれば、それなら同時に、政治と国家はもはや時代遅れだ、もう死んでいると言ってもよいことになります。もし、民主主義はブルジョワジーの支配方式にすぎない、プロレタリアの政権方式には独裁しかない、民主主義であるはずがない、とするなら、スターリンが行った罪悪のすべては、当然のものとなり、「民主主義は官僚制に対する抗毒素である」とのレーニンの言は、ただの無駄話となります。L・T〔レオン・トロツキー〕は、ソヴィエト・労働組合の復活、党内民主主義のために闘争せよ、と主張しましたが、それも昨日を呼び戻すこと、普通の人々に歴史の残影のために血を流させることに等しいことになります。もしプロレタリア民主主義はブルジョワ民主主義とは異なる、と言うなら、それは民主主義の基本的内容（逮捕や殺人の権利は裁判所にだけあること、政府に対する反対党派の公然たる存在、思想・出版・スト・選挙の自由や権利など）は、プロレタリア民主主義でもブルジョワ民主主主義でも同じであることを全く理解していないのです。もし、スターリンの罪悪はプロレタリア独裁と無関係だ、と言うなら、それならば、スターリンの罪悪とは十月〔革命〕以来のソ連の制度が民主制の基本的内容に違反したことによるのではなく（これらの民主主義に違反する制度はすべて、スターリンが創始したものではありません）、スターリン個人の心だてが特に悪いからだ、ということになります。これでは全くの唯心主義者の見解です。スターリンの罪悪はすべて、プロレタリア独裁制のロジックが発展したものです。考えてもみてください。スターリンの罪悪で、秘密政治警察の強権、一党制と党内分派の禁止、思想・出版・スト・選挙の自由を認めないことなど、十月以来のソ連の一連の民主主義に反した独裁制に基づかずに生まれたものがあるでしょうか。これらの民主主義制度を回復させなければ、スターリンの後継者に誰がなろうと「専制の魔王」となることを免れません。ですから、ソ連の諸悪をすべてスターリンのせいにし、その根源をソ連独裁制の欠陥に求めないのであれば、まるで、スターリンを除けばソ連のあらゆることは素晴らしい、ということになってしまいます。公平な政治家なら、こうした個人を妄信し制度を軽視する偏見を持たないはずです。二十年にわたるソ連の経験、特に後の十年の苦難の経験を、われわれは省みるべきです。われわれが制度の上に欠点を見出して教訓を得るのではなく、それらに目をつむりスターリンに反対するだけなら、永遠に覚醒することはできません。一人のスターリンが倒れても、無数のスターリンがロシアや他の国に生まれることになりましょう。十月後のソヴィエト・ロシアでは、独裁制がスターリンを生んだのであって、スターリンがいたから独裁制が生まれたのではないことは明らかです。もし、ブルジョワ民主主義制はその社会的動力をもはや使い果たした、民主主義のために闘争する必要はない、と考えるのであれば、それはプロレタリアの政権は民主主義を必要としない、と言うのに等しいのです。この観点は、誤りを天下後世に及ぼすものです[3]。

（六）近代民主制の内容は、ギリシヤ・ローマよりもずっと豊富で、それが実施される範囲もずっと広範です。近代はブルジョワジーが権力を握った時代ですから、われわれはこれをブルジョワ民主制と呼んでいますが、実際のところ、この制度のすべてをブルジョワジーが歓迎したわけではありません。幾千万の民衆が五、六百年もの間、流血の闘争を戦ったのち、はじめて実現したのです。科学、近代民主制、社会主義は近代人類社会における天才的な三大発明であって、非常に貴重なものなのですが、不幸なことに十月以後、軽率にも民主制とブルジョワ支配が一緒に覆され、独裁が民主主義に取って代わりました。民主主義の基本的内容も覆され、「プロレタリア民主主義」「大衆民主主義」と言われるものも、実際には内容のない空っぽの名詞、ブルジョワ民主主義に対抗するための見せかけの言葉にすぎません。プロレタリアートが政権獲得で手にした国有大工業・軍隊・警察・裁判所・ソヴィエト選挙法といった優れた道具は、ブルジョワジーの反革命を鎮圧するには十分でした。独裁で民主主義に取り替える必要などなかったのです。独裁制は鋭利な刃物のようなもので、今日他者を殺すことに用いられても、明日には自分自身を殺すことに用いられかねません。当時レーニンは敏感にも、「民主主義とは官僚制に対する抗毒素である」と気づいていましたが、民主制、つまり秘密政治警察の廃止、反対党派の公然たる存在の許容、思想・出版・スト・選挙の自由などをまじめに採用することはありませんでした。L・Tは、独裁の刃が彼自身を傷つけた時になってはじめて、党・労働組合、そして各レベルのソヴィエトには民主主義が必要であり、選挙の自由が必要だと思い至ったのですが、しかしそれは遅すぎました。その他の無知なボリシェヴィキ党員たちは、さらに独裁制を天にまで持ち上げ、民主主義を犬の糞にも劣るかのように罵倒しました。このデタラメな観点は、十月革命の権威のおかげで全世界を席捲しました。一番にこの観点を採用したのが、ムッソリーニであり、二番目がヒトラーです。独裁制提唱の本国——ソ連では、一層状況が悪化し、ありとあらゆる悪がなされているのです。このため、独裁を崇拝する徒党は世界に遍く、とりわけヨーロッパでは五大国のうち三つまでが独裁です（ですから、東洋では民主主義が必要だが、西洋では必要ないという主張は誤りです）。第一がモスクワ、第二がベルリン、第三がローマで、この三つの反動堡塁は、現代を新たな中世に変えています。彼らは思想を有する人類を、思想を持たない機械・牛馬に変え、独裁者の鞭で動かそうと狙っています。人類にこの三大反動堡塁を覆す力がないのなら、機械・牛馬に変わる運命しか残りません。ですから、現在、全世界のあらゆる闘争は、この三大反動堡塁の打倒と連繋されねば意味がありません。そうでなければ、プロレタリア革命、民族革命といったいかにも聞こえのよい名詞でも、この三大反動堡塁の強化と勢力拡大を、無意識裡に客観的に助けることになるのです。もし、われわれが現在、この三大反動堡塁の打倒を主要な闘争だと考えるのなら、第一に、英・仏・米の不徹底な民主制も擁護される価値があることを認めねばなりません。第二に、いかなる時期、いかなる事態でも、プロレタリアートは他の階級と共同行動をとってはならない、とする劉仁静の破産した理論はつぶさねばなりません。この理論は、北伐戦争にあっても、抗日戦争の中でも、採用されようもなかったことは、はっきりとしています。当面の国際戦争でも、同様に採用されることはありません。もしこの理論を採用すれば、反動的な役割を果たすだけです。昌兄〔陳其昌〕は、言っています。「戦争が行われている現在、民主主義とファシズムとの間の明確な境界線は消失したか、消失しようとしている」と。これには全く、わけがわかりません。（一）政治制度からすれば、民主主義とファシズムが絶対に異なるという境界線は、永遠に消えるはずがありません。（二）もし、その境界線の消失が英・仏・米などの民主国家が次第にファシズム化していることを指すと言うのなら、それが本当だとしても、だからと言ってわれわれが独裁を歓迎し民主主義に反対する理由とすることはできません。（三）英・仏・米の将来のファシズム化は、第三インター・第四インターがヒトラーの完全勝利を助けるか否かにかかっていますが、ファシズム化されるのは、ヒトラーの軍隊がやって来たところにもちろん限られます。ヒトラーの軍が来ないのであれば、英・仏・米の民主主義の伝統は、簡単に覆されるものではありません。もし、戦時内閣の権力強化をファシズム化と思い込むなら、それはファシズムとは結局のところ何なのか、理解していないことになります。（四）現在の民主主義国家とファシズムとの間では明確な境界線がすでに消失したと考えるなら、目を見開いて以下の対照表を見て下さい。

　この表によれば、両者の境界線は、英・米ではいつ消失したのでしょうか。フランスでは何によって消失したのでしょうか。この表を見たすべてのコミュニストは、何の面目があってブルジョワ民主主義を罵倒できましょう。宗教的迷信の時代は、とうに過去のものとなったはずです。皆さんは目覚めねばなりません。今後の革命で、「民主主義はもはや時代遅れだ、プロレタリア政権には独裁あるのみで、民主主義はあり得ない」となおも考えるのであれば、ゲー・ペー・ウーが全人類を蹂躙するにまかせるしかありません。しかもその種の革命（？）が英・仏の敗戦後に起こる可能性はありません。君たちは英・仏での敗北主義のスローガン採用を主張しますが、いったい誰のためなのですか。スターリン派はたいへん巧妙に

（甲）英・米及び敗戦前のフランスの民主制	（乙）露・独・伊のファシズム制（ソヴィエト・ロシアの政治体制は独・伊の手本であるので、一つにまとめました）
（一）議会選挙は、各党（政府に反対している党も含まれる）が選挙区で自由にふるまい、選挙公約を公表し演説をして、選挙民の要請に応えようとする。だから、選挙民は最終的には投票権を有している。議会が開かれる時にも、相当の討議・論争が行われる。	（一）ソヴィエトあるいは国会の選挙は、政府党が指示し決定する。会議の時は、挙手が行われるだけで、論争はなされない。

も最初のステップでファシスト反対のスローガンを帝国主義戦争反対のスローガンに置き換え、次に英・仏・米を陰から批判してファシストを掩護しています。君たちは、彼らと同じステップを踏んでいるのであり、君たちの第二のステップは、『破暁』〔トロツキー派の雑誌〕と守一の私宛の書簡に十分に明らかになっています。守一たちの大戦についての見解は、ソ連の性質評価と民主主義に対する態度から出発したものであり、私とはすべて逆ですが、お互い首尾一貫しています。あなただけが、大

（二）裁判所の命令がなければ、人を逮捕したり、殺害したりすることはできない。	（二）秘密政治警察は、任意に人を逮捕し、殺害できる。
（三）政府の反対党派は、共産党でさえ公然と存在する。	（三）一国一党であって、他に政党の存在は許されない。
（四）思想・言論・出版は相当自由である。	（四）思想・言論・出版は絶対的に自由がない。
（五）ストライキ自体は犯罪ではない。	（五）ストライキは絶対に許されない。ストライキは犯罪である。

戦に対する態度では守一らに同意し、ソ連と民主主義については、やはり私に近いのです。これは本当に不可解です。この書簡は、写しをとって趙氏〔趙済〕や守一たちに送って下さい。この書簡自体と、以前に送りましたいくつかの書簡は、返送していただけますよう。将来、印刷するつもりでいるので。昌兄の書簡を同封します。ご健康を祈ります。

弟　仲　敬白

（1）本編の本邦初訳は、砂山幸雄訳「西流への手紙」（野村浩一他編『新編原典中国近代思想史』

第六巻、岩波書店、二〇一一年、所収）である。

（2）唐の詩人崔顥の七絶「黄鶴楼」に、「黄鶴一去不復返（黄鶴、一たび去って復た返らず）」とある。黄鶴楼は武昌の有名な楼台。

（3）原文には改行はないが、一段落が長くなるので、ここで改行した。

Yへの書簡

〔一九四二年一月十九日付、「給Y的信」、独秀。『胡適序本』未収録〕

Y〔何之瑜〕兄

………H〔胡秋原〕S〔孫幾伊〕[1]二君への書簡を同封します、彼らに便りをする際、転送してください。………私がマルクス主義のグループ外に飛び出すことをHらは望んでいます（陶孟和[2]もそうです）が、それは連中の一貫した偏見にほかならず、異とするに足りません、私らは彼らと実際の具体的問題（歴史的及び現状の）について討論するのが一番いい、そうすれば彼らも逃げようがなくなりますし、抽象的理論や主義グループに話が及ぶまでもなく、議論がこんがらがってわからなくなることもありません。陶孟和はわからないわけではないのですが、〔鄧〕仲純[3]は間違っています。……

ご健勝を祈ります。

独秀　一月十九日（一九四二年）[4]

（1）後掲の「SとHへの書簡」注（1）を参照のこと。

（2）非マルクス主義者の社会学者、北京大学教授、『新青年』の寄稿者。

（3）陳独秀の同郷で日本留学時代の友人、医師。一九三八年夏、重慶に一時滞在していた陳独秀を尋ね、江津へ呼び寄せ、延年医院を開設、晩年の陳独秀を援助した。弟、鄧季宣は何之瑜が教員として勤務した江津九中の校長。この鄧兄弟の甥に、中国の核兵器開発で有名な鄧稼先がいる。

（4）原著は一九四一年一月十九日とするが、三二一頁「私の根本意見」の注（1）のとおり、「私の根本意見」が一九四一年十一月二十八日作とすれば、それを受けて書かれたと考えられる本編「Yへの書簡」と次編「SとHへの書簡」は一九四一年一月十九日作ではありえない。

SとHへの書簡

〔一九四二年一月十九日付、「給S和H的信」、独秀〕

H〔胡秋原〕S〔孫幾伊〕[1]両先生

Hさんとは一別、三年、Sさんとは二十数年お会いしていません。北京で〔Sさんと〕遊んだ日々を思いだすと、慨嘆に堪えません。

いましがた、お二方のY〔何之瑜〕兄宛の書簡を拝見、私の近作に対してご示教をいただき、感謝の至りです。私は元来、立論に当たっては、歴史及び現在の事変の発展に基づくことを好み、主義の空談義を好まず、それ以上に昔の人の言を引用して立論の前提にすることを好みません、こうした「聖言量」[2]〔仏教用語。権威の裏づけとして用いる聖人の言葉〕のやり方は、宗教の武器であって、科学の武器ではありません。

近作の根本意見〔「私の根本意見」を指す〕はいかなる主義とも関係がなく、第七条はボリシェヴィキの理論とその指導者（レーニン・トロツキーをともに含む）の価値を、改めて見積もることを主張していますが、それはソヴィエト・ロシア二十余年の教訓に基づいたものにほかならず、マルクス主義を尺度として書いたものではありません。もし、ソヴィエト・ロシア立国の道理に間違いがなければ、（その成功、失敗はどうあれ）たとえマルクス主義に合致しなくても、誰もこれを非難することはできません。「グループ」とはつまり「宗派」、「正統」であり、中国の宋儒が言う「道統」と同じで、これらはもとより私の好みに合いません、そこで孔教の道理に間違った点があることがわかると、孔教に反対しましたし、第三インターにも間違った点があるとわかると、それに反対したのであり、第四インターでも第五インターでも第何インターでも同じです。適之〔胡適〕兄は私が「生涯にわたる反対派」だと言いました、まったくそのとおりですが、私は故意にそうなったのではなく、事実に迫られてそうならざるをえなかったのです。たとえて言うなら、肉を食べるには、味がよくさえあればいいので、どこでその豚を買ったかなど問いません。もし味が悪いとき、陸稿薦〔蘇州の有名な肉料理の老舗〕が出したのだから食べるというのは妄信ですし、もし味がいいとき、陸稿薦が出したのだから捨てるというのは偏見です。妄信も偏見も、ともに事物変遷の試練と時間の淘汰に耐えることはできませんし、私は両方とも採りません。紙幅は少ないのに、言葉は長くなりました、意は万分の一も尽くせませんが、私の真理探究の全体的な態度は、この書簡でお二人にご理解いただけたでしょう。

新作ができましたら、もちろんお送りしてご教示をお願い致すことにします。述べたいことはとても多いのですが、病身ゆえ多くを書くことはできず、また書いたところで、ガリ版刷りにするのすら難しいのです。

ご健勝を祈ります。

独秀　一月十九日（一九四一年）[3]

（1）　胡秋原（一九一〇—二〇〇四）、早稲田大学留学を経験。一九三〇年代初め、文芸の自由を唱え、非共産党系のマルクス主義文芸研究家、批評家として、ときに中共からトロツキストと非難された。一九三七年、陳独秀が出獄後、漢口に滞在した時期に面識を得て交流が続いた。のち、反共の立場に転じ、新中国成立前夜、台湾に渡り要職を歴任。孫幾伊（一八八七？—？）は江蘇呉県の人、民国初期には有名なジャーナリストで、胡秋原によれば、十数歳年長だったという。一九一九年、北京『国民公報』主筆として、胡適の北洋軍閥政府風刺の詩を掲載したことで逮捕された経験を持つ。陳独秀がここで言うのは北京大学文科学長時代に、ともに北京で過ごした日々のことだろう。同じく胡秋原によれば、この書簡の当時、胡、孫は国防最高委員会の秘書職にあったという。S、Hの名が同定されたのは、鄭超麟と胡秋原の二十世紀末の通信による。鄭超麟「海峡両岸両位世紀老人的通信」（『陳独秀研究動態』第一一期、一九九七年五月）、「隔海書簡　鄭超麟—胡秋原（一九九六．十二—一九九七．六）」『陳独秀研究動態』（第一二期、一九九七年十月）参照。なお、鄭超麟によれば、原著『陳独秀的最後論文和書信』編集に当たり、書簡に本来あった宛名をローマ字の仮名《かめい》にしたのは、何之瑜と鄭超麟とが相談してのことという。

（2） 原著及び『選編』テキストは「董」と作るが、ここでは『胡適序本』、『晩年』テキストの「量」に従う。

（3） 前掲四一〇頁「Yへの書簡」注（4）参照。

Yへの書簡[1]

〔一九四二年五月十三日付、「給Y的信」、独秀〕

Y兄

君が学校に戻ってから、来信を拝受しました、××〈〔鄧〕仲純[2]〉が君に持ってきた江津日報を、私に送ってください。私は同紙に文章を送って載せてもらいたいとは思いません、××〈羅宗文[3]〉はもうすぐここを立ちます。××はすでにインドに旅立ちました。前の書簡で君に伝えたとおりです、すでにお受け取りのことと思います。今、一文（編者〔何之瑜〕按ずるに、「被抑圧民族の前途」）を送りますが、前の三編（編者按ずるに、「私の根本意見」、「戦後世界大勢の輪廓」、「世界大勢再論」）の結論と言ってよく、画竜点睛という具合になりました。ふたりの老寡婦〔ニックネームのようだが誰かは不明〕に見せたあと、×××〈鄧、卜、許の三学生〉に見せてもいい、書き写したいかどうか、彼女たちのいいようにさせましょう。一枚書き写して、××××〈光、李、方、鄧〉の諸君に見せる必要があるかどうか、君が決めてください。もし、一枚書き写して彼らに見せる必要があれば、彼らが見た後、×××

〈桂基鴻〉に送ってもいいです。書き写して他の人[4]に郵送する必要はないでしょう、人に頼んで書き写すのは容易ではないですし、彼らに郵送しても理解と同意は得られないでしょうから。第三の文章（「世界大勢再論」）は、私のところにはもう原稿の写しがありません、原稿をお戻しください。

ご健勝をお祈りします。

独秀識　五月十三日　一九四二年

編者〔何之瑜〕注：陳独秀は一九四二年五月二十七日死去した。これらの論文と書簡上の意見は、正しく彼自身が言うように「ただ私一個人の意見であり、いかなる人をも代表しない」（「陳其昌らへの書簡」）もので「いかなる人の理解と同意も得られないだろう」（「Yへの書簡」）ものである。

一九四八年十一月二十八日

（1）『選編』第五巻の末尾には「「後記」と書簡」（「「後記」与信」）という一頁が収録されている。これによって初めて本編が理解できるので、ここに注としてそのまま訳出して収める。本編中の伏字の一部もこれによって明らかになる。

「後記」と書簡

〔『陳独秀著作選編』〕編者注：読者は本編〔「「後記」と書簡」〕読後にこのタイトルの由来を知ることになる。いわゆる「後記」は何之瑜が陳独秀の四編の文章、「私の根本意見」、「戦後世界大勢の輪廓」、「世界大勢再論」、そして「被抑圧民族の前途」を編纂して一冊にまとめてから書いたものである。表紙には「陳独秀遺著　私の根本意見　三十二〔一九四三〕年四月十九日　書写」とある。「後記」と「書簡」の関係が密接なので、例外的に〔注などではなく〕本文として収める。本編は沈寂〔安徽大学教授、著名な陳独秀研究者〕提供の原稿による。

去年の「五四」、数人の女子学生に、陳先生に会いに連れて行かされた、そのとき私たちはどうということも話さなかったが、私は九中〔何之瑜の勤務先、国立江津第九中学〕に戻ると、陳先生に手紙を書いた。残念ながら私が先生に出した書簡はすべて保管されていなかった〔先生の残した箱には音韻、文字学について答える数通の通信があるほか、他の来信、返信はまったく保存されていなかった〕。私が書簡で書いた大筋は、先生の前の三編の文章に対する人々の批判、根本問題についてのいくつかの議論であったが、ほどなく、先生は短信を返してくれ、あわせて一編の文章〔「被抑圧民族の前途」、上記参照――『選編』編注〕を送ってくれたが、先生の返信には次のようにあった。

〔何之〕瑜兄

君が学校に戻ってから、来信を拝受しました、〔鄧〕仲純が君に持ってきた江津日報を、私に送ってください。私は同紙に文章を送って載せてもらいたいとは思いません、羅宗文はもうすぐここを立ちます。今、一文を送りますが、前の三篇の結論と言ってよく、画竜点睛という具合になりました。ふたりの老寡婦に見せたあと、鄧、卜、許の三学生に見せてもいい、書き写したいかどうか、彼女たちのいいようにさせましょう。一枚書き写して、光、李、方、鄧の諸君に見せる必要があるかどうか、君が決めてください。もし、一枚書き写して彼らに見せる必要があれば、彼らが見たあと、桂基鴻に送ってもいいです。書き写して他の人に郵送する必要はないでしょう、人に頼んで書き写すのは容易ではないですし、彼らに郵送しても理解と同意は得られないでしょうから。第三の文章（「世界大勢再論」）は、私のところにはもう原稿の写しがありません、原稿をお戻しください。

ご健勝をお祈りします。

独秀識　五月十三日

この書簡と「被抑圧民族の前途」の一文は、五月十三日午後二時過ぎに届いたのだから、この書簡は当然十三日午前十時前後に書かれ、文章もそのとき出来上がったものだ。先生は正にこの日の夕刻、病を得て、二十七日にこの世を去られた！

〔民国〕三十二〔一九四三〕年四月十九日夜　九中にて〔何之瑜〕記す

（2）本編〈　〉内は、注（1）に基づいて注記したもので、ここでは特に〈　〉を用いて表す。

（3）四川楽山の人。一九四〇年九月～一九四二年三月、江津県長。陳独秀と交流があり、銅梁県長への転任の際、陳は羅に対聯を贈っている。羅宗文には「江津三晤陳獨秀〔江津で陳独秀と三度会見〕」という文章がある。唐宝林主編『陳独秀与中国』総五五期（二〇〇六年二月号）六頁。

（4）上海にいるトロツキー派を指すものと思われる。

第三巻解説

『陳独秀文集』第三巻は、中国の新文化運動（一九一五〜二〇年）の旗手にして、中国共産党の初期指導者（一九二〇〜二七年）であった陳独秀が中国共産党を除名されたのちその死に至るまでの、すなわち一九三〇年から四二年までの時期の、政治的文章（論説や書簡・エッセイ・自伝）を収録したものである。この十二年間、彼は上海、南京、武漢、そして四川（重慶と江津）と居所を変えながら政治活動を行い、中国の政治と社会の変革のために思索し、その見解を表明した。これらは、彼の政治行動や言論のあり方からして、以下の如く四つの時期に分けることができる。

⑴中国トロツキー派の指導者として上海で活動していた時期　（一九三〇年三月〜三二年十月）

⑵逮捕後、南京で収監されていた時期　（一九三二年十一月〜三七年八月）

(3)釈放後、武漢・重慶・江津で公然言論活動を行った時期　（一九三七年九月〜三八年十月）
(4)江津県にあってトロツキー派メンバーと書簡で論争し、トロツキー派外への見解表明を試みた時期　（一九三八年十一月〜四二年五月）

本巻は、(1)と(2)の時期の陳独秀の論文・書簡をそれぞれ第一部と第二部に収録し、(3)と(4)の時期については、この二つの時期にまたがって陳独秀の書簡と論文を収録した『陳独秀最後の論文と書信〔陳独秀的最後論文和書信〕』（一九四八年）を重視し、この「陳独秀遺著」に含まれないものを第三部、同遺著を全訳して第四部としている。

ただし、この本巻解説では前述の(1)〜(4)の時期区分によって彼の言説と行動を辿り、陳独秀の思想の推移、あるいはそこで変わったものと変わらなかったものは何かに注目しながら、陳独秀思想の今日的意義を考えたい。

一　トロツキスト指導者として――上海期（一九三〇年三月〜三二年十月）

この時期の陳独秀の政治的言論は、すべてがトロツキー派の機関誌、すなわち当初の陳独秀派の機関誌『無産者』、統一トロツキー派の機関誌『火花』、同派の党内討議誌『校内生活』、及び満洲事変を機に刊行された公然プロパガンダ紙『熱潮』に掲載されている。すでに一九二九年八月、トロツキズムの立場から国民革命の敗北を総括し、コミンテルンの革命指導の誤り――プロレタリア党（中国共産党）にブルジョワ党（中国国民党）との階級合作（国共合作）を強制した日和見主義と、合作破綻後の武装蜂起強行という冒険主義、そして中国プロレタリア階級を犠牲にしてのソ連国家の利益優先――を糾弾し、独自のトロツキスト組織（中国共産党左派反対派）を組織していた陳独秀は中共から除名され（十一月）、十二月にはコミンテルン・党中央批判を公然化していた（本文集第二巻「全党同志に告げる書」「われわれの政治意見書」参照）。そして、一九三〇年三月、彼ら旧中共党幹部を中心とするグループは、「国際的なボリシェヴィキ・レーニン派（反対派）の指導の下に、現在のインターナショナルと中国共産党指導部の日和見主義路線・冒険主義戦術・官僚主義党制度を完全に一掃する」ことを掲げて雑誌『無産者』を創刊した（このため彼らのグループは「無産者」派あるいは「無産者」社と呼ばれる）。陳独秀は創刊号（一九三〇年三月一日）に掲載された「われわれの現段階での戦術問題」で、敗北に終わった国民革命と次なる第三次革命の「二つの革命の間の過渡期全体にあって、当面の情勢には新たな変化が生まれている」が、「それはブルジョワ民主主義運動と現在の軍事独裁に反対する闘争の開始に表されている」（林致良他編『陳独秀晩年著作選』（以下、『晩年』）、香港・天地図書有限公司、二〇一二年、四〇頁）と述べ、トロツキーが一九二八年以降中国革命の戦術として提起した「国民会議」のスローガンを詳述している。

さらに、陳独秀は同誌第二号掲載の＊「インターナショナルに答える書簡」（本巻所収。以下本巻所収の文章には初出で＊を付して区別する）では、「インターの指導は、中国党が攻撃すべき時に退却させ、退却すべき時にでたらめで無謀な攻勢を命じるものだった」「中国党の官僚主義は、プチ・ブルジョワ的な敗北後の憤激とルンペン・プロレタリアートの意識とが深く結び付いている」と指弾、後者の論点を同号の長編論文＊「いわゆる「紅軍」問題について」で具体的に論じて見せた。中共指導者（「中国労働運動の裏切り者」）は、労働者の大衆組織を持たないまま、ルンペン・プロレタリアートの「紅軍」を利用して大都市に影響を拡大させ、新たな革命の高潮を決定づけようとしているのだ、と。当時、中共はコミンテルン指示書簡（一九二九年十月二十六日付）にもとづき、蜂起と紅軍攻撃を組み合わせた大都市奪取プラン（のち「李立三路線」と規定される）に移行しつつあった。だが、陳独秀が言うように、中共党は都市の大衆組織を再建できていなかったのであるから、プランが単なる紅軍の都市攻撃に収斂し、惨憺たる失敗に終わることは必然であった。陳独秀の主張はこの敗北を予見していたのである（なお、「紅軍」は土匪同然だとする陳の主張はのちにトロツキーにたしなめられ、中共指導者を「裏切り者」と呼ぶ表現とともに、以後の陳の言説からは見えなくなる）。

そして、コミンテルン・中共批判に続き、陳独秀が全力を挙げたのが、中国トロツキー派の組織統一であった。中国トロツキー派は、陳独秀ら「無産者」社のほか、モスクワ留学生であった区芳・梁幹喬・史唐らが帰国後の一九二八年十二月に組織した「中国ボリシェヴィキ・レーニン主義反対派」（機関誌名から「我們的話〔われわれの言葉〕」社と呼ばれる）、三〇年一月、同派を離れた王文元（王凡西）らが結成した「中国左派共産主義同盟」（「十月」社と呼ばれる）、趙済ら別系統のモスクワ留学生が帰国後に結成した「戦闘」社の合わせて四派があった。トロツキーの統一勧告の結果、一九三〇年十月、四派統一のための協議委員会が発足し、王文元が政治綱領を起草した。

だが、この草案は次なる「第三次革命はひとたび始まるや社会主義の性質である」とのテーゼを提起し、また陳独秀派のスローガン「プロレタリアと貧農の独裁」を強く非難するものだった。後者に関しては、トロツキー書簡（三一年一月八日付）が、「プロレタリアと貧農の独裁」は「プロレタリア独裁」スローガンと「矛盾するものではない」と陳独秀を支持したことで解決を見たが、前者のテーゼをめぐっては、第三次革命の前半に「民主主義革命段階の歴史時期」を措定する劉仁静の批判、「我們的話」社と「十月」社の参戦もあって論争が拡散していった。そして、この論争に決着をつけたのが、陳独秀の同年三月の*「中国における将来の革命発展の前途」である。中国トロツキー派の中でトロツキズムあるいは永続革命論が、どのように理解されていたかに関わる問題であるから、少し詳しく見ておこう。

この論文で陳は、第三次革命が社会主義革命であるのはトロツキー派の共通理解だとした上で、論点を「将来の革命を引き起こす要因は何か」「ひとたび始まるや社会主義の性質なのか」「最初の段階では民主主義の時期を経過することになるのか」などにしぼる。そしてトロツキーの言説を引用しながら、①民主主義革命を完成していない中国では民主主義の課題が第三次革命を引き起こし得る、②後進国のプロレタリアートは民族民主革命を基礎に政権を獲得し得る以上、将来の革命高潮の初期段階に短い民主主義時期や二重政権が生まれる可能性はある、③プロレタリアの前衛は、革命高潮の初期段階で政権奪取の綱領と戦術を提起し、革命暴動の勝利（政権獲得）ののち、民主主義の課題を達成すると同時に社会主義政策の道を歩みはじめる、とした。

実は、この第三の論点で陳独秀が根拠にしているトロツキーの言説は、王文元のテーゼと同じ、以下の「コミンテルン綱領草案批判」（『中国革命問題』第二集、無産者社、一九三〇年、三〇〜三一頁）[1]である。——第三次革命では、「ロシア十月革命後の半年の「民主主義」時期（一九一七年十一月〜一九一八年七月）さえもあり得ない」。それは、「開始時」から「ブルジョワジーの私有財産を動揺させ、覆す」。すなわち王文元のテーゼ（「第三次革命はひとたび始まるや社会主義の性質である」）が、トロツキーが中国革命は「開始時」から「私有財産制を動揺させ、覆す」と言った部分に注目したのに対し、陳独秀は、この「開始」とは（ロシア革命の事例に照らせば）プロレタリアの政権獲得のことだから、それ以前にあってプロレタリアは民族民主闘争の課題を担わねばならない、と考えた。そこで、「革命暴動の勝利」後の政策として社会主義時期を説くことで王のテーゼに修正を求めたのである。また一方で、陳独秀は劉仁静の主張について、「中国の革命は民主主義の要求で始まり、社会主義で終結する」とする劉の結論は正しいが、劉が革命の過程に民主主義の歴史段階を措定しているのは間違いである、としている。その理由はもちろん、それでは永続革命にならない、ということにあったろう。

この王文元と劉仁静らに対する批判（あるいは説得）は、大きな影響力を持った。それは、トロツキー四派間の理論的な対立点を大幅に減少させ、統一大会の綱領に、「第三次中国革命の勝利は、必然的にプロレタリアートによる政権の奪取となる。このプロレタリア政権は樹立されるやいなや、都市・農村のブルジョワ私有財産を断固として動揺させ、覆すであろう」として書き込まれることになる。

そして、この間の三一年一月、陳独秀は「無産者」社の中央会議で、協議委員会の同派代表（彭述之ら）が採っていた「無産者」社中心の統一案を撤回させ、四派平等の統一方針を決め、三派に向けて、ただちに統一大会の開催準備を開始することを提案した。これはまもなく、他の三派にも受け入れられた。さらに前述の理論問題の解決と、陳独秀が協議委員会に出席してリーダーシップを発揮するようになったことは、統一大会開催のステップを速めた。五月一日、上海大連湾路で四派の四百八十三名を代表する十七名とオブザーバー四名が参加する統一大会が開かれ、陳独秀が起草（トロツキーの綱領草案を一部改訂）した「*中国共産党左派反対派綱領」を採択、三日、九名からなる「全国執行委員会」を選出した。五日、同委員会は五名からなる書記処（陳独秀・鄭超麟・王文元ら）を選出し、陳独秀が書記に選ばれた（唐宝林著・鈴木博訳『中国トロツキスト全史』論創社、二〇一二年、一二一～一二六頁）。「中国共産党左派反対派」の名が示すように、彼らは自らを中国共産党の一フラクション（分派）と位置づけたのである。機関誌の名は、トロツキーも編集に参加したことがあるロシア社会民主労働党の機関誌『イスクラ』にちなんで『火花』とされ、他に党内討議のための雑誌『校内生活』を刊行した。彼らの中には知識人や理論家が多く、中共の議論封殺に抗議してきた経緯もあって、討議とその公開を重視し（「*討論欄」参照）、活発な論争を繰り返した。この点、一九三〇年代には論争が機関誌紙から全く消え失せる中共党とは、組織体質が大きく異なっていたのである。

だが、その前途は多難であった。統一大会から三週間もたたない五月二十二日、委員に選出されなかったことを不満としたメンバーの密告のため中央機関が摘発され、鄭超麟、王文元以下十三名が逮捕された。このため陳独秀は七月、残った中央委員である彭述之に蔣振東、尹寛、宋敬修を加えて中央委員会を組織したが、蔣・尹・宋は八月に逮捕される。結果、陳独秀は彭述之・羅漢と三名でトロツキー派中央の常務委員会を形成することにした（『中国トロツキスト全史』一三七〜一四一頁）。

さらに一九三一年九月十八日に満洲事変が起こされ、まもなく中国東北三省が占領されたことは、陳独秀たちをして日本帝国主義との闘争に向かわせることになった。彼らは社会主義革命を主張したからといって、民族闘争を軽視したわけではない。トロツキー派中央は、九月二十四日付の「日本帝国主義の満洲侵略について民衆に告げる書」で「民衆自身による武装」「反日闘争を指導する全国国民会議の招集」「日本に無抵抗主義を採る国民党政府への反対」を呼びかけ（『火花』第一巻二期、一九三一年九月二十八日）、陳独秀自身も十月二日付の論文で、「抗日救国」の課題とともに、「革命的民衆政権」の樹立を主張した。

> 対日宣戦をするなら、民族革命戦争を実現し、反帝国主義戦争の勝利を得ようとするなら、中国第三次革命を復興させ、革命的民衆政権（この政権が全国抗日救国会を通して実現されるか、あるいは国民会議、ソヴィエトを通して実現されるかは、組織の内容と闘争によって決定される）でもって反革命の国民党政権に代置し、全国の革命的民衆と兵士を指導するしかない。

（陳独秀「今回の抗日救国運動の光明なる前途」『火花』第一巻第三期、一九三一年十月八日）

こうした「民衆政権」樹立の提起には、対日戦争の戦線を拡大する狙いがあった。さらに彼は、「われわれは積極的に中国の愛国運動を指導すべきであり、われわれの綱領で愛国運動を指導し、政権奪取に至るまで、その内容を充実させるべきだ」（「被抑圧国家のプロレタリアは愛国運動を指導すべきか」『校内生活』第一期、十一月二十八日）と主張し、十二月五日、日本帝国主義に反抗する「民衆の熱潮」を激励するために公然紙『熱潮』を創刊（*『熱潮』創刊の辞」、*「対日宣戦とボイコットを論ず」参照）、同時に論文*「二つの路線」でトロツキー派内部の、ブルジョワ機関である国民会議から生まれる「民衆政権」はブルジョワ政権だとする厳霊峰らの非難を断固として退け、翌三二年一月一日付の*「全党同志に告げる書」では、あらゆる闘争——労働運動・学生運動・反日運動・国民会議闘争・反国民党闘争・ソヴィエト組織運動——の中での「すべての共産主義者の連合行動」を提起した（紅軍にも「労働運動や反日運動を有する都市」への前進が求められた）。「われわれ（左派反対派）は、あらゆる行動において全党（共産党）同志と手を携え前進する準備ができている」、と。さらに二月十日、トロツキー派中央（常務委員会）は、陳独秀起草の「政治決議案——当面の情勢とわれわれの任務」を採択した（派内での公表は『校内生活』第三期、五月二十日）。これは以下のように述べる。

もしプチ・ブルジョワ党派、さらには左旋回した自由主義的ブルジョワ党派がまだ対日戦争の旗印を手放さずに、国民党政権の打倒を図っているのなら、われわれは彼らとの共同行動の上に、まず革命民衆にとってもっとも凶悪な敵——蔣介石の指導する国民党政府を打倒するべきだ。……われわれの党——中国共産党は多くの誤りを犯したが、畢竟いまだ大衆の中で威信を有する党であり、プロレタリア政党であるばかりか、民族の指導者の立場に立つべきであり、今ただちに民衆自らによる全権を有し人民を代表する国民会議の樹立を呼びかけ、国民党政府に取って代わって全国の「反日闘争」を指導すべきである。

（『晩年』二〇七〜二〇八頁）

この「政治決議案」は、中国共産党に加え、「プチ・ブルジョワ党派」や「自由主義的ブルジョワ党派」を「共同行動」の対象に加え、それを中共が指導するべきだ、としたのであり、ここでも紅軍と都市民衆運動との合流が主張されている。かつて土匪の軍隊であるかのように述べていた紅軍に都市への前進を求め、中共の革命指導を認めたことは、確かに陳独秀の主張の大きな変化であった。中国の研究者は、彼が中共観を柔軟化させていたこと、「状況の変化にもとづいて戦術を改変する政治家」であったことをその要因として指摘し、陳独秀を「抗日連合戦線」の首唱者であったと評価している（唐宝林『陳独秀全伝』香港・中文大学出版社、二〇一一年、五八〇〜五八一頁）。しかし、そもそも、「遅れた国家のプロレタリアートは民族民主革命の基礎の上に政権を獲得し得る」というのがトロツキーと陳独秀の主張であったし、陳独秀は前述のように「われわれの綱領で愛国運動を指導し、政権奪取に至るまで、その内容を充実させるべきだ」と述べていた。しかも、紅軍の都市への前進（その前提は都市での民衆運動の発展である）を求めたこと以外は、トロツキー派の従来の見解と戦術が維持されており、共同行動は中国共産党の一フラクションであるトロツキー派の見解と戦術を、中共中央が採用することを要求するものであった。したがって、陳独秀が自らの原則を動揺させてはいないことも、また確かである。

しかし、この陳独秀らの「政治決議案」は、中共中央からの反応を見なかったばかりか、中国トロツキー派の中で激しい議論の対象となった。劉仁静は、陳独秀らの主張する「共同行動」を「階級合作」だと非難したし、上海法南区（フランス租界・南市区）委員会も、「プロレタリアートの立場を離れた」「徹頭徹尾の日和見主義だ」と批判した。これらに対し陳独秀は、マルクスもレーニンも、そしてトロツキーも他階級との一時的な共同行動（「階級合作」ではない）を否定していない、当面の任務は、都市労働者の大闘争を推進し、ソヴィエトの方向への準備を行い、そうすることで「土地と民族の闘争を指導する」ことなのだ、と反論した。(2) そして、こうした派内の混乱の要因を、論客たちの国民会議と民主主義への無理解に見たであろう陳独秀は、三二年十月一日の発行日付を持つ『校内生活』第四期に、その主張を展開した（「国民会議のスローガンを論ず」、九月一日付）。

——民主主義と社会主義を「社会発展における二つの段階」と見なす「段階論」が、トロツキーの言うように、そもそもの間違いなのだ。この「段階論」の観点からすると、「民主主義は社会主義と同時に存在することができない、ブルジョワ民主主義は永遠にブルジョワ政権と不可分だと見なすことになる。その結果、当然のことながら国民会議のスローガンは革命的暴力を用いることのない、ただ二つの革命の間の過渡期のブルジョワ政権の下でちょっとした合法運動をして部分的な民主主義の要求、出版や集会の自由を勝ち取ろうとするだけのものだと見なされることになる」。しかし、と陳独秀は続ける。それでは、「後進的ブルジョワ国家の民主主義の課題はわれわれの時代にあって革命を直接プロレタリア独裁へと導く」とトロツキーが指摘した、「中国革命の永続性が完全に断ち切られてしまう」。そうではなくて、「「徹底した民主主義の国民会議の実現要求を通して行われる武装暴動で、プロレタリアの政権を実現し、同時に徹底した民主主義の国民会議を実現する」。これがわれわれの観点である」（『晩年』二五五頁）。

陳独秀は、国民会議と民主主義へのトロツキー派の議論集約にかなりの努力を傾注したと言っていい。しかし、それは成功を見なかった。この間、左派反対派の数少ない地方組織の一つ、北方区委では臨時委員会から臨時工作委員会が分岐して組織的対立を続けた[3]し、膝下の上海法南区委も、前述のように「政治決議案」に反対し、六月には区委員の全員が自らその職務を離れることを声明した。

こうした苦闘の時期に、トロツキー派中央は、三度目の摘発を受ける（一九三三年十月）。今度は、陳独秀その人が逮捕されたのであった。

二　獄中での思索と主張――南京期（一九三二年十一月～三七年八月）

逮捕拘禁され行動の自由を失った陳独秀の言論と政治活動は、当然のことながら減少を見る。しかしそれは、質的には衰えることがなかった。たとえば、彼は、第一審（四月十四～二十六日）の江蘇省高等法院で、友人で弁護士を買って出た章士釗の弁論が、「陳独秀らは中国共産党に反対していたのだから国民党と同じ立場だったのだ」との論点に及ぶやこれを遮り、あらかじめ準備しておいた「弁訴状」*を読み上げた。――国民党は「民国に危害を及ぼした」罪で自分を訴えているが、国民党政府は議会の代わりに党組織を用い、訓政で民権の代わりとし、銃剣で人民から自由と権利を剥奪している。私は、民主共和国の実質を表す人民の自由と権利を勝ち取り、普通選挙で選ばれ全権を有する国民会議の実現を勝ち取ろうとしているのだ。どちらが「民国に危害を及ぼしている」のか、と。法廷を睥睨《へいげい》する陳の姿が浮かび上がってくる堂々たる名文である。しかし、江蘇省高等法院は二十六日、陳独秀と同時に逮捕された彭述之に懲役十三年を宣告、上訴後の最高法院の判決も懲役八年への減刑にとどまった。彼は、南京の江蘇第一監獄に収監された。

だが、陳独秀は、トロツキー派の残されたメンバーが上海臨時委員会（書記・劉伯荘）、ついで全国臨時委員会（書記・任曙、のち陳其昌）を組織する間、三二年のうちに鄭超麟の妻らを連絡係として組織と連絡し、トロツキー派の刊行物を取得し、自らの見解を組織に伝えることができた。たとえば、三三年九月、臨時委員会のために、「当面の情勢と反対派の任務」を起草し、その方針は反蔣介石派の軍人が福建省福州に「中華共和国人民革命政府」を樹立した福建事変（一九三三年十一月〜三四年一月）でも部分的にせよ発揮された。当時のトロツキー派組織の論文集（『政治問題討論集』）には、*「いくつかの論争問題」のような、彼の持論を展開する論文が掲載されているし、三四年四月に劉仁静が起草した政治決議草案をめぐる論争が起こると、「国際的な運動の全般的スローガンは「ソ連の擁護」ではなく「ファシスト打倒の労働者連合戦線」、中国でのそれは「蔣介石打倒」ではなく「国民党打倒、徹底的に民主的で全権を有する国民会議の実現」でなければならない」とする書簡を臨時委員会に送っている（唐宝林・林茂生『陳独秀年譜』上海人民出版社、一九八八年、四五一〜四五二頁）。一九三四年五月の「*トロツキー派国際書記局への書簡」が、「私たちは「ソ連防衛」というスローガンに対して、「十月革命の精神に基づくソ連再建」というスローガンを対置しなければならないのです」と述べるのも、同じ趣旨からである。

だがこの頃——一九三四年四月から六月にかけての時期——史朝生ら若きトロツキストは、フランク・グラス（アメリカのトロツキスト。中国名、李福仁）らの支持の下、陳独秀の権威に対する挑戦を開始するようになる。彼らは臨時委員会が「古株の同志〔陳独秀らのこと〕」に頼っている、書記の陳其昌は官僚主義・セクト主義だと非難し、陳独秀が主張する共同行動（連合戦線）を「日和見主義的幻想」と論難した。ついには三五年一月、史朝生・劉家良らは臨時委員会の名で「緊急通告」を発してトロツキー派中央組織の掌握を宣言、新党「中国共産主義同盟」の立ち上げ準備、陳独秀・陳其昌・尹寛に対する「連合戦線」論の放棄要求を表明した。まもなく開かれた彼らの代表会議は、陳独秀らが見解を変えないかぎり除名すると決定し、グラスを含む中央委員会と劉家良を書記とする常務委員会を成立させたのである（『年譜』四五二〜四六一頁）。

このことを陳其昌から南京監獄で知らされた陳独秀は、史朝生らに「組織の権威を盗用して政治意見を解決してはならない」とする書簡を送り、陳其昌も「連合戦線」問題は意見の異なる者を排除し、「指導機関を奪取する」ための煙幕だと反論した。だが、劉家良らが行ったのは陳其昌・尹寛と陳独秀に対する除名処分であった。この「処分」は皮肉にも当局による中央機関の摘発（三月）により実現されなかった（『年譜』四六二〜四六四頁）が、こうした抗争の結果、統一大会時には百数十名を数えた上海の党員は、三五年の夏の時点で十数名が監獄にいるのを除けば、二十数名を数えるだけとなったとされる（劉平梅『中国托派党史』新苗出版社、二〇〇五年、一六八頁）。そして同年十二月になって組織再建会議が開かれ、中国共産主義同盟の臨時中央（陳其昌・王文元・尹寛・グラスら）が発足した。この中国共産主義同盟に、陳独秀は一九三六年、いくつかの長文の論文を書き送り、機関誌『火花』に掲載させている。

　その一つである「*プロレタリアートと民主主義」は、民主主義と社会主義を区別し段階づける党内の通説に対する反論を、徹底して論じたものである。「プロレタリアートは政権獲得後、民主主義を放棄するのではなく、これを拡大する」、「民主主義は社会主義と並存できる」し、それはわれわれの運動の手段ではなく目的である、と。この主張は、当時、トロツキー派内で大きな反響（反発）を生んだ。[4] 一方で、同年の「*われわれの時局における任務」では、中国共産党の国民党との合作政策（有名な「八・一宣言」など）を、「階級闘争」論に叛くものとして、これまた完膚なきまでに批判し尽くしている。このほか、茅盾の求めに応じて書いた「*中国の一日」は、スターリンの一国社会主義への批判を、スターリンの名も社会主義のひとことも挙げることなく、しかも簡潔にして断固たる口調で述べたものである。さらに、一九三七年七月、獄中の人となって以来、たびたび周囲から執筆を求められてきた自伝「実庵自伝」*の冒頭二章を脱稿した。

三　釈放後の公然言論――武漢・重慶・江津期（一九三七年九月〜三八年十月）

しかし、獄中期における陳独秀の中共の国共合作路線に対する強烈な批判は、一九三七年七月に日中戦争が全面化し、第二次国共合作が現実のものとなると、大きな転換をとげることになった。南京への日本軍機の爆撃が開始され、監獄もその標的となったため、国民政府は政治犯の釈放に踏み切り、陳独秀をはじめ鄭超麟、濮徳志、彭述之らトロツキー派幹部は前後して釈放された。陳独秀は八月二十三日、南京の江蘇第一監獄を出た。鄭超麟の回想によれば、彼が南京で会ったときの陳独秀は、国民党と「一時停戦」の方針を示し、「国民党と連合して抗日戦争を実行するという共産党の主張」にも、「必ずしも反対してはいなかった」（長堀祐造他訳『初期中国共産党群像』2、平凡社東洋文庫、二〇〇三年、二三〇〜二三一頁）。

そして、陳独秀はこの時、トロツキー派中央が所在する上海に戻ろうとはせず、九月、武漢に向かった。その後の四川（重慶・江津）移転期を含めた以後の一年有余の間、彼は、中国国民党の戦争指導と国共合作を前提とした抗日戦争遂行・貫徹の主張を（国民党の独裁や民衆搾取に釘をさしながらであるが）講演や短文、インタビュー記事のかたちで表明していくことになる。十月二日に書いた「第一の双十〔十月十日〕から第二十六の双十へ」（『宇宙風』第四九期、一九三七年十月十六日）で、彼は抗日戦争を「第三次革命」と事実上位置づけ、十月六日には、今回の抗日戦争は「被抑圧民族の帝国主義の抑圧束縛に反抗する革命戦争である」とする講演を行った（『抗日戦争の意義』亜東図書館、一九三七年十一月）。さらに、「どのようにして金ある者に金を出させ力ある者に力を出させるか」と題する文章を発表し（『宇宙風』第五二期、十一月二十一日）、*「どのようにすれば民衆を動員できるのか」を含む『私の抗戦についての意見』（亜東図書館、一九三八年三月）を出版、三八年九月公表の*「日本の社会主義者に告ぐ」では、日本の社会主義者の戦争協力を批判した。この間、陳独秀は日本軍の占領を前に武漢を離れ、重慶を経て、一九三八年八月、重慶から九十キロほど離れた江津県に居を定めた。

　なお、当時、陳独秀は自らの「立場」について文章に二回発言している。一度はそのトロツキー派内部に向けて、一度は党外に向けてである。すなわち陳は、トロツキー派中央の*「陳其昌らへの書簡」で、「私がここ〔武漢〕で発表する言論は、すでに人々に広く声明している[5]ように、私個人の意見であり、いかなる人をも代表しません」と言明する。党外に対しては、三八年三月の*『新華日報』への書簡」で、自分は「いかなる党派〔の見解〕に拘束されることも望まない」「抗戦中に紛糾を増すことを避けるため、一貫していかなる党派にも参加せず、自分の刊行物も持っていない」とした。

　こうした陳独秀の政治的立場と活動は、少数の知識人グループに落ち込んでしまっていた上海トロツキー派に期待するよりも、自身の主張に基づいた幅広い戦線を構築しようとする考えからのことであったようである。それには、①共産党との合作、②陳独秀を支持する軍人との結合、③非国民党系の民主人士との連携という三つの方策があった。しかし、これらはことごとく成功を見なかった。中共は一時期、「合作」の対象に「トロツキー主義者」を含め、陳独秀も中共の指導者たちと会談を持つに至っていたが、一九三八年一月以降、中共の王明・康生は、「トロツキスト匪」非難キャンペーンを展開、陳独秀が日本のスパイであるとの風説を流布した（「『新華日報』への書簡」参照）。このことは①の方策を不成功に終わらせたばかりか、③の民主人士との連携も不可能にした。またこの間、②の方策も、陳独秀が期待していた国民党の軍人の軍隊から切り離されることで実現不可能となっていたのである（『中国トロツキスト回想録』一九六〜二〇九頁）。

　だから、その後の陳独秀の言論にはやや変化が現れる。第一に、党名は挙げないものの、明確な中共批判である。例えば、「「五四」運動の時代は過ぎ去ったのか？」（『政論旬刊』第一一期、一九三八年五月十五日）は、「民主主義革命の要求」（そこには「民族独立」も含まれる）という「時代性」こそが、革命という歴史的課題を推進するのだとし、「資本主義を飛び越えるプチ・ブル的社会主義」や「山の上のマルクス主義」「農村に依拠して都市を奪取しようとする誤った路線」（毛沢東のこと）などの「デタラメ極まりない政策」が生まれるのは、「この時代性を理解も把握もできていないからなのだ」と述べる。また第二に、資本主義発展の必要性の強調である。この主張を代表する三八年九月発表の*「われわれは資本主義を恐れてはならない」で、彼は「資本主義はその功罪を問わず、畢竟人類社会の進化が必ず通らねばならない過程」だと説き、「来なければならないものなら早く来させよう。そのことを恐れてはならない」と述べた。ただし、ここで陳独秀が主張しているのは、資本主義による工業の発達（＝プロレタリア勢力の増大）が社会主義運動の展開にとって必要である、との展望である。したがって、当時の陳独秀は民主主義革命に向けてのプロレタリアの闘争からはじまるトロツキズム（永続革命）の理論から離れてはいない。ただし、プロレタリアの闘争の発展のためには、資本主義の発達という一時期を必要とする、と考えていたのである。

四　トロツキー派との論争と最後の試み――江津期（一九三八年十一月～四二年五月）

前述のように、陳独秀は日本軍の占領前に武漢を離れ、重慶での短期滞在を経て一九三八年八月、江津県に転居していた。そして、三八年十一月以降、一九四二年五月のその死に至るまでの四年弱の間、陳独秀は講演はもちろん、一般の雑誌・新聞に文章を書くことも、ほとんどしなくなった[6]。こうした公然たる言論活動からの〈撤退〉の要因として、共産党からの抗議を受けた国民党側が、彼の文章の雑誌掲載を認めなくなったことが指摘されている[7]。そしてまた一九三八年十月、トロツキー派中央（臨時委員会）書記であった陳其昌が江津の陳独秀宅を訪れ[8]、陳独秀は、彼の求めに応じて十一月に「*トロツキーへの書簡」を書いたのだが、この時、トロツキー派としての自らの立場を確認したのだった。

　したがって、この時期の陳独秀の政治的言論は、最晩年の四編の論文を除けば、主としてトロツキー派のメンバー（トロツキー自身を含む）宛の書簡において表明された。前節で触れた「陳其昌らへの書簡」（一九三七年十一月二十一日）と、この時期の書簡は、最晩年の四編の論文とともに、何之瑜編の小冊子・陳独秀遺著『陳独秀最後の論文と書信』に収められている（本巻第四部）。

ところが、第四部「解題」でも言及されているように、「陳独秀遺著」とされる小冊子には何之瑜編の『陳独秀最後の論文と書信』とは別に、胡適の序を付されて出版された『陳独秀の最後の見解（論文と書信）』（自由中国社出版部、一九四九年六月）がある。[9] 胡適の序は陳独秀が晩年に民主主義に回帰したと強調するものであったが、この胡適序本の方が何之瑜本より流布の範囲が広かったようである。このため、陳独秀の研究者は胡適序本に重きを置きがちであったし、また陳独秀の最後の思想を「民主主義への回帰」と理解するものが多かった。[10] また、それがゆえに、二つの版本のテキスト・クリティークは十分になされてこなかった。例えば、①胡適序本と何之瑜本との違いで注目されたのは形式的な違いにとどまり、胡適序本から胡適の「陳独秀の民主主義回帰」説と矛盾する（何之瑜本収録の）四通の書簡が排除されていることは指摘されてこなかった。[11] ②両者のどちらが先に成立したのかについても、同じく注意されないか（唐宝林『陳独秀全伝』）、胡適序本の方が先に成立したと見る見解があった（任建樹『陳独秀大伝』）。しかし、胡適の日記の一九四九年二月二十三日の条に、「『陳独秀最後の論文と書信』を読んだ」とある以上、[12] 何之瑜本の先行は明らかである。そしてまた、③従来の研究は、論文・書簡の日付についての考察が不十分であった。「私*の根本意見」は何之瑜本では日付の掲載がなく、胡適序本の日付から、四〇年十一月二十八日付の作とされることがあるが（『陳独秀全伝』）、実際には、四一年十一月二十八日の作である。[13] また「S*と

Hへの書簡」は「私の根本意見」に言及しているから、『陳独秀著作選編』の言うような四一年一月十九日付ではあり得ず、四二年一月十九日付となる。「SとHへの書簡」を同封して送られた「Y*への書簡」も同様、四一年一月十九日付ではなく、四二年一月十九日付である。しかも先行研究は、この小冊子での陳独秀の見解を、時系列も書かれた背景も軽視し、一括して論じる傾向があった。

こうした研究史上に見える問題点の所在から、われわれは本巻第四部で『陳独秀最後の論文と書信』所収の論文・書簡の執筆日付を確認する作業を行ったが、その結果、何之瑜本ではいくつかの論文・書簡に日付不記載や誤記があったものの、論文・書簡とも、正しい時系列で配列されていたこと、またそれらは時期的にグループに分けできることが判明した。このうち武漢で書かれた「陳其昌らへの書簡」（一九三七年十一月二十一日付）を除く、江津での九書簡と四論文は、以下の三つのグループに分けられる。

(a)「トロツキーへの書簡」（一九三八年十一月三日付）

(b)「西流*らへの書簡」（一九四〇年三月二日付）から「西流*への書簡」（一九四〇年九月付）までの五書簡。

(c)「私の根本意見」（一九四一年十一月二十八日付）から「Y*への書簡」（一九四二年五月十三日付）までの四論文と三書簡。

(a)のトロツキー宛書簡がどのように書かれたのかは、前述のようにはっきりしている。上海から江津を訪れた陳其昌の求めに応じ、陳独秀はトロツキーに向け自身の考えを述べたのであった。彼は、「民族民主闘争」への全力の傾注の必要性を述べ、「現実の闘争から遠く遊離した極左派は」「中国における第四インターナショナルの声望を失う以外、なにごともなしえない」と上海のトロツキー派中央（臨時委員会）を強く批判した。さらに彼は、戦後に「工業が復興しはじめてやっと私たちの活動はかなり順調になるでしょう」との見通しを述べたのだが、この論点は、公然言論期の「われわれは資本主義を恐れてはならない」と通底している。彼は、抗日戦争下の現状は直接的な革命情勢にはない、「工業の復興」がもたらすプロレタリア勢力の増大が必要だとの立場に立っていた。

もちろん、こうした見解は、彼のトロツキズムへの離反を意味するものではなかった。だが、同じ一九三八年十一月、上海のトロツキー派臨時委員会は、「われわれの独秀同志に対する意見」を採択、陳独秀が抗日戦開始以来「発表してきたすべての文章」は「「超党派」的で「超階級」的な立場」のものであり、「彼は自ら断固として擁護し、それがために奮闘してきた革命の旗印を手放し、組織と自らを裏切っている」と非難していた。[14] さらに陳独秀のトロツキー宛書簡が上海にもたらされると、彼らは三九年一月、「インターへの政治工作報告」を作成して陳独秀が「トロツキーへの書簡」で述べた「極左派」の呼称に反駁するとともに、自分たちの抗戦以来の路線は「完全に正しい」と主張した（『年譜』五一二頁）。しかし、トロツキー自身は、三月十一日付の*「フランク・グラスへの書信」で彼を「旧友」と呼び、「旧友が表明している意見は、本質的に正しいと私は思います」と述べ、陳独秀への親愛の情を隠さなかった[15]。

ほぼ一年の空白期を経たのち、(b)の書簡群が陳独秀によって書かれることになるが、これも、中国トロツキー派の政治主張に反応したものである。すなわち、一九三九年九月一日の世界大戦勃発に際して、中国トロツキー派中央は「国内戦争で帝国主義大戦に反対する」とのテーゼを打ち出し[16]、その後も同様の見解の表明を続けた。陳独秀は、こうした「祖国敗北主義」が英仏で行われればヒトラーを助け、中国に適用された場合「日本を助けるだけ」だと考え、四〇年三月の*「西流らへの書簡」を送った。そして、四月の*「西流らへの書信」では、①大戦後に一定の期間を経たのちでなければ、大衆的民主主義革命の可能性はない、②まず打倒せねばならないのは「国家社会主義とゲー・ペー・ウー政治」だ、との論点を打ち出した。こうした陳独秀の主張に対して、臨時中央は六月、「陳独秀の来信に対する決議」を採択、陳独秀は従来のスターリンの誤りを完全に受け継いでいると批判しながら、同時に陳に自己の見解を公表しないよう求めたが（『年譜』五二二頁）、陳独秀の書簡による見解表明はさらに続いた。七月の*「連根への書簡」では、中国トロツキー派の「誤りの原因」として

「ブルジョワ民主主義の本当の価値」の無理解を指摘するとともに、そのことは「レーニン・トロツキー以下みな同じ」だ、とした。こうして四月から七月の書簡で陳独秀は、ソ連の政治体制をナチス体制と並列して打倒の対象とすることを強く主張し、ブルジョワ民主主義と質的に異なるプロレタリア民主主義があるわけではないとして、この点でレーニンとトロツキーを批判して見せた。

さらに九月の「西流への書簡」＊は、冒頭で鄭超麟らの祖国敗北主義の非現実性を指摘したうえで、徹底的にソ連のプロレタリア独裁を非難し、民主主義全般を擁護する議論を展開した。「民主主義の排斥」こそがソヴィエト・ロシア堕落の最大要因であり、スターリンの罪悪はプロレタリア独裁の結果である。ロシア革命は「独裁で民主主義に取り替える必要などなかった」のだが、レーニンは民主主義を「まじめに採用すること」はなかったし、トロツキーが民主主義の必要性を悟ったのは、スターリンによる迫害後のことであって、それは「遅すぎ」た（こうした批判は、八月のトロツキー暗殺の結果、もはや対話が不可能となったと考えた上でのものであるかもしれないが）。こうした民主主義一般の擁護と独裁制非難は、モスクワ・ベルリン・ローマを世界の「三大反動堡塁」とする規定につながる。陳独秀は、こうした議論から、次のように述べている。「全世界のあらゆる闘争は、この三大反動堡塁の打倒と連繫されねば意味がありません」、と。

この時、革命運動と民主主義、社会主義についての陳独秀の独自の見解が、独裁に対する激しい怒りとともに確立されていたことは確かである。

では、この四〇年九月から一年余りを経て始まる(c)の時期の彼の言論はどう位置づけられるべきなのか。最初の一九四一年十一月二十八日付の論文「私の根本意見」を知人の鄭学稼に送付する際、陳独秀は前述のように、最近入手したトロツキー派の文書の「見解があまりにデタラメなので、一文を書いて反駁」することにした、と述べているから、トロツキー派の言論に反応したものであることはこれまでと同様である。恐らくそれは、同年七月、彭述之の指導下に開催された中国トロツキー派第二回全国代表大会の諸決議やその後の文献に対しての反発であろう。この時、陳独秀にとって相容れない（「陳其昌らへの書簡」参照）彭述之らは、ソ連の「無条件防衛」を主張するとともに、「戦争は革命で終結する」としたのだった。しかも、陳独秀と意見の交換ができていた陳其昌はトロツキー派指導部から排除され、王凡西と鄭超麟も機関誌『闘争』の編集委員会を逐《お》われた。だからこそこの時期、陳独秀は組織としてのトロツキー派を見限った。以後、彼はトロツキー派に向けて筆をとろうとはしなかった。十二月七日の彼の宛先不明の書簡は、上海の第二回代表大会の結果、同派が「多数派」と「少数派」に分裂したことについて、次のように述べる（『年譜』五三三頁）。

彼らは多数派とはボリシェヴィキだと思っていますが、実はボリシェヴィキは決してマルクス・エンゲルス主義ではなく、ロシアの急進的なプチ・ブル階級であり、つまりはフランスのブランキ主義です。今のドイツのナチズムは、古いプロシアと新しいボリシェヴィキの混合物です。……私は引き続き文章を書いてボリシェヴィキの横暴やペテンなどの罪悪をはっきりさせ、機会があれば公表します。あなたは学を好み思索をなされる方なのですから、ボリシェヴィキとマルクス・エンゲルスとの違いがおわかりになるかと存じます。

また、二十三日付の「*鄭学稼への書簡」では、「レーニンとトロツキーの見解は、中国には適合しません。ロシアや西欧でも正しいことがあったでしょうか。私はボリシェヴィキの理論とその人物（トロツキーを含みます）の価値を改めて評価しなおすことを主張します」「お手紙の「ボリシェヴィキとファシストは双生児」説を拝読した時は思わず手を打ち、大いに愉快でした」と述べた。九月書簡では民主主義への理解と実行についてのレーニンとトロツキーを批判していたのに対し、「私の根本意見」執筆以後の陳独秀は、彼らのプロレタリア独裁論・ボリシェヴィズムへの根底的批判へと進んだのだった。ただし、この宛先不明の十二月七日付書簡に見えるように、また「Yへの書簡」（一九四二年一月十九日付）でも述べられているように、彼はマルクス主義を手放してはいない。そして最後の論文「*被抑圧民族の前途」（一九四二年五月十三日）も、すべての帝国主義の打倒と抑圧民族の解放を「国際社会主義」の力によって達成しようとするものであった。だが、彼の社会主義と民主主義についての新たな思惟と、これをトロツキー派以外にも公表しようとする試みは、その死（五月二十七日）によって突然断ち切られた。

おわりに

陳独秀が、「ＳとＨへの書簡」（一九四二年一月十九日付）で、胡適の自身に向けた「生涯にわたる反対派」との評価を肯定して見せたことは、彼の晩年に関心を寄せる読者には、よく知られた事実であるかもしれない。この自己規定のゆえだろうか、陳独秀はとくに晩年、次々に思想的立場を変えてきたかのように評価されている。しかし、そうだろうか。この時期の彼の思想が、民主主義闘争からの社会主義革命達成、民主主義と社会主義との並存を説きつづけていたことは、実は確かである。そもそも、彼が中国トロツキー派の指導者となった一九三〇年以来、この点で彼の思想は一貫している。本論冒頭で引用した『無産者』創刊号（一九三〇年三月一日）の「われわれの現段階での戦術問題」は、「ブルジョワ民主主義の終点は、プロレタリア民主主義の起点につながる」と述べて両者の同質性を指摘している[17]し、同じく前述の「国民会議のスローガンを論ず」（一九三二年九月一日付）は、「民主主義と社会主義は同時に並存できない、ブルジョワ民主主義はブルジョワ政権と不可分のものだ」との見解を批判している。王凡西の指摘（『中国トロツキスト回想録』一七九～一八〇頁）以来、民主主義重視の議論は一九三六年三月の「プロレタリアートと民主主義」から始まるように考えられてきたが、実はそれは陳独秀思想にあって一貫したものだったのである。

　そして、陳独秀が一九三七年以降、当初は抗日戦争を「第三次革命」と位置づけ、次なる革命の発動を工業化によるプロレタリア勢力の増大以後と考えていたとしても、そのロジックは、民主主義から社会主義への革命の連続移行（トロツキーの「永続革命」論）であった。しかも、革命の成就を同じくトロツキーが言う「世界革命」に帰結するものとして考えていたことは、彼の最後の論文「被抑圧民族の前途」からも明らかである。しかし、陳独秀はトロツキーがレーニンとともに作り上げた「プロレタリア独裁」体制を自らの民主主義理解ゆえに根底から批判したし、ソ連国家をトロツキーの言うような「堕落した労働者国家」ではなく「反動堡塁」と規定した。社会主義を主張しながらブルジョワ民主主義を評価した点で独特な思想家であった陳独秀は、トロツキズムの永続革命論や世界革命の主張を共有しながら、独裁（あるいは民主主義）理解においてトロツキーを超克していた、と言えるかもしれない。

　そして、陳独秀が唱えた社会主義国家における民主主義一般の存在は、今日の官製党史の陳独秀批判とは全く別個に、評価されねばならない。中国における政権が民主主義一般（「普遍的価値〔普世価値〕」と呼ばれる）を全面的に否定している今日であればこそ、世界的にも社会的不平等が是正されるどころかむしろ進展している今日であればこそ、彼の思想の射程が確認されるべきである。社会主義の理念と民主主義の理念の同時実現こそ、陳独秀思想の今日的意義と言わなければならない。

（1）「共産主義インターナショナルの綱領草案——基礎の批判」（対馬忠行訳『レーニン死後の第3インターナショナル』トロツキー選集第四巻、現代思潮社、一九六一年）に邦訳があるが（一八二頁）、ここでは無産者社版の中国語から訳した。

（2）〔トロツキー派〕常務委員会「フランス租界区拡大会議の意見書への批判」『晩年』二一三頁、常務委員会「レールス同志の政治決議に対する意見を批判する」同二二五～二二六、二三二頁。

（3）陳独秀ら常務委員会は三二年一月以降、両派合同を指示する決議を繰り返し採択し、さらに人員を送って組織再編を試みたが、失敗に終わった。

（4）後年の回想で王文元は、これを陳独秀の思想の「後退」だとし、陳は「民主主義を超歴史的、超階級的範疇」と見なしたが、トロツキー派の中では誰一人賛成しなかった、と述べている（矢吹晋訳『中国トロツキスト回想録』柘植書房、一九七九年、一七九～一八〇頁）。

（5）ここで陳独秀が述べる「すでに人々に広く声明している」とは、今日見ることができる彼の文章や講演記録に見ることはできないのだが、講演などの際にこのことを述べていたのであろう。

（6）例外は『中央日報』掲載の*「蔡孑民先生逝去に思う」（一九四〇年三月二十四日）と、『大公報』掲載の*「戦後世界大勢の輪廓」（一九四二年二月十日付）の前半だけである。

（7）胡秋原の鄭超麟宛の書簡（一九九六年十一月十四日）に、この論点が見える（「海峡両岸両位世紀老人的通信」、『陳独秀研究動態』第一一期、一九九七年五月、一五〇頁）。

（8）陳其昌は、一九三八年の夏頃に上海から香港に赴いていたが、その時メキシコのトロツキーから陳独秀の出国を勧める書簡が中国に届いたため、これを彼のもとに届けるべく広東・湖南を経て四川省江津県の陳独秀の許を訪れ、十日間ほど滞在、三九年一月頃に上海に戻った（王凡西訳・長堀祐造訳「魯迅の書信から陳其昌その人を語る」、『慶應義塾大学日吉紀要 中国研究』第一号、二〇〇八年三月、前掲『初期中国共産党群像』2、二六六頁）。

（9）さらに、この胡適序本には、発行年月と発行主体、そして紙型を同じくする『陳独秀最後対於民主政治的見解』があることは、第四部解題参照。

（10）江田憲治「陳独秀研究の地平」（『トロツキー研究』第三九号、二〇〇二年）。

（11）任建樹主編『陳独秀著作選編』第五巻（上海人民出版社、二〇〇九年）は、何之瑜本が論文・書簡を別々に収録したのに対し（第四部参照）、胡適序本は両者の区別なく年代順に配列し、書簡の収録が四通少ないことだけを指摘している（三四六頁）。また任建樹『陳独秀大伝』（上海人民出版社、一九九九年）は、何之瑜本が胡適序本より収録書簡を四通増やしていると述べ、同じくこの四通がトロツキー派との関連を確認できる「陳其昌らへの書簡」「トロツキーへの書簡」「トロツキーのフランク・グラスへの書簡」、および陳がマルクス主義堅持を言明している「Yへの書簡」であることに注目していない（六五八頁）。

(12) 曹伯言整理『胡適日記全集』第八冊（聯経出版事業、二〇〇四年）三八七頁。これに続けて、「陳は晩年、大いに進歩し、すでに「トロツキー派」ではなく、民主自由の道を歩んでいたことを深く喜ぶ」とある（原文は「読「陳独秀的最後論文和書信」、深喜他大有進歩、已不是「托派」了、已走上民主自由的路了解」）。

(13) 同編を最初に公表した鄭学稼「陳独秀先生晩年の思想」（『民主与統一』一九四六年第七期）には、十二月一日の日付を持つ陳独秀の書簡が影印で掲載され、そこには「最近トロツキー派の文書をいくつか入手したところ、見解があまりにデタラメなので、一文を書いて反駁し、謄写版にして何人かの友人たちにお見せすることにしました（近接到一些文件、見解頗荒謬、故写一文駁斥之、特油印給幾位相好朋友看看）」*とある。そしてこの「十二月一日」が一九四一年のものであることは、鄭の記述からも、陳独秀「鄭学稼への書簡」（一九四一年十二月二十三日）が「根本意見」に言及していることからも明らかである。したがって「私の根本意見」の脱稿日は一九四〇年十一月二十八日ではなく、一九四一年十一月二十八日である。

(14) ただし、この決議は、相互の討議と批判によって「一致した正しい結論」に到達することを陳独秀に希望するものでもあった（『年譜』五〇九頁）。

(15) このトロツキーの書簡を受けて臨時委員会は、同年三月頃、あらためて「インターへの報告

――D・S・同志の問題について」を発し、陳独秀が「出獄後一貫して政治的には日和見主義、組織的には解党主義の観点を採っている」と彼への非難を繰り返した（『年譜』五一三～五一四頁）が、恐らくトロツキーの陳独秀への見解は変わることはなかったろう。

(16)「世界大戦とわれわれの抗戦における任務（世界大戦与我們在抗戦中的任務）」、一九三九年九月十三日付、「中国托派運動文献」所収。

(17) またこの論文は、歴史の各時代における民主主義の存在をレーニンの議論を引用して指摘している（『晩年』四〇～四一、五〇頁）。

陳独秀文集　あとがき

『新青年』を舞台に胡適、陳独秀によって文学革命の狼煙が上げられてから百年、同じくロシア革命からも百年を数える本年、『陳独秀文集』全三巻が完結する運びとなった。近代中国研究に携わる訳者一同、慶びとするとともに、肩の荷がおりる思いである。

ロシア革命の息吹の中で産声をあげた中国共産党は陳独秀に率いられ、世界史の前線に登場したが、いまやソ連は崩壊し、中国革命も「裏切られた革命」として現前する。しかし、政治的には敗北の極に追いやられたとはいえ、二つの大革命が掲げた社会主義の理想と「資本帝国主義」（陳独秀）に対するアンチテーゼが無効となったわけではない。

陳独秀は反清革命家からマルクス主義の革命家へと歩を進め、最後はヒトラーとスターリンの独裁に対しトロツキーにも勝る最大限の反対を貫いた。その思想を一貫しているのは、五・四時期以来の「デモクラシーとサイエンス」、とりわけ前者である。社会主義の思想的遺産に望みをかけるとするなら、「生涯にわたる反対派」陳独秀の著作は中国の、さらにはファシストもどきの勢力が席捲しはじめた日本を含む世界の人々に光を与えることだろう。

翻訳について付言すれば、本文集はできる限り初出に拠ることを方針としたが、現行の『陳独秀著作選編』に、いまだ多くの校訂ミスが残り、文意が歪められた部分があること、また意図的操作（改竄）が疑われる点もあることに留意すれば、これは必要不可欠な手続きであった（本文集では重要な異同は注記し、さらに原文の欠字を復元した部分もある）。既訳の誤りについても少しく更新できたことは校訂とあわせ、訳者としていささか自負するところである。但し、七名の訳者による短期間の大量の翻訳作業は、どうしても文体上、形式上の統一を犠牲にせざるを得ない点もあった。さらには、訳者一同の力不足から生じる錯誤、遺漏も不可避であろう。読者諸氏のご海容、ご批正を願う次第である。

思い起こせば、私の日吉の研究室に東洋文庫編集長・関正則さんが、本文集の企画をもって来られたのは、二〇一〇年初めのことであった。しかし、翻訳グループが始動するまでにはかなりの時間を要し、刊行前に関さんは定年をむかえられた。後継には『初期中国共産党群像——トロツキスト鄭超麟回憶録』（東洋文庫）でもお世話になった保科孝夫さんが当たられた。今、こうして完結にこぎつけられたのは、お二人のご尽力と保科さんの忍耐に負うところ大である。ここに記して謝意を表する次第だ。

二〇一七年三月一日　訳者を代表して　長堀祐造

陳独秀年譜・中国革命・世界情勢関係年表

陳独秀年譜

一八七九年
10月　安徽省安慶府懐寧県（現安慶市）の読書人家庭に生まれる。

一八九六年
某月　科挙の院試に合格、「秀才」となる。

一八九七年
8月　江南郷試を受験（落第）。

一九〇一年
10月　はじめて訪日。東京で留学生組織励志会に参加（以後、一時帰国後の来日を含め五度来日）。

一九〇四年
3月　『安徽俗話報』創刊、「亡国論」を掲載。

中国革命・世界情勢関係年表

一八九四年
7月　日清戦争はじまる（～翌年4月）。

一八九八年
6月　戊戌維新（～9月　政変で終結）。

一九〇〇年
6月　義和団戦争はじまる（～翌年9月）。

一九〇五年
8月　中国同盟会、東京で成立（総理孫文）。

一九一一年
10月 杭州で革命活動に参加。
一九一二年
1月 安徽都督府顧問就任。
5月 同秘書長。
一九一三年
8月 第二革命敗北後、上海に逃れる（『字義類例』を執筆）。
一九一四年
7月 東京で『甲寅雑誌』に参画。
11月 独秀の筆名で「愛国心と自覚心」を発表。
一九一五年
6月 帰国。
9月 『青年雑誌』を創刊（翌年『新青年』に改称）
一九一六年
2月 「われわれの最後の覚醒」発表。
一九一七年
1月 蔡元培の招聘で北京大学の文科学長に就任。
2月 「文学革命論」発表。

一九一一年
10月 武昌で新軍蜂起、辛亥革命はじまる。
一九一二年
1月 孫文、中華民国臨時大総統に就任。
2月 清宣統帝退位。孫文、臨時大総統を辞任、後任に袁世凱を推薦。
一九一三年
7月 反袁世凱の第二革命勃発（〜8月）。
一九一四年
7月 第一次世界大戦勃発。
10月 袁世凱、中華民国正式大総統に就任。
11月 国民党を解散。
一九一五年
5月 袁世凱、日本の二十一ヶ条要求を受諾。
12月 帝制復活（翌年3月取消）。
一九一六年
6月 袁世凱急死。
一九一七年
3月 ロシア二月革命。
7月 安徽派の段祺瑞、政権を掌握。孫文、護法運動開始。
11月 ロシア十月革命。

一九一八年
12月　『毎週評論』創刊。
一九一九年
1月　「『新青年』の罪状に対する答弁書」発表。
6月　直接行動をよびかける「北京市民宣言」のビラ散布で逮捕。
12月　「過激派と世界平和」発表。
一九二〇年
11月　雑誌『共産党』に「短言」を発表。
一九二一年
1月　陳炯明の求めに応じ、広東全省教育委員会委員長に就任（～10月）。
7月　中国共産党創立大会で指導者に選出される（中央局書記。同職は後に中央執行委員長、総書記に改称）。

一九一八年
11月　第一次世界大戦終結。
一九一九年
3月　第三インターナショナル（コミンテルン）第一回大会。
5月　五・四運動はじまる（～6月）。
7月　ソヴィエト・ロシア外務人民委員代理カラハン、革命前の在華特権廃止を宣言（カラハン宣言）。
10月　中国国民党成立。
一九二〇年
3月　ヴォイチンスキー来華（4月以降、李大釗・陳独秀らと接触）。
7月　安直戦争。コミンテルン第二回大会、レーニン起草の「民族・植民地問題についてのテーゼ」とロイ起草の「民族・植民地問題についての補足テーゼ」を採択。

一九二二年
中共第二回全国大会を指導、国民党との対等な提携関係樹立（党外合作）の方針を決定。
一九二三年
6月　中共第三回全国大会を指導、全党員の国民党加入（党内合作）の方針を決定。
一九二四年
10月　「国民党の根本問題」を発表。
一九二五年
6月　五・三〇運動のゼネスト（〜9月）を指導。
一九二六年
7月　「国民党の北伐について」で北伐に反対。
一九二七年
3月　上海労働者暴動を指導、市政府を樹立。
6月　コミンテルンの六月指示に抵抗。
8月　中共緊急会議（八・七会議）で革命敗北の責任を負わされ、総書記を事実上解任。

一九二二年
4月　第一次奉直戦争（〜5月）。
一九二三年
1月　孫文・ヨッフェ共同宣言。
一九二四年
1月　国民党第一回全国大会、国共合作を確定。レーニン死去。
9月　第二次奉直戦争（〜10月）。
一九二五年
1月　トロツキー軍事人民委員（閣僚）を解任される。
3月　孫文死去。
5月　上海五・三〇事件（国民革命はじまる）。
一九二六年
3月　中山艦事件（蔣介石、党・軍の実権掌握）。
7月　蔣介石、国民革命軍の北伐を開始。
一九二七年
4月　蔣介石のクーデタ、上海労働者政権を打倒。南京に政権樹立。
7月　国民党左派の武漢政権、共産党を追放（国共合作崩壊）。

11月　中共中央の蜂起政策を批判する書簡を三通送る（～12月）。

一九二八年

一九二九年

3月　『中国拼音文字草案』の原稿を完成。

春　トロツキーの中国革命論を読む。

7月　中共の政策・路線を批判する三通の書簡発出（～8月）。

11月　中共、陳独秀らを除名。

12月　「全党同志に告げる書」「われわれの政治的意見書」発表。

一九三〇年

3月　『無産者』創刊（以後、中共・コミンテルンを批判する一方、他の中国トロツキー派と論争、統一に向けての説得を行う）。

8月　中共の南昌蜂起（失敗）。

9月　中共の秋収蜂起（失敗）。

11月　トロツキー、全連邦共産党から除名処分。

12月　中共の広州蜂起（失敗）。

一九二八年

6月　中共第六回大会（～7月）。

8月　コミンテルン第六回大会、社会ファシズム論を提起。

10月　ソ連第一次五ヶ年計画開始。

一九二九年

2月　トロツキー、ソ連政府から国外追放処分（トルコ・フランス・ノルウェーなどを経て、メキシコへ）。

7月　中東鉄道事件で中ソ国交断絶。

一九三〇年

5月　中原大戦はじまる（～10月）。

6月　中共、李立三指導下に大都市奪取計画を開始（～9月）。

11月　国民党軍、中共の中央ソヴィエト区への包囲攻撃を開始（一九三四年まで計五回）。

一九三一年
5月　中国トロツキー派四派を統一した「中国共産党左派反対派」成立（書記処書記陳独秀）。

一九三二年
10月　上海で国民党に逮捕され、南京に護送。

一九三三年
6月　懲役八年の刑確定。南京の江蘇第一監獄に収監（同年中に上海のトロツキー派との連絡を確保）。

一九三四年
5月　トロツキー派の国際書記局に書簡を送る。

一九三五年
1月　史朝生らのトロツキー派中央の権力掌握に反対（「トロツキー派」から除名されるも、組織が当局に摘発されたため処分は無効）。

一九三六年
3月　「プロレタリアートと民主主義」発表。
5月　「中国の一日」執筆。
9月　「われわれの時局における任務」発表。

一九三七年

一九三一年
9月　満洲事変。
11月　中華ソヴィエト共和国臨時政府成立（主席毛沢東）。

一九三二年
1月　上海事変。
3月　「満洲国」成立。

一九三三年
5月　塘沽停戦協定。
11月　十九路軍系の軍人、反蔣・反日を掲げ、福建人民政府を樹立。

一九三四年
10月　中共軍、中央ソヴィエト区を放棄、「長征」を開始（～三六年10月）。

一九三五年
8月　コミンテルン第七回大会、人民戦線戦術を決定。

一九三六年
10月　中共、「八・一」宣言をパリで公表。
8月　第一次モスクワ裁判（ジノヴィエフ・カーメネフらを粛清）。

一九三七年

7月　「実庵自伝」脱稿。
8月　減刑措置で釈放。
9月　南京から武漢に赴く（以後、中共との抗日協力・民主派人士との連携・自派の軍事力確立を模索）。

一九三八年
3月　「『新華日報』への書簡」で中共の漢奸非難に反論。
6月　四川省重慶に移転。
8月　同江津に移転（城内郭家公館に滞在）。
11月　トロツキー宛書簡を執筆、上海のトロツキー派中央の方針を批判。

一九三九年
1月　江津城内延年医院に転居。
8月　江津城外鶴山坪石墻院に転居。

一九四〇年
3月　祖国敗北主義批判・民主主義擁護・独裁国家非難の書簡をトロツキー派同志に送付（〜9月）。
6月　『小学識字教本』の原稿を完成。

一九四一年
11月　「私の根本意見」作成。

1月　第二次モスクワ裁判（ピャタコフらを粛清）。
7月　盧溝橋事件（日中戦争全面化）。
9月　第二次国共合作成立。
10月　毛沢東、「魯迅論」でトロツキー派を「漢奸」と批判。
12月　南京陥落。

一九三八年
3月　第三次モスクワ裁判（ブハーリンらを粛清）
9月　第四インターナショナル成立。
10月　日本軍、武漢・広州を占領。

一九三九年
8月　独ソ不可侵条約締結。
9月　第二次世界大戦勃発。

一九四〇年
8月　トロツキー、メキシコで暗殺さる。

一九四一年
12月　太平洋戦争はじまる。

12月　鄭学稼宛書簡でボリシェヴィズムを批判。

一九四二年

2月「戦後世界大勢の輪廓」脱稿。

4月「世界大勢再論」脱稿。

5月「被抑圧民族の前途」脱稿、民族問題の解決は国際社会主義の実現によるほかない、と説く。

5月27日　持病悪化のため死去。

一九四二年

2月　毛沢東、延安で党内思想統制（整風運動）を開始。

（江田憲治・長堀祐造作成）

陳独秀文集全3巻収録文一覧

第1巻

第一部　『安徽俗話報』の創刊から五・四運動まで

『安徽俗話報』創刊の理由
中国の瓜分
国語教育
伝統演劇について
愛国心と自覚心
敬んで青年に告ぐ
フランス人と近世文明
現代欧州文芸史譚
東西民族の根本思想の差異
われわれの最後の覚醒
胡適之に答える（文学革命）
憲法と孔教
文学革命論
対独外交
偶像破壊論
『毎週評論』発刊の辞
『新青年』の罪状に対する答弁書
随感録「仮面をはぐ」「大ぼらのウィルソン」「公理はいずこ」
人種差別待遇問題
朝鮮独立運動の感想

第二部　五・四運動から中共建党まで

山東問題と国民の覚醒
『新青年』宣言
民治を実行する基礎
随感録「過激派と世界平和」
新文化運動の同志諸君に告げる
新しい教育の精神
新文化運動とは何か
五・四運動の精神とは何か
労働者の自覚
上海厚生紗廠の湖南女工問題

『新青年』運営に関わる陳独秀書簡（一九二〇～一九二一年）
政治を語る
新教育とは何か
婦人問題と社会主義
『紅楼夢』（私は「石頭記」を使った方がよいと思う）新序

付録――陳独秀旧体詩選

西郷南洲遊猟図に題す
曼殊と偕に日本より帰国する舟中にて
華厳の滝
霊隠寺前
夜雨に狂歌して沈二に答う
金粉涙
少年に告ぐ
病中口占
光午、之瑜、静農及び建功夫婦、屈原の祭日に聚まり飲みて大酔せると聞き、これを作りて建功兄に寄す
欧陽竟無に詩束を致す

第2巻

第一部　共産党創設期（1920-1923）

短言
社会主義批評――広州公立法政学校での演説
私の婦女解放観
随想録――中国式の無政府主義
無政府主義に関する議論――区声白の書簡に答えて
蔡和森に答えて（マルクス学説と中国の無産階級）
キリスト教とキリスト教会
ヴォイチンスキーへの書簡（一九二一年四月六日）
現在の中国政治の問題に対する私の考え
本誌の宣言――『嚮導』発刊の辞
造国論――真の国民軍によって、真の民国を創造せよ
国民党とは何か
胡適への書簡（一九二二年九月二十五日）
胡適への書簡（一九二三年四月七日）
ブルジョワジーの革命と革命的ブルジョワジー

第3巻

第一部　トロツキー派指導者時期（1930–1932）

インターナショナルに答える書簡
いわゆる「紅軍」問題について
十月革命と「永続革命論」
統一運動に対する意見
中国における将来の革命発展の前途
中国共産党左派反対派綱領
中国はどこへ行くのか
二つの路線——民傑及び小陳両同志に答える
『熱潮』創刊の辞
対日宣戦とボイコットを論ず
全党同志に告げる書
討論欄
東京事変と極東の時局

第二部　獄中期間（1932–1937）

弁訴状
いくつかの論争問題
トロツキー派国際書記局への書簡
プロレタリアートと民主主義
中国の一日
われわれの時局における任務
実庵自伝

第三部　出獄後（1937–1942）

私の魯迅認識
どのようにすれば民衆を動員できるのか——十一月武漢大学での講演
『新華日報』への書簡
日本の社会主義者に告ぐ
われわれは資本主義を恐れてはならない
蔡孑民先生逝去に思う——四川江津にて
楊朋升への書簡
鄭学稼への書簡

第四部　陳独秀最後の論文と書信

私の根本意見
戦後世界大勢の輪廓
世界大勢再論
被抑圧民族の前途
陳其昌らへの書簡

トロツキーへの書簡

付録　トロツキーのフランク・グラスへの書簡

西流らへの書簡

西流らへの書簡

西流らへの書簡

連根への書簡

西流への書簡

Ｙへの書簡

ＳとＨへの書簡

Ｙへの書簡

60, 272, 312, 453
ローズヴェルト　Roosevelt, Franklin 1882-1945　第二次大戦時の米国大統領(1933-45)。③289, 339-40, 358
ロダン　Rodin, Auguste　1840-1917　フランスの彫刻家。①238
路徳　1785-1851　陝西の人。清朝中期の学者・教育者。③239, 254
ロベスピエール　Robespierre M. 1758-1794　フランス革命の指導者。②428, ③186
ロミナッゼ　Lominadze, V.　1898-1934　グルジア出身の革命家。コミンテルンの主席団員となり1927年、中国に派遣され、八・七会議を主導した。①24, ③61, 304

わ行

ワイルド　Wilde, Oscar　1854-1900 ①92-93, 147

イギリスのピューリタン革命期の左翼党派（水平派）指導者。 ③285

李立三　1899-1967　1919年渡仏、リヨンの留学生運動に参加。21年中共に加入、安源炭坑の労働運動に携わりストライキを指導。25年五・三〇運動を指導し上海総工会委員長、27年中共広東省委書記など歴任し、29-30年スターリンの極左路線を指導者として推進した。極左方針失敗後スケープゴートとして失脚し、以後46年までソ連に抑留される。 ①26, ②349-50, 369, 378, 383-84, 462, 469, 471-72, ③18, 26, 29, 55, 67, 80, 133, 424

李朗如　1889-1963　広東省出身の政治家、広州公安局局長の任にあった1924年に商団事件が起こったさいには、穏健な対処を主張したが、容れられず、辞職した。 ②189

林虎　1887-1960　清末民初の軍人、革命家。同盟会に加わり、辛亥革命に参加。孫文の下で活動していたが、のち陳炯明を支持、国民党軍の東征で敗れる。 ②263, 317

林長民　1876-1925　清末民初の政治家。民国では進歩党系の政治家、国会議員として活動した。1925年に郭松齢の反乱に加わったが敗れて戦死した。 ②196

ルー、ジャック　Roux, Jacques　1752-1793　フランス革命期のサンキュロット激昂派指導者。 ③285

ルイ14世　Louis XIV　1638-1715　フランス絶対王政期の国王。在位1643-1715。 ③161

ルイコフ　Rykov, A. I.　1881-1938　古参ボリシェヴィキで、1924年にソ連人民委員会議議長。 ②433

ルソー Rousseau,　Jean-Jacques　1712-1778　①147

厲王　?-BC828　周の第10代君主。在位 BC878?-828。 ③164, 167

レーニン　Lenin, Vladimir Ilich　1870-1924　①22, 206, 290, 368, ②154-55, 349-51, 363, 366, 369, 379-80, 382, 387, 392, 396, 416-17, 419-20, 422-24, 432, 435-40, 445, 447-49, ③20-23, 27-28, 31, 34, 36, 38, 44, 54-55, 57-62, 85, 95-97, 120, 123, 134, 139, 174, 177, 193, 196, 198, 209, 212, 215-17, 219-20, 288, 290, 292, 302, 322, 358, 378-79, 382, 387, 391, 393, 400, 403, 411, 423, 425, 432, 447, 449, 451-52, 455

ロイ　Roy, M. N.　1887-1954　インドの革命家。インドでの反英闘争などを経て、1920年コミンテルン執行委員となる。27年駐中国代表団首席代表として訪中、蔣介石の四一二クーデタを批判したが、汪精衛にコミンテルンの中共武装指示を見せて国民党左派による中共排除・弾圧の口実を与える。 ②307, 309, 361, 384

ロイド・ジョージ　Lloyd George, David　1863-1945　イギリスの政治家、首相（1916-1922）。 ③329

労他　?-?　中国共産党左派反対派のメンバー。 ③76-77

老洋人　1886-1924　河南の人。白朗蜂起、ついで河南軍に参加。1922年から独自の部隊を率い、河南省を中心に活動した。 ③32, 54

盧永祥　1867-1933　民国期の安徽派軍人、浙江省督軍などを務めた。 ②188

魯迅（豫才）　1881-1936　中国近代文学の創始者。陳独秀の慫慂もあり、文学革命を実作面で推進。陳独秀のトロツキー派転向後も敬意を持ち続けた。小説に「狂人日記」「故郷」など。トロツキーの『文学と革命』の一章も訳している。 ①18-19, 21, 29, 148, 264, 272-74, 277, 279-81, 331, 358, 372, 375-76, 383, ②480, ③258-

民革命軍に加わり、翌年3月重慶で三・三一虐殺事件を起こした。 ②331, ③333
劉震寰 1890-1972 民国期の軍人。同盟会に参加、1922年広西から孫文を支持して陳炯明討伐に加わる。25年楊希閔らと広州革命政府の転覆を企て、敗北。 ②228, 315, 317
劉仁静 1902-1987 湖北の人。北京大学在学中に五・四運動に参加。1920年北京共産主義小組に加わり、翌年の中共創立大会に参加。23年社会主義青年団中央書記となる。26年モスクワに留学しトロツキストとなり、29年トロツキーに会見、中国左翼反対派との連絡員となる。帰国後王文元らと「十月社」を結成。ハロルド・アイザックスを援助して中国革命の資料を収集する。35年グラスらと新指導部を形成するが、同年逮捕され、獄中で国民党を支持、反対派組織から除名される。釈放後は国民党特務の工作員となり、50年には中共支持の声明を出す。新中国では国務院参事など歴任 ②442, 453, ③69-70, 75, 80, 111, 120, 181, 311, 404, 425, 427, 432, 435
劉成禺 1876-1953 清末民初の政治家、革命家。興中会に参加し、孫文の下で活動。 ②315
劉禅 207-271 蜀漢の後主。幼名阿斗。在位年223-263。 ③102
柳宗元 773-819 中唐の詩人、文章家。唐宋八大家の一人。自然詩に優れた。 ①117, 121, 143
劉大櫆 1697-1780 清代の文学者。方苞の後を受けた桐城派の大家。 ①144-145
劉文典 1889-1958 校勘学者。北京大学などで教鞭を執った。 ③230, 252
梁幹喬 ?-? 広東の人。中共に加入後、広東省委委員。1924年黄埔軍校第一期生となり、卒業後モスクワ中山大学に留学。トロツキストとなり、27年赤の広場でトロツキー支持のデモをした留学生のリーダー。強制帰国処分となり、28年区芳らと「我々の言葉」派を結成。左翼反対派の統一に消極的で、活動の作風が嫌われ、反対派中央委員に落選。程なく陸一遠らと国民党に投降、特務機関に入り、南京や鄭州の責任者となる。 ③177, 425
梁啓超（任公） 1873-1929 広東の人。康有為を師として維新変法を提唱。1898年戊戌変法に参加し、失敗後日本に逃れる。1902年『新民叢報』を発刊、西洋の啓蒙思想や自然科学を紹介し、中国知識人に大きな影響を与える。立憲君主制を主張し、同盟会と論争。13年帰国し司法総長や財政総長を務めた。 ①97, 109, 110, 156, 204, 331, ②114, 120-22, 151, 226-28, 326, ③167, 251, 256
梁士詒 1869-1933 清末民初の政治家。袁世凱、段祺瑞に近く、また清末以来郵伝、鉄路畑をあゆみ、民国では交通銀行総経理をつとめたため、交通系とよばれる政治集団を率いることになった。 ①205, 258, ②131, 303
梁漱溟 1893-1988 思想家、教育家。1911年同盟会に加入。16年北京大学でインド哲学講師。24年北京大学を離れ、郷村建設運動を唱え、教育による社会改造を主張。39年統一建国同志会を結成、46年以後国共両党の調停活動を行う。新中国では政協常任委員など。 ②151-53
廖仲愷 1877-1925 日本に留学し、1905年同盟会に加入。孫文の側近として活動した左派の重鎮、連ソ連共路線を推進するが、25年右派に暗殺される。 ②179, 275
リルバーン Lilburne, John 1615-1657

参加、国民党内で重きをなしたが、29年以降蔣介石と対立、たびたび反蔣戦を戦った。国共内戦後、アメリカに亡命した。③48, 109

李素筠　?-?　1916年当時、瀏陽含章女学校長。①139

李大釗（守常）　1889-1927　河北の人。中国で最も早くマルクス主義、ロシア革命を支持し紹介した一人。日本留学後、1918年北京大学図書館主任兼経済学教授となり、『新青年』の編集に参加。20年北京共産主義小組を結成、21年陳独秀と共に中国共産党を創立する。27年4月張作霖により逮捕処刑される。①19, 22, 261-62, 264, 271-74, 277-78, 281, 299, 362, 367, 373, ②170, 271, 351, 446-47, ③274, 304

李端遇　?-?　山東の人。同治2（1863）年の進士。安徽学政などを務めた。③239

李定国　?-1662　明末・清初の武将。永暦帝に従い、清軍と戦ったが破れ、病死した。①50

リトヴィノフ　Litvinov, Maksim Maksimovich　1876-1951　ソ連外相代理（1941-46）兼駐米大使（1941年11月-43年8月）。③343-44

李麦麦（劉治平）　1904-1942。李麦麦は筆名。湖北の人。中国共産党に入党、モスクワの東方大学・中山大学に留学。29年の帰国後、中国社会史論戦に参加、1935年復旦大学教授。③306

リープクネヒト　Liebknecht, Karl　1871-1919　ドイツの弁護士、政治家。社会民主党の国会議員だったが、第一次世界大戦に反対し投獄される。1918年、ローザ・ルクセンブルクとドイツ共産党を結成。1919年、スパルタクス団の蜂起を行うが失敗し、暗殺される。①169, 207, 264, 295

李福林　1872-1952　民国の軍人、孫文・蔣介石に仕え、粤軍第三軍軍長、第五軍軍長、広州市市長などを歴任した。②189

李富春　1900-1975　湖南で新民学会に参加。渡仏を経て、1922年中共に加入。モスクワに留学後、北伐に参加。29年江蘇省委書記として項英らと李立三路線に反対し、調停派として排斥される。のち長征に参加。新中国では副首相。②383

柳亜子　1887-1958　清末民初の詩人、革命家。早くに上海愛国学社に加入し、のち光復会、同盟会に参加。国民党左派で活動し、1927年四一二クーデターで指名手配され一時日本に逃れる。32年蔡元培らと陳独秀への処刑反対要請文を出す。①125, ②271

劉禹錫　772-842。中唐の詩人。白居易と交流、劉白と併称される。①117, 121

劉揆一　1878-1950　湖南省出身の革命家。黄興らと華興会を設立して反清革命運動を推進したが、のちに孫文らとは反目し、一時袁世凱に接近するなど、複雑な政治生涯をたどった。②199

劉向　BC79-BC8　前漢の学者。宮中の図書の目録を作った。①138

劉玉春　1878-1932　清末民初の軍人。1926年北伐軍と戦った武昌防衛司令官。②330

劉師培（申叔）1884-1919　清末民初の革命家、学者。清末の革命運動において、アナキストとして活躍するとともに、『国粋学報』を編纂発行し、その学識で知られた。後、籌安会に名を連ねた。②193, 194, 199, ③295

劉湘　1888-1938　清末民初の軍人、政治家。辛亥革命に参加し、四川軍総司令、四川省省長など歴任。26年国

年江津県県長となり、陳独秀の知遇を得る。 ③415, 418-19

ラッセル　Russell, Bertrand　1872-1970　イギリスの哲学者、数学者、平和主義者。 ①233-34, 238, 262, 264, 285

李維漢　1896-1984　1918年毛沢東らと新民学会を結成。渡仏後、22年帰国し中共に加入。23-27年湖南省委書記、27年八・七会議で臨時中央政治局常務委員となるが、六大で中央委員に落選。新中国では中共中央統戦部部長、全人大常委副委員長など。 ①24, ②400

李季　1892-1967　湖南平江の人。中国最初のマルクス主義経済学者。1921年陳独秀に従い、広東政府で教育工作に従事。後ドイツ、ソ連に留学し、帰国後上海大学などの教授。『マルクス伝』を著す。29年トロツキストとなるが、50年には30年代の見解を誤りとし毛沢東を支持する声明を人民日報に掲載。 ①265, ②441

陸栄廷　1859-1928　清末民初の軍人。辛亥革命後広西軍政長官、のち広東も支配して広西軍閥の首領となる。1920年陳炯明らとの戦争で敗れる。 ②284

陸秀夫　1236-1279　南宋の宰相。元軍に敗れ、入水自殺した。 ①50

李権時　1895-1982　経済学者。民国期に復旦大学商学院長など歴任。抗日戦中は汪精衛政権に参加したが、新中国では吉林大学で教鞭を執った。 ②328

李鴻章　1823-1901　安徽の人。曾国藩の幕僚となり、淮軍を組織して太平天国と戦った。後、直隷総督兼北洋総督として清の内政・外交をとりしきり、洋務を推進した。 ①109, ③334

李光地　1642-1718　清代の官僚、文淵閣大学士。 ③298

李根源　1879-1965　清末民初の政治家、革命家。中国同盟会の一員だったが、のちに孫文と対立し、自らの政治グループ政学会を組織するに至った。 ②199

李済深（済琛）　1885-1959　民国の軍人、政治家。辛亥革命に参加。1923年国民党に加入、黄埔軍校副校長など務める。北伐戦争で国民革命軍総参謀長、27年広東省政府主席。中共の南昌蜂起鎮圧の軍を派遣した。 ②291, 315, 354, 357

李燮和　1873-1927　清末民初の政治家、革命家。中国同盟会の一員だったが、民国にはいってのち袁世凱の皇帝即位運動の音頭取りとなる籌安会に名を連ねた。 ②199

李之龍　1897-1928　1921年中共に加入。24年黄埔軍校に入り、軍校政治部で周恩来を補佐。26年中山艦艦長となるが、3月中山艦事件で逮捕さる。釈放後北伐に参加、27年革命敗北後に日本に逃れたが、帰国時に逮捕銃殺さる。 ②247

リース・ロス　Leith-Ross, Frederick W.　1887-1968　イギリス政府首席経済顧問。1935年中国に派遣される。国民政府は彼の勧告で幣制改革を断行した。 ③203, 224

李石曾　1881-1973　河北の人。1906年パリで呉稚暉らと「世界社」を結成、無政府主義を唱える。同年同盟会に加入。16年蔡元培らと華仏教育会を結成、帰国後の19年フランスへの勤工倹学運動を開始。のち国民政府に参加、北平大学校長を務める。49年スイスに移り、後台湾に定住。 ①265, ②231, 256

李宗仁　1891-1969　広西の人。国民党広西派の軍人。国民革命軍第7軍軍長、第4集団軍総司令として北伐に

国民革命軍に加入し、第二十軍軍長。②330

姚鼐　1731-1815　清代の文学者。劉大櫆を継いで、桐城派の散文理論を発展させた。①144-45

楊度　1875-1931　清末民初の政治家、学者。清末には立憲運動の指導者として名を馳せ、民国には袁世凱の帝制運動の音頭取りとなる籌安会の一員に名を連ねた。のちに中国共産党に秘密入党したといわれる。②193-94

楊篤生（度生）　1872-1911　反清革命家。蔡元培、陳独秀、章士釗らと秘密組織で活動。辛亥革命前に英国で自殺。③294

楊徳甫　1880-1974　民国期の労働運動指導者。京漢鉄道総工会の準備委員長として、同工会の立ち上げに尽力、その後の京漢鉄道ストを指揮した。②226, 229

楊朋升　1900-1968　四川の人。国民党の軍人。抗日戦争中は武漢、ついで成都で参謀（少将）として勤務。陳独秀の生活を支援した。③300-01

葉名琛　1807-1859　②171, 174

ら行

羅亦農　1902-1928　1920年社会主義青年団に加入、モスクワ東方大学第一期生として派遣され、中共に加入。帰国後、江浙区委書記。26-27年上海区委書記として、陳独秀らと特別委員会を組織し、上海の武装蜂起を指導。八・七会議で臨時中央政治局常務委員、28年上海で密告により逮捕銃殺される。②333, 356-57, 386

羅家倫（志希）　1897-1969　志希は字。北京大学で学び、傅斯年と共に『新潮』を創刊する。卒業後、欧米に留学、歴史哲学及び国際関係を学ぶ。1926年に七年間の留学を終えて帰国すると、北伐軍に参加。蔣介石に才能を認められ、国民党で要職を歴任し、清華大学、中央大学学長をつとめる。戦後、台湾で逝去。①262

羅漢　1898-1939　湖南の人。五・四運動に参加後、渡仏し勤工倹学生になる。1921年リヨンの留学生運動に参加し強制帰国処分となる。22年中共に加入し、広東・広西で活動、北伐では第四軍政治部主任を務める。26年モスクワに留学し28年王文元らと共にトロツキズムを受容。帰国後除名され「十月社」に参加、31年左翼反対派中央委員となる。指導部の逮捕後活動を離れたが、37-38年中共と陳独秀復党の交渉を行う。日本軍の重慶爆撃で死亡。③268, 271, 361, 364, 429

羅綺園　1893-1931　1921年中共に加入。広東省農民協会委員長など広東で農民運動を指導。27年広州蜂起の敗北後、中共中央で活動。31年逮捕銃殺される。②384

羅章龍　1896-1995　湖南の人。1918年湖南で新民学会に参加。五・四運動で北京大学学生運動を指導し、20年には北京共産主義小組に参加、最初期の中共党員となった。主に労働運動で活躍、1928年以降、中華全国総工会委員長、同党団書記。31年、王明らが党内権力を掌握した中共6期4中全会に反対し、「中共中央非常委員会」を組織、党を除名された。③41

羅世璠　?-1939?　湖南の人。中共江蘇省委で活動していたが、1929年トロツキストとなり、無産者社に参加。32年左翼反対派の組織部長となるが、同年陳独秀らと共に逮捕される。37年釈放後臨時指導部に参加、のち病死。③360-61, 363-64

羅宗文　1908-?　教育者、学者。1940

毛沢東（潤之）　1893-1976　1918年蔡和森らと新民学会を結成。20年湖南で共産主義小組を組織し、中共創立大会に参加。党中央秘書となり、のち国民党で農民運動を指導。27年革命敗北後、「政権は銃から獲得される」という軍事路線を推進し、農民を主体とする農村革命から都市革命に至る革命論を唱える。35年遵義会議で党内の実権を掌握、以後一貫して最高指導者の地位にあり続けた。①21-22, 28-29, 30, 377, ②170, 333, 447, 462, 473-75, 478, ③34, 47, 62, 208, 272, 304, 306, 308-09, 349, 441

孟賁　?-?　戦国時代の怪力の勇士で、生きたまま牛の角を抜いたという。①146, 148

モーパッサン　Maupassant, Henri Rene Alburt Guy de　1850-1893　①92

森恪　1882-1932　日本の実業家、政治家。犬養内閣書記官長。③148

モルガン　Morgan, Lewis Henry　1818-1881　アメリカの文化人類学者。先住民の親族組織や制度を研究した。③188, 198

や行

山川均　1880-1958　岡山県出身。1922年の日本共産党の創立に参画し、その主張は「山川イズム」として一世を風靡したが、のちに共同戦線党論を展開し、解党主義の批判を浴びた。27年雑誌『労農』を創刊して労農派を形成。戦後は、社会党左派の指導者として活動した。③273, 279

山本権兵衛　1852-1933　日本の軍人・政治家。第16・22代内閣総理大臣。

優孟　?-?　春秋時代の宮廷芸人。①49

ユゴー　Hugo Victor M.　1802-1885　①147

兪作柏　1887-1959　広西の人。国民党広西派の軍人。③48

兪頌華　1893-1947　江蘇の人。日本に留学。瞿秋白のモスクワ行に同行。『東方雑誌』、『申報月刊』など有力誌の編集者であった。③103, 109

楊殷　1892-1929　1911年同盟会に参加。22年中共に加入、広東、香港で活動し25年省港ストを指導。27年広州蜂起を指導し広州ソヴィエト政府主席代理、六大で中央委員。29年上海で逮捕処刑される。②384

楊宇霆　1886-1929　清末民初の軍人。張作霖の下で参謀長など歴任し、1925年江蘇省軍政長官。②303, 315

楊永泰　1880-1936　清末民国期の政治家。広東省高州大井の人。民国成立当初は袁世凱の圧政に反対し、在野で活動する。国会が回復した後は議員として活動、孫文を支持する。北京政府崩壊後は蔣介石に「三分軍事、七分政治」の策を進言して中国共産党軍掃討で成功を収め、蔣の信頼を得るが、その成功を快く思わないCC派によって暗殺される。①343, 347

楊希閔　1886-1967　清末民初の軍人。雲南で辛亥革命に参加し、1922年陳炯明討伐に加わる。孫文の死後、広州で武装蜂起を企て失敗。②228, 315, 317, 329

葉剣英　1897-1986　広東の人。広州蜂起に参加、モスクワ留学をへて紅軍第一方面軍参謀長などを務め、長征に参加。のち八路軍参謀長・人民解放軍総参謀長を歴任。人民共和国成立後も国防部長・党副主席などの要職に就いた。③268, 271, 364

姚震　1887-1935　民国の政治家、法律家。政界では安徽派の幹部として活動した。②200-01

楊森　1884-1977　清末民初の軍人。呉佩孚の下で、四川軍を支配。1926年

ま行

ブラン、ルイ　Blanc, Louis　1811-1882　フランスの社会主義者・政治家　③287
ブランキ　Blanqui, Louis Auguste　1805-1881　フランスの革命家。少数精鋭での蜂起を主張、多くの革命運動に関与。　③286-87, 291, 449
フランクリン　Franklin, Benjamin　1706-1790　アメリカの政治家・哲学者。　③228, 251-52
フーリエ　Fourier, François Marie Charles　1772-1837　フランスの社会主義者。　①86
ブリュー　Brieux, Eugéne　1858-1932　①93
ブリューニング　Brüning, Heinrich　1885-1970　ドイツ首相（1930-32）。経済危機克服に失敗して失脚、ワイマール体制崩壊の端緒となった。　③380, 383, 398
プルードン　Proudhon, Pierre Joseph　1809-1865　フランスの社会主義者。　③287
プレハーノフ　G. V. Plekhanof　1856-1918　ロシアマルクス主義の父。当初ナロードニキだったが、1880年亡命後、マルクス主義に転向。83年ロシア最初のマルクス主義組織「労働解放団」を結成。後レーニンらと『イスクラ』を創刊したが、1903年のロシア社会民主労働党の分裂後すぐにメンシェヴィキとなる。第一次大戦では祖国防衛を唱え、十月革命には猛烈に反対してボリシェヴィキに敵対した。　②349, ③215
フローベール　Fraubert, Gustave　1821-1880　①91-92
文侯　?-BC396　戦国時代の魏の君主。　①49
文天祥　1236-1283　南宋の政治家、文学者。元軍に捕らえられ、屈服を拒否して殺害された。　①50　③299
ヘーゲル　Hegel, Georg. W. F.　1770-1831　ドイツ哲学者。弁証法哲学を提唱し、カントの観念論を体系化させた。　①148-149, 233
ベーコン　Bacon, Francis　1561-1626　英国の政治家・哲学者。　①147
ヘッケル　Haeckel, Ernest　1834-1919　①147-48
ベーベル　Bebel, August　1840-1913　①294
ペリシエ　Pellisie, Georges　1852-1918　フランスの文学研究者。邦訳著書に木村幹訳『最近仏蘭西文学史』（大正十二年四月　聚英閣）。　①91, 93, 97
ベルクソン　Bergson, Henri, L.　1859-1941　フランスの哲学者。生を時間的流動とし、生命とは飛躍する創造的進化であると主張した。　①74, 78, 233
ベルンシュタイン　Bernstein, Eduard　1850-1932　ドイツ社会民主党の理論家。「修正主義」と呼ばれる、議会制民主主義の中での変革を主張した。　②43, ③216
方孝孺　1357-1402　明代の儒者。永楽帝即位の詔書起草を拒否して処刑された。　①50
褒姒　?-?　周の滅亡を招いたとされる幽王の寵姫。　①117
方志敏　1899-1935　江西の人。1924年中国共産党入党、28年、贛東北ソヴィエトを樹立した。34年「中国工農紅軍北上抗日先遣隊」を率い北上したが、国民党軍に敗れ、35年殺害された。　③49
彭述之　1896-1983　湖南の人。仮名にペトロフ。北京大学在学中に五・四運動に参加、1921年中共に加入。同年モスクワ東方大学第一期生として派遣され、モスクワ支部指導者の一人となる。24年帰国後中央執行委員、

ハリファクス　Halifax, Edward Frederick Lindrey Wood　1881-1959　英国の政治家。チェンバレン政権で外務大臣に就任して、"宥和政策"を遂行し、駐米大使にもなった。③344-45

パルヴス　A. H. Parvus　1869-1924　ロシア生まれの革命的社会主義者で、ドイツ社会民主党左派。②392

バルベス　Barbès, Armand　1809-1870　フランスのブランキ派革命家。③286

班固　32-92　後漢の歴史家。『漢書』を編纂。①134

樊克　?-?　②362

范寿康　1895-1983　国民党系の哲学者、教育者。抗日戦後、台湾に行き、台湾大学教授。晩年は北京に住んだ。②115, 123

樊鐘秀　1880-1930　河南の人。陝西の武装集団から政府軍に編入され、国民党系軍として活動。30年の中原大戦で反蒋介石の側に立ち、6月、蒋軍機の爆撃で死亡した。③34

樊樊山（増祥）　1846-1931　清末の官僚で民国期まで活躍した旧詩人。①119

ピウスツキ　Pilsudski, Jozef　1867-1935　ポーランド共和国初代国家元首。1926年、クーデタを成功させ、独裁的な体制を樹立した。③151

ヒトラー　Hitler, Adolf　1889-1945　ドイツの政治家・独裁者。①28, ③148, 151, 181, 187, 215, 303-05, 317-19, 324-25, 327, 339, 342, 344-45, 355-57, 378-81, 383, 385, 388-89, 392-93, 397-98, 403, 405, 446

ヒューム　Hume, David　1711-1776　イギリスの哲学者。③227-28, 251

ピョートル大帝　Pyotr I　1672-1725　1682年即位。①94

平沼騏一郎　1867-1952　日本の政治家。第35代内閣総理大臣。③147, 149, 151

ファーブル　Farbre, Ferdinand　1827-1898　フランスの小説家。①92

馮玉祥　1882-1948　清末民初の軍人、政治家。辛亥革命に軍内部から参加、北洋軍閥の下に入る。直隷派に属したが、1924年直奉戦争で北京政変を起こし、直隷軍の敗北を導く。26年下野して西北に退き、ソ連を視察後国民党に加入、国民革命軍に参加する。②229, 238, 242, 253, 265, 359, 391, ③55, 108-09

馮自由　1882-1958　横浜華僑出身、早くから孫文の革命運動にしたがったが、1920年代には右派として活動した。革命運動の歴史をつづった『革命逸史』がある。②208-09, 229, 269, 315, 329

藤岡文六　1892-1956　日本の労働運動家。③148

藤村操　1886-1903　北海道出身の旧制第一高等学校の学生。「巌頭之感」を書き残し、華厳滝で自殺した。①336, 379

武帝　BC156-87　前漢第7代皇帝。在位前141-前87。①128, ③164

ブハーリン　N. I. Bukharin　1888-1938　ロシアの革命家。1906年ボリシェヴィキに加入、19-29年党機関紙『プラウダ』の編集長を務め、レーニンを継ぐ理論家とみなされていた。ブレスト講和反対、革命戦争遂行を主張したが、ネップ後穏健派となり、左翼反対派に激しく反対する。25年以降、スターリンと提携してトロツキーらを排除。28年スターリンと対立し29年除名される。後誤りを認め復党するが、38年第三次モスクワ裁判で銃殺刑となる。②348-49, 355, 369, 378, 387-88, 398, 400, 404, 419, 433-34, 437, 461, ③59, 61-62, 87, 170

ニーチェ　Nietzsche, Friedrich Wilhelm　1844-1900　ドイツの哲学者。 ①73, 88, 100, 180

任鴻雋（叔永）　1886-1961　中国近代科学の先駆者の一。著名な女性作家、陳衡哲は夫人。 ②115

任弼時　1904-1950　1920年社会主義青年団に加入、モスクワ東方大学第一期生として派遣され、中共に加入。帰国後、共産主義青年団の指導部として活動。27年八・七会議で臨時中央政治局委員となる。 ②358

ネルー　Nehru, Jawaharlal　1889-1964　インド独立運動家。初代インド首相。 ③346-47, 349, 351-52

ノックス　Knox, William Frank　1874-1944　米国の政治家、実業家。ローズベルト大統領のもとで、海軍長官（1940-44年）。 ③342

は行

馬寅初　1882-1982　浙江の人。経済学者。アメリカ留学後、北京大学、中央大学などの教授を歴任、学術団体「中国経済学社」の長でもあった。人民共和国成立後、北京大学学長。人口抑制論を毛沢東に批判され解任。 ③108, 288, 292

ハウプトマン　Hauptmann, Gerhart　1862-1946　①93, 147

巴金　1904-2005　四川の人。新文化運動に触れ、アナキストとなった。1927年フランスに留学、帰国後の29年以降、小説『滅亡』や『家』を発表、活発な著作活動を行った。人民共和国成立後は、全国作家協会副主席などを務めたが、文化大革命で失脚。その後名誉回復し、2003年には「人民作家」の称号を得た。 ③273, 279

莫栄新　1853-1930　陸栄廷の下で広東軍政長官となり、孫文を排除した。1920年に陳炯明に敗れ、広東を追われる。 ②284

白居易　772-846。中唐の詩人、字は楽天。元稹とともに平明な詩風を唱えた。 ①117-18, 121, 143

白堅武　1886-1937　河北の人。1910年天津法政学堂に入学、李大釗は同級生。呉佩孚の政務処処長などを務めたが、24年の第2次奉直戦争で下野。以後日本と結び、1935年親日政権樹立を目指した暴動を起こすも失敗、37年国民党軍に処刑された。 ③304

柏文蔚（烈武）　1876-1947　清末民初の軍人、革命家。1905年同郷の陳独秀らと岳王会を組織。同盟会に参加し、二次革命敗北後日本に亡命。帰国後、国民党で活動、28年改組派に加わり、蔣介石に反対した。 ①18, 362, ②291

白朗　1873-1914　河南の人。1912年に蜂起、武装集団を率い、河南・湖北・安徽・陝西・甘粛一帯で活動した。 ③54

パスツール　Pasteur, Louis　1822-1895　①147

馬素　1883-1930　孫文の秘書を務めたことのある革命家、政治家。1920年代には反共の右派幹部として活動した。 ②208, 269

馬致遠　1250?-1321　元代の戯曲作家。代表作に『漢宮秋』など。 ①144

ハックスレイ　Huxley, Thomas Henry　1825-1895　②125

バブーフ　Babeuf, François Noël　1760-1797　フランスの共産主義革命家。政府転覆を計画、逮捕・処刑さる。 ①86, ③285, 287

浜口雄幸　1870-1931　日本の政治家。第27代総理大臣。

馬融　79-166。後漢の儒者。 ①134

原敬　1856-1921　日本の政治家。第19代内閣総理大臣。 ③142

陶孟和　1889-1960　天津の人。天津南開学校卒業後、イギリスに留学、社会学を学ぶ。帰国後、北京大学教授となる。 ①264, 277, ②194, ③409

杜月笙　1888-1951　江蘇の人。中国の秘密結社青幇のボス。1927年、蔣介石の上海クーデタに協力した。 ③209

ドーデ　Daudet, Alphonse　1840-1897　①91-92

杜甫（杜工部）　712-770。中国詩史を代表する盛唐の詩人。詩聖とよばれる。工部院外郎となり、杜工部ともいう。 ①117-18, 121, 124-25

トルケマダ　Tomás de Torquemada　15世紀スペインのドミニコ会の修道士、初代異端審問所長官。在職18年間に約8000人を焚刑に処したと伝えられる。 ②70

トルストイ、ニコライ　Tolstoi, Nicholai　レフ・トルストイの兄。 ①76, 92-94, 96, 98, 180, 370

トルストイ、レフ　Tolstoi, Lev Nicholaevich　1828-1910　ロシアの文豪。 ①94-96, ③127

ドルフス　Dollfuss, Engerbert　1892-1934　オーストリア・キリスト教社会党の指導者、同国首相（1932-34）。ファシスト国家建設を企図するが、ヒトラーを支持するオーストリア・ナチス党員に殺された。 ③185, 186

トロツキー　Trotsky, Leon　1879-1940　ロシアの革命家。1902年ロシア社会民主労働党に参加するが、03年の分裂でレーニンと対立。05年ペテルブルクソヴィエト議長となる。亡命後17年に帰国し、レーニンと共に十月革命を指導。革命後外務人民委員、軍事委員を歴任。ロシア革命の経験を永続革命論として定式化し、中国革命をめぐってもスターリンの唱える一国社会主義路線を厳しく批判した。27年ロシア共産党を除名され、29年国外追放となる。以後も国外でスターリン路線を批判して活動、38年第四インターナショナルを結成したが、40年メキシコでスターリンの手先に暗殺される。 ①17, 24, 30, 352, 383, ②5, 364, 368-69, 378, 380, 385, 420-21, 424, 427, 431-35, 437-38, 440, 442-43, 468, 472-73, ③17-18, 22, 24, 26, 57-64, 66-67, 69, 71-72, 74, 80, 97-98, 111, 113, 115, 117-22, 144, 152, 174-75, 180-84, 186, 192-93, 197, 201, 260, 269-72, 279, 302, 308-13, 322, 349, 364-65, 367, 369-70, 374-78, 381-83, 390-91, 393-95, 400, 406, 411, 419, 421-30, 432-40, 442, 444-55

な行

永井柳太郎　1881-1944　日本の政治家。 ③148

中野正剛　1886-1943　日本のジャーナリスト、政治家。 ③148

ナポレオン　Bonaparte, Napoleon　1769-1821　フランスの皇帝。 ①91, ②421

ナポレオン３世　Bonaparte, Charles Louis Napoléon　1808-1873　フランス大統領（1848-52）、皇帝（1852-70）。ナポレオンの甥。 ③380, 382

南霽雲　?-757　唐の武将。安禄山の乱平定に活躍。 ①50

ニコライ１世　Nicholai I　1796-1855　ロシア皇帝。 ①96

ニコライ２世　Nikolai II, Aleksandrovich　1868-1918　1894年、即位。三国干渉や東清鉄道獲得、義和団事件後の東三省駐兵により東方進出を推進。1905年、日露戦争に敗れる。英露協商を結び、第一次世界大戦に参戦。1917年、二月革命で退位、十月革命後に処刑される。 ①161

鄭曼陀　1881-1961　中国における広告画の創始者、煙草会社の美人画で一世を風靡した。 ①237

デューイ　Dewey, John　1859-1952　アメリカの哲学者・教育学者。プラグマティズムから道具主義に進んだ。また、子供の生活経験を重視する教育理論も教育界に大きな影響を与えた。著書に『民主主義と教育』、『哲学の改造』など。 ①187-89, 192-93, 198, 204, 226, 232, 241, 268-69, 313, 366, 373

田横　?-BC202　秦末の斉の貴族。劉邦が天下をとったのち、漢への服従を肯んぜず自刎した。 ②122-23, 126

天皇　1901-1989　昭和天皇、在位1926-1989。 ③143, 370

杜畏之　?-?　河南の人。中共党員で1927年頃モスクワに留学しトロツキストになる。29年帰国後中共を除名され、左翼反対派に参加。31年陳独秀の紹介で安徽大学の教員となる。翌年上海で逮捕されるが保釈される。35年北京で大学教員になり反対派小組織を結成。後福建に移る。52年中共政府に逮捕され入獄。 ③173

鄧以蟄　1891(92)-1973　安徽省懐寧県出身で、陳独秀と同郷。兄鄧仲純、陳独秀、章士釗らとともに1907年より日本に留学し、生活を共にする。鄧は早稲田大学で美術史を学び、卒業後はアメリカコロンビア大学で哲学、美学を専攻する。帰国後は北京大学、清華大学教授を歴任する。美術、書道に造詣が深く、朱光潜、宗白華と並んで中国現代美学の基礎を築いた。 ①338

唐鉞　1891-1987　中国における近代心理学の始祖。 ②122, 126

鄧家彦　1883-1966　同盟会時代からの孫文派革命党員。1920年代には反共の右派幹部として活動した。 ②208, 218

湯継武（化龍）　1874-1918　清末から民国にかけての政治家。清末には立憲運動に加わり、辛亥革命後には国会議員に当選、主に進歩党の指導者として活躍した。後に安徽派に近い政客として活動したのち、カナダで暗殺された。 ①204, ②96

唐紹儀　1860-1938　清末民初の政治家。袁世凱の下で内閣総理。孫文の護法政府財政部長。 ②284

鄧如琢　1888-1944　民国期の軍人。孫伝芳の下で江西を管轄。 ②263

湯爾和　1878-1940　民国の政治家。北京政府では内務部総長、財政部総長などを歴任したが、日中戦争期にはいわゆる対日協力者となった。 ②196

唐生智　1889-1970　民国期の軍人、政治家。1926年湖南で政変を起こした後、呉佩孚に敗れ、国民革命軍に参加。後湖南省主席となり、国民党武漢政府を支持する。37年日本軍の南京占領・大虐殺時の南京防衛司令長官。 ②262, 272, 334, 359, ③55

鄧仲純　?-?　陳独秀と同郷で日本留学時代の友人。医師。 ③409, 415, 418

董仲舒　BC176?-04?　前漢の大儒学者。 ①134

董必武　1886-1975　1911年辛亥革命に参加、中国同盟会員となる。のち日本に留学。マルクス主義に転じ、21年中共創立大会に出席。モスクワ留学をへて、中央革命根拠地で中央党校長などを務め、長征に参加。抗日戦争中は中共代表団員として武漢・重慶に駐在。人民共和国成立後、最高人民法院院長、国家副主席などを歴任した。 ③268, 271

湯斌　1627-1687　清代の官僚、礼部尚書。 ③298

いずれにも成功しなかった。③223, 224
陳岱青　?-?　トロツキー派の上海法南区委書記であった。③110, 120-21
陳伯厳（三立）　1853-1937　伯厳は字。清末の官僚で民国期まで活躍した旧詩人。①119
陳博生（溥賢）　1891-1957　博生は字。『晨報』社長を務めた。李大釗と共に日本に留学し、河上肇の影響を受け、共産主義に傾倒する。①262
陳望道　1890-1977　浙江の人。日本留学後新文化運動や『新青年』の編集に参加し、1920年上海共産主義小組結成に参与。中国初の『共産党宣言』全訳を出版。23-27年上海大学中文系主任になる。建国後復旦大学校長などを務める。①266-67, 273
陳廉伯　1884-1945　民国期の実業家。広州総商会会長、広州商団団長などをつとめ、広州実業界を支配した。1926年商団反乱を起こして、敗北。②317, 329
ツルゲーネフ　Turgenev, Ivan　1818-1883　①91-92, 95
程頤　1033-1107　北宋の儒学者。③247
丁維汾　1874-1954　早くからの同盟会系革命家で、民国時期にも国民党の元老格として党内に重きをなした。②231, 291
程嬰　?-?　春秋時代の晋の人、趙朔の友人。②123, 126, 127
鄭学稼　1906-1987　福建の人。歴史学・経済学の研究者、伝記作家。復旦大学教授（1935-43年）などを経て台湾に渡り、台湾大学・政治大学教授。『陳独秀伝』（1989年）がある。③302, 306, 321, 448-49, 454
ディケンズ　Dickens, Charles　1812-1870　①147
程顥　1032-1085　北宋の儒学者。③247
鄭洪年　1875-1958　清末民初の政治家。北洋政府の交通部次長など経て、1927年10月南京国民政府財政部次長。②330
程潜　1882-1968　民国時期の軍人。北伐時期には、国民革命軍第六軍軍長として活躍した。②231
鄭蘇龕（孝胥）　1860-1938　蘇龕は号の一。清末の官僚で民国期まで活躍した旧詩人。①119
鄭超麟（超林、意因）　1901-1998　福建省漳平の人。1919年、勤工倹学で渡仏。22年少年共産党結成に参加、翌年モスクワに留学。24年帰国後、中共中央宣伝部で機関紙『嚮導』編集。27年四・一二クーデタ後は武漢の中央宣伝部、湖北省委で活動し、八・七会議に参加。その後中央宣伝部秘書となり『ボリシェヴィキ』編集。一貫して陳独秀を支持し、29年トロツキストとなる。以後、左翼反対派を代表する指導者の一人。31年国民党に逮捕され37年の出獄後も活動を続ける。49年王文元らと少数派組織「国際主義労働者党」を結成する。52年中共政府に逮捕されたが、トロツキストの立場を堅持、79年の釈放後上海市政協委員を務める。『鄭超麟回憶録』『史事与回憶—鄭超麟晩年文選』等。①28, 30, 355-56, 378, 380, 383, ②441-42, 464, 478-80, ③186, 308-10, 312, 322, 361, 363-65, 373-74, 376, 395, 413-14, 428-29, 435, 438, 447-48, 453
丁文江　1887-1936　民国の地質学者、改良主義的社会運動家。北京大学教授。張君勱との間で「科学と人生観論争」を展開した。著書に『梁任公〔啓超〕年譜長編』など。②115, 117-18, 122, 125-26, 326

権を握り、日本政府の援助を受け、激しい反共弾圧を行う。28年奉天に向かう途中列車が日本軍により爆破され死亡。 ①205, ②73, 181-82, 188, 225, 238, 242, 246, 263, 288, 315, 319, 326-27, 330, 398

張之洞　1837-1909　河北南皮の人、両広総督、湖広総督を歴任、洋務派官僚として富国強兵に尽力し、著書『勧学篇』で「中体西用」をとなえた。 ①214, ③289, 335, 337

張申府　1893-1986　名は崧年、直隷（現河北）の人。五四運動時に『新青年』の編集に参加し、1920年李大釗らと北京共産主義小組を結成した。 ①262

張静江　1877-1950　清末民初の政治家、実業家。同盟会の時期から、財政面で孫文を支え、国民党中央政治会議主席、浙江省主席など歴任。 ②291

張太雷　1898-1927　天津で五四運動に参加し、1920年北京の共産党発起グループに参加した初期中共党員。コミンテルン代表の通訳をしながら、社会主義青年団、党中央で活動。終始コミンテルンの代弁者の役割を果たした。27年国民党との戦闘で死亡。 ②168, 170, 176

張霆　?-?　中国共産党左派反対派のメンバー。 ③75, 77-78

張東蓀　1886-1973　浙江の人。日本に留学。『庸言』『甲寅』『時事新報』などの編集に従事。ギルド社会主義を主張し、後に張君勱らと国家社会党を組織。 ①202, 205, 283

張道陵　?-?　別名、張陵、張天師。後漢末の五斗米道の創始者。 ②349

張徳恵　?-?　京漢鉄道総工会の幹部。京漢鉄道ストが弾圧されたさい、被害者への弔慰金を持ち逃げしたとして指弾された。 ②226

張良　?-BC186　漢の高祖の功臣。 ①50

褚慧僧（輔成）　1873-1948　清末から民国にかけての政治家。 ②97

陳漢章　1864-1938　清末民初の歴史家・経学者。北京大学教授など歴任。 ③295

陳其昌（昌）　1900-1942　別名陳仲山。北京大学在学中に中共に加入、29年トロツキストとなり無産者社で活動。35年臨時中央委書記。36年魯迅宛に書いた手紙に対して、病床の魯迅に代わり馮雪峰が魯迅名義で発表した「トロツキー派に答える手紙」は中国トロツキー派に打撃を与えるものとなった。42年日本の憲兵隊に逮捕殺害された。 ②441, ③310, 312, 360-64, 374, 404, 407, 416, 435-37, 442, 444-45, 448, 453-54

陳炯明　1878-1933　国民党の政治家、軍人。1909年、中国同盟会に加入し、辛亥革命に参加。13年広東都督に就き、広東独立を宣言し失敗。17年"援閩"粤軍総司令に就任し、福建西南部を占領。20年広州を奪回、広東省長兼粤軍総司令となるが、22年反乱を起こし広東政権の崩壊を招いた。 ②68, 74, 98, 181, 228, 263, 284, 354, ③228, 252

陳公博　1892-1946　広東の人。1920年北京大学を卒業後、譚平山らと広州共産主義小組を結成し、翌年中共創立大会に参加。22年離党し、アメリカ留学後の25年国民党に加入。27年国民党中央常務委員となる。蔣介石に反対し汪精衛を支持、40年以降は日本の傀儡政権の立法院院長、44年政府代理主席、行政院院長を務め、46年漢奸として処刑される。 ①269, ②357

陳済棠　1890-1954　広東の人。広東軍閥の指導者。1930年の中原大戦後、二度にわたって蔣介石に挑戦したが、

48年国民党革命委員会に参加、建国後は中共政権を支持する。 ①22, ②253, 307-09, 313, 338, 405, 446

チェンバレン　Chamberlain, Arthur Neville　1869-1940　英国の政治家。首相（1937-40）。対ナチス宥和政策を推進、ミュンヘン会談でヒトラーに譲歩。ナチスのノルウェー侵攻で辞任。 ②430, ③342, 344

張慰慈（祖訓）　1890-1976　胡適と上海澄衷学堂でともに学び、米国に留学し、帰国後は北京大学教授となる。政治学を専門とし、政治制度に関する評論を『新青年』、『毎週評論』、『努力週報』などに寄稿し、中国における政治学の先駆的存在となった ①267, 271-72, 276, 282, 299

張学良　1901-2001　民国期の軍人、政治家。張作霖の長子。張作霖が日本軍に爆殺された後、東北支配を継承。1928年東北易幟を行い、翌年中東鉄道の全面接収を図ってソ連と武力衝突したが、敗北する。36年西安事件を起こし、蔣介石に第二次国共合作を認めさせるが、以後蔣介石が死去するまで軟禁された。 ②288, 346, 471, ③127

趙欣伯　1887-1951　民国時期の政治家。張作霖の下で、外交部条約改訂委員。 ②303

張勲　1854-1923　清末・民国の軍人。清朝復辟のクーデタを起こして失敗し、政界より引退。辛亥革命後も清朝に忠誠を尽くし、終生弁髪を切らなかった。 ①348, ②54, ③167

張君勱　1887-1969　第三勢力の指導者、新儒家哲学者。梁啓超の側近、北京大学教授。丁文江との間で「科学と人生観論争」を展開した。 ②114-15, 117-18, 120-22, 125-26

張継　1882-1947　字は溥泉、清末民初の革命家、政治家。日本に留学し、留学生青年会を組織。のち黄興らと華興会を創立し、同盟会に加わる。国民党右派で活動し、西山会議に参加。 ②316, 329, 331

張弧　1875-1937　清末民国初期の政治家。塩務、財政に明るかったため、民国の北京政府期には何度か財務総長〔財務大臣〕をつとめた。 ②109

趙恒惕　1880-1971　中華民国の軍人、湖南人による湖南統治を唱えて自治を宣言し、湖南省憲法を制定（1921年）、1922年には民選省長として湖南を統治したが、のちに国民党と結んだ唐生智に敗れて勢力を失った。 ②181, 203

張国燾（特立）　1897-1979　江西の人。北京大学在学中に五・四運動に参加、1920年北京共産主義小組に加入した中共創立メンバーの一人。一貫して中央指導部に属し、労働運動を指導。27年、臨時中央の一員となるが、翌年の六大で瞿秋白と共に批判され、30年までモスクワに在留。長征時には、紅軍第四方面軍を率いて参加するが一時別行動をとり、独自の中央を樹立しようと図った。38年党を離脱し除名される。 ②351, 446, ③68, 305

趙済（霽）　1902-1994　大学時代、中共加入。北伐戦争で唐生智軍政治部秘書。27年大革命失敗後モスクワ東方大学留学、トロツキストとなる。左翼反対派に参加し、陳独秀逮捕後、臨時指導部に入る。37-46年雲南に帰郷した後、上海で活動。52年中共政府に逮捕され79年釈放。 ③363-64, 390, 407, 425

張作霖　1875-1928　奉天（現遼寧）の人。奉天派軍閥の首領。1920年以後直隷派と共に北京政府を支配するが、22年直奉戦争に敗れて退く。24年第二次直奉戦争の後北京中央政府の実

30, 233, 235, 240, 248, 253-55, 259, 262, 273, 279, 284, 320-21, 327-28, 351-53, 390, 442, 452, 454, ③32, 54, 98, 101-04, 106, 162, 166, 191, 241, 255, 288, 292

た行

戴季陶　1891-1949　筆名に天仇など。国民党右派の政治家。孫文の側近の一人。20年陳独秀らの共産党発起グループにも参加した。25年孫文死後に『孫文主義の哲学的基礎』を出版し、国民党右派の論客となる。49年中共の内戦勝利を前に自殺。　②72, 169, 208-10, 221, 227-28, 231, 255-56, 269-70, 272, 275, 325, 328, 353, 455, ③101, 118

太甲　?-?　殷の第4代君主。　③163

台静農　1902-1990　安徽省霍邱県の人。北京大学で聴講しつつ、魯迅の指導の下、短篇小説集『地の子』を出版。そのかたわら輔仁大学等で講師をつとめる。日中戦争期、国立編訳館・女子師範学院教授として四川白沙に赴き、陳独秀の知遇を得た。戦後は台湾に渡り、台湾大学中文系教授となる。　①332-33, 349, 357-58, 379-80, ③251

太朴（鄭賢宗）　?-?　五・四時期に活躍した無政府主義者。　②54-55

ダーウィン　Darwin, Charles. R. 1809-1882　英国の生物学者。進化論を主張。　①85, 86, 147

高橋亀吉　1891-1977　日本の経済評論家。　③145, 152

高畠素之　1886-1928　日本の社会思想家。「資本論」の完訳と国家社会主義の提唱とで知られる。　③280

タゴール　Rabindranath Tagore 1861-1941　①76, ②11, 160-61, 163-67, 450, ③337

妲己　殷の紂王の寵姫。享楽、残忍を極め、紂王とともに周の武王に殺された。　①117

田中義一　1864-1929　日本の軍人・政治家。第26代内閣総理大臣。

田中都吉　1877-1961　日本の外交官。外務次官、初代ソ連大使を務めた。③150

ダーリン　Darlin, Sergei　?-?　1922年共産主義青年インターナショナル（KIM）の派遣で来華。国共合作のため孫文とも会談。2種の中国滞在記を残すが、スターリン粛清で消息不明。　②351

ダルテ　Darthé, Augustin Alexandre 1769-1797　フランスの革命家。バブーフの盟友。逮捕・処刑された。③285

譚延闓　1880-1930　国民党の元老格党員。科挙試験の最終合格者である進士出身の革命家として、大きな声望をもった。国民政府時期には、政府主席、行政院長などを歴任、書家としても著名である。　②231, 272, 328, 330, 357

段祺瑞　1865-1936　安徽の人。袁世凱政権の下で陸軍総長を務める。1916年の袁世凱の死後、安徽派の首領として北京政府の実権を握る。1920年、直隷派との戦争に敗れ下野。24年に臨時執政に就任するも、政争に敗れ、26年に引退。　①155-56, 175, 205, 243, 364, ②73, 131, 181-82, 194, 196, 200, 251, 319, 326, ③166

譚平山　1886-1956　同盟会に加入し辛亥革命に参加。五四運動に参加し、1921年陳広博らと広州共産主義小組を結成した古参中共党員。国共合作を推進し、25年の省港スト後は陳独秀らと並び称される指導的地位にいたが、27年南昌蜂起失敗のスケープゴートとして除名される。28年中華革命党を結成、後に第三党で活動し、

『紅楼夢』の作者。 ①144, 327

曾宗鑑　1882-1958　民国北京政府時期の外交官。外交部次長の任にあった1925年、五・三〇事件にさいして、上海に派遣され、調査と交渉を行った。 ②205

宋哲元　1885-1940　山東の人。馮玉祥の部下として中原大戦に参加。1931年国民革命軍第29軍軍長、1935年冀察政務委員会委員長。 ③207, 225

宗白華　1897-1976　江蘇省常熟の人、美学者。少年中国学会の創立メンバーの一人。ドイツ留学を経て、中央大学教授、北京大学教授を歴任。 ①219-21

ソコルスキー　Sokolsky, George　上海の英語日刊紙 *North China Daily News* の記者。 ②325, 326, 329

蘇新甫　1889-1936　陳独秀と同郷で、『安徽俗話報』発行以来、『新青年』、『毎週評論』、『嚮導』までの経理事務を担当した。 ①267

蘇曼殊　1884-1918　清末の詩人、作家。中国人を父に日本人を母に横浜で生まれる。少年期に故郷広東で過ごすが、長じて再び横浜に帰り、早稲田大学予科に入学、陳独秀と知り合う。章太炎の影響で国粋革命論に心酔する。作品に『バイロン詩選』、自伝的小説『断鴻零雁記』など。 ①333, 379

ゾラ　Zora, Emile　1840-1902　フランスの小説家。 ①90-93, 97, 147, 370

孫毓筠　1869-1924　清末民初の政治家・革命家。中国同盟会以来の革命派人士だが、後に袁世凱の帝制運動の音頭取りとなる籌安会に名を連ねた。 ①18, ②193-94, 199

孫科　1891-1973　孫文の子。広州市長などを務め、27年国民政府常任委員、蔣介石に反対し汪精衛を支持。31年南京国民政府行政院院長、33-49年立法院院長を務め、49年ヨーロッパに逃れる。 ②189

孫幾伊（S）　?-?　民国初期の有名記者。1919年、北京『国民公報』主筆として、胡適の北洋軍閥政府風刺の詩を掲載したことで逮捕された経験を持つ。当該書簡当時、国防最高委員会の秘書職だったという。 ③310, 409-11, 413, 443-44, 450, 455

孫煦（お猿）　?-1979?　別名、孫雪廬。トロツキストの左翼作家。日中戦開始後、趙済と雲南へ行く。新中国成立後、中共の「改造」を拒否して逮捕、79年まで投獄。釈放直後に死去。 ③360, 363

孫殿英　1889-1947　河南の人。秘密結社・犯罪集団の長から政府軍に編入され、1928年、国民革命軍第12軍軍長。清朝の東陵を盗掘したことで知られる。 ③34

孫伝芳　1885-1935　清末民初の軍人。直隷派に属し、1924年江浙戦争で浙江を占領。25年南京で浙江、福建、江蘇、安徽、江西の五省連合軍総司令を自任、事実上の統治者となるが、27-28年北伐軍に敗れる。 ②287-88, 305

孫文（中山）　1866-1925　広東の人。1905年東京で宋教仁らと中国同盟会を結成し総理となる。民族・民権・民生の三民主義を唱え、辛亥革命の結果、中華民国臨時大総統。袁世凱に対する第二革命の失敗後日本に亡命、14年中華革命党を結成。これを19年に中国国民党へと改組し、24年には同党第１回全国代表大会を開催、中共党員の国民党加入を正式に認め、第１次国共合作を実現した。25年北京で死去。 ①23, 168, 175, 243, ②74, 93, 97-98, 100-01, 168-69, 177-79, 182, 188-90, 198-201, 211, 214, 229-

ら、急速な工業化と農業の全面的集団化を強行した。36-38年にはモスクワ裁判をでっちあげ、古参ボリシェヴィキを大量粛清した。①17, 24-25, 27-28, 352, 381, ②309, 313, 348-50, 359-60, 362-63, 369, 378-81, 387-88, 398, 400, 404, 419-40, 463-68, 472-73, 476, ③34, 39, 40, 51, 59-62, 67-68, 73, 77, 82-87, 90, 92-95, 98, 105, 112, 133, 139-40, 171, 173, 175, 178-82, 184-86, 192, 196-97, 201, 204-05, 208, 211-16, 218-22, 275, 311, 316-17, 319, 361-62, 370-71, 374, 376, 379, 381, 383, 388, 392-95, 397, 399-402, 405, 438, 446-47

スティムソン　Stimson, Henry Lewis　1867-1950　アメリカ合衆国の政治家。陸軍長官や国務長官などを務めた。③141

ストルイピン　Stolypin, Pyotr A.　1862-1911　ロシア帝国の首相(1906-1911)。③177

スピノザ　Spinoza, Benedictus De　1632-1677　②63

スペンサー　Spencer, Herbert　1820-1903　②125

盛宣懐　1844-1916　清末の官僚政治家、実業家。洋務運動を担い、のちその実業の手腕を買われて、民国でも政界・財界で活躍した。②109

西太后　1835-1908　別称、慈禧太皇。清朝咸豊帝の妃。光緒帝のとき、政治の実権を握り、改良派を弾圧、義和団の乱では対外宣戦したが、逆に八ヶ国連合軍の北京侵攻を招いた。①109, ②50, 104, ③167

石敬瑭　892-942　五代後晋の高祖　①349

石青陽　1879-1935　清末民初の革命家、政治家。日本に留学し、同盟会に参加。国民党右派で活動し西山会議に参加。1927年重慶3・31虐殺事件を起こす。②331

薛農山　?-?　江蘇の人。1929年当時中共党員で時事新報社の編集長だったが、トロツキストとなり左翼反対派に参加。陳独秀逮捕後国民党に投降し、『時事新報』主筆、国民党海外部長などになる。②441, ③305

銭玄同　1887-1939　浙江の人。日本に留学し1907年同盟会に加入。帰国後北京大学教授などを務める。18年『新青年』の編集に参加。新文化運動に加わり、文字改革を提唱、簡体字表を起草する。①166, 271, 375, ③295

荘王　?-BC591　春秋時代の楚の王。①49

曾国藩　1811-1872　湖南の人。湘軍を組織して太平天国と戦った。①109, 143

曹錕　1862-1938　清末民初の軍人、政治家。北洋軍閥直隷系の指導者の一人。1923年に多額の議員買収により大総統に就任した。②152, 319, ③198

宋子文　1894-1971　広東の人。宋慶齢(孫文夫人)、宋美齢(蔣介石夫人)の弟。ハーバード大学で経済を学び、帰国後は孫文の下で中央銀行行長を務め、南京政府では、財政部長、外交部長、行政院院長などを歴任した。36年の西安事件の際には、蔣介石の交渉役として周恩来と折衝した。③99

荘周　?-?　戦国時代の思想家。『荘子』33編が伝えられる。③65

曹汝霖　1877-1966　上海の人。日本に留学。外交次長、交通総長、交通銀行総理、幣制局長などを歴任。21ヶ条要求や西原借款の交渉に従事したため、五・四運動で批判の対象となり、辞任した。①181, 205

曹雪芹　1715?-1764?　清代の小説家。

席となった。③49

章士釗（行厳） 1881-1973 反清革命家、ジャーナリスト、学者。字行厳。蔡元培、陳独秀らと秘密組織でテロ活動計画。『蘇報』主編。東京で陳独秀、李大釗らと『甲寅』発行。段祺瑞政府で司法総長兼教育総長、北京女師大紛争では学生を弾圧して魯迅と対立。1932年の陳独秀の裁判では弁護を担当。抗日戦期には国民党参政会参政委員。新中国では全人代、政協全国委の常務委員など歴任。①19, 26, 341, 361-62, ②151, 193-94, 196, ③166, 294, 434

相如 BC179-117 司馬相如のこと、前漢の文人。①116-17

聶政 ?-? 戦国時代の刺客。①50

章炳麟 1869-1936 浙江の人。号は太炎。清末・民国の学者、思想家、政治家。光復会を発起、一時同盟会にも参加した当時の代表的革命家の一人。魯迅は日本留学中、章の国学講習班で学んだ。辛亥革命後、総統府枢密顧問。新文化運動や連ソ容共政策には反対したが、抗日運動は支援した。②199

昭明太子 501-531 梁の皇太子蕭統の諡。『文選』を編纂した。③240, 254

蕭耀南 1877-1926 清末民初の軍人。北京政府時期には直隷派の一員として活動した。②203

章洛声 ?-1923 『努力週報』支配人を務める。①262

諸葛亮 181-234 三国時代蜀の宰相。③108, 161, 163

徐謙 1871-1940 国民党左派の指導者。1933年、福建人民政府に参加するが、失敗後、香港に逃れた。②231, 357

徐光啓 1562-1633 明末の政治家、学者。①108

徐世昌 1855-1939 天津の人。袁世凱の死後、中華民国大総統を務めた。①205, 243

ショーメット Chaumette, Pierre Gaspard 1763-1794 フランス革命期のパリ・コミューン総代。③285

沈尹黙 1883-1971 陝西の人。日本に留学後、1914年帰国し北京大学教員となる。『新青年』の編集に参加し、白話詩を提唱、発表する。後国民党政府の下で監察委員、建国後中央文史館副館長など。①341, 380

諶小岑 1897-1992 国民党系の労働運動家、労働管理官僚として、大小様々な職務を担当した。②226

沈性仁 1895-1943 陶孟和夫人。①264

秦邦憲（博古） 1907-1946 江蘇の人。1925年中国共産党に入党、その後モスクワに留学。帰国後、コミンテルンの後押しを得て、1931年の中共6期4中全会から1935年の遵義会議まで、陳紹禹（王明）らと中共の指導権を掌握した。③268, 271

随園 1716-1797 袁枚のこと。清代の詩人。情を重視する性霊説を主張した。古文、駢儷文の名手でもあった。随園はその屋敷名。①145

鈴木茂三郎 1893-1970 新聞記者などをへて、1922年の極東民族大会に参加、同年結成の日本共産党に入党したが、福本イズムと対立して労農派を形成、共同戦線党結成を目ざした。37年人民戦線事件で検挙。戦後、日本社会党結成に参加、書記長、委員長などを務めた。③274, 279

スターリン Stalin, J. V. 1879-1953 グルジア出身の古参ボリシェヴィキ。1922年書記長となり、カーメネフ、ジノヴィエフと組んでトロツキーの追い落としを図り、25年一国社会主義論を提唱。28年には第一次五ヶ年計画を開始、国民に犠牲を強いなが

家に転じ、外交部門で要職についた。1925年の五・三〇事件の調査、交渉のために上海に派遣された。 ②205

蔡和森　1895-1931　中国共産党の初期の幹部、毛沢東の友人　②10, 66, 68, 351, 384, 448

佐野学　1892-1953　大分県出身。1922年日本共産党に入党、中央委員。1927年コミンテルン第6回世界大会に出席、コミンテルン本部で活動。29年6月上海で検挙され日本に送還される。公判闘争をへて、33年6月鍋山貞親と連名で転向を声明、社会主義者に大きな衝撃をもたらした。③274

佐分利貞男　1879-1929　日本の大正・昭和初期の外交官。 ②303

サン・シモン　Saint-Simon　1760-1825　フランスの社会主義者。 ③287

子雲　BC53-AD18　揚雄のこと、前漢の文人、学者。 ①116

シェークスピア　Shakespeare, William　1564-1616　①93

ジェームズ　James, William　1842-1910　アメリカの哲学者、心理学者。プラグマティズムを提唱した。 ①233-34, 241

史可法　1602-1645　明代の政治家。清軍と戦い、捕虜となって死んだ。①50

思綺堂　?-?　章藻功のこと。清代前期の文人、駢文の名手として有名だった。思綺堂はその書斎名。 ①145

始皇帝　BC259-210　秦の皇帝。在位前221-前210。 ③164

施存統　1899-1970　浙江の人。別名施復亮。1920年上海共産主義小組に参加した古参中共党員。22年社会主義青年団中央書記、後上海大学、中山大学、黄埔軍校などで教鞭をとる。27年革命失敗後離党したが、以後も蔣介石に反対し中共のシンパとして活動。建国後全国政協常委、人大常委などを務める。 ①144, ②54-55, ③175

施耐庵　?-?　元末・明初の小説家。羅貫中とともに『水滸伝』の作者とされる。 ①144

幣原喜重郎　1872-1951　日本の外交官・政治家。第44代内閣総理大臣。

ジノヴィエフ　G. E. Zinovief　1883-1936　ロシアの革命家。1905-17年にレーニンの片腕として活躍した古参ボリシェヴィキ。コミンテルン初代議長となる。レーニン死後、当初カーメネフ、スターリンと反トロツキー連合を組む。25年以後はスターリンを批判、後トロツキーと合同反対派を形成したが、28年に屈服。34年のキーロフ暗殺事件で逮捕され、36年のモスクワ裁判で銃殺刑となる。②348, 380, 387, ③58-59, 62

司馬遷　BC145頃-86頃　前漢の歴史家。『史記』の作者。 ①132

謝英伯　1882-1939　『中国日報』(1899年孫文が香港で創刊) の陳少白、馮自由を継ぐ第三代社長。 ②253

釈迦　?-?　紀元前5世紀ごろの人。仏教の開祖。 ①304-05

謝恵生（持）　1876-1939　国民党の右派幹部として知られ、1924年には西山会議派の主要メンバーとなった。②208

シャボ　Chabot, François　1756-1794　フランス革命期の国民公会議員。極左派。 ③285

謝無量　1884-1964　新文化運動派の詩人、学者　①116-17, 124

周蔭人　1885-1956　民国期の軍人。孫伝芳の下で福建を支配した軍閥。②263

周恩来　1898-1976　日本留学から帰国後五四運動に参加。1920年渡欧し、

413

伍廷芳　1842-1922　清末民初の政治家、外交官。孫文の護法政府外交部長。②284

胡適(胡適之)　1891-1962　文学者、哲学者。字は適之。米国留学中、「文学改良芻議」を『新青年』に発表、白話運動を提唱し陳独秀と文学革命を推進した。二人の思想的決裂後も、陳独秀の逮捕時には救援に尽力するなど、個人的友誼は続いた。またリベラリズムの観点から晩年の陳独秀を評価した。国民党政権のもとで駐米大使、北京大学学長など。晩年は台湾で中央研究院院長など。①19, 22, 26, 28-29, 45, 91, 116, 121, 124, 125, 141, 204, 219, 233, 241, 261, 263, 265-69, 271-73, 276, 278-79, 281, 283-84, 299, 352, 366, 368, 371-76, 381, 383, ②83, 96, 98-100, 115, 126, 192-96, 234-35, 456-58, 477, ③276, 280, 295, 298-99, 309-11, 313, 321, 336, 348, 359-60, 364, 367, 387, 409, 412-14, 443, 450, 453-54

呉鉄城　1888-1953　清末民初の政治家、革命家。同盟会に参加し、孫文の身辺で活動。中山艦事件で広州市公安局長・国民革命軍師団長職を解任される。のち上海市長、広東省主席など歴任。②189, 249

近衛文麿　1891-1945　日本の政治家。第34・38・39代内閣総理大臣。③148

呉佩孚　1874-1939　山東の人。北洋軍閥の中で頭角を現し、直隷派の実質上のリーダーとなる。1920年安徽派段祺瑞を破り中央政府を掌握。22年に奉天派張作霖を破り常勝将軍といわれたが、24年第二次直奉戦争で馮玉祥の寝返りにより敗北、勢力を失くした。①205, 294, 347, ②131, 152, 238, 242, 246, 252, 261, 263, 288, 319, 330, ③304, 333

コペルニクス　Kopernikus　②70, 116

顧孟餘　1888-1972　民国期の政治家・教育者。蔡元培と共にドイツ留学、帰国後、北京大学教授。後に広東大学校長、中央大学校長を歴任。中国国民党左派の要人で、南京国民政府期には陳公博率いる「改組派」の中心人物の1人だった。戦後はアメリカに移る。①268

ゴールズワージー　Galsworthy, John　1867-1933　①93

ゴンクール　Goncourt, Edmond de（兄）　1822-1896　①91-92

ゴンクール　Goncourt, Jules de（弟）　1830-1870

コント　Auguste Comte　1798-1857　フランスの社会学者、哲学者。①78, ②117

渾沌　『民国日報』覚悟欄（1923年9月18日）に「東西文化到底能够融合嗎？」を発表した人物の筆名。②152, 153

さ行

西園寺公望　1849-1940　日本の政治家。第12・14代内閣総理大臣。

蔡元培（孑民）　1868-1940　浙江省紹興の人。1905年同盟会に加入、辛亥革命に参加する。革命後は中華民国臨時政府教育総長となる。1913年よりドイツ、フランスで哲学と美学を学び、帰国後は北京大学校長となり、陳独秀や胡適、魯迅などを招き、新文化運動を進めた。①19, 26, 237, 241, 242, 341, ②192, ③294, 453

西郷隆盛　1828-1877　薩摩藩（九州鹿児島県）出身の軍人、政治家。①330, 379

蔡廷幹　1861-1935　清末民初の海軍軍人・政治家。清末は海軍軍人として活動したが、民国成立後は、政治

①145, 148

孔子　BC551-479　春秋時代の思想家。儒教の始祖。①48, 76, 79, 125, 128-31, 133, 135-39, 143, 191, 227, 236, 304-05, 313, 363, ②152, 166, ③247, 298

公孫杵臼　?-?　春秋時代の晋の趙朔の食客。②123, 126-27

向忠発　1880-1931　湖北の人。漢陽兵工廠の労働者出身。1922年に中国共産党に加入、同党の指導する労働運動に参加した。1928年、第6回党大会ののち中共中央総書記に選出されたが、実権は李立三や周恩来、王明らに握られていた。31年上海で逮捕され、処刑された。③18, 26, 29

洪兆麟　1876-1925　清末民初の軍人。陳炯明の下で広西軍閥との戦争に参加。②284, ③251

黄道周　1585-1646　明末の儒者、政治家。清に挙兵して捕らえられ処刑された。①50

康有為　1858-1927　広東の人。独自の儒教解釈に基づき1898年の戊戌変法を主導したが失敗。辛亥革命後は孔教運動に注力し、1917年には宣統帝の復辟事件に関わった。①109-10, 155, 363, ②226-28, ③241, 251

胡瑛　1884-1933　清末民初の政治家、軍人、革命家。中国同盟会の有力幹部だったが、のちに袁世凱の皇帝即位運動の音頭取りとなる籌安会に名を連ねた。②199

胡漢民　1880-1936　広東省出身の革命家、政治家。清末より孫文にしたがって革命活動に参加、民国成立後も孫文の側近として活躍、南京国民政府期には立法院院長などを歴任する一方、国民党の長老格として蔣介石と権力闘争を繰り広げた。②189, 231, ③105, 108

呉季厳　1898-1952　陳独秀の甥。1926年ソ連に留学し、モスクワ東方大学在学中にトロツキストとなる。29年帰国後中共中央宣伝部秘書に就くが除名され、「無産者社」の秘書長になる。左翼反対派組織の指導部に入るが、32年逮捕され、出獄後組織を離脱。のち蔣経国の下で活動し、49年以後は翻訳に従事。②441, ③305, 397

呉景濂　1873-1944　清末民初の政治家。民国政界では国民党の一員として、護法運動でも孫文を支持したが、のちに直隷派に接近、衆議院議長などをつとめた。②199

辜鴻銘　1857-1928　マレーシア華僑出身の中国哲学者であり、英語をはじめとする欧州諸語に精通し、儒教の基本的経典である「論語」「中庸」を、その固有の字義をふくめて英訳してひろく世界に紹介したことで知られる。1910-20年代には中国文化による西洋文明の救済を唱えた。②150, ③295, 299

顧実　1876-?　江蘇の人。日本留学後、南京高等師範、東南大学などで教鞭を執る。文学・史学を研究。①132, 138

胡秋原（H）　1910-2004　非共産党系文芸批評家。1937年、漢口に滞在した陳独秀と知り合う　③310, 312, 409-11, 413, 443-44, 450, 453

呉稚暉　1865-1953　江蘇の人。日本留学後、上海で蔡元培らと愛国学社を組織。『蘇報』事件により渡英し、中国同盟会に加入。またパリで李石曾らと雑誌『新世紀』を創刊して無政府主義を唱えた。辛亥革命後は勤工倹学運動を推進、リヨンに中法大学を創設した。帰国後、国民党中央監察委員を長く務め、蔣介石を支持した。①132-34, 236, ②151, 231, 256, 283, 316, 327, ③102, 108, 141, 304,

失敗。 ①50
ゲーテ　Goethe, Johann Wolfgang von　1749-1832　①94, 147
ケマル＝アタチュルク　1881-1931　Kemal Atatürk　トルコの軍人、政治家。青年トルコ党を率いてオスマン帝国に反乱を起こし、1920年トルコ共和国を樹立。初代大統領となり、近代化を推進した。 ③22
元稹　779-831。中唐の詩人、政治家。白居易とともに平明な詩風を唱えた。 ①117, 121, 143
厳霊峰　1904-1999　福建の人。1924年福建大学に入学。モスクワ東方大学に留学し、トロツキストとなる。29年帰国。中共などとの「社会史論戦」では、トロツキストとしての主張を雑誌『動力』に発表、またトロツキー派の中央宣伝部幹事であった。33年、福建人民政府に参加したが、失敗後逮捕され、国民党に投降。特務機関でトロツキスト弾圧に協力、49年に台湾に逃れ、台湾大学教授となった。 ③110, 121, 430
高一涵　1884-1968　安徽の人。政治学者。日本に留学し、帰国後『毎周評論』等新聞の編集に携わる。1922年、胡適が主宰する『努力週報』に参加。25年には雑誌『現代評論』のメンバーとなり、魯迅らを中心とする『語絲』と鋭く対立した。後、国民政府監察院委員。人民共和国成立後は中国民主同盟に加入。 ①264-69, 271-73, 282, 299, ②158　③272
項英　1898-1941　武漢の労働者出身で1922年に中共に加入。湖北や上海で労働運動を指導し、中華全国総工会委員長になる。武漢の労働者糾察隊総隊長などを経て、江蘇省委書記、28年六大で中央政治局常務委員となるが、李立三に反対し、調停派として排斥される。41年皖南事変の際に殺害された。 ②383, 415, ③18, 26
黄侃　1886-1935　清末民初の革命家、国学者。北京大学教授。劉師培と『国故』を創刊。 ③295
剛毅　1837-1900　清代の満洲貴族。義和団運動のさい、その利用・支援を訴えたが、西太后に随行して北京を逃れたさいに病死した。死後に義和団事件の戦犯とされ、すべての官爵を剝奪された。 ②104
高暁嵐　1876-1930　陳独秀の最初の夫人。 ①28, 338, 379
黄金栄　1868-1953　浙江の人。中国の秘密結社青幇のボス。1927年、蔣介石の上海クーデタに協力した。 ③209
高君宇　1896-1925　原名は尚徳。北京大学で新文化運動に参加、五四運動を指導。1920年北京共産主義小組に参加し、以後社会主義青年団書記、中共機関紙『嚮導』の編集などを担当。国民党との合作を推進、孫文の秘書となるが、病死。 ②351
高君曼　1885?-1931　陳独秀の二人目の夫人。 ①338, 379
曠継勲　1897-1933　貴州の人。1929年、四川軍旅長代理の時、蓬渓県で「四川工農紅軍第一路」を称して蜂起、四川最初のソヴィエト政権を樹立したが、張国燾に粛清された。
高語罕　1888-1948　日本留学の後、辛亥革命時に陳独秀と共に安徽で活動。新文化運動、五四運動に参加。1920年社会主義青年団に加入。中共加入後、黄埔軍校の教官となるが、蔣介石を公然と批判して軍校を追われる。29年陳独秀派からトロツキストとなり、32年陳の逮捕後に組織を離れ、陳の出獄後は四川で陳と親交を結ぶが、後に絶交。 ②251-52, 441, ③166
黄山谷　1045-1105　名は庭堅、山谷は号。北宋の詩人。江西詩派の祖。

市場か脅威か』（1932年）に記した。

帰有光　1506-1571　明代の文学者。清の桐城派の文体に大きな影響を与えた。 ①144

清浦奎吾　1850-1942　日本の政治家。1924年に首相。 ②267

許沅　1873-？　民国期にさまざまな地方政府で対外交渉にあたる「交渉員」をつとめた。1925年の五・三〇事件の際には、江蘇交渉使として事件の調査、交渉にあたった。 ②205

許克祥　1890-1967　民国期の軍人。同盟会に参加。湖南軍閥の下にいたが、1926年国民党軍に投じる。湖南省長沙の駐屯軍司令官であった27年5月に馬日事変を起こし、中共党員ら活動家を多数殺害した。 ②309, 315

許崇智（許汝為）　1887-1965　清末民初の軍人、政治家。国民党初期には広東の実力者として活躍した。広州に国民政府が成立すると、その軍事部長に任ぜられたが、その後蔣介石らに軍権を剝奪され、失脚した。 ②224-25

靳雲鶚　1879-1935　清末民初の軍人。呉佩孚の直隷派に属したが、1926年に分裂、国民政府軍に加わる。 ②288, ③7

金漢鼎　1891-1967　雲南の人。国民党系雲南軍の軍人。国民革命軍第31軍軍長などを歴任。 ③47

金榜（金黄）　1735-1801　安徽の人。清朝中期の政治家・学者。 ③239, 254

クーゲルマン　Ludwig Kugelmann　1828-1902　ドイツ人の医師、マルクス・エンゲルスの友人。国際労働者協会ハノーヴァー支部の会員であった。 ③119

瞿式耜　1590-1650　明末の政治家、文学者。南明で高官となるが、清に攻められ殺された。 ①50

瞿秋白　1899-1935　中共指導者。詩人、文芸批評家、翻訳家。1920年『晨報』記者として訪ソ、22年中共加入。帰国後、党中央で宣伝担当。27年、中共五大で陳独秀を批判、八七会議以降28年6月まで中共最高指導者。同年中共六大で左翼冒険主義を批判され、31年、王明らにより中央指導部から排除され、魯迅らと左連で活躍。35年福建長汀で国民党に逮捕処刑された。 ①24, ②100-01, 179, 190, 349, 356, 358, 384, 400, 454, 457, 461-62, 467-68, 470-71, ③61-63, 68, 304, 364

グラス、フランク（李福仁）　Glass, Frank　1901-1988　英国生まれ、南アフリカ育ちのアメリカ人トロツキスト。社会主義労働者党（SWP）中央委員で、1933年上海に渡り *China Weekly Review* 副編集長。李福仁の中国名で、トロツキーと連絡を取りながら中国左翼反対派組織で活動し、34-37年には同組織指導者の一員となる。37年夏、在メキシコのトロツキーを訪問。38年末-41年冬、上海に在った。 ③310, 365, 374-77, 436-37, 446, 454

クリステンセン　Christensen, Arthur　1875-1945　①285

クレマンソー　Clemenceau, Georges B.　1841-1929　フランスの政治家、首相（1906-1909、1917-1920）。 ③329

クロポトキン　Kropotkin, Pyotr Alekseevich　1842-1921　ロシアの無政府主義者。ペテルブルク大学に入り、各地の地理学調査に従事。後に革命運動に関係して亡命、ロンドンで無政府主義に関する著述に従事した。 ①219, 290

荊軻　？-BC227　戦国時代の刺客。秦王、政（のちの始皇帝）暗殺を企て

加藤寛治　1870-1939　日本の海軍軍人。軍令部長を務めた。　③147

カベー　Cabet, Étienne　1788-1865　フランスの共産主義者。　③287

神川彦松（琴松）　1889-1988　日本の国際政治学者。　③145, 152

カーメネフ　Kamenev, Lev　1883-1936　ボリシェヴィキの革命家。レーニン死後、スターリンと組むが結局粛清される。　③58

何孟雄　1898-1931　五・四運動に参加、1921年に中共に加入。25年の革命期に北部労働運動の指導者。27年革命の敗北後江蘇省委で活動、29年の「江蘇省委独立宣言」に参加し、李立三路線に反対、調停派として排斥される。31年王明路線への反対を主導するが、国民党に逮捕銃殺される。　②383

賀龍　1896-1969　湖南の人。1916年から武装集団を率い、北伐では国民革命軍第20軍軍長、27年の南昌蜂起に参加、中共に入党。同蜂起失敗後は湘鄂西で活動、長征に参加した。人民共和国成立後は副総理などを勤めたが、文化大革命で糾弾される中、69年に病死した。　③46

カール５世　Karl V,　神聖ローマ皇帝（在位1519-56）、息子のフェリペ２世とともに、異端審問を推進したことで知られる。　②70

寒君（俊）　?-1945?　中共党員で何孟雄、羅章竜らの調停派幹部だったが、1931年除名され左翼反対派に参加。32年上海滬東区委書記となり、黎彩蓮と結婚。のち逮捕され36年出獄、臨時指導部に入る。41年日本軍占領後の香港で地下活動に従事したが、病死。　③361, 363-64

ガンジー　Gandhi, Mohandas Karamchand　1869-1948　インドの政治家、社会活動家。英国に対し、不服従運動を組織した。インド独立後、暗殺された。　③351-52

甘乃光　1897-1956　1924年国民党に加入、黄埔軍校政治教官など務め、26年国民党中央農民部長。27年12月中共による広州蜂起の時の広州市長。　②273, 275

カント　Kant, Immanuel　1724-1804　ドイツの哲学者。認識論の限界を超越し、観念論を展開した。　①100, 147, 233

韓夫人　?-?　南宋の将軍、韓世忠の妻、梁紅玉のこと。　①49, 54

韓愈（昌黎）　768-824　唐の詩人、文章家、号は昌黎、唐宋八大家の一人。詩風の異なる柳宗元とともに韓柳と併称される。　①118, 139, 142-43, 147

魏建功　1901-1980　言語学者・文献学者。1925年北京大学中文系卒。北京大学、西南連合大学教授を歴任。1946年より台湾で国語教育推進委員会の主任を務め、長く日本統治下にあった台湾で中国語を普及させる事業を指導した。1948年10月に中国に戻ると、北京大学教授に復帰する。中華人民共和国成立後は簡体字制定にあたり指導的な役割を務めた　①358

魏嗣鑾　1895-1992　四川省蓬安県の人。数学者。ドイツに留学し、同済大学教授、四川大学教授を歴任する　①219, 221

魏邦平　1884-1935　清末民初の軍人。辛亥革命に参加。孫文を支持するが、国民党には参加せず、1923年に引退。②263

キャンベル、トーマス　Campbell, Thomas　1882-1966　アメリカの農場経営者。ソ連政府に農業問題の特別顧問として招かれ、1929年にスターリンと会見、その内容を『ソ連：

②249
欧陽竟無　1871-1943　欧陽漸、字は竟無、江西宜黄の人。中年より楊仁山について仏教を学び、楊の没後、金陵刻経処を継承する。1922年、南京に支那内学院を設立したが、日中戦争期には四川に難を逃れ、江津で学院を再建した。 ①358-59, 381
王陽明　1472-1528　明代の儒者、政治家。朱子学を批判し、陽明学を興した。 ①50
王陵基　1883-1967　清末民初の軍人。1927年重慶3・31虐殺事件の時の重慶衛戍司令官。 ②331
大角岑生　1876-1941　日本の海軍軍人。海相を務めた。 ③147
大矢省三　1893-1962　日本の政治家、労働運動家。 ③148
オッペンハイマー　Oppenheimer, Franz　1864-1943　①285

か行

カヴェニャック　Cavaignac, Louis　1802-1857　フランスの軍人、政治家。1848年、パリ労働者の六月蜂起を武力弾圧した。 ③113
カウツキー　Kautsky, Karl　1854-1938　②43, 45, 349, ③196
何応欽　1889-1987　民国期の軍人、政治家。貴州で軍務の後、北伐に参加。南京国民政府で軍政部長。1935年日本華北駐屯軍司令官梅津美治郎と何応欽・梅津協定を締結。 ②325-326, 329
何海樵　1877-1934　反清革命家。蔡元培、陳独秀、章士釗らと秘密組織で活動。のち同盟会に参加。民国では江蘇丹陽県長など。 ③294
カーカップ　Kirkup, Thomas　1844-1912　英国の著作家、編集者、エンサイクロペディア・ブリタニカ執筆者の一。羊飼いの家に生まれ、小学教師を経てエジンバラ大学に学び、独仏瑞留学を経験後、ロンドンの出版社で教科書編集に従事。のちエジンバラで百科事典や新聞記事執筆の一方、社会主義に関する著作を残す。主著『社会主義史（*The History of Socialism*）』（1892年初版）は若き毛沢東に影響を与えた書として有名。 ①265
岳飛　1103-1141　南宋の将軍。金軍を破ったが、讒言によって獄死した悲劇の英雄。 ①50
何鍵　1887-1956　民国期の軍人。1926年唐生智の下で国民革命軍に参加。翌年配下の許克祥の部隊が馬日事件を起こす。 ②359
何之瑜（資深、Y）　1898-1960　中国トロツキー派の革命家。北京大学在学中に中共に加入。31年国民党に逮捕され、37年出獄後、江津で国立第九中学教員となり晩年の陳独秀を助けた。独秀死後は遺著を収集し『陳独秀最後の論文と書信』を編集、刊行した。49年鄭超麟らとトロツキー派組織、国際主義労働者党を結成したが、52年中共政府に逮捕され60年獄死。 ①28, 352, 358, 381, ②441, 443, ③299, 308-14, 364, 374-75, 377, 397, 409-11, 414-17, 419, 442-44, 449, 453-54
鹿地亘　1903-1982　日本の作家・評論家。東大在学中からプロレタリア文学運動に参加。1936年、上海に渡り、日中戦争期には重慶で日本人民反戦同盟を組織した。 ③277, 281
葛洪　283-343年頃、六朝期の晋の道士。 ①341
夏斗寅　1886-1951　国民党軍の将校。湖北宜昌の駐屯部隊の司令官をしていた1927年5月、武漢国民政府に対して反乱を起こし、鎮圧される。 ②312, 313

北京政府期には中国銀行総裁、財務総長などを歴任、その後南京国民政府期でも華北の政界で活躍した。日中戦争期には、いわゆる対日協力者となり、中華民国臨時政府の首脳におさまった。 ②109, ③223, 225

王佐　1898-1930　江西の人（客家）。井岡山の緑林に参加、その長となり、1925年、袁文才と義兄弟になった。袁と同じく27年、毛沢東の指揮下に入り中共に入党、彭徳懐の第5軍に属した。30年、袁とともに殺害された。 ③34, 47-48, 56

王謝家　?-1942　民国期の政治家。 ①128

王若飛　1896-1946　辛亥革命に参加。日本留学、渡欧、ソ連留学などを経て、1925年帰国後中共中央秘書長。27年3月上海の武装蜂起に参加、のち江蘇省委書記。28年のコミンテルン大会で陳独秀を擁護、中国革命に関してトロツキズムを評価し事実上モスクワに抑留される。31年帰国後逮捕され37年出獄。46年飛行機事故で死亡。 ②333

汪笑儂　1858-1918　京劇作家兼俳優。洋装で京劇を演じたり、時勢を芝居化したりして、改良演劇の祖となった。 ①53, 55

汪精衛　1883-1944　名は兆銘。国民党の政治家。日本に留学し1905年同盟会に加入。19年以後孫文に従い、孫文死後、国民政府主席。共産党と連携し蔣介石と対立したが、27年7月、国共合作を破棄する。32年以降は蔣介石と和解したが、38年以後対日協力に転じ、日本の傀儡政権を作った。 ①378, ②179, 231, 248-49, 252, 270, 275, 300, 311, 313, 316, 320, 327, 329, 331, 337, 357, 359, 361, 391, 466-67, ③20, 56, 86, 108, 193, 293, 305

王星拱　1889-1950　安徽省安慶の人。化学者。イギリス留学を経て、北京大学教授。 ①271, ③272

区声白　1892-1945　五四時期に活躍した無政府主義者　②56, 63, 64, 450

王文元（王凡西、連根）　1907-2002　浙江の人。1925年、北京大学在学中に中共に加入、27年ソ連に留学。28年モスクワ東方大学在学中に留学生のトロツキスト秘密組織を結成。29年帰国後中共中央の周恩来の下で活動したが間もなく除名される。のち「十月社」を結成し、陳独秀らと共にトロツキスト組織の統一を推進。31年逮捕され34年出獄、以後37年再逮捕された一時期を除いて一貫して中心的指導者として活動。49年鄭超麟らと少数派組織「国際主義労働者党」を結成、書記となるが、中共の内戦勝利後香港、マカオに逃れる。75年以降イギリスに定住。著書に『双山回憶録』など。 ①28, ③69, 75, 77-79, 113, 121, 186-87, 312, 349, 385, 390-91, 395-96, 425-29, 437, 446, 448, 451-53

王法勤（王励斎）　1869-1941　清末民初の革命家、政治家。主に北方で活動、北伐時には北方軍事特派員として活動し、のちに商民部部長などを歴任した。 ②231

王懋功　1891-1961　民国期の軍人、政治家。 ②250-51

汪孟鄒　1878-1953　出版人。陳独秀終生の友人。安徽績渓の同郷、胡適を陳独秀に紹介した。1903年蕪湖で科学図書社、13年上海亜東図書館を設立。進歩的な活動、出版物を援助。30年以降はトロツキズム関連の著作や翻訳書も出版した。 ①19, 347, 380, ②196

欧陽格　1895-1940　民国期の海軍軍人。黄埔海校副校長。中山艦事件で李之龍の逮捕に参与、引責で広州離脱。

1764-1837　フランス革命期のサン・キュロット激昂派指導者。　③285
ウィルソン　Wilson, Woodrow　1856-1924　プリンストン大学総長、ニュージャージー州知事を経て、1912年に大統領当選。1917年に第一次世界大戦に参戦、1918年1月に平和のための14ヶ条演説を行った。パリ講和会議に参加するも、上院によってヴェルサイユ条約批准は拒否された。①163, 168-70, 179, 365, ②32-33, ③329
ヴィルヘルム2世　Wilhelm II　1859-1941　ドイツ皇帝。プロイセン王。ヴィルヘルム一世の孫。第一次大戦に敗北、ドイツ革命で退位。　③380
ウィンスタンリー　Winstanley, Gerrard　1609-1676　土地の共有と賃労働関係の廃止とを呼びかけた。　③285, 291
ヴェサリウス　Andreas Vesalius　②71
ヴォイチンスキー（呉廷康）Voitinsky, Grigori　1893-1953　ボリシェヴィキの革命家。1920年コミンテルン代表として来華、中共創立を援助。第一次国共合作を推進したが、蔣介石の北伐には反対した。　①22, 367, ②73, 168, 176, 179, 355, 447, 452
ヴォロシーノフ　Voroshinov, Kliment Efremovich　1881-1969　第二次大戦勃発時のソ連国防相。　③342
于右任　1879-1964　国民党の政治家、文人。12年南京臨時政府交通部次長。22年上海大学を創立し校長。29-49年には監察院院長。　②231
ウルバーンス　Urbahns. H　1892-1947　1924年以降、ドイツ共産党の指導者。1927年にマスロフ、フィッシャーらとともに除名され、レーニンブントを結成。のちにこの組織は左翼反対派と合同した。33年スウェーデンに亡命、同地で死去。　③95
エリオ　Herriot, Edouard　1872-1957　フランスの政治家。1924-25年の首相在任時にソ連を承認した。　③181
エンゲルス　Engels, Friedrich　1820-1895　ドイツの社会思想家。マルクスと共にマルクス主義の創始者となる。　③28, 31, 34, 44, 57-58, 60-63, 320, 322, 379, 382, 387, 449
閻錫山　1883-1960　清末民初の軍人。北洋軍閥の下にいたが、1927年国民革命軍に加わり、北方革命軍総司令となる。30年馮玉祥とともに蔣介石と中原大戦を争い敗北。　②315, 317-18, 330, ③55, 108-09
袁崇煥　?-1630　明末の武将。清の攻撃を撃退したが、崇禎帝に謀反を疑われて処刑された。　①50
袁世凱　1859-1916　河南の人。清朝末期の軍人・政治家。1912年中華民国臨時大総統、13年初代大総統となり、後、帝位に就こうとして失敗した。①18, 110, 126, 137, 151, 180, 205, 243, 362-63, ②54, 85, 194, 199, 319, 320, ③162, 165-67, 239, 295, 299
袁文才　1898-1930　江西の人。郷里近くの井岡山の緑林に参加、寧岡県総保衛団長をへて、1926年に中共の働きかけで蜂起、同党入党。27年に井岡山に来た毛沢東の指揮下に入り、のち彭徳懐の第5軍に属した。1930年、謀反を疑われ盟友の王佐とともに殺害された。　③34, 47, 56
王旡生　1880-1913　晩清の革命派、小説理論家。　①142
王光祈　1892-1936　少年中国学会の創立メンバーの一人。ドイツに留学し、政治経済を学ぶが、のち音楽に転じる。　①221
王恒君　?-?　②240
王克敏　1879-1945　中華民国の政治家。

人名索引・主要人物注

1　全3巻の本文・訳注・解説中に登場する人物を掲げる。
2　掲載したうち、主要人物には略歴を付した。執筆は基本的に当該人物が本書全3巻内で初出する文の訳者による。
3　中国人、西洋人とも日本語音読みの五十音順（同音の場合は画数順）に配列した。日本人は一般の読みに従った。
4　記載した生没年のうち、不確かなものには？を付した。
5　記載順は、人名、生没年、略歴、本文該当頁（丸囲み数字は巻数）とした。
6　人名で、本文集中に別名などのある場合はカッコ内に付し、また漢字名以外にはアルファベットの表記を付した。

（文責＝長堀祐造）

あ行

愛新覚羅溥儀　1906-1967　1908年、宣統帝として即位。辛亥革命により1912年に退位。1924年に馮玉祥の北京政変で紫禁城を追われ、天津日本租界に居住。満洲事変が起こると、1932年に満洲国執政に就任、翌年皇帝に即位。日本の敗戦後、ソ連抑留を経て中華人民共和国で服役。文革中に死亡。 ①161

安芸盛　1896-1944　日本の労働運動家。 ③148

荒木貞夫　1877-1966　日本の陸軍軍人。陸相を務めた。 ③147

アリストテレス　BC384-322　古代ギリシアの哲学者。 ①112, 227, 306

アレヴァロ　Arevalo, Diego Rodriguez　②70

アレクサンドル二世　Aleksandr II　1818-1881　①96

晏嬰　春秋時代の政治家、思想家。 ①135

アンドレーエフ　Andreev, Leonid Nikolaevich　1871-1919　①93

伊尹　殷の初代宰相。殷成立に貢献した。 ①346, 349　③163

イエス　Jesus　①128, 253, 304-05, ②69　③127

池田成彬　1867-1950　日本の実業家。

伊沢多喜男　1869-1949　日本の官僚、政治家。 ③148

イプセン　Ibsen, Henrik　1828-1906　①92-93, 370

尹寛（のっぽ）　1897-1967　勤工倹学で渡仏、少年共産党の結成に参加。モスクワ留学を経て帰国後、25-27年に山東、安徽、江西の中共省委書記。29年にトロツキストとなる。31年以後左翼反対派組織の指導部に参加したが逮捕され37年釈放。48年彭述之らの中国革命共産党結成に参加。50年中共政府に逮捕され、65年病気のため釈放。 ②386, ③363, 365, 429, 436-37

ヴァルレ　Varlett, Jean-François

江《え》田《だ》憲《けん》治《じ》

1955年、三重県生まれ。京都大学大学院文学研究科博士後期課程単位取得退学。現在、京都大学大学院人間・環境学研究科教授。専攻、中国近現代思想史・中国共産党史。主な著作に、『五四時期の上海労働運動』(同朋舎出版、1992年)、『戦争と疫病——七三一部隊のもたらしたもの』(共著、本の友社)、『満鉄労働史の研究』(共編著、日本経済評論社、2002年)、『満鉄の調査と研究——その「神話」と実像』(共編著、青木書店、2008年) などがある。

長堀《ながほり》祐造《ゆうぞう》

1955年、埼玉県生まれ。東京大学文学部卒業。高校教員を経て、早稲田大学大学院文学研究科博士課程中退。博士 (文学)。現在、慶應義塾大学経済学部教授。専攻、中国近現代文学。主な著作に、『陳独秀——反骨の志士、近代中国の先導者』(山川出版社、2015年)、『魯迅とトロツキー——中国における『文学と革命』』(平凡社、2011年)、訳書に、莫言『変』(明石書店、2013年)、鄭超麟『初期中国共産党群像——トロツキスト鄭超麟回憶録』全2巻 (共訳、平凡社東洋文庫、2003年) などがある。

陳独秀文集 3——政治論集 2 1930-1942 (全 3 巻) 東洋文庫881

2017年 4 月19日 初版第 1 刷発行

編訳者 江田憲治 長堀祐造

発行者 下中美都

印刷 創栄図書印刷株式会社
製本 大口製本印刷株式会社

発行所 電話編集 03-3230-6579 営業 03-3230-6573 振替 00180-0-29639
〒101-0051 東京都千代田区神田神保町3-29
株式会社 平凡社

平凡社ホームページ http://www.heibonsha.co.jp/

ISBN 978-4-582-80881-0
NDC 分類番号309. 322 全書判 (17. 5 cm) 総ページ504

《東洋文庫の関連書》

- 5 アラビアのロレンス　R・グレーヴズ著　小野忍訳
- 47 魯迅〈その文学と革命〉　丸山昇著
- 73 ヴェトナム亡国史他　潘佩珠著　長岡新次郎・川本邦衛編
- 79 加《か》波《ば》山《さん》事件〈民権派激挙の記録〉　野島幾太郎著　林基・遠藤鎮雄編
- 100 三十三年の夢　宮崎滔天著　宮崎龍介・衛藤瀋吉校注
- 101・126・153・178・199・224 郭沫若自伝　全六巻　小野忍・丸山昇訳
- 152・181・200 知恵の七柱《ななはしら》　全三巻　T・E・ロレンス著　柏倉俊三訳
- 161 中国・朝鮮論　吉野作造著　松尾尊兊編
- 165 辛亥革命見聞記　ファルジュネル著　石川湧・石川布美訳
- 174 東学史〈朝鮮民衆運動の記録〉　呉知泳著　梶村秀樹訳注
- 214・216 朝鮮独立運動の血史　全二巻　朴殷植著　姜徳相訳注
- 222 朝鮮の悲劇　F・A・マッケンジー著　渡部学訳注
- 234 白凡逸志《ペクポムイルジ》〈金九自叙伝〉　梶村秀樹訳注
- 272・275 中国革命の階級対立　全二巻　鈴江言一著　阪谷芳直校訂
- 671・672 ガーンディー自叙伝〈真理へと近づくさまざまな実験〉　全二巻　M・K・ガーンディー著　田中敏雄訳注
- 701 日本談義集　周作人著　木山英雄編訳
- 711・712 初期中国共産党群像〈トロツキスト鄭超麟回憶録〉　全二巻　鄭超麟著　長堀祐造・三好伸清・緒形康訳
- 724 尾崎秀実時評集〈日中戦争期の東アジア〉　尾崎秀実著　米谷匡史編
- 736・738 南アフリカでのサッティヤーグラハの歴史〈非暴力不服従運動の誕生と展開〉　全二巻　M・K・ガーンディー著　田中敏雄訳注
- 752・753 増補 世界の一環としての日本　全二巻　戸坂潤著　林淑美校訂
- 767・768 馮友蘭《ふうゆうらん》自伝〈中国現代哲学者の回想〉　全二巻　馮友蘭著　吾妻重二訳